U0720694

绿色隧道建造技术著作丛书

隧道装配式绿色建造技术

黄 俊 杨 奎 张忠宇 赵 光 傅重龙 著

科 学 出 版 社

北 京

内 容 简 介

本书针对隧道装配式绿色建造技术展开系统论述，总结了装配式结构分类特点及其在地下工程中的主要应用，归纳了装配式隧道的建筑材料、结构形式、构造连接，以及防水体系、材料和做法等。通过实际工程案例，对装配式结构应用过程中涉及的试验、预制、拼装等典型问题形成多项关键技术，从材料、设计、测试、工艺、监测、施工等多方面进行分析和论述，以期对读者了解隧道装配式绿色建造技术及解决实际应用中的问题有所帮助。

本书可供隧道工程设计、施工、管理和科研人员使用，也可作为隧道装配式结构设计、施工人员，以及高等院校相关专业师生的参考书。

图书在版编目（CIP）数据

隧道装配式绿色建造技术/黄俊等著. —北京：科学出版社，2023.9
(绿色隧道建造技术著作丛书)
ISBN 978-7-03-075949-8

Ⅰ. ①隧… Ⅱ. ①黄… Ⅲ. ①隧道施工–装配式构件–无污染技术 Ⅳ. ①U455

中国国家版本馆 CIP 数据核字（2023）第 121224 号

责任编辑：姚庆爽　李　策 / 责任校对：崔向琳
责任印制：师艳茹 / 封面设计：蓝正设计

科学出版社出版
北京东黄城根北街 16 号
邮政编码：100717
http://www.sciencep.com
北京中石油彩色印刷有限责任公司印刷
科学出版社发行　各地新华书店经销
*
2023 年 9 月第　一　版　开本：720×1000　1/16
2024 年 1 月第二次印刷　印张：18 1/4
字数：357 000

定价：128.00 元

（如有印装质量问题，我社负责调换）

丛书编委会

序　一

十八大以来，党中央把生态文明建设和绿色发展提到新的战略高度，党的十八届五中全会更是把“绿色”列入中国国家建设发展的五大理念之中。中国的绿色发展正在进入世界绿色发展的先进行列。

地下空间是一个巨大而丰富的空间资源，对其进行合理开发利用能够促进我国的绿色发展。建设城市地下空间，是转变城市发展模式、治理“城市病”、建设绿色城市的主要着力点，城市建设向注重内涵的集约绿色可持续发展模式转变。

把城市交通尽可能转入地下，可以实现土地多重利用，提高土地综合利用率。在城市局部核心商务区或大型集中居住区，城市隧道不仅发挥着缓解交通拥堵的作用，还改善了中心城区地面景观及步行环境。随着城市建设规模和品质的不断提升，城市隧道在长度、宽度和维度上出现了新的发展需求，地下环路、地下互通、公路-铁路两用隧道等成为城市地下空间发展的热点。近年来城市隧道爆发式增长，在建设和运营中的节能、环保等问题日益突出，绿色隧道建造技术的研究与应用迫在眉睫。

该系列丛书从隧道的装配式建造、噪声控制、通风环保、照明节能、智慧化管养、新能源利用等方面阐述了绿色隧道的建造理念和方法。绿色隧道的建设不是一蹴而就的，唯有持之以恒、久久为功。因此，需要我们坚持世界眼光，积极利用城市地下空间，加强和保护城市生态环境，实现城市更好的绿色发展。该系列丛书的出版，将为我国绿色隧道建造起到积极的推动作用，为广大工程技术人员提供参照。

钱七虎

中国工程院院士　钱七虎

序　二

生态文明建设是关系中华民族永续发展的根本大计，“生态兴则文明兴，生态衰则文明衰。”中共中央政治局审议通过的《生态文明体制改革总体方案》指出，人与自然是生命共同体，强调要树立尊重自然、顺应自然、保护自然的理念，要加快生态文明体制建设，建设美丽中国。

我国于2006年发布的《绿色建筑评价标准》(GB/T 50378)中首次提出了绿色建筑的概念，并进行了一系列技术研究和工程应用，“十二五”期间完成新建绿色建筑10亿m^2，取得了丰富的成果。随着城市化进程不断加快，快速交通和绿色交通要求日益提高。隧道在城市交通建设中体现出极大的优越性，越来越受政府和百姓的青睐，建设规模和体量呈爆发式增长。隧道越修越长、断面越修越大、地下空间利用形式越来越复杂，传统的建设理念与交通出行的安全、舒适性之间矛盾凸显。隧道建设中要求对交通疏解、地下水流失、地基变形和周边建筑物的影响降到最低，同时，实现隧道内的车、人安全舒适，周边环境影响小，养护成本可控的节能、环保指标，形成绿色隧道建造技术。

该系列丛书从“绿色建筑”出发，通过对其内涵的理解及发展理念的深入分析，结合目前隧道实际需求与发展状况，提出了“绿色隧道”概念。丛书包含《绿色隧道建造技术》《隧道噪声控制环保技术与实践》《隧道照明节能技术与实践》《隧道装配式绿色建造技术》等分册。针对隧道在设计、施工、运营、维养等阶段的关键问题，从隧道的装配式建造、噪声控制、通风环保、照明节能、智慧化管养、新能源利用等方面分析了绿色隧道的技术发展水平，并结合其特征要素进一步提出了绿色隧道的发展方向，为初步构建绿色隧道基本框架体系提供了有益参考。

中国工程院院士　陈湘生

前　言

近年来，随着港珠澳大桥海底隧道等一批重点工程的成功建设，我国在水下隧道盾构法、沉管法建设方面取得巨大的突破。同时，随着城市进程快速推进，城市建设品质不断提升，地下市政设施、城市隧道、轨道交通等建设发展迅速。至 2019 年，全国十大城市的城市隧道、轨道交通建设已经突破了 4000km。经统计，2013 年我国已建成的城市隧道里程约 162km，轨道交通约 2746km；至 2019 年，已建成城市隧道里程达 1000km，轨道交通超过 6900km，隧道工程建设呈现爆发式增长。因此，在建设中需要推动对交通影响范围更小、更安全便捷、更节能环保的建造方式，预制装配式建造技术成为备受关注的重点。

全书主要内容如下：第 1 章概括装配式结构发展、分类及特点，总结其在地下工程中的应用，分析隧道装配式技术的优势；第 2 章介绍国内多断面、多工法实施的典型装配式隧道案例，包含圆形、矩形、类矩形及盾构、顶管、沉管等隧道形式；第 3 章阐述装配式隧道结构构造相关内容，详细介绍建筑材料、装配形式、单元划分、结构构造、节点和构件的连接方式；第 4 章总结装配式隧道防水设计体系的组成、防水材料，以及盾构法、顶管法、沉管法、叠合法施工时典型的防水构造措施；第 5 章结合项目建造中存在的关键技术问题，对大尺寸框架涵结构分块预制拼装关键技术、波纹钢板-混凝土组合结构预制拼装关键技术、盾构隧道内部结构预制拼装关键技术、大断面矩形顶管隧道结构预制拼装关键技术及沉管隧道管节预制拼装关键技术中有关的力学试验、优化分析、设备选型、接头防水、安装工艺、监控量测等进行阐述；第 6 章对前述关键技术问题涉及的工程案例，以及项目特点、项目创新、技术亮点等进一步概括总结。

本书的主要撰写人员为黄俊、杨奎、张忠宇、赵光、傅重龙、陈铁虎。具体分工如下：黄俊撰写第 1 章，赵光撰写第 2 章、第 3 章、5.3 节和 5.4 节，杨奎撰写第 4 章、5.2 节、6.1 节、6.3～6.5 节，傅重龙撰写 5.1 节，张忠宇撰写 5.5 节，陈铁虎撰写 6.2 节。全书由黄俊负责统稿。

隧道装配式绿色建造技术的研究和应用刚刚起步，目前主要应用于重点项目，尚处在大规模应用阶段初期。本书能够为国内同行提供参考，为类似工程设计、施工提供借鉴，并进行推广应用。

限于作者水平，书中难免存在不妥之处，敬请读者批评指正。

目　录

第 1 章　概　　述

装配式结构是装配式混凝土结构的简称，是以预制构件为主要受力构件，经装配(连接)而成的混凝土结构，可以连续地按顺序完成工程的多个或全部工序，从而减少进场工程机械的种类和数量，消除工序衔接的停闲时间，实现立体交叉作业，减少施工人员数量，从而提高工效，降低物料消耗，减少环境污染。装配式结构是我国建筑结构发展的重要方向之一，装配式结构的发展有利于我国建筑工业化的发展，进而提高生产效率，节约能源，发展绿色环保建筑，并且有利于提高和保证建筑工程质量。与现浇施工工法相比，装配式结构有利于绿色施工，更符合绿色施工的节地、节能、节材、节水和环境保护等要求，降低施工对环境的负面影响，包括降低噪声、防止扬尘、清洁运输、减少环境污染和场地干扰，以及节约水、电、材料等资源和能源，遵循可持续发展的原则。

2016 年 9 月，国务院常务会议提出，大力发展钢结构、混凝土等装配式建筑，具有发展节能环保新产业、提高建筑安全水平、推动化解过剩产能等一举多得之效[1]。2022 年 1 月，住房和城乡建设部在《“十四五”建筑业发展规划》中提出，产业链现代化水平明显提高，智能建造与新型建筑工业化协同发展的政策体系和产业体系基本建立，装配式建筑占新建建筑的比例达到 30%以上。装配式钢结构是装配式结构体系中的重要结构之一，秉持经济、适用、环保的原则，全面提高装配式钢结构的经济效益、社会效益和环境效益，是当下丰富和推广装配式结构体系的重点。预制装配式结构在国家政策、市场环境的推动下，凭借其在节约资源、保护环境、节能健康三个方面的优势，在今后的建筑行业将大有作为。

1.1　装配式结构的分类

装配式结构分类方法有多种。按结构体系不同，装配式结构可以分为框架结构、剪力墙结构、框架-剪力墙结构等；按构件受力形式不同，装配式结构可以分为受压构件、受弯构件、抗剪构件等；按建筑材料不同，装配式结构可以分为混凝土结构、钢结构、木结构等；按装配方式不同，装配式结构可以分为整体式结构、分块式结构、叠合式结构。

1.1.1 装配式结构的分类依据

1. 按结构体系分类

1) 框架结构

框架结构是指由梁和柱刚接或者铰接构成承重体系的结构，即由梁和柱组成框架，共同抵抗使用过程中出现的水平荷载和竖向荷载。框架结构的建筑自重轻，节省材料，空间布置灵活，在装配式结构中框架的构件种类少，易标准化，连接构造方便。框架结构构件主要有梁、板、柱。1997 年，美国统一建筑规范(UBC97)将装配式框架结构的连接简化为两大类，即整体式连接和强节点连接。整体式连接的主要特点是预制构件与预制构件之间或者预制构件与现浇构件之间的连接节点采用现浇混凝土浇筑，采用整体式连接的装配式结构符合现浇结构的抗震要求。强节点连接的主要特点是强连接处不允许发生屈服和滑脱，要求构件与构件之间的连接强度足够大，在建筑遭到破坏时，连接节点未产生破坏。装配式框架结构的技术难点集中在框架柱-柱的连接以及框架柱-梁的连接技术上，目前国内主流的连接方式有南京大地建设集团的世构体系、台湾的润泰体系等。

2) 剪力墙结构

剪力墙又称抗风墙或抗震墙、结构墙，用钢筋混凝土墙板代替框架结构中的梁柱，能承受各类荷载引起的内力，并能有效控制结构的水平力。这种用钢筋混凝土墙板承受竖向力和水平力的结构称为剪力墙结构。装配剪力墙结构是装配式混凝土结构的一种类型，其定义是主要受力构件(剪力墙、梁、板)部分或全部由预制混凝土构件(预制墙板、叠合梁、叠合板)组成的装配式混凝土结构[2]。装配式剪力墙的技术难点集中在剪力墙与剪力墙的竖向连接技术上，目前国内主流的连接方式主要有中南建设集团等提出的波纹管浆锚连接、U 型闭合筋连接、矩形螺旋箍筋约束波纹管浆锚连接等；清华大学提出的套筒浆锚连接、套筒浆锚间搭接等；哈尔滨工业大学提出的插入式预留孔灌浆钢筋搭接的剪力墙竖向连接技术、环状水平钢筋搭接的剪力墙水平连接技术等。

3) 框架-剪力墙结构

框架-剪力墙结构也称框剪结构，这种结构是在框架结构中布置一定数量的剪力墙，剪力墙与框架柱共同承受竖向荷载及水平荷载。框架-剪力墙结构中的框架柱演化为暗柱，使建筑空间无突出的柱边与梁边，暗柱与剪力墙可灵活布置，以满足不同建筑功能的要求，其以独特优势在住宅中应用最为广泛。在实际设计过程中，暗柱的墙体在外观上与剪力墙一致，但在参与受力方面存在差异，在装配式建筑中，暗柱的连接以及生产的技术特点与剪力墙一致。

2. 按构件受力形式分类

针对不同受力形式的构件，它们的连接设计、生产工艺、施工工艺等方面存在差异，因此需要对构件进行分类。根据现行规范标准，混凝土结构构件主要分为板、梁、柱、墙四大类，包含框架结构与剪力墙结构所有的承重构件。

(1) 受压构件：柱。在框架建筑中，建筑荷载通过梁板传递到柱，再由柱将荷载传递至基础，若不考虑震动及其他水平力的作用，柱只承受竖向荷载，为典型的受压构件。

(2) 受弯构件：梁、板。在建筑结构中，梁、板承受弯矩和剪力。梁将板上的荷载传递至柱，梁承受均布荷载，同时承受弯矩和剪力，但在抗震设计中，梁的主要作用为联系框架柱或剪力墙，以受弯为主。板主要分为单向板和双向板两大类，均以受弯为主。

(3) 抗剪构件：墙。在建筑结构中，剪力墙承受竖向荷载以及由地震作用、风荷载等引起的水平荷载。在抗震设计中，对于墙构件，主要验算其抗水平荷载的能力，以抗剪为主。

3. 按建筑材料分类

从使用材质的角度来看，装配式结构可分为混凝土结构、钢结构、木结构等。混凝土结构具有原料丰富、价格低廉、生产工艺简单、抗压强度高、耐久性好、强度等级范围宽等特点，因此使用范围十分广泛。钢结构和木结构自重较轻、抗震性较好、工业化程度较高，可以准确快速地进行装配，但其易腐蚀、耐火性较差。

过去，我国对装配式混凝土结构研究较多。近年来，随着钢材产能的不断提升、价格的不断优化，同时由于钢材具有节能、环保、抗震性好且可回收等优势，钢结构建筑越来越受到人们的青睐。钢结构制品本身就是装配式构件，装配式钢结构体系越来越多地应用于建造公共建筑，但由于人们对钢结构防火、防腐性能认知的局限性，以及钢结构建筑成本相对较高，装配式钢结构较少应用于住宅工程[3]。近两年来，装配式木结构逐渐进入人们的视线，成为装配式建筑发展的分支，对于森林覆盖率高的省份，有发展的先决条件。但是，无论采用何种结构体系，无论采用何种材质，依据特点因地制宜才是最佳的选择。

4. 按装配方式分类

预制构件工业化生产实现了装配式建筑工业的快速发展，但限于构件的体积、重量、吊装、运输等问题，进一步考虑构件的划分、组合、装配方式，可以分为整体式结构、分块式结构、叠合式结构。

(1) 整体式结构通常作为一个功能齐备、独立的单元体，通过可靠的方式进行连接，与现场后浇混凝土、水泥基灌浆料组成功能相似，该结构是一个规模更大、体积更大、功能更完善的整体，如装配式盒式建筑、大断面装配式顶管管节等。整体式结构构件对吊装、运输要求较高，但可以节省现场空间、降低施工周期，还可以提高工程的整体性和抗震性。随着机械设备能力的提升，整体式结构构件得以更广泛地应用。

(2) 分块式结构是大体积的预制构件，由于场地、吊装、运输等既有施工条件的限制，将整体式结构进行合理的划分，在现场通过钢筋、连接件或施加预应力加以拼装。从降低制作费用、加快拼装速度、提高防水性能的角度来看，预制结构的分块数量越少越好，但若分块数量过少，则单块结构重量增加，从而导致管片在制作、搬运、拼装过程中出现各种各样的问题，因此在分块前应充分研究。

(3) 叠合式结构是在预制混凝土构件上后浇一层混凝土而形成的一种装配整体式混凝土结构。它不仅具有现浇整体式混凝土结构的优点，还具有装配式混凝土结构的优点，是一种施工速度快、整体性好、经济效益高的结构形式。

1.1.2 装配式结构的特点

国家住房和城乡建设部印发的《2016—2020年建筑业信息化发展纲要》中明确要求，加强信息技术在装配式建筑中的应用，推进基于建筑信息模型(building information model，BIM)的建筑工程设计、生产、运输、装配及全生命期管理，以促进工业化建造。建立基于BIM、物联网等技术的云服务平台，实现产业链各参与方之间在各阶段、各环节的协同工作。装配式结构规模化应用取决于设计标准化、构件工厂化、施工装配化、装修一体化、管理信息化。

(1) 设计标准化：装配式结构要实现产业化发展，其关键在于生产是否能够实现产业化；而生产是否能够实现产业化的关键在于设计是否能够达到标准化。装配式结构在构件设计、模数设置等方面考虑较多，以实现“规格少”但“组合多”的效果。

(2) 构件工厂化：装配式结构是对各种部品、部件的现场组装，其主要构件大多在工厂制作，然后运输到施工现场。原来单一的施工现场同时分拆到多个工厂，不仅改善了作业环境，还提高了作业效率。

(3) 施工装配化：装配式结构使现场湿作业大幅度减少，现场作业人数大幅度降低。各类垂直构件、水平构件、承重构件和非承重构件等在施工现场进行组装，如同一个大型组装车间高效便捷。

(4) 装修一体化：装配式结构的主要特点之一就是能够将水、电、暖通、消防、装修等专业工程在工厂提前穿插，如提前进行管线预埋、提前进行外墙贴砖等，以减少施工现场后期随意打凿、交叉作业量大等问题，从而加快施工进度，减少资源浪费。

(5) 管理信息化：装配式结构一般借助于信息化手段，如 BIM、物联网、云端服务、5D 虚拟建造技术等，以提高装配式结构的可视化管理水平，更好地实现质量、工期、安全、经济的有效控制，全面提高建筑业的管理手段。

1.2 装配式结构在地下工程中的应用

在地上工程建筑工业化蓬勃发展的同时，地下工程建筑工业化也显现出了可喜的发展趋势。建筑工业化是当代建筑技术发展的趋势之一，而构件预制化也是工业化的一个显著标志，它是加快修建速度、提高工程质量的有效办法。采用预制构件不仅可以提高工程质量，还可以缩短工期、降低成本，同时提高地下工程施工的工业化程度，对改善地下工程施工环境更为明显。

目前，受预制装配式结构设计计算理论、施工技术水平以及机械装配能力的限制，国内外地下工程中预制装配式结构的应用并不普遍，但随着城市地下空间建设的不断发展，预制化、工业化水平的不断提高，地下工程装配式结构在技术方面越来越成熟，其主要应用于城市隧道、水下隧道、地铁车站、市政设施等方面，该技术的经济社会效益显著。装配式结构的应用领域将会随着城市建设的发展进一步扩大，在地下停车场、地下仓库、地下综合商业开发等方面将得到更多应用。随着科技的不断创新，新材料、新技术和新设备的不断引入，预制装配式结构体系的发展将迎来新的机遇。

1. 城市隧道

自 20 世纪 90 年代开始，城市隧道作为轨道交通的补充，进一步缓解了城市交通压力，并逐渐成为地下空间开发的一个重要引擎，带动城市综合开发。出于对缓解交通拥堵、提高路网连通性等因素的考虑，全国多个城市开始修建城市隧道，上海、杭州、南京、成都、武汉、厦门等城市建成及在建隧道众多。2013 年，我国已建成的城市隧道里程约 162km。至 2019 年，我国已建成城市隧道里程已达 1000km，部分城市城市隧道规模统计如图 1-1 所示。预制装配式结构因其预制质量可控、施工环境干扰小、节省工期等特点，并且可以采用顶管、顶涵、明挖、盾构等多种工法进行实施，近些年在城市交通隧道建设中逐渐受到重视。国内在城市交通隧道中装配式结构已有少量应用，部分典型案例如表 1-1 所示。

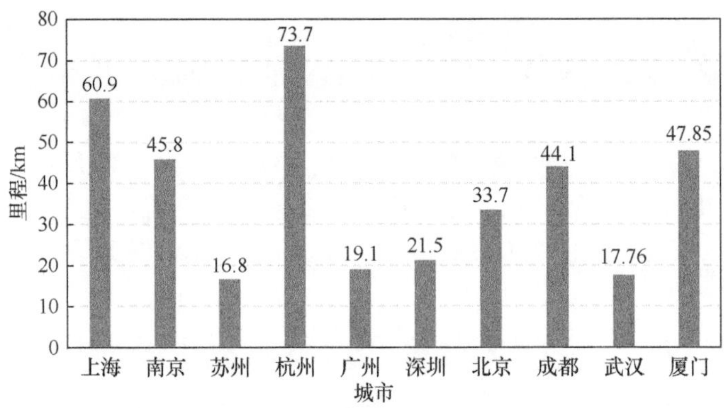

图 1-1 2019 年部分城市城市隧道规模统计

表 1-1 国内装配式结构在城市隧道应用的部分典型案例

序号	项目名称	断面尺寸	隧道长度/m	施工方法	主要应用
1	郑州中州大道	10.10m×7.25m	801	顶管法	节段装配式
2	南京建宁西路东延线	11.55m×7.50m	249	顶管法	节段装配式
3	嘉兴下穿南湖大道隧道	14.82m×9.45m	100.5	顶管法	节段装配式
4	厦成高速东孚隧道	19.34m×6.24m	340	顶涵法	节段装配式
5	厦门疏港路隧道	19.90m×6.45m	1660	明挖法	分块装配式
6	成都市磨子桥隧道	22.30m×8.20m	1280	明挖法	分块装配式
7	上海诸光路隧道	ϕ14.45m	2800	盾构法	内部装配式
8	南京纬三路长江隧道	ϕ14.5m	3557	盾构法	内部装配式
9	金华三渡溪隧道	4.5m×4.5m	434	暗挖法	波纹钢混结构

2. 水下隧道

从 1965 年第一条水下隧道——打浦路隧道修建以来，截至 2020 年底，全国各地包含公路、城市、地铁等的水下隧道共 218 条，其中公路和地铁水下隧道占比达 83%。从 2000 年起，我国水下隧道开工数量逐年增加，2017 年开工数量达 24 条，其中盾构隧道占比达 73%，沉管隧道占比 8.3%，明挖隧道占比 6.5%、钻爆隧道占比 5.5%，其他顶管隧道、岩石隧道掘进机(tunnel boring machine，TBM)隧道及多种组合占比 6.7%。由以上统计数据可知，目前水下隧道的建设以盾构法、沉管法的装配式结构为主，部分为顶管法和 TBM，明挖围堰法、钻爆法等较少，代表性项目如表 1-2 所示。

表 1-2　国内装配式结构在水下隧道应用的部分典型案例

序号	项目名称	主要类型	断面尺寸	隧道长度/m	施工方法
1	南京地铁 1 号线一期	地铁	ϕ6.40m	16900	盾构法
2	打浦路隧道	市政	ϕ10.00m	1322	盾构法
3	广深港狮子洋隧道	铁路	ϕ10.80m	5400	盾构法
4	延安东路隧道(北线)	市政	ϕ11.00m	1476	盾构法
5	武汉长江隧道	公路	ϕ11.00m	3630	盾构法
6	苏州独墅湖隧道	市政	ϕ12.80m	3460	盾构法
7	南京长江隧道	市政	ϕ14.50m	5853	盾构法
8	南京建宁西路过江通道	市政	ϕ14.50m	3550	盾构法
9	南京和燕路过江通道	公路	ϕ15.00m	2976	盾构法
10	武汉长江公铁隧道	市政、地铁	ϕ15.20m	2590	盾构法
11	香港屯门至赤鱲角隧道	公路	ϕ17.60m	5700	盾构法
12	宁波甬江隧道	公路	11.90m×7.65m	420	沉管法
13	香港地铁水底隧道	地铁	13.10m×6.50m	1400	沉管法
14	广州生物岛沉管隧道	市政	23.00m×8.70m	214	沉管法
15	广州珠江隧道	市政	33.00m×8.05m	457	沉管法
16	香港东区海底隧道	公路、地铁	35.45m×9.75m	2250	沉管法
17	天津海河隧道	市政	36.60m×10.00m	255	沉管法
18	港珠澳大桥海底隧道	公路	37.95m×11.40m	5664	沉管法
19	广州洲头咀隧道	市政	40.00m×10.00m	340	沉管法
20	上海外环隧道	公路	43.00m×9.55m	736	沉管法

3. 地铁车站

预制装配式结构在地下工程中的应用发展较早，主要体现在明挖地铁隧道和地铁车站中。苏联地铁车站在 20 世纪 50 年代推广的一种装配式钢筋混凝土衬砌结构，底板为现浇混凝土，其余为预制结构。20 世纪 70 年代以后，又出现了成段衬砌结构和整体式管段结构，提高了结构防水和抗震性能。荷兰鹿特丹地铁采用壳式隧道结构，其采用现浇底板，预制壳式构件与底板连接，施工速度快，效果好。日本对装配式结构的应用也进行了有益尝试，在仙台市地下铁道工程中采用了预制双跨箱形结构[4]，整个结构分成顶板(1 个)、底板(1 个)、侧壁(2 个)及中柱(1 个)5 个预制构件。结构设计中针对构件的划分、轻量化，构件的纵向连接和横向连接等问题开展了大量研究。在暗挖地铁隧道施工中，盾构法最为成熟，应用也最多，但盾构管片装配式结构在应用领域、施工成本、覆土要求等方面依然存在一些问题，导致该结构适用性差、施工效率低，如图 1-2 所示。

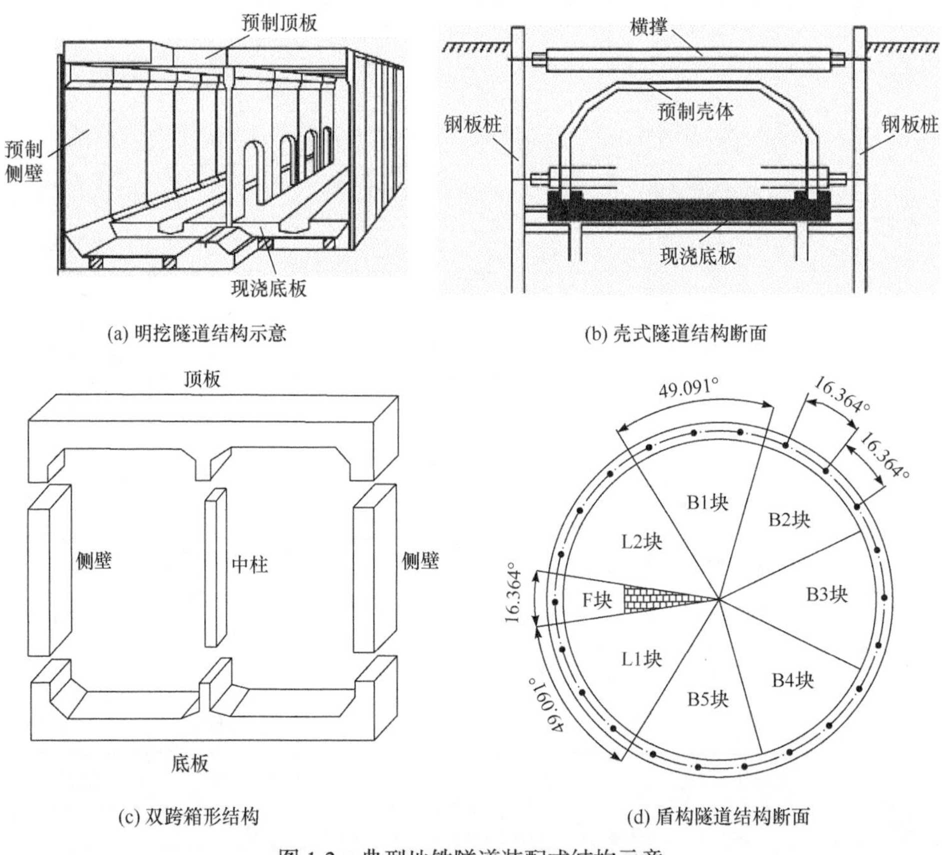

(a) 明挖隧道结构示意　　(b) 壳式隧道结构断面

(c) 双跨箱形结构　　(d) 盾构隧道结构断面

图 1-2　典型地铁隧道装配式结构示意

对于地铁车站这类大断面异形结构，俄罗斯在装配式结构方面进行了创新应用。奥林匹克站是俄罗斯第一座双层换乘枢纽，其车站采用装配式层间楼板单拱结构，构件间采用错缝拼接，施工速度快，施工作业环境好，如图 1-3 所示。

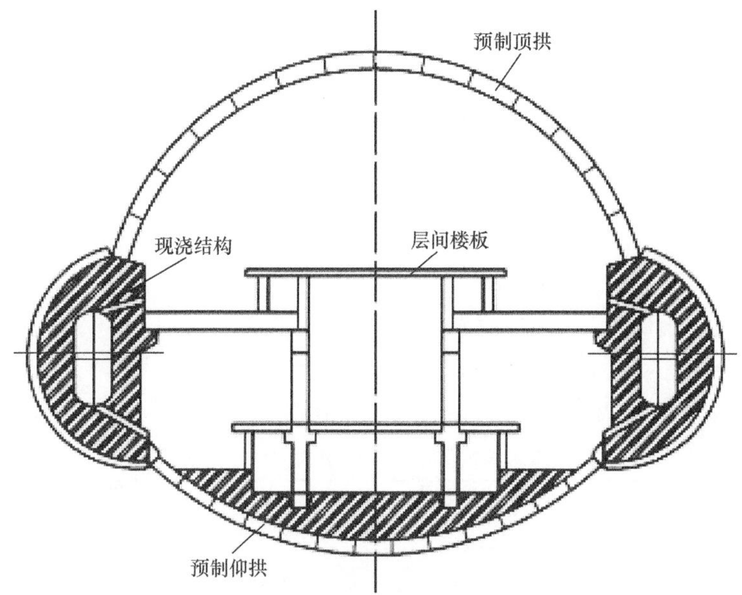

图 1-3　俄罗斯双层换乘枢纽奥林匹克站结构断面

长春地铁 2 号线袁家店站是我国第一座预制装配式明挖地铁车站，实施过程中解决了预制构件划分、拼装的合理步序、大型构件的吊运、构件的定位纠偏以及配套的机械装置研发等技术难题[5]，如图 1-4 所示。对现场施工进行经验总结发现，对于标准两层地铁车站，采用预制装配式新技术建造优势显著，该技术不会受到冬季恶劣施工环境的影响，与明挖顺作法相比可缩短 4～6 个月工期；机械化程度高，所需现场施工人员数量大幅降低，可以有效缓解劳动力紧张的矛盾；同时，因施工过程中不用架设钢筋混凝土支撑和钢支撑，间接节省了大约 1100t 钢材，比原来减少了 80%的建筑垃圾，显著减小了该车站施工对城市环境的影响。国内轨道交通典型装配式结构的应用案例如表 1-3 所示。

图 1-4　长春地铁 2 号线袁家店站吊装顶部预制构件

表 1-3　国内装配式结构在地铁应用的部分典型案例

序号	项目名称	站名	断面宽度/m	施工方法	主要应用
1	长春地铁 2 号线	袁家店站	20.5	明挖法	分块装配式
2	无锡至江阴城际线	南门站	19.7	明挖法	叠合装配式
3	济南地铁 R1、R2 线	任家庄站	19.5	明挖法	叠合装配式
4	上海地铁 15 号线	吴中路站	19.8	明挖法	叠合装配式
5	广州地铁 11 号线	上涌公园站	22.3	明挖法	叠合+分块装配式
6	哈尔滨地铁 3 号线	丁香公园站	18.3	明挖法	叠合装配式
7	青岛地铁 6 号线	河洛埠站	20.5	明挖法	分块装配式
8	深圳地铁 16 号线	龙兴站	22.3	明挖法	分块装配式
9	无锡地铁 5 号线	新芳路站	20.3	明挖法	叠合装配式

4. 市政设施

市政设施中的管线、管廊、通道断面较小，预制拼装方便快捷，在抗渗性、耐久性、施工工期、降噪、节能、文明施工等很多方面具有明显优势，应用较为广泛，如图 1-5 和图 1-6 所示。

图 1-5　预制圆形断面和双仓断面综合管廊

图 1-6　叠合装配式和顶管装配式综合管廊

对于综合管廊，现阶段有一种新型预应力预制拼装结构，它是由上部预制顶盖节段和下部预制底座节段构成的。下部预制底座节段横断面侧壁内设置有横向预应力筋和锚具，上部预制顶盖节段的对应位置均有横向预应力筋孔道，预应力筋穿入其中，通过横断面方向的预应力筋将其上下两部分连接成整体。上部预制顶盖节段和下部预制底座节段均有纵向预应力筋孔道，预应力筋穿入其中，将各节段连接成区段，形成整体；在各横向和纵向预制拼装接缝处，连接膨胀橡胶止水带，如图 1-7 所示。国内装配式结构在市政设施应用的部分典型案例如表 1-4 所示。

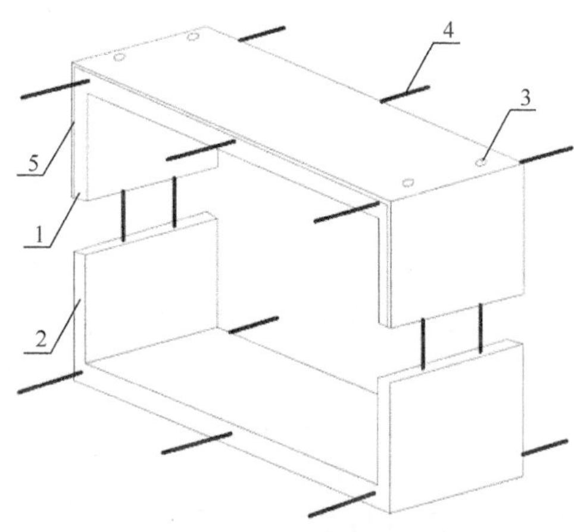

图 1-7　新型预应力拼装综合管廊示意图

1-上部预制顶盖节段；2-下部预制底座节段；3-预应力筋孔道；4-纵向预应力筋；5-膨胀橡胶止水带

表 1-4　国内装配式结构在市政设施应用的部分典型案例

序号	项目名称	类型	断面尺寸	施工方法	主要应用
1	广州高塘石站过街通道	过街通道	7.70m×4.50m	顶管法	节段装配式
2	南京顺天大街下穿工程	过街通道	15.15m×12.10m	顶涵法	节段装配式
3	苏州龙翔路综合管廊工程	综合管廊	6.75m×4.80m	明挖法	叠合装配式
4	南京扬子江大道改造工程	综合管廊	7.85m×4.20m	明挖法	波纹钢分块装配式
			6.50m×4.30m	顶管法	双仓顶管节段装配式
5	南京下穿城南河管廊工程	综合管廊	ϕ6.20m	盾构法	分块装配式
6	太原迎泽大街箱涵工程	供热管线	5.40m×2.70m	顶涵法	节段装配式
7	福州白马河公园下穿工程	雨污水管	ϕ1.80m	顶管法	节段装配式
8	南京洪武路污水工程	雨污水管	ϕ2.60m	盾构法	分块装配式
9	上海潘广路至逸仙路隧道	电力隧道	ϕ4.14m	顶管法	节段装配式
10	南京 220kV 秦淮至滨南隧道	电力隧道	ϕ3.50m	盾构法	分块装配式

地下工程明挖装配式结构具有施工速度快、施工作业环境好、经济成本低等优点。随着城市更新进程的加快，越来越多的地下工程位于繁华的市区，大面积开挖基坑不仅会造成严重的交通拥堵，还会造成前期管线、电缆、绿化等改迁困难，也会对周边的居民及商业运营造成严重的影响，暗挖预制装配式结构成为未来地下工程工业化发展的趋势。

1.3 隧道装配式技术优势

随着城市化进程的不断加快，国民经济的高速发展，汽车保有量由 2009 年的 7600 万辆，增加到 2019 年的 2.5 亿辆，增长量超 200%。由此引发的交通拥堵、环境污染以及土地资源稀缺等城市病问题也逐步凸显，地下空间开发利用、隧道与轨道交通建设等是缓解城市资源匮乏、改善城市交通问题以及提升居民出行质量的重要途径。

随着装配式结构在隧道工程中应用的领域不断扩大，构件预制拼装所带来的社会效益、经济效益和质量效益十分明显。在社会效益方面，预制构件的工厂化生产大幅减少了现场作业量，从而减少了粉尘和噪声污染，在降低对周围居民生活不良影响的同时，也最大限度避免了对环境的破坏，提高了施工现场的安全性。此外，预制构件的定点化、流水线式的生产方式可有效节约资源、减少建筑垃圾和废弃物的排放。从经济效益的角度来看，装配式技术提高了施工机械化水平，降低了劳动成本，加快了建造速度，减少了工期成本。

隧道经过近年来的快速发展，机械化施工水平有了显著的提高，修建过程中降低城市干扰、保护环境已经作为重点提上日程。而隧道的快速增长，对质量、施工、环境、工期、干扰、节能等提出了新的要求。装配式结构相比于现浇混凝土结构，在某些方面具有明显的优势，对比分析如表 1-5 所示。

表 1-5 隧道装配式技术的优势对比

主要内容	现浇混凝土结构	装配式结构
工程质量	构件的制作、安装难以实现标准化，且养护时受温度、湿度等外界因素影响大，容易出现质量问题	构件尺寸的精度高，结构误差可控制在毫米级别，且构件在工厂中生产，环境条件稳定，不会出现开裂等质量问题
施工周期	施工周期长、施工效率低	施工周期短、施工效率高
施工成本	需要投入大量的劳动力，人工成本高	人工成本比现浇混凝土结构减少约 50%，从而减少投入人员的成本
资源消耗	资源消耗大、材料浪费严重，现场构件堆放凌乱，容易产生大量建筑垃圾	可节省大量水、电资源，材料和能源，且现场构件堆放整齐，可以大大减少建筑垃圾

续表

主要内容	现浇混凝土结构	装配式结构
环境保护	施工现场会产生大量的扬尘、废水和垃圾，而且会产生很大的噪声，施工过程中运输材料时不可避免地会散落，对环境造成很大的影响，无法满足“四节一环保”的绿色建造要求	施工现场不会产生扬尘、废水和噪声，可以有效地避免运输过程中出现材料遗撒的现象，减少对环境的污染，更有利于建筑朝着绿色、环保的方向进行，达到绿色建造的目的
工程质量	构件的制作、安装难以实现标准化，且养护时受温度、湿度等外界因素影响大，容易出现质量问题	构件尺寸的精度高，结构误差可控制在毫米级别，且构件在工厂中生产，环境条件稳定，不会出现开裂等质量问题

装配式结构的优势具体如下。

(1) 更好地保证隧道质量。装配式结构施工不受季节、天气条件限制，工程质量受外界环境影响较小。工厂统一标准化的生产方式使构件在养护条件、制作精度、材料选用及配比等方面都能得到严格控制，产品质量更有保证。

(2) 充分发挥技术优势。装配式结构可以发挥工业化的优势，实现设计、生产、施工一体化和精细化，通过标准化、装配化形成集成技术，在能源使用率和节能方面的效果显著。

(3) 有利于弥补劳动力短缺。装配式结构改变了传统施工方式，施工方式不再受作业面和气候的影响，可以一年四季全天候在工厂中成批次地生产，这大大提高了劳动生产率，使建设周期比原来缩短了 40%以上，建筑用工比原来减少了 50%，改善了建筑业“用工荒”的现状。

(4) 有助于实现绿色施工。装配式结构施工现场无扬尘、无废水、无噪声，减少了建筑垃圾的产生、污水的排放量，以及噪声的干扰、有害气体及粉尘对环境的破坏；利用智能信息化将设计、生产、施工、管理集成建筑的全过程，实现设计标准化、生产工业化、施工装配化、管理一体化，节能减排，绿色施工，保护环境。

第2章 典型案例

2.1 嘉兴市下穿南湖大道隧道

2.1.1 工程概况

嘉兴市市区快速路环线工程(一期)位于浙江省嘉兴市南湖区，线路全长2079m，其中暗埋段长1860m，敞开段长219m，如图2-1所示。工程采用“主线地道+地面辅道”建设形式，主线地道为单箱双室结构，敞开段为U型槽结构。其中，下穿南湖大道区段采用矩形顶管法施工，顶管断面尺寸为14.8m×9.426m，顶管段长 100.5m，两侧布置工作井，始发井位于南湖大道西侧，接收井位于南湖大道东侧，南北线结构净距1.2m，埋深5.68～6.54m，坡度0.5%下坡。

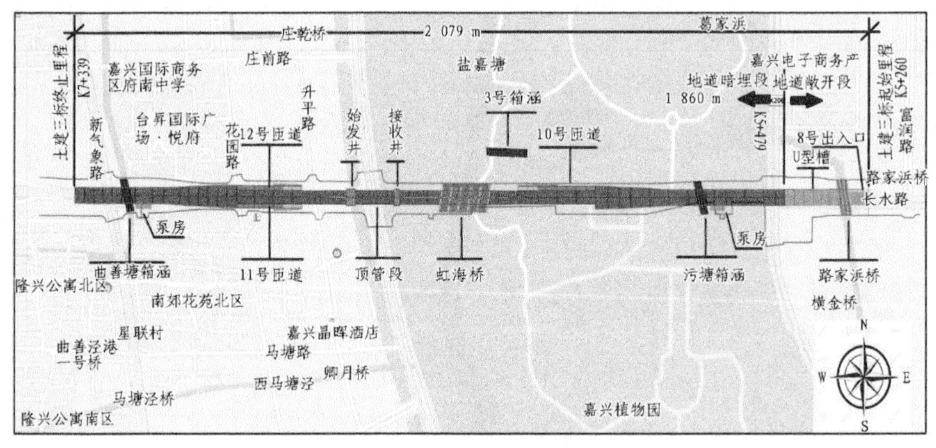

图2-1 嘉兴市下穿南湖大道隧道平面图

顶管穿越的土层主要为④$_1$粉质黏土、④$_2$砂质粉土，其地质纵断面如图2-2所示。拟建场地地下水类型主要为赋存于浅部地层的孔隙潜水及赋存于深层砂土层中的弱承压水。潜水稳定水位埋深为0.5～1.0m。④$_2$层承压水水位埋深为3.52m，相应的标高为–1.27m；⑥$_2$层承压水水位埋深为4.20m，相应的标高为–0.81m。

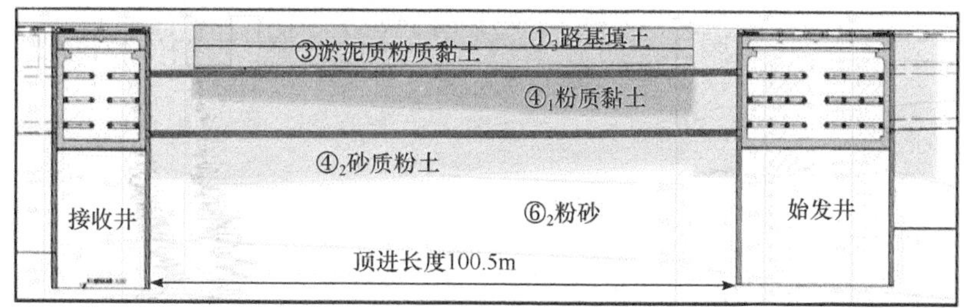

图 2-2 地质纵断面

2.1.2 方案设计

1. 总体设计

隧道采用双向 6 车道，设计速度为 80km/h，隧道全线设置两处泵房，一处位于污塘箱涵附近，另一处位于曲善塘箱涵附近。顶管始发井结构尺寸为 7.9m×25m×17m，接收井结构尺寸为 37.9m×15m×17.4m，围护结构采用厚度为 800mm 的地下连续墙，地下连续墙最深处约为 37m，端头与后靠背采用 42.6m×8m、37.9m×8m 三轴搅拌桩加固至坑底以下 4m，内衬墙采用 C35、P8 混凝土，厚度为 1000mm。抗拔桩采用ϕ800mm 钻孔灌注桩。

2. 结构和防水设计

隧道顶管段采用节段装配式结构，断面尺寸为 14.8m×9.426m，管节厚度为 0.9m，管节长度为 1.5m，如图 2-3 所示。单向环数为 67 环，双向环数为 134 环，单环出渣量为 240m^3。管片采用 C50、P10 混凝土，单环质量为 140t。

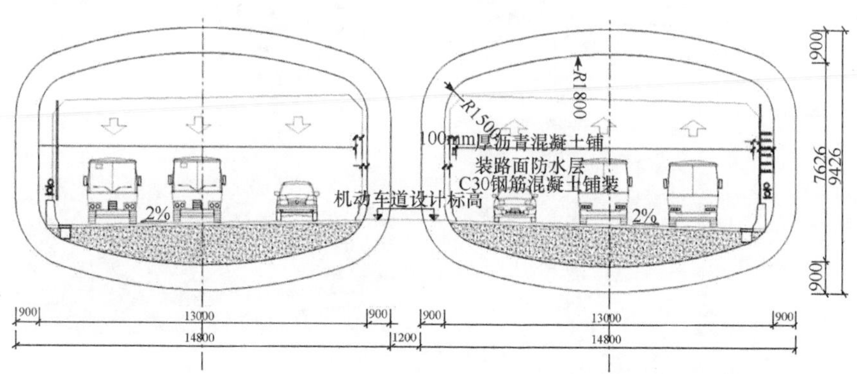

图 2-3 顶管断面尺寸图(单位：mm)

顶管节段连接处为防水的重点部位，该处防水采用两道防水措施。第一道防水措施在前管节的一端与后管节的钢圈之间夹置一个橡胶胀圈，橡胶胀圈应采用坚固、有弹性、耐压的材料。橡胶胀圈应满足在推顶的纵向力和横向力作用下不改变位置和发生损坏。第二道防水措施位于节段端面之间，粘贴膨胀橡胶条，通过管节之间的压力将膨胀橡胶条紧压在节段端面之间，从而起到防水的作用。同时，通过节段附近的压浆孔向土层中注浆，也能起到一定的防水作用，如图 2-4 所示。

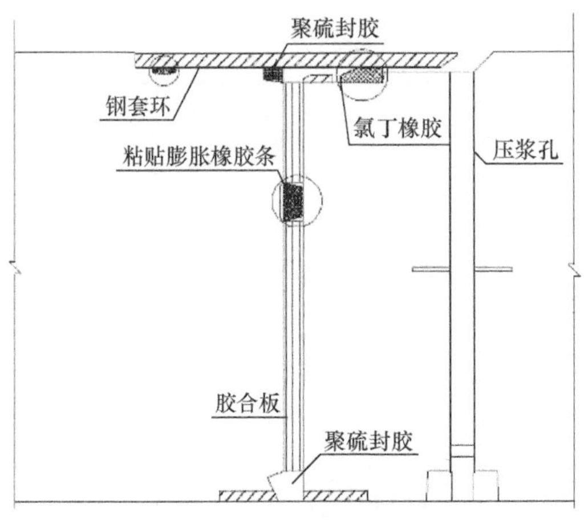

图 2-4　顶管节段防水措施

洞门密封采用 30cm 长短套箱及双层橡胶帘布+双层压板，为防止泥浆从洞门双层压板间空隙流出，在短套箱上预埋注浆管，通过注入盾尾油脂或浓泥浆，起到密封洞门的作用。洞门密封示意图如图 2-5 所示。

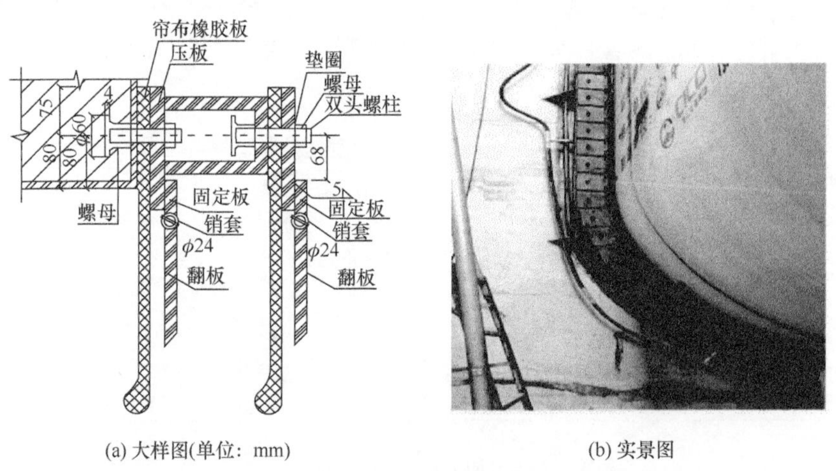

(a) 大样图(单位：mm)　　(b) 实景图

图 2-5　洞门密封示意图

3. 关键技术设计

矩形顶管机“南湖号”断面宽为 14.8m，高为 9.426m，是世界上最大断面矩形顶管机。整机包含刀盘开挖系统、驱动系统、盾体系统、出渣系统、顶推系统以及后配套系统等，采用 6 前 8 后的多刀盘组合开挖设计、盾体分块优化设计、三螺机出渣设计以及自动减摩等技术，解决了超大断面矩形盾构施工一次开挖成型、主机姿态控制以及土体沉降控制等技术难题，开创了矩形盾构首次应用于 3 车道矩形隧道施工的先河。

顶管隧道左右线净距 1.2m，为减小后行隧道对前行隧道的影响，先行隧道贯通后采用预留螺栓全部刚性连接，形成整体；其次，水泥浆液置换触变泥浆，同时持续加压注浆加固土体，使隧道整体与周边土体固结密实。

整个洞门分成 12 个区域，洞门凿除采用人工手持风镐分区、分层、分块逐步凿除，凿除顺序为：①→②→③→④→⑤→⑥，洞门钢环支撑及脚手架平台如图 2-6(b)所示。凿除施工顺序为：破除始发井洞门地连墙内侧混凝土保护层→割除地连墙井内侧钢筋→破除地连墙 800mm 厚水下 C30 混凝土(先上后下)→割除地连墙井外侧钢筋(刀盘推至洞口)→拆除脚手架，清理场地。

在类矩形顶管确定始发推进前(刀盘推至距洞门密封装置约 600mm)，检查洞门净空尺寸，确保没有残留的钢筋侵入洞门净空。在确保顶管能正常推进后，及时将顶管刀盘顶上掌子面，防止掌子面垮塌。

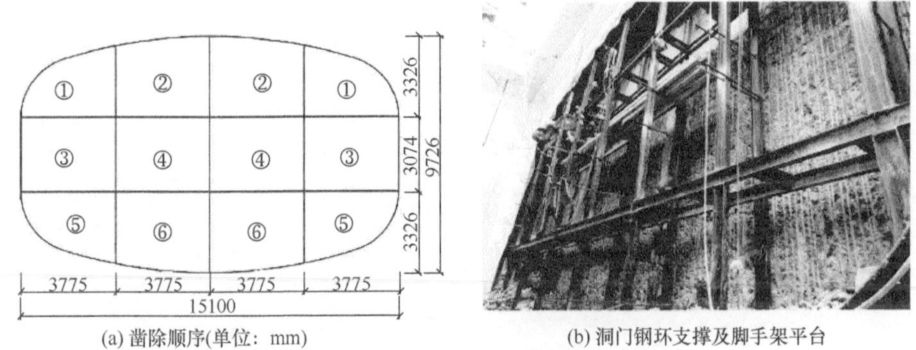

(a) 凿除顺序(单位：mm)　(b) 洞门钢环支撑及脚手架平台

图 2-6　洞门凿除示意图

2.2　郑州市中州大道纬四路隧道

2.2.1　工程概况

纬四路下穿中州大道工程，起点为纬四路金水河桥，沿纬四路向东，下穿中州大道，至中央商务区(central business district，CBD)商务外环后，再沿 CBD 商务外环向南，至黑庄路(商务西五街)，路线全长 909m，隧道全长 823m，宽 16m，净空 4.5m，如图 2-7 所示。

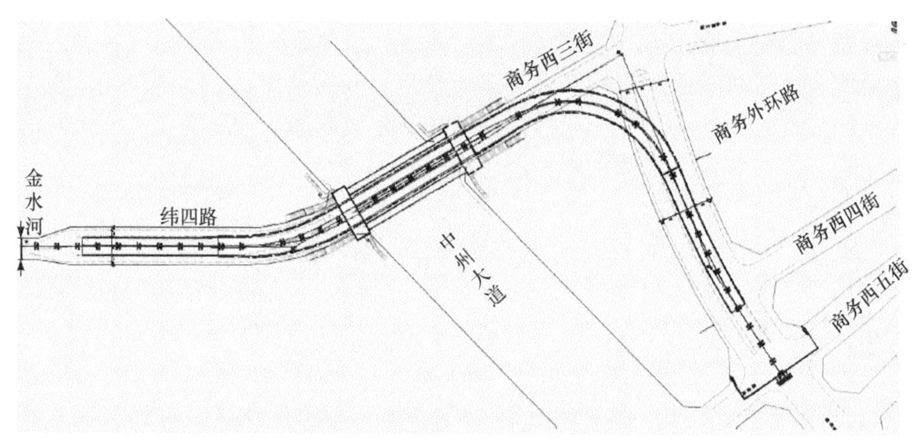

图 2-7　纬四路隧道地理位置

勘察资料显示，施工中顶管机主要穿越土层为粉土、粉质黏土和粉砂，地层剖面如图 2-8 所示。工程沿线勘探深度范围内的地下水分为第四系地层孔隙潜水和砂层微承压水。拟建隧道两侧多为商铺及居民住宅楼等，周边建筑物距隧道基坑边线和结构最近距离在 2m 左右，现有地面道路内，地下雨污水管道、通信电缆、燃气及自来水管道等市政设施众多，分布复杂，除雨污水管道埋深较大，其他管线埋深一般小于 1.5m。

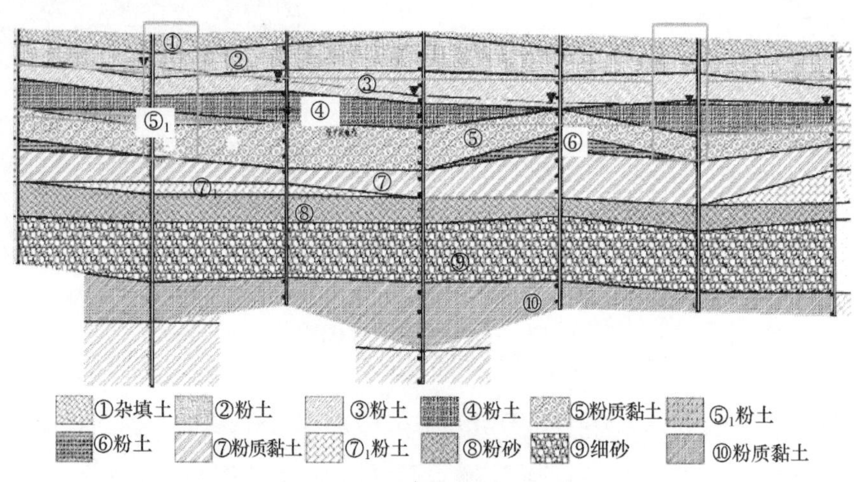

图 2-8　纬四路隧道地层剖面

2.2.2　方案设计

1. 总体设计

纬四路隧道全长 823m，暗埋段长 357m，敞开段长 356m，顶管段长 110m，下穿中州大道段为双向 4 车道+两侧非机动车道，如图 2-9 所示。隧道两侧均设置地面辅道和人行道，在中州大道两侧设置非机动车道出入口，与地面辅道相接。车道宽度为 3.5m，机动车道纵坡为 0.3%～4%，非机动车道纵坡为 0.3%～3%，路面横坡为 1.5%，设计速度为 40km/h。

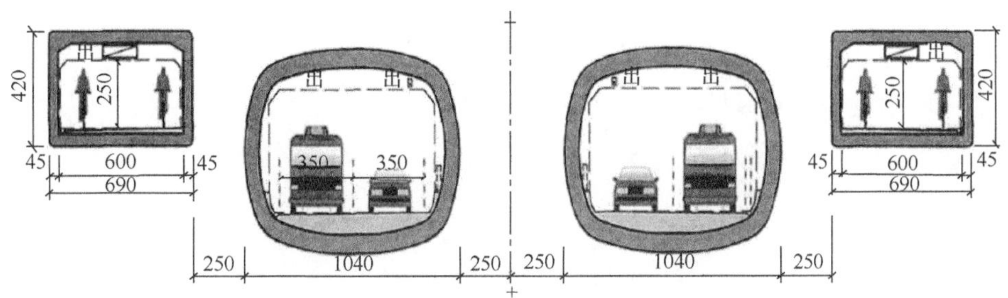

图 2-9 顶管隧道标准段横断面(单位：cm)

2. 结构和防水设计

隧道顶管段采用节段装配式结构，机动车道断面为类矩形，尺寸为 10.4m×7.5m，非机动车道断面尺寸为 6.9m×4.2m，采用土压平衡矩形顶管机进行施工，如图 2-10 所示。

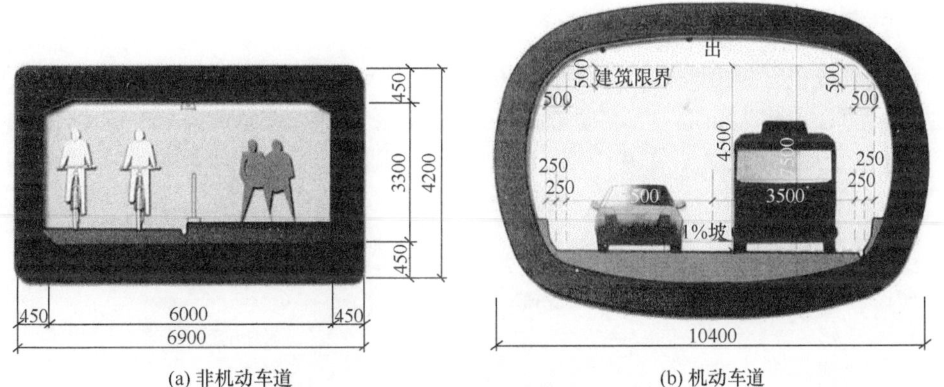

(a) 非机动车道 (b) 机动车道

图 2-10 顶管断面尺寸(单位：mm)

顶管机始发时始发井上的洞圈直径与顶管机外径存有 15cm 的间隙，为了防止顶管机始发过程及施工期间土体从该间隙中流失，在洞圈周围安装了由橡胶袜套、钢板刷、结构等组成的密封装置，并设置注浆孔，作为洞口防水堵漏的预防措施，如图 2-11 所示。

与盾构始发不同，顶管机在顶进过程中管节要依次通过洞门密封装置，因此洞门防水堵漏和注浆随顶管机顶进是一个动态的过程。为了保证防水效果，密封

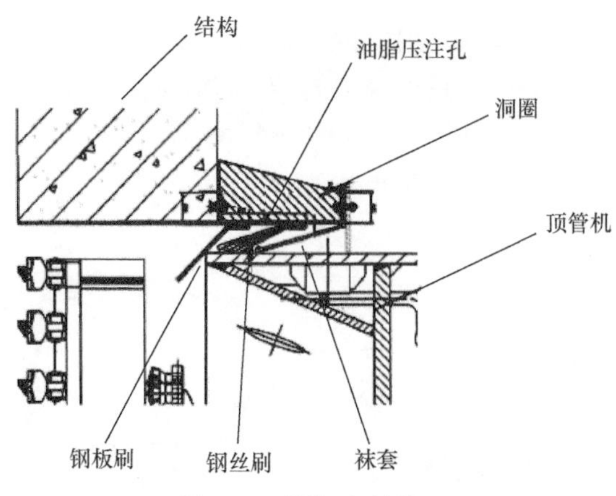

图 2-11　洞门密封装置

装置采用 2 道钢板刷和 1 道橡胶止水袜套，相比于盾构止水箱体多 1 道橡胶止水袜套。在管节移动过程中，如果出现袜套脱落的情况，仍可确保有 2 道钢板刷起到密封作用。

为了防止地下水渗入接收井，在洞圈橡胶止水装置内侧设置 2 道钢板刷。顶管机进入接收井的过程中，在 2 道钢板刷之间压注高止水性油脂，有效确保高水压作用下的止水可靠性。

3. 关键技术设计

本工程顶管机最大顶力达到 65000kN，必须对始发井后靠土体进行加固。地基加固时采用ϕ850mm 高压旋喷桩施工，大、小顶管段纵向加固长度分别为 10.0m 和 5.0m，加固宽度为工作井长度 50.5m；大、小顶管段加固深度分别为 15.0m、12.0m，上方 2.0m 范围不加固，如图 2-12 所示。

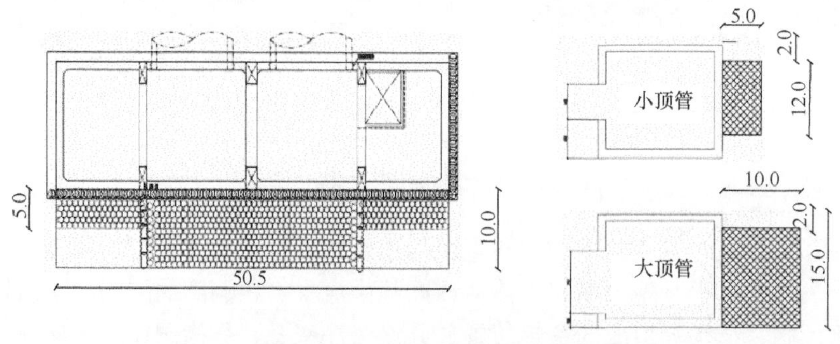

图 2-12　商务街始发井后靠加固示意图(单位：m)

接收井地基加固采用 850mm 高压旋喷桩施工，加固长度为 50.6m、宽度为 3.0m、深度为 15.8m，如图 2-13 所示。

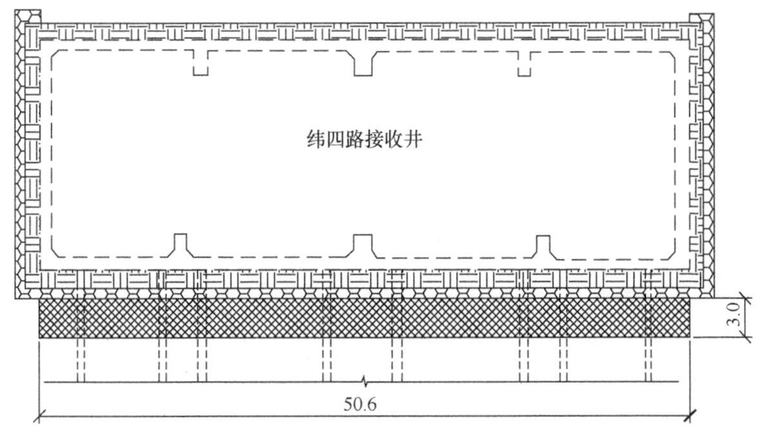

图 2-13 纬四路接收井地基加固平剖面示意图(单位：m)

在钻孔灌注桩凿除前，需要对加固土体进行检查。先在洞圈范围按“米”字形开设 9 个直径为 6～10cm 的样孔，以检验顶管接收井正前方土体的加固情况，如图 2-14 所示。在样洞验收良好的情况下，方可开始凿除洞门。在洞门凿除前，需要在洞门范围内分层搭设脚手架，作为凿除作业的操作平台。在接收井洞门凿除后，顶管机继续向前顶进，直至整个顶管机沿预先安放的导轨进入纬四路接收井。

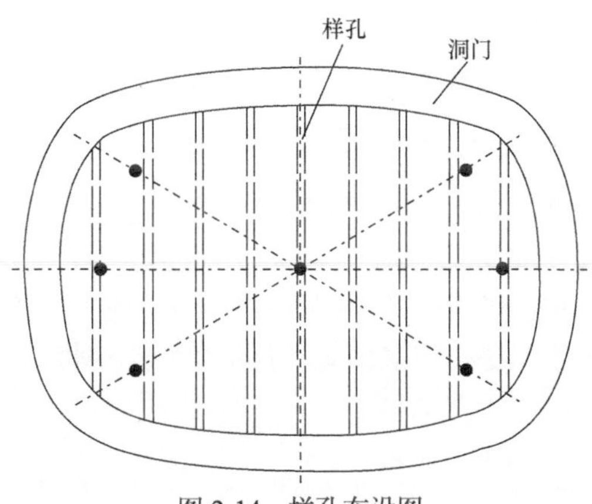

图 2-14 样孔布设图

郑州下穿中州大道大型顶管隧道工程是在传统顶管施工基础上的一次重大突破，不仅研制设计了新型顶管机，还对施工工艺等各个方面提出了新挑战，包括大断面矩形掘进机本体结构设计、大刀盘加偏心多轴刀盘驱动设计、大断面异形顶管机施工掘进、大断面异形隧道结构加工制造研究等。该工程是当时国内最大断面的类矩形顶管穿越隧道工程，其顺利实施填补了顶管施工领域的诸多空白，为城市地下空间开发开辟了新的方向。

2.3 深圳至海口高速荷坳隧道

2.3.1 工程概况

荷坳隧道为沈海高速公路深圳机场至荷坳段扩建隧道，隧道周边建设环境复杂，起点段隧道位于惠盐高速南侧，下穿龙岗河，从现状 3 号线高架桥下穿后沿现状机荷高速两侧布置；在水荷立交段下穿规划 16 号线、在建 14 号线后沿现状机荷高速北侧布置，随后下穿红棉路隧道、水官高速。终点段隧道下穿桔子园水库后，沿既有机荷高速两侧从龙口水源保护区段出洞。

项目起点位于荷坳立交东侧，终点位于龙口水库，隧道左、右线全长分别为 6174m 和 5585m，分为机荷段和惠盐段。隧道盾构段右线长 3289m，左线长 3250m；叠层段采用钻爆法施工，右线长 302m，左线长 306m，如图 2-15 所示。

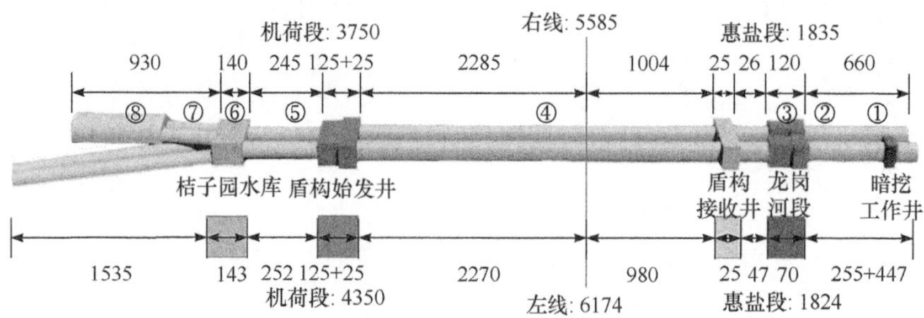

图 2-15 荷坳隧道平面分段模型(单位：m)

隧道穿越地层岩性主要为中风化灰岩、全强风化砂岩、泥质粉砂岩，中风化灰岩单轴饱和抗压强度标准值为 69.68MPa，最大值为 103MPa。隧道穿越 3 处溶洞，1 处中-强发育，位于隧道内部；2 处中等发育，位于隧道上方，如图 2-16 所示。地下水主要为松散土层孔隙水、基岩裂隙水和岩溶水，隧道承受的最大水压约 6.3bar(1bar = 10^5Pa)。

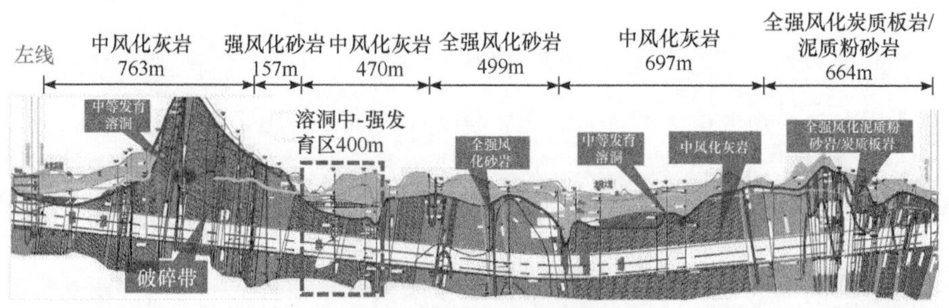

图 2-16 工程地质纵断面

为在高度城市化地区完成宝贵通道资源的扩容，本项目在国内首次提出高速公路立体复合改扩建，比原来可节约用地达 75%。荷坳隧道单洞双层盾构隧道方案，在我国高速公路建设中首次应用。盾构机开挖直径达 18.1m，该设备为超大直径(18m 级)盾构机世界之最。

2.3.2　方案设计

1. 总体设计

荷坳隧道采用高速公路标准，主要技术标准如表 2-1 所示。隧道依次下穿龙岗河、现状 3 号线高架桥、规划 16 号线、在建 14 号线、红棉路隧道、水官高速、桔子园水库等，纵断面为 V 字形，进口段采用–2.5%、–1.168%纵坡，出口段采用–2.5%、–1.62%、–2.42%纵坡。

表 2-1　荷坳隧道主要技术标准

序号	指标名称	技术标准
1	道路等级	高速公路
2	计算行车速度/(km/h)	100
3	单车道宽度/m	3.75
4	硬路肩宽度/m	2.5
5	车道数	双向 8 车道
6	净空高度/m	车道净高≥5
7	地震动峰值加速度系数/g	0.1
8	抗震设防类别	A 类
9	结构安全等级	一级
10	设计年限	隧道结构 100 年，路面结构 15 年
11	设计洪水频率	1/100
12	隧道防水等级	二级
13	交通安全等级	A+级

荷坳隧道盾构段采用双层双向八车道大盾构方案，上层、下层为两车道行车孔，底部为管线廊道，左侧为上下疏散楼梯，右侧为管廊空间。隧道采用纵向通风排烟，右侧设置硬路肩，无须扩挖，如图 2-17 所示。

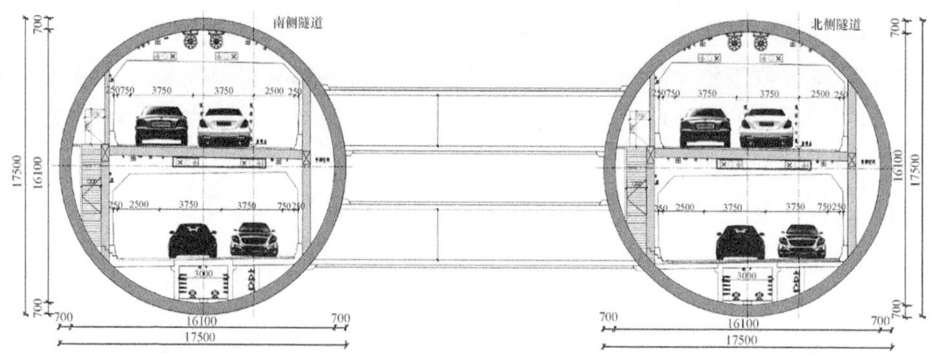

图 2-17　荷坳隧道横断面(单位：mm)

2. 结构和防水设计

荷坳隧道结构采用分块装配式结构，盾构管片内径为 16.1m，外径为 17.5m，衬砌采用 1 块封顶块，2 块邻接块，9 块标准块，共计 12 块。衬砌厚度为 0.7m，衬砌平均环宽 2m，衬砌采用通用楔形环，楔形量为 58mm，采用错缝拼装方式施工。管片采用斜螺栓连接，每环管片环向螺栓 36 颗(M39)，纵向螺栓 68 颗(M39)。环缝面设置分布式凹凸榫、传力接触面及橡胶垫片，纵缝面设置定位杆和传力接触面。

管片混凝土采用 C60 高性能混凝土，混凝土抗渗等级为 P12。管片接缝处为防水的重点部位，采用 2 道防水措施，外侧采用海绵橡胶挡浆条和多孔型三元乙丙橡胶，内侧采用聚醚聚氨酯橡胶和管片嵌缝，如图 2-18 所示。

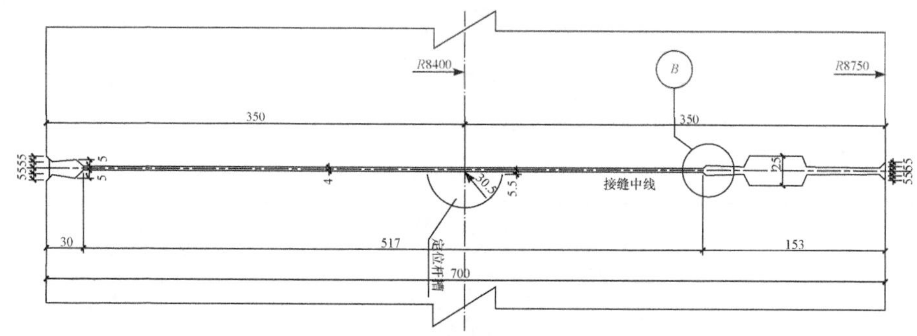

图 2-18　管片接缝构造(单位：mm)

螺栓孔防水采用 O 形密封圈垫于螺栓垫圈和腔肋面之间，密封圈受到挤压变形进入螺栓孔内，充填在螺栓与孔壁之间，达到止水效果，如图 2-19 所示。

注浆直管采用硫铝酸盐超早强(微膨胀)水泥材料填充，并采用两道密封圈和一道密封塞。密封圈采用遇水膨胀橡胶，密封塞采用钢制材料，且保证在 0.7MPa 水压长期作用下不渗漏，如图 2-20 所示。

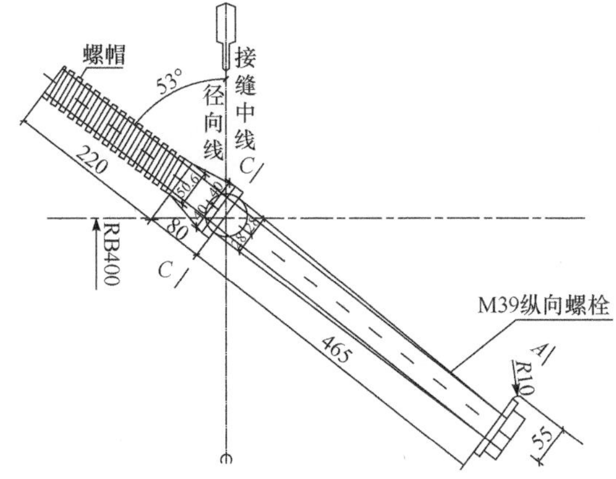

图 2-19 环向螺栓构造(单位：mm)

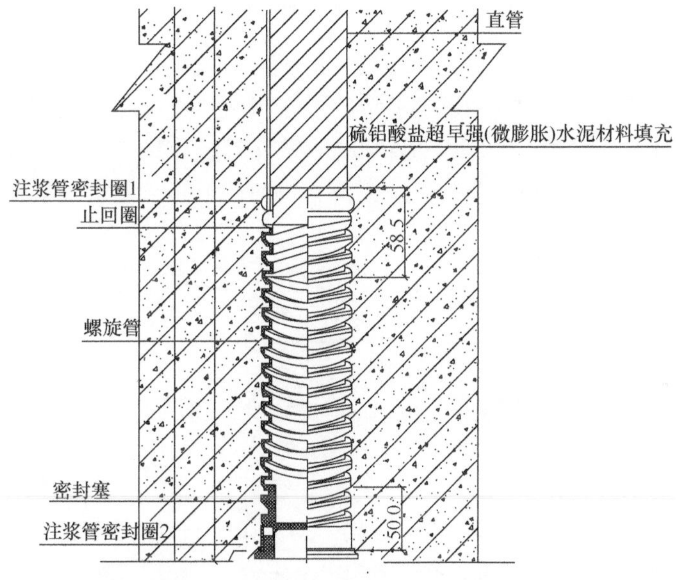

图 2-20 管片注浆管构造(单位：mm)

3. 关键技术设计

1) 大断面盾构小净距近接下穿技术

荷坳隧道近距离下穿红棉路隧道和轨道 3、16、14 号线，两次穿越岩溶区。下穿红棉路隧道节点时，隧道顶部距红棉路隧道最小竖向净距为 17.46m，为避免对既有隧道产生施工影响，在地表采用斜孔 MJS 注浆加固技术，利用超高压水泥浆对土体的切削加固作用提高岩土体的强度，在红棉路隧道底部形成可靠的保护基底，如图 2-21 所示。

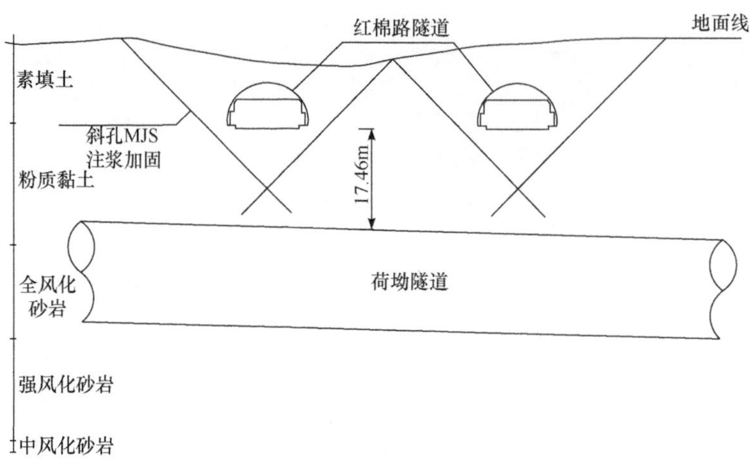

图 2-21　红棉路隧道 MJS 加固处置

荷坳隧道在水官高速节点处，隧道顶部距离水官高速最小竖向净距为 9.8m，隧道穿越粉质黏土层，对水官高速影响较大，下穿保护方案采用桩基盖板+板底跟踪注浆加固，盾构隧道外侧设置ϕ1000m 钻孔桩，盾构隧道与钻孔桩间预留净距 1.5m，桩顶设置 800mm 厚混凝土盖板，同时板底采用水平管跟踪注浆，进一步减小沉降脱空的影响，如图 2-22 所示。

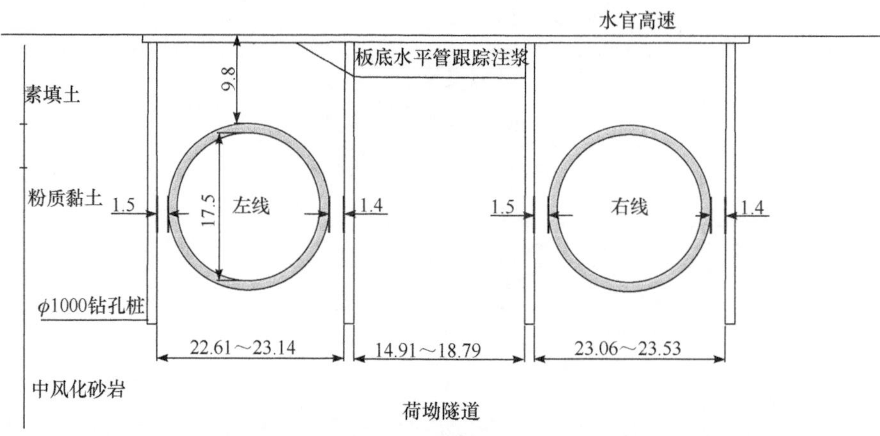

图 2-22　水官高速桩基盖板+板底跟踪注浆加固(单位：m)

荷坳隧道下穿 3 号线节点，与桥梁桩基最小水平距离为 4.35m，在盾构隧道和桥桩基础间设置隔离桩墙，两侧隔离桩采用横梁连接控制影响，如图 2-23 所示。14 号线节点最小净距为 9.21m，地铁 14 号线采用增设注浆孔预埋注浆管，加强管片配筋方案的预留措施。下穿 16 号线净距为 20.12m，保护方案采用控制掘进速率，及时跟踪检测和注浆、二次补浆的方案。下穿机荷高速最小竖向净距为

30.04m，采用斜孔跟踪注浆和路面修复方案。

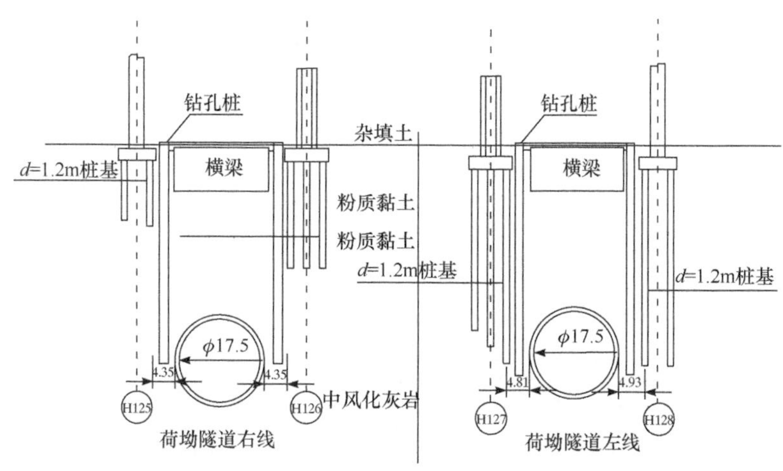

图 2-23 下穿 3 号线节点处理方案(单位：m)

荷坳隧道穿越岩溶区，为探测隧道穿越区岩溶的分布特征，勘察采用导洞方案。通过在荷坳新村侧，机荷高速北侧的一块现状空地设置勘察工作井，在工作井横向设置“干”字形先导洞，先导洞位于盾构隧道开挖范围上方，采用地表+洞内物探和钻探相结合的方式，探查岩溶分布情况，并通过先导洞对探明的岩溶进行处理，如图 2-24 所示。图中，D 为隧道直径。

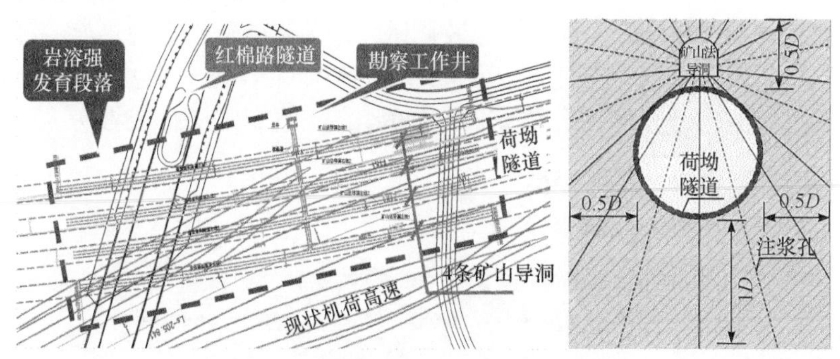

图 2-24 隧道穿越区岩溶勘察布置方案

2) 盾构机核心部件主轴承选择

结合同类地层大直径、超大直径盾构施工，预估全线平均掘进速度为 10～15mm/min，按 12mm/min 进行估算，主轴承将运行约 4513.8h。根据本工程地质情况及工况需求，直径为 7.6m 主轴承的计算寿命约为 10500h，直径为 8.6m 主轴承的计算寿命约为 13000h。相关技术参数对比如表 2-2 所示。考虑不确定性，为保证安全，采用直径为 8.6m 的主轴承。

表 2-2　7.6m 和 8.6m 主轴承参数对比

参数	主轴承直径	
	7.6m	8.6m
驱动形式	电驱	电驱
驱动总功率/kW	7700	8400
驱动电机数量/组	22	24
转速范围/(r/min)	0～2.3	0～2.5
额定转速/(r/min)	1.1	1.2
额定扭矩/(kN · m)	61823	61975
最大扭矩/(kN · m)	80370	80567
脱困扭矩/(kN · m)	83461	83666
主轴承密封形式	唇形密封	唇形密封
内外密封数量	外密封 4 道，内密封 4 道	外密封 4 道，内密封 4 道
密封最大承压能力/bar	10	10

3) 盾构设备制造技术

经过调查研究，国内多家加工制造企业已经成功参与制造了多台类似直径盾构机(15～17.6m)的大型结构件和总装调试，加工制造能力完全可以满足超大直径盾构机结构件的机械加工、焊接、总装调试、吊装运输等方面的要求。对于盾体的圆周分块，以及主轴承密封、盾尾密封、摆动伸缩刀盘、刀盘冲刷系统、超前加固系统等，国内已经掌握相关加工制造和组装工艺，如图 2-25 所示。

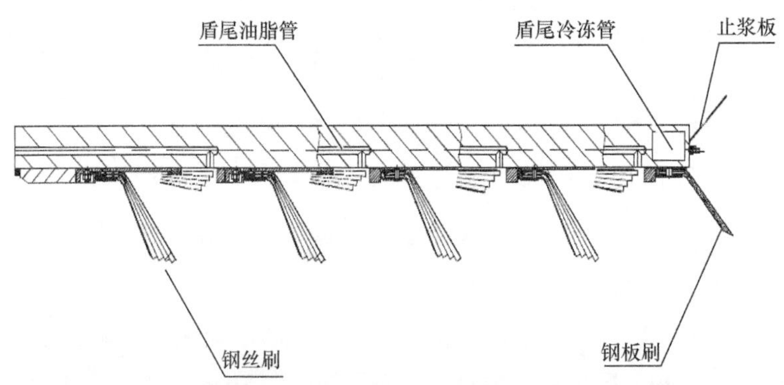

图 2-25　盾尾密封系统(4 道钢丝刷+1 道钢板刷+1 道止浆板)

4) 双管叠层隧道防灾设计

荷坳隧道位于城区，以过境交通为主，兼顾城市集散功能，功能复杂，对城区交通影响较大，一旦发生事故，影响较为严重。设计阶段通过调研分析国内外的相关规范标准，模拟隧道不同纵坡和不同火源位置，以及分岔隧道的火灾烟雾扩散规律，采用双管叠层隧道设计，在疏散和救援路径上设置横通道+上下层疏散楼梯，实现四个洞互通互联，疏散时间更短，更有利于人员逃生。

双管叠层隧道横通道间距 250m，疏散楼梯间距 80m，其在行车空间上相互独立，运营安全；在紧急情况下，救援队可通过上下层疏散楼梯、车行横洞、人行横洞、硬路肩及时到达事故点，隧道滞留人员主要通过车行横洞和人行横洞及硬路肩进行撤离，隧道防灾救援满足 50MW 火灾工况下人员安全疏散，如图 2-26 所示。

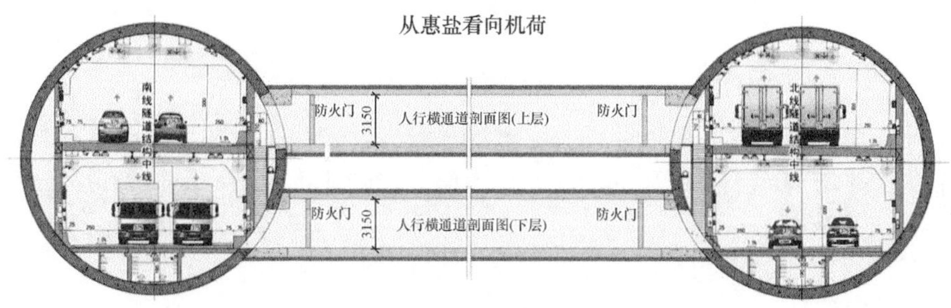

图 2-26 荷坳隧道横通道横断面(单位：mm)

2.4 港珠澳大桥海底隧道

2.4.1 工程概况

港珠澳大桥跨越珠江口伶仃洋海域，是连接香港特别行政区、广东省珠海市、澳门特别行政区的大型跨海通道，总长约 29.6km，其中海底隧道约 6.8km。采用双向 6 车道高速公路标准，设计速度为 100km/h，隧道标准断面结构宽度为 37.95m，建筑限界高度为 5.1m。全线桥涵设计汽车荷载等级采用公路 I 级，同时应满足香港规范中规定的活荷载要求。

港珠澳沉管隧道全长 6766m，沉管段长 5664m，共 33 节，其中曲线段管节 5 节，半径为 5500m，一个标准管节长 180m，由 8 个长 22.5m、宽 37.95m、高 11.4m 的小节段组成，重约 7.8 万 t。两侧暗埋段长 163m，敞开段长 388m，在 K8+549 和 K10+529 位置处设置两处海底废水泵房，在沉管隧道起点和终点位置分别设置两座风塔。

沉管隧道区域地层岩性自上而下主要为淤泥土、粉质黏土、砂层和基岩，如图 2-27 所示。工程区域属南亚热带海洋性季风气候区，受海洋暖湿气流影响，本区雨水充沛，但干湿季明显，主要集中在汛期(4～9 月)。年平均气温 23℃，极端最高气温 36.1℃，极端最低气温 0℃。平均海平面高程为+0.54m；10 年重现期最高水位+2.74m，最低水位−1.27m。

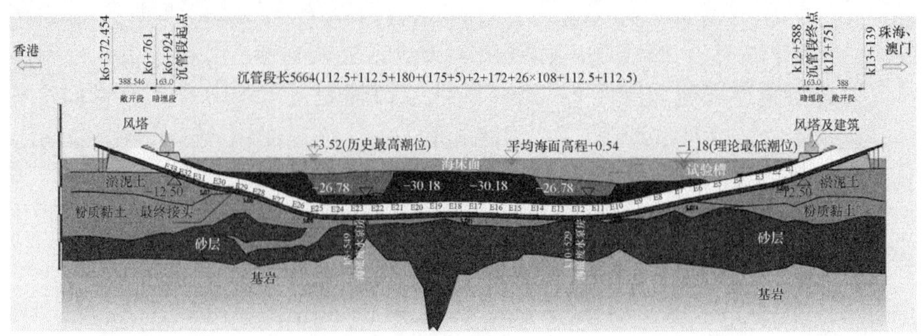

图 2-27　港珠澳大桥沉管隧道纵断面布置图(单位：m)

港珠澳大桥沉管隧道是世界上建设规模最大的公路沉管隧道，沉管结构需要长期承受超过 20m 厚回淤土及 44m 水压荷载，因此该隧道也是目前世界上唯一的深埋沉管隧道。

2.4.2　方案设计

港珠澳大桥沉管隧道采用矩形折板结构，两孔一廊道，宽 37.95m，高 11.4m，结构厚度 1.5m，中墙厚 0.8m，如图 2-28 所示。沉管段将中间管廊作为逃生通道，未设置紧急停车带，管节采用钢筋混凝土预制节段，采用“工厂法”进行流水化沉管预制。

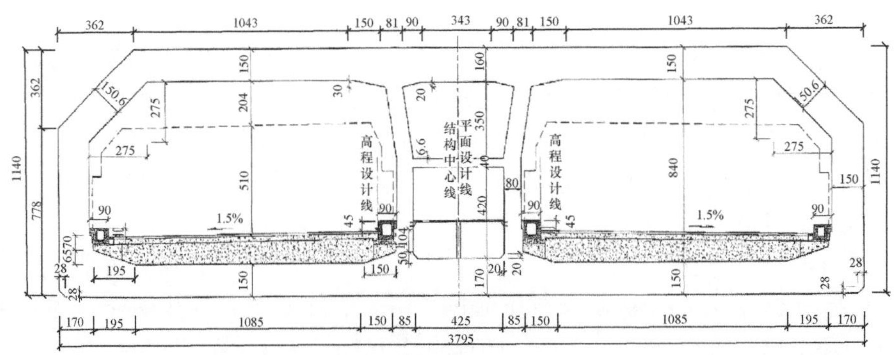

图 2-28　港珠澳大桥沉管隧道结构断面图(单位：cm)

1. 标准管节接头

标准管节设 7 个节段接头，每个节段接头共设 4 组水平钢筋混凝土剪力键(水平剪力键)和 4 组竖向钢筋混凝土剪力键(竖向剪力键)。其中，水平剪力键在顶板、底板各设置2组；竖向剪力键分别在两个侧墙、两个中墙处各设置1组。每组剪力键都包括剪力键榫和剪力键槽，按节段浇筑顺序和所处位置分别设于先浇端和匹配端。在每组剪力键榫槽的受力面之间设置垫层，垫层通过预埋钢板安装，其余空间采用聚苯乙烯泡沫板充填。

节段接头设置4道防水构造，即外包喷涂型聚脲防水层、中埋式可注浆止水带、遇水膨胀橡胶条和OMEGA止水带，如图2-29和图2-30所示。

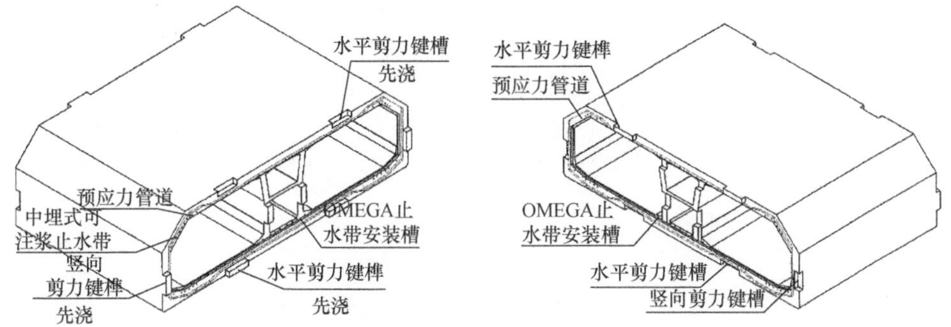

图2-29 节段接头示意图

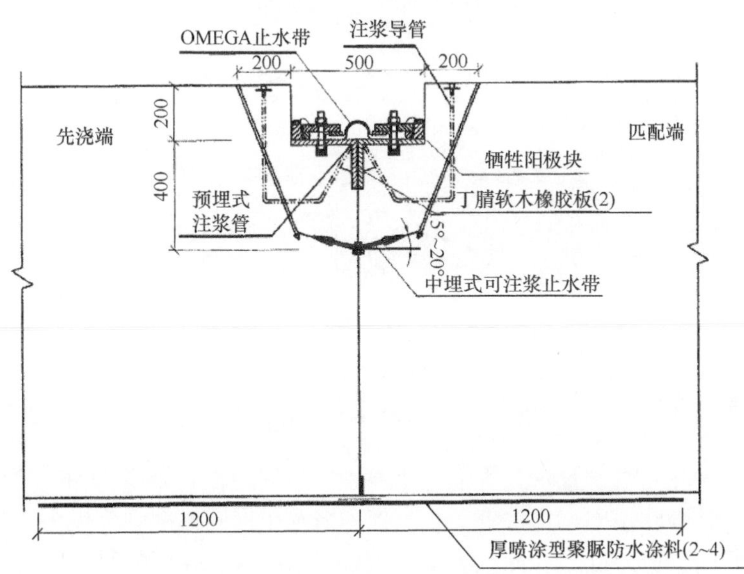

图2-30 节段接头防水构造示意图(单位：mm)

2. 最终接头

1) 接头构造

最终接头位于E29-S8与E30-S1之间，平面R=5500m曲线，水深约28m，处于东人工岛挑流区域。为减少海上作业时间，降低潜水作业的风险，确保工程质量，满足施工工期要求，对最终接头形式进行调研后，提出全新的可逆式主动止水三明治结构最终接头。

三明治结构由钢壳内填充高流动性混凝土组成，横断面尺寸与沉管隧道普通混凝土管节一致。钢壳结构横断面宽度为 37.95m、立面高度为 11.4m、顶板长度约 12m、底板长度约 9.6m，断面为倒梯形结构。钢壳结构由顶板、底板、侧墙、中墙、剪力键、吊点、刚性接头、管廊等构成，中墙厚 800mm，其余厚 1500mm，主要材质为 Q420C，总重约 950t。钢壳结构内设置众多横隔板和纵隔板，并划分成多个封闭的小隔舱，隔舱上预留浇筑孔和排气孔。为了保证钢壳与填充混凝土共同变形，防止钢板与混凝土的界面发生滑移，按一定间隔设置剪力传递 L 型钢加劲肋，纵向按一定间隔设置横向加劲肋，如图 2-31 所示。

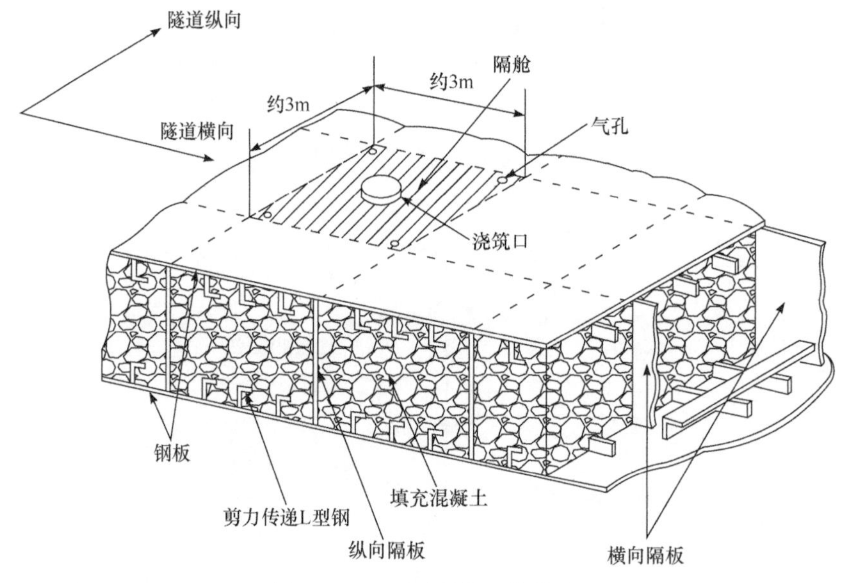

图 2-31　三明治结构最终接头

两个结构相向端设置永久管节接头设施，沿周边设置硬度(邵尔 A)为 62 的 GINA 止水带和 OMEGA 止水带，止水带构造及指标同标准管节接头，沿侧墙及中墙设置竖向钢剪力键。组装、浮运、安装阶段，通过 54 束临时预应力钢束将两个对称的半倒梯形结构连接成整体。

2) 主动止水系统

最终接头可逆主动止水系统包括顶推千斤顶系统、顶推小梁及临时支撑桁架、小梁滑轨、小梁上支座垫块、小梁前端的 GINA 止水带、外侧 M 形止水带及小梁与空腔间 Lip 止水带等，如图 2-32 和图 2-33 所示。

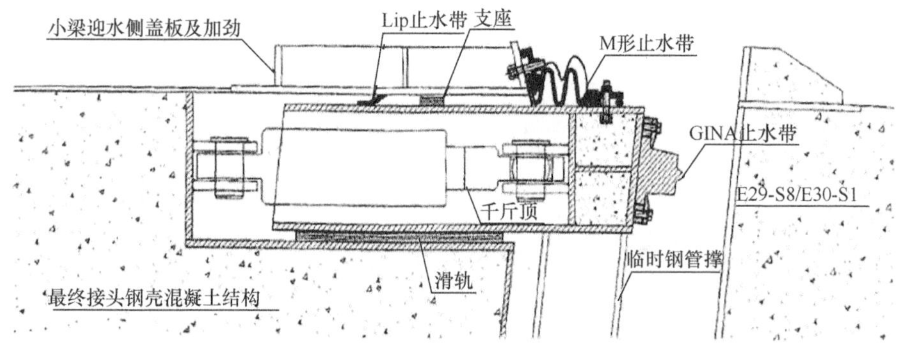

图 2-32　主动止水系统示意图(小梁顶推前)

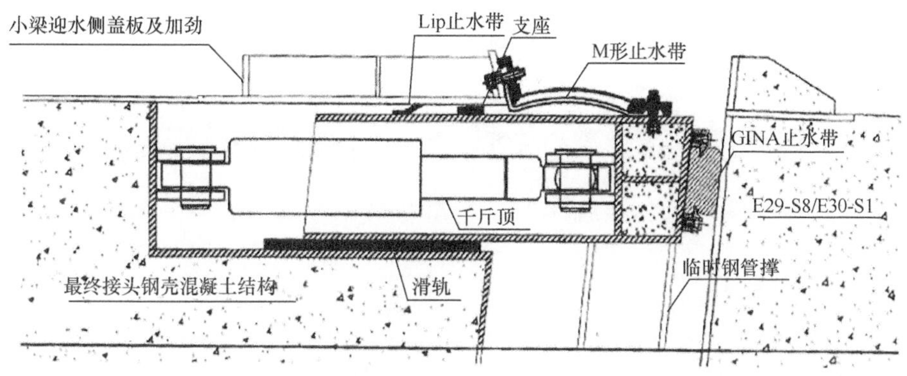

图 2-33　主动止水系统示意图(小梁顶推后)

最终接头块沉放到位后，顶推小梁压缩端部 GINA 止水带临时止水，进而抽排结合腔水，形成管内焊接刚性接头钢板的干燥施工环境。刚性接头沿横断面内侧一圈布置，采用变断面设计，高度为 791～958mm，长度为 852mm。刚性接头焊接及浇筑完成后，最终接头与 E29、E30 形成刚性接头，实现由临时接头向刚性接头的转变，如图 2-34 所示。

3. 管节预制施工

预制生产线集成了当今世界多项先进技术和装备，如流水化钢筋施工生产线、一次全断面浇筑液压模板、混凝土搅拌及供应系统、混凝土温控及养护系统和管节顶推系统等。

1) 流水化钢筋施工生产线

由于钢筋加工、绑扎量大，共设置 2 条生产线，每条生产线设置 3 个钢筋加工、绑扎区，形成流水作业。绑扎完成后采用整体顶推进入浇筑台座，如图 2-35～图 2-38 所示。

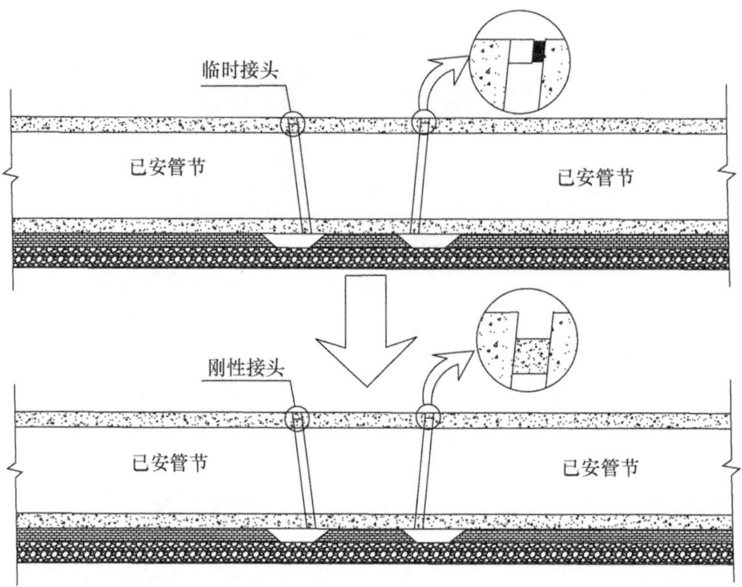

图 2-34 临时接头转变为刚性接头过程示意图

图 2-35 底板钢筋绑扎

图 2-36 侧墙钢筋绑扎

图 2-37 顶板钢筋绑扎

图 2-38 浇筑混凝土

2) 大型液压模板系统

大型液压模板系统由底模、侧模、内模及针形梁组成，由液压系统控制，端模采用分块拼装，管节一次性连续浇筑成型，外侧模板不设拉杆，由反力墙支撑，如图 2-39 所示。

图 2-39　大型液压模板系统

3) 混凝土温控及养护系统

混凝土温控及养护系统设置制冰系统，采用冰水混合物进行混凝土拌制。从原材料到混凝土拌制、运输、浇筑、养护全过程采取温控措施，控制沉管混凝土入模温度≤25℃(高温季节≤28℃)，采用养护棚喷淋养护，全过程进行温度监控，如图 2-40 所示。

图 2-40　制冰系统

4) 管节顶推系统

每个管节质量约 7.8 万 t，管段下方设置 4 条顶推滑移轨道，沉管下部布置 192 台主动支撑千斤顶，采用“三点”支撑。在管节前后设置 2 套导向装置，单个管节设 128 台顶推千斤顶，多点分散同步顶推，如图 2-41 所示。

4. 管节基础施工

沉管基础施工质量是决定沉管隧道成败的关键，主要关键工序包括基槽粗挖、精挖，基槽清淤，基础抛石夯平和碎石基床敷设等。

(1) 基槽精挖。由于开挖水深大(50m)，开挖精度要求高(−60～40cm)，开发了大型定深平挖抓斗挖泥船和挖深精度控制系统。

图 2-41　管节顶推系统

(2) 基槽清淤。沉管隧道横卧珠江口，存在回淤可能，容易造成基础沉降和沉管安装期浮力突然增大而意外上浮，因此研制了专用清淤船。此船不仅能够进行系统定位和测量，实时显示基槽槽底纵坡，还能采用耙头定压，可满足在不同类型基础面(块石、碎石、黏土等)上进行清淤施工，如图 2-42 所示。

图 2-42　基槽清淤船

(3) 基础抛石夯平。由于抛石夯平作业水深大，夯平精度高(小于 30cm)，夯平要顺应基础坡度，水下抛石、夯平工作量大，开发了专用溜管式抛夯一体船，可实现溜管定点定量抛石、定点夯平。采用液压振动锤水下夯平后，大幅度提高了夯平效率及质量，如图 2-43 和图 2-44 所示。

图 2-43　溜管式抛夯一体船

图 2-44　液压振动锤

(4) 碎石基床敷设。由于水深大，整平精度要求高(允许偏差±40mm)，且整平质量影响沉管标高和接头受力，整平工作量大(单节面积近 1.5 万 m^2)，研制出了国内第一艘自升式抛石整平船，采用液压抬升、皮带输送和抛石定位测控管理三大系统，基床敷设采用自动化控制，如图 2-45 所示。

图 2-45　自升式抛石整平船

2.5　上海外环隧道

2.5.1　工程概况

上海外环隧道是上海市“三环十射”快速道路系统中外环线的一个重要节点工程。在浦西接外环线同济路立交，沿泰和路向东至吴淞海滨公园处穿越黄浦江，在浦东三岔港进入浦东陆域，与外环线北环道路相连，是上海市外环线建设中关键的“闭合成环”工程。外环隧道距吴淞口约 2km，工程全长 2828.28m，是首次采用沉管法建造的双向八车道大型越江工程，如图 2-46 所示。隧道车道宽度为 6×3.75m+2×3.5m，两条超高车道通行净高为 5.5m，其他车道通行净高为 5.0m。

图 2-46　上海外环隧道

2.5.2　方案设计

上海外环隧道是上海市外环线穿越黄浦江下游的 8 车道沉管法隧道，隧道总长 2882.828m，其中江中沉管段长 736m，属于节段装配式隧道。管段横断面采用三孔两管廊形式，边孔三车道宽度为 3.75m×2+3.5m，通行净空高度为 5.5m。考虑设备布置要求、建筑装饰、施工误差、压舱混凝土厚度(考虑竖曲线拟合加高值、横向排水坡、纵向排水沟等设置要求)，如图 2-47 所示。经过抗浮计算，取顶、底板厚度为 1.45m、1.5m，侧墙厚度为 1.0m。通过横向、纵向静力计算以及抗震分析，管段结构在施工、运营阶段均能满足结构强度、刚度和稳定性要求。

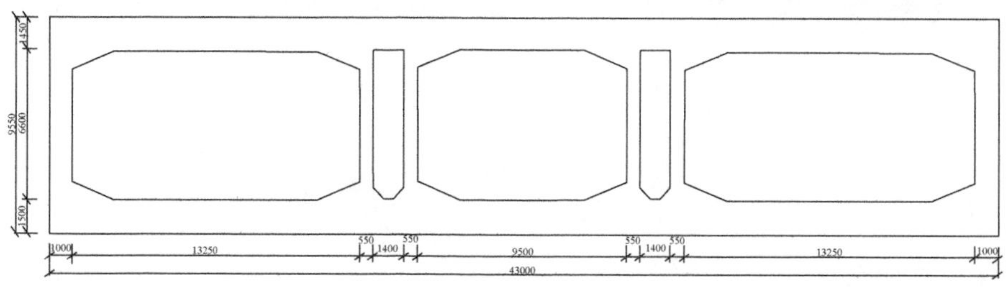

图 2-47　上海外环隧道结构设计断面图(单位：mm)

1. 防水设计

上海外环隧道作为城市水下隧道应满足二级防水标准，防水设计主要分为管段混凝土结构自防水设计、管段接缝防水设计与管段接头密封防水设计三部分。

(1) 管段混凝土结构自防水是隧道防水的根本。结构采用 C35 混凝土，抗渗等级≥S10；混凝土的渗透系数≤8×10^{-12} m/s，氯离子扩散系数≤5×10^{-8} cm^2/s。采用低水化热水泥，增加粉煤灰、矿渣微粉用量，控制水泥用量，限制水胶比等措施。

(2) 横向施工缝处设置遇水膨胀橡胶止水条和中埋式橡胶止水带两道防线。纵向施工缝处采用钢板止水带和遇水膨胀橡胶止水条两道防水措施。另外，在管段外表面所有横向和纵向施工缝处加涂一层环氧-聚氨酯外防水涂料。

(3) 管段与管段间的接头防水采用 GINA、OMEGA 两种止水带承担管段接头防水任务。GINA 止水带材质一般为天然橡胶或丁苯橡胶(styrene-butadiene rubber, SBR)，OMEGA 止水带的材质一般为丁苯橡胶，如图 2-48 所示。

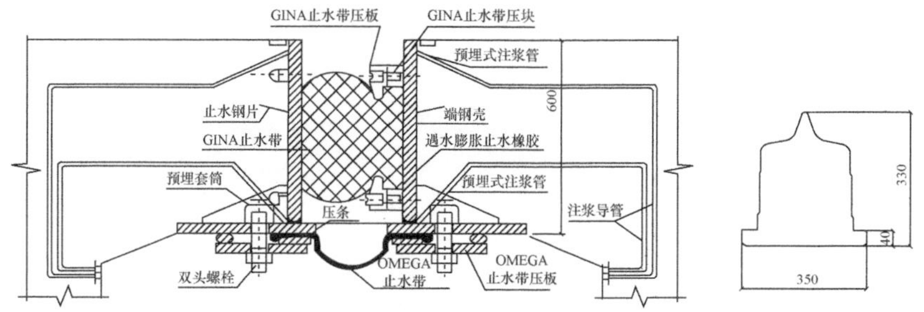

图 2-48 管节接头防水构造图与GINA止水带断面构造图(单位：mm)

2. 接头设计

根据总体布置和结构受力需求，上海外环隧道江中沉管段由7节管段组成，共设置了2个管段与岸边段间的柔性接头、6个管段与管段间的柔性接头和1个江中最终接头。隧道预制管段依靠水力压接技术在水中连接，管段之间的接头是实现水力压接的重要构造，也是沉管隧道设计的重点。柔性接头是最为典型的沉管接头形式，要求在确保管段接头水密性的前提下，允许接头适应较大的变形。一般地下结构沿纵向均设置变形缝，以减小不均匀沉降、温度变化和地震作用产生的结构次内力。对于沉管隧道，柔性接头具有结构变形缝的作用。

1) 管段间柔性接头

管段与管段之间、管段与岸边段之间全部采用柔性接头，接头间由GINA和OMEGA止水带形成两道防水线。接头间采用钢拉索限位装置，既能保证管段接头的柔性，还能防止地震工况下发生过大的轴向变位。另外，在压舱混凝土中还设置了混凝土水平剪切键，中隔墙、外侧墙上均设置了垂直剪切键，以承受地震所引起的剪切力，且在各剪切键间均设置了橡胶支座，允许产生少量的位移和转动，如图2-49所示。

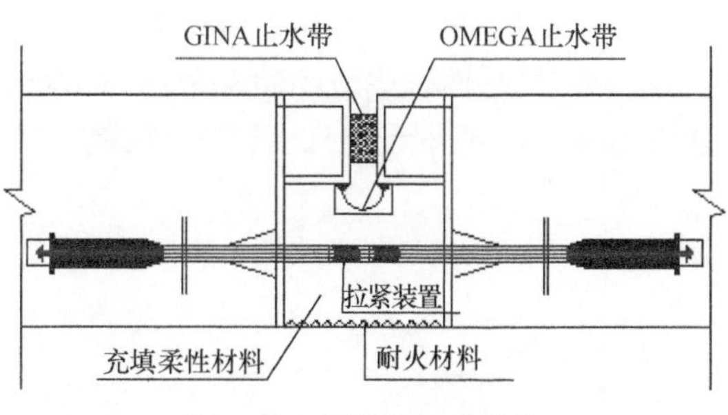

图 2-49 管段间柔性接头

2) 沉管段最终接头

上海外环隧道设计采用“止水板方式”最终接头。根据管段沉放次序，确定最终接头的位置设置在E6管段内近E5管段侧。E6管段分为三段，即E6-1(102m)、

E6-2(3.5m)和最终接头(2.5m)。浇筑 E5 管段的同时比邻浇筑 E6-2 管段，并在坞内放水前将 E6-2 与 E5 拉合，连接在一起。沉放就位后，在 E6-2 与先期沉放的 E6-1 之间架设临时支撑，安装临时钢围堰(同时作为最终接头的外模板)及周边止水装置；再抽去最终接头间的水，拆除钢端封墙，连接最终接头之间的钢筋，并浇筑混凝土，如图 2-50 所示。

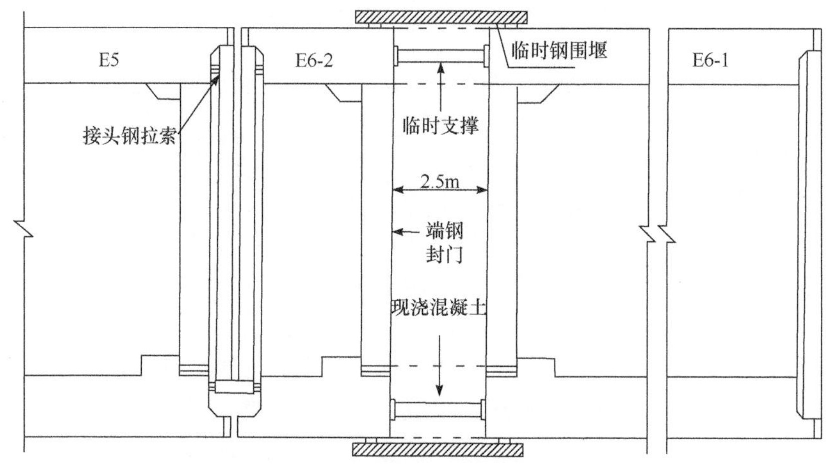

图 2-50　最终接头布置示意图

2.6　上海诸光路隧道

2.6.1　工程概况

上海诸光路隧道工程全长约 2.8km，双向四车道，设计速度为 40km/h。采用盾构法和明挖法施工，如图 2-51 所示。盾构段全长 1390m，共 695 环，采用ϕ14.45m 的土压平衡盾构机。隧道衬砌结构外径为 14m，内径为 12.8m，环宽 2m，厚 0.6m，盾构段主线最大纵坡为–4.8%，平面轴线最小曲率半径为 700m。上海诸光路隧道是国内第一次采用全预制拼装技术进行施工的单管双层隧道，预制装配率达 90%。

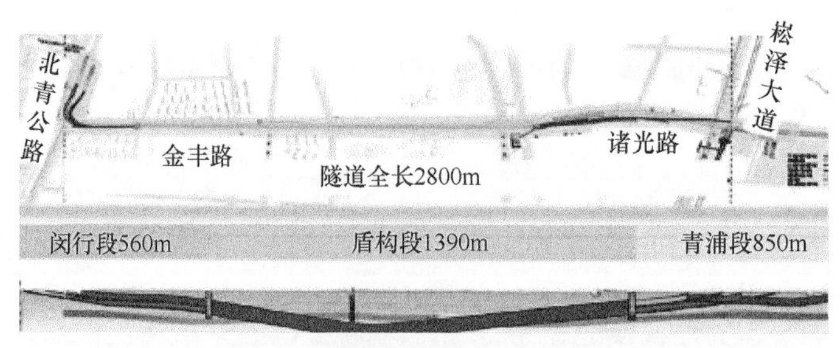

图 2-51　上海诸光路隧道工程平纵面

上海诸光路隧道为单管双层结构，分为上层车道板和下层车道板，如图 2-52 所示。设计车辆通行限高 4.5m，结构净高 5m；单层车道总宽度为 3.5m×2=7m。

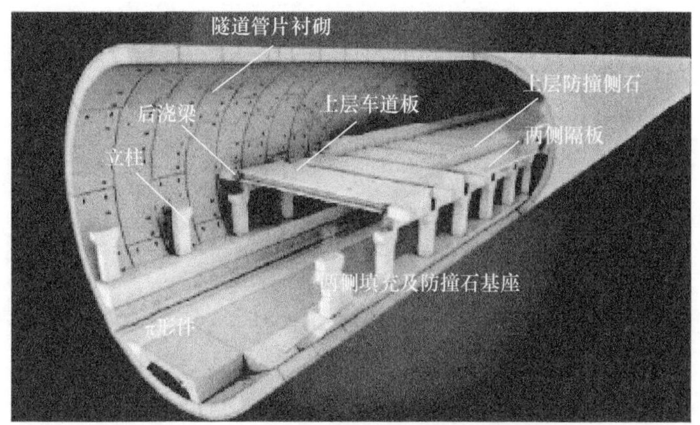

图 2-52　上海诸光路隧道内部结构示意图

2.6.2　方案设计

隧道内部预制结构采用梁-板-柱结构体系，如图 2-53 所示，分为上下两层。其中，预制构件包括π形件、立柱、上层车道板、两侧盖板以及上层防撞侧石；现浇结构包括π形件两侧混凝土填充、下层基座(含下层防撞侧石)和后浇梁。预制构件全部采用工厂化流水生产，在隧道内进行拼装。

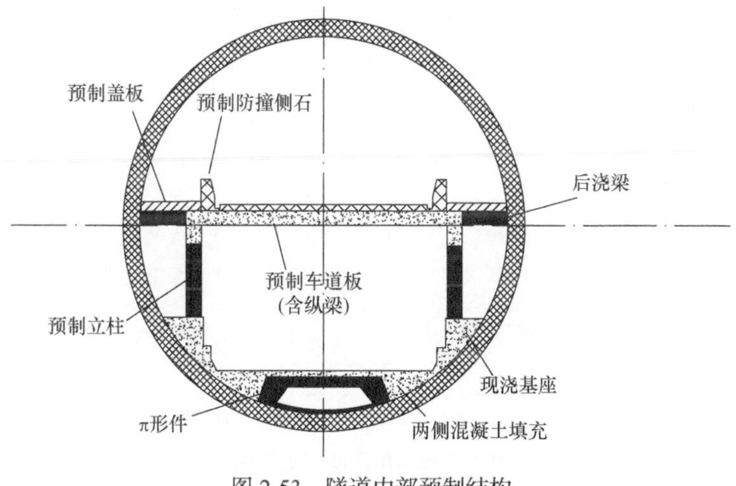

图 2-53　隧道内部预制结构

(1) π形件为下层车道板的主要构件，顶部横向宽 3.9m，纵向长 2m，板厚 350mm，单块构件重 11.2t，如图 2-54 所示。

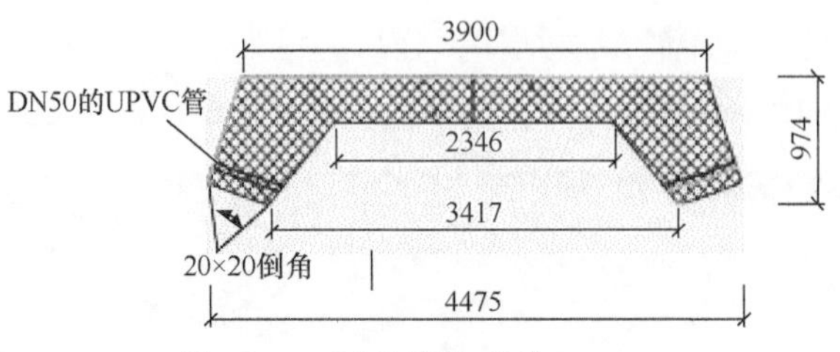

图 2-54　π形件结构(单位：mm)

(2) 上层车道板采用预制构件，标准段预制车道板的参数为 9500mm(宽)×1200mm(高)×4000mm(长)，板厚 460mm，重 40.7t；风机段预制车道板的参数为 9640mm(宽)×1200mm(高)×4000mm(长)，板厚 460mm，重 44.1t。车道板顶面预埋 4 个吊点，采用专用车吊装，如图 2-55 所示。

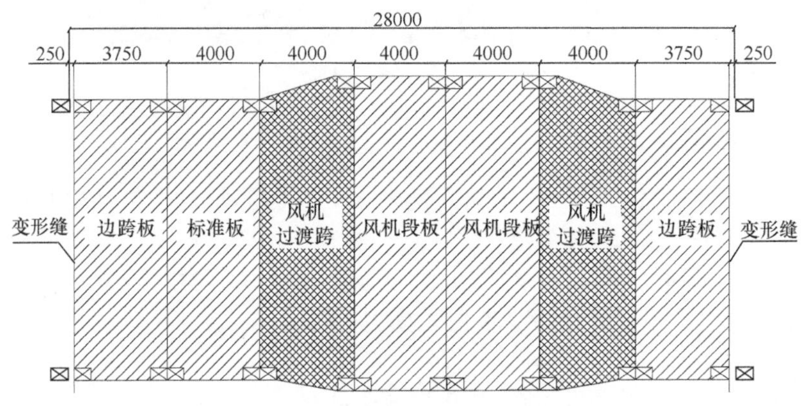

图 2-55　车道板结构(单位：mm)

(3) 上层车道板两侧的预制盖板具体尺寸为横向宽 2m，纵向长 4m，板厚 200mm，单件构件重 4t。上层车道板两侧的预制防撞侧石的具体尺寸为纵向长 4000mm，横向宽 500mm，高 795mm，单件构件约重 2.2t，如图 2-56 所示。

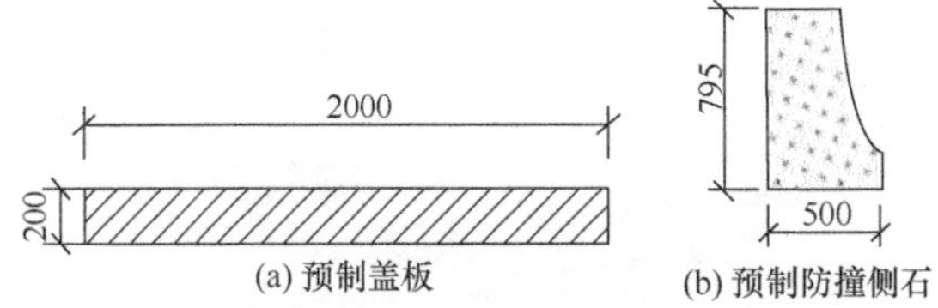

图 2-56　预制盖板和预制防撞侧石(单位：mm)

1. 连接节点设计

隧道内部双车道结构采用全预制装配式框架结构体系，内部结构的上下层车道板、纵梁、立柱等主要受力构件均进行预制，预制内部结构和预制管片之间的连接节点至关重要。预制构件间的连接节点是预制装配式结构的关键，其中预制立柱与管片的连接最为关键。为了保证立柱的力能够有效地传到管片上，预制柱与管片无法直接连接，采用现浇基座作为立柱与管片之间的转换接头，再分别对管片与现浇基座、预制柱与现浇基座进行连接。

1) 管片与现浇基座的连接

盾构隧道采用通用管片进行错缝拼装，且管片环在拼装过程中会发生旋转，无法准确地在管片上预留连接钢筋，因此需要通过植筋来连接管片和基座。

2) 预制柱与现浇基座的连接

现浇基座的尺寸小，隧道内施工操作空间局促，大大限制了预制柱与基座的连接方式，采用浆锚式接头连接预制柱与现浇基座，利用注浆套筒及高强水泥砂浆压力灌浆来锚固柱的纵向受力钢筋，从而取消现场焊接和后浇混凝土，施工更加方便。

2. 关键技术设计

1) 预制π形件安装

π形件是下层车道板的主要构件，它的吊运安装与盾构推进同步，一方面起到施工阶段隧道抗浮作用，另一方面提供运输车辆行走基面，以实现盾构快速推进。π形件在吊装前，必须先将管片底部的污泥和杂物清除，并将管片冲洗干净，拧紧手孔螺母，将手孔用混凝土填封密实；然后在衬砌环的底面上标出π形件的位置，将预制车道板吊运到位，采用25t桁车进行π形件敷设，如图2-57所示。

图2-57　预制π形件安装

π形件敷设以隧道中心线为基准，其坡度在成环隧道基础上结合设计坡度进行调整，尽量确保π形件接缝部位平顺、无踏步。阶段性地对π形件的坡度及轴线进行复核，得出的测量数据用于指导下阶段施工。轴线控制过程中出现的张角，通过在π形件底座与底部管片焊接钢板或者填充混凝土来弥补间隙，以保证平整度。预制车道板敷设完成后，进行两侧混凝土填充施工。

2) 基座预留插筋定位与立柱安装

基座预留插筋是预制立柱与现浇基座的连接点，预留插筋直接影响立柱的定位精度，立柱的定位精度直接影响后续车道板的安装。因此，预留钢筋的准确定位是拼装施工的关键。为此设计了专用预留插筋定位盘，在施工过程中用于对插筋进行限位和精度控制，误差控制在 ± 2mm。

(1) 预留插筋定位：设计的专用预留插筋定位盘(图 2-58)的具体尺寸为 500mm×500mm，厚度为 180mm(含套管)，质量为 15kg；盘上设置钢筋套管，用于预留插筋定位，设计套管与钢筋间隙在 0～1.5mm。

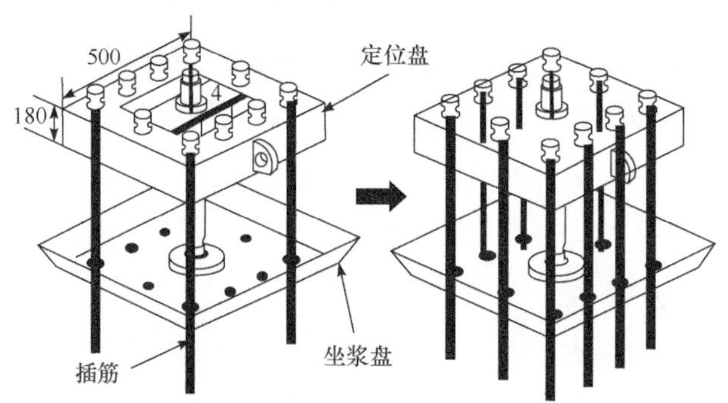

图 2-58　预留插筋定位盘(单位：mm)

预留插筋的基本定位流程为坐浆盘水平初步定位→插入 4 根钢筋→定位盘初步调整定位→剩余的 6 根钢筋插入→定位盘、坐浆盘定位→插筋与周围钢筋焊接固定→浇筑混凝土→取出定位盘、坐浆盘。采用全站仪和水准仪确保定位盘的准确定位。

(2) 立柱定位：立柱的安装关键在于垂直度的控制。为了控制垂直度，在安装时采用斜撑进行微调，微调完成后利用红外线复核立柱的垂直度，如图 2-59 所示。复核通过后，再进行坐浆、套筒灌浆。

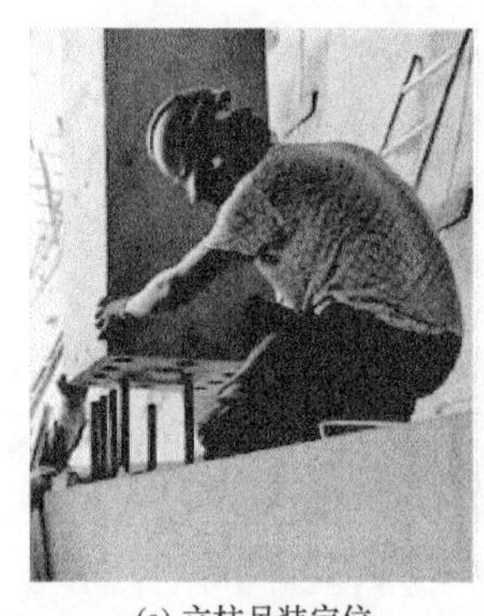
(a) 立柱吊装定位

(b) 斜撑微调

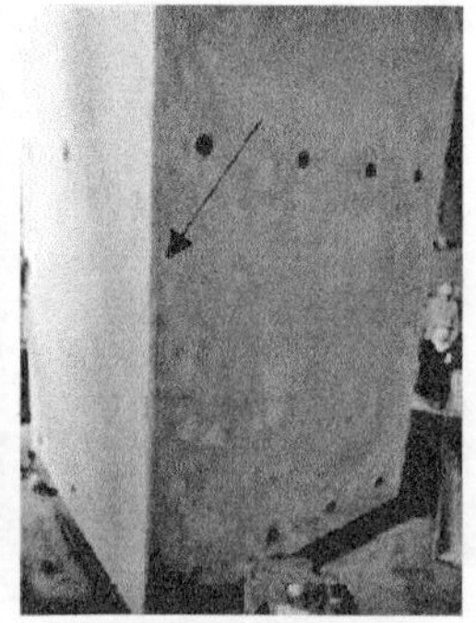
(c) 红外线复核垂直度

图 2-59　立柱定位

2.7 南京定淮门长江隧道

2.7.1 工程概况

南京定淮门长江隧道位于长江大桥与纬七路长江隧道之间，连接南京主城区与浦口规划新市区中心。江北连接定向河路，与浦珠路相交，其中南线(S线)经潜洲中部、梅子洲尾部过江，与主城的定淮门大街、新模范马路、玄武湖隧道相连；北线(N线)经潜洲北部过江与主城的扬子江大道相接，如图2-60所示。

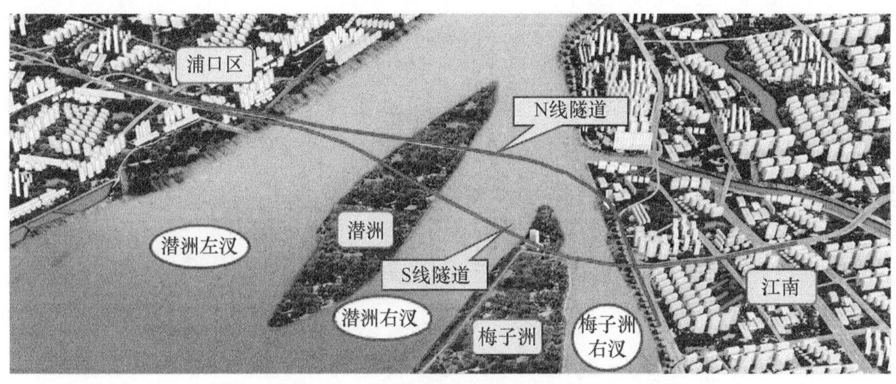

图2-60 定淮门长江隧道工程平面图

路线总体布置采用八车道X形隧道方案，从浦口到定淮门有两条隧道X形交叉过江，隧道设计为双层双向八车道。隧道在江中段采用双层盾构，左右线分离布置两管，左线(N线)隧道长4965m，其中盾构段3433m，右线(S线)隧道长5330m，其中盾构段 4040.5m。盾构直径为 14.5m，内设上下层双向四车道，上层均为江北至江南方向，下层均为江南至江北方向。左右两条单管均具有独立的交通能力，左线隧道与扬子江大道顺接，主要承担扬子江大道与浦口间交通联系；右线隧道与定淮门大街顺接，主要承担纬三路的直行交通。

2.7.2 方案设计

南京定淮门长江隧道工程采用盾构方式，属于分块装配式隧道，其横断面设计如图2-61所示。隧道上层车道两侧分别设计有排烟通道与逃生通道。排烟通道与逃生通道采用混凝土隔墙与行车区域分隔。上层行车道采用 510mm 厚混凝土板，上覆100mm厚沥青混凝土路面。上层行车道板支撑于两侧的上层车道纵梁，纵梁截面尺寸为500mm×1200mm。上层车道通过车道立柱支承于下层车道基础，立柱截面尺寸为500mm×500mm。下层车道由预制口型构件与现浇车道基础两部分组成，隧道内部实景如图 2-62 所示。

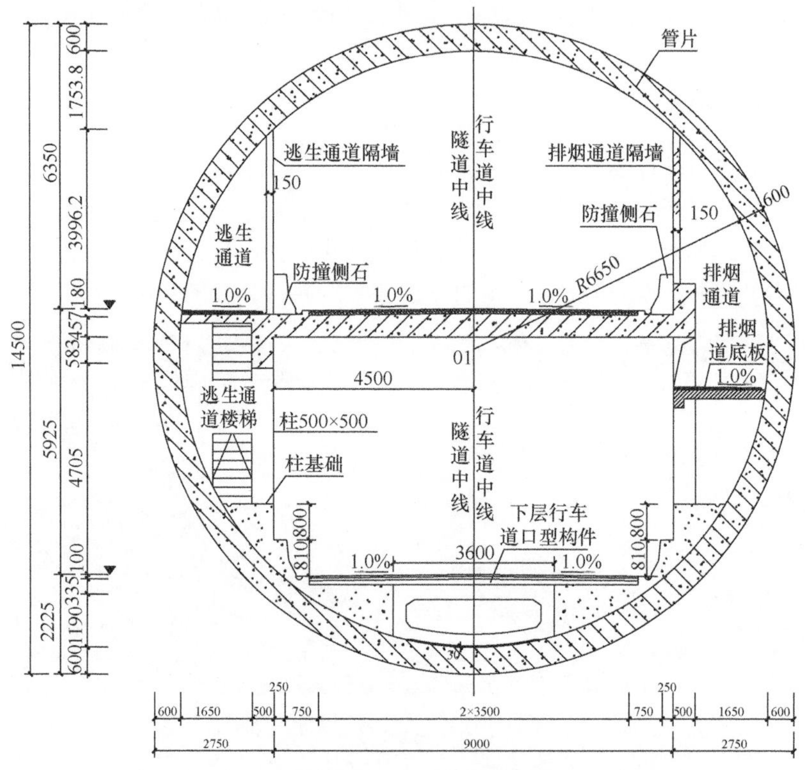

图 2-61　南京定淮门长江隧道横断面(单位：mm)

图 2-62　南京定淮门长江隧道内部实景照片

针对项目特点及工期要求，南京定淮门长江隧道工程大直径盾构隧道内部结构采用现浇与预制相结合的梁-板-柱结构体系，即采用“上层车道板预制+梁板后浇接头”方案，混凝土隔墙将排烟通道、逃生通道与行车区域分隔开(图 2-63)。上层车道板、排烟通道隔墙板及逃生通道板采用预制混凝土结构；车道纵梁、立柱及立柱基础采用现浇混凝土结构；下层车道中间为预制口字件，两侧回填素混凝土，口字件拼装及两侧素混凝土回填与盾构掘进同步进行。预制内部结构布置示意图如图 2-64 所示。

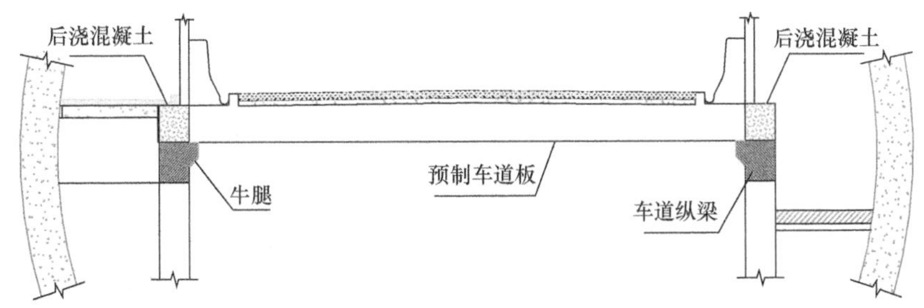

图 2-63　车道板预制及节点后浇方案示意图

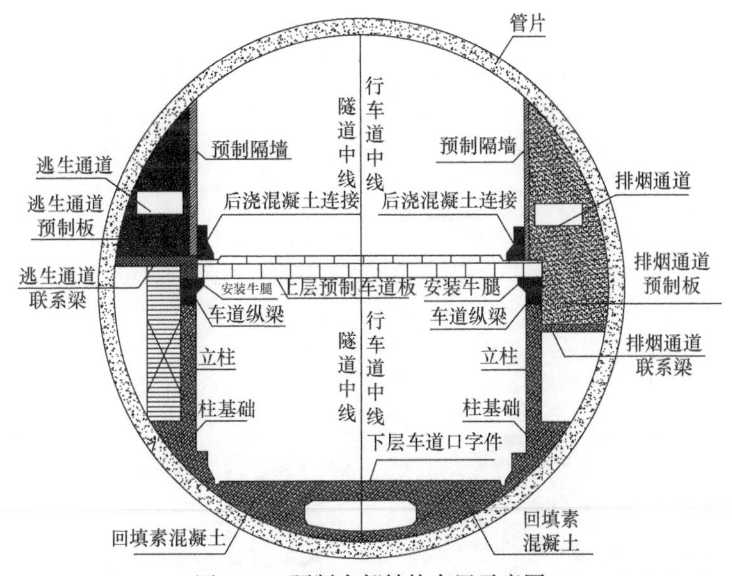

图 2-64　预制内部结构布置示意图

1. 连接节点设计

连接节点设计具体如下。

(1) 排烟通道及逃生通道的隔墙采用预制结构，通过钢龙骨安装于上层预制车道板上，如图 2-65 所示。

(2) 车道立柱与车道纵梁洞内先期浇筑，车道纵梁施工时，预留连接钢筋。

(3) 上层车道板洞外预制，预制车道板受力钢筋伸入车道纵梁内部，车道板安装后采用后浇筑混凝土将车道纵梁与车道板连接成整体。梁板连接设计如图 2-66 所示。

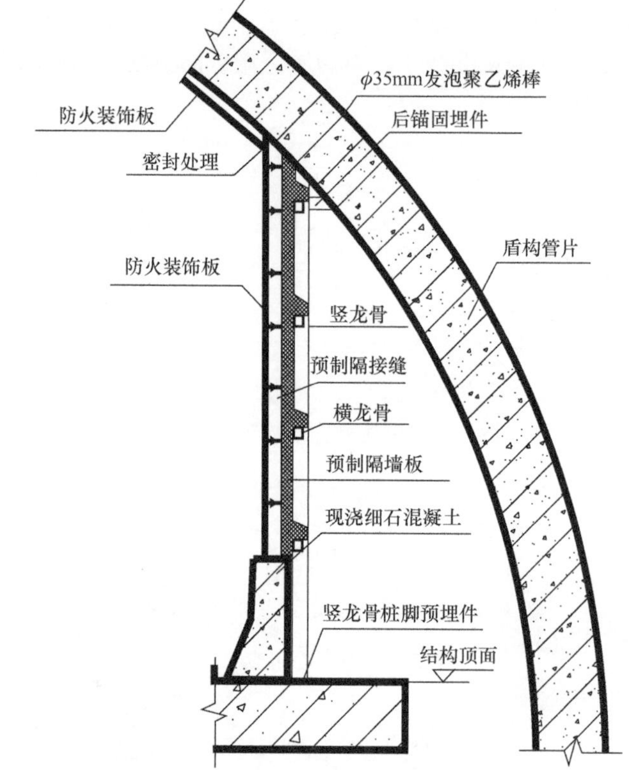

图 2-65　排烟通道隔墙预制设计图

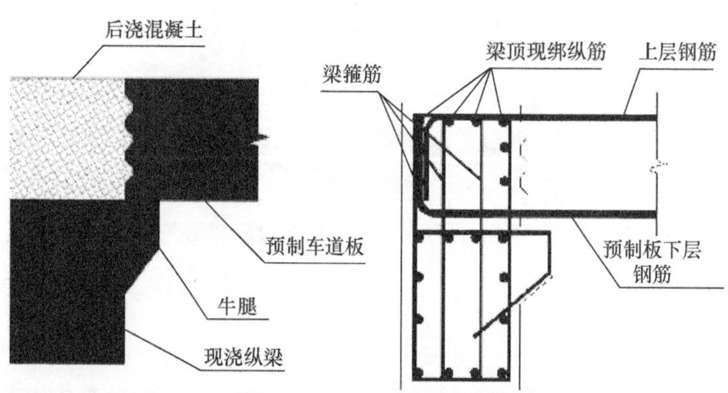

图 2-66　梁板连接设计

(4) 预制车道板间采用直接拼接时，车道板为单板受力的结构形式，各板间协同工作能力很差，车道板设计内力大，考虑长期荷载效应影响，车道板挠度大，超过规范限制。预制车道板间应采用相互连接措施，以加强车道的整体性，减小车道板的设计内力。另外，针对不同宽度的预制车道板计算分析对比表明，预制车道板宽度对车道纵梁受力影响较小；预制车道板单位宽度的设计内力随着预制板宽度的增大而减小。因此，在运输条件可行的情况下，应尽量增加预制车道的宽度，以取得较好的经济性，减少预制件个数与运输次数。最终将预制车道板标准宽度定为3.0m，每块预制板之间通过后浇铰缝连接，形成整体结构。铰缝连接设计如图2-67所示。

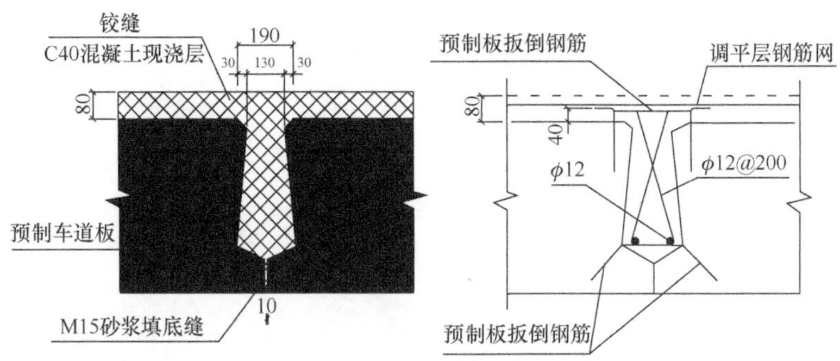

图2-67 铰缝连接设计图(单位：mm)

2. 关键技术设计

1) 预制口字件安装及两侧混凝土回填

口字件安装位置在两环管片之间，为确保弧形底部与管片的充分接触，口字件弧形底敷设砂浆垫层，以保证荷载均匀传递，口字件块与块之间采用钢板焊接。为确保路面的平整度，口字件之间的错台量应不大于8mm，拼装时须严格控制。

待口字件安装完毕后，对管片内弧面采用人工电镐凿毛，清理浮渣后进行植筋和钢筋绑扎，经检查合格后进行混凝土浇筑、口字件安装(图2-68)及两侧混凝土回填。

图2-68 口字件安装

2) 立柱基础施工

立柱基础、立柱及纵梁等至少滞后盾构施工30环。立柱基础结构主要由水沟、下层防撞侧石和立柱基础上部三部分组成，结构为不规则多边形，一次性整体浇筑混凝土很难达到施工质量的要求,而分层分部细化浇筑会增加混凝土施工工序。通过分析洞内施工现状，将立柱基础钢筋植筋后进行整体绑扎，采用特制的钢模板将水沟和下层防撞侧石一次浇筑，立柱基础上部待下层浇筑完成后二次浇筑，水沟和下层防撞侧石钢模板的优化减少了立柱基础的施工工序，如图 2-69 所示。模板定位安装只需要经过一次测量放样，减少了测量放样的次数，对浇筑好的水沟和防撞侧石进行强度和几何尺寸检查，结果均满足设计要求。通过对结构构件模板进行改进，内部结构各个构件满足施工要求，减少了施工工序，节约了施工时间。

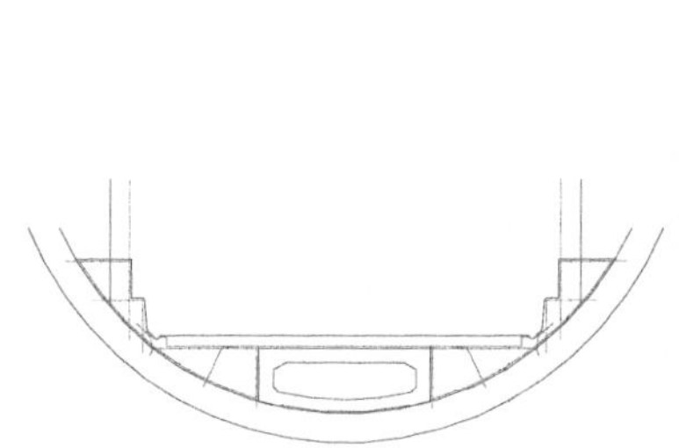

图 2-69　立柱基础植筋

3) 纵梁后浇区施工

预制车道板板头位置与纵梁牛腿均通过预留方式预埋钢筋，隧道线路为曲线段，因此预制车道板与纵梁牛腿预埋钢筋搭接位置相互干扰。经过第一联 12m 的试验段，对纵梁预埋箍筋进行定尺固定绑扎，以保证钢筋的间距，钢筋位置偏差应控制在 2mm 以内。对预制车道板架设测量放样，通过双控措施保证纵梁后浇区的钢筋施工质量，避免钢筋错位导致预制车道板无法安装的问题。同时，采用高精度钢模以确保后浇带的施工质量。

第 3 章　装配式隧道结构构造

隧道工程所处地质环境复杂多变，因此其面临的水土环境对结构承载力、耐久性、防水性要求很高。合理的施工方法、可靠的结构形式、有效的连接方式是装配式隧道广泛应用的前提，而装配式隧道的连接接头作为隧道的重要组成部分，对隧道的结构受力和防水有着重要的作用。本章基于目前国内外各类装配式隧道案例，对装配式结构的建筑材料、装配方式、单元划分、连接节点等多方面进行较为全面的介绍。

3.1　建 筑 材 料

3.1.1　钢筋混凝土

钢筋混凝土合理地发挥了钢筋和混凝土两类材料的性能，具有较高的强度，同时钢筋被混凝土包裹，不易被锈蚀，因此钢筋混凝土结构的耐久性也比较好。在耐火性方面，混凝土包裹在钢筋外侧，在发生火灾时钢筋不会很快达到软化温度导致结构整体破坏，比钢材耐火性能更好。在可模性方面，钢筋混凝土可以根据工程需要较容易地浇筑成各种形状和尺寸。与其他结构相比，钢筋混凝土结构的造价更低，但其自身重力较大，在运输、安装施工过程中易损坏。另外，钢筋混凝土结构抗裂性较差，对结构的受弯和受拉性能要求较高。但因其具有多项优异的特性，装配式隧道的预制构件通常采用钢筋混凝土结构，如图 3-1 和图 3-2 所示。

图 3-1　盾构隧道钢筋混凝土圆形管片

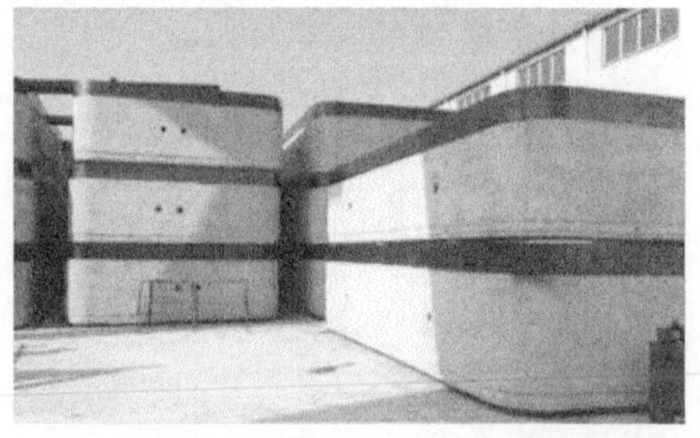

图 3-2　顶管隧道钢筋混凝土矩形管节

3.1.2 铸铁

国外在穿越饱和含水不稳定地层中修建隧道时，较多采用铸铁管片。最初采用的铸铁材料均为灰口铸铁，但因其抗拉强度、塑性、韧性较差，逐步改用球墨铸铁。铸铁的延性和强度接近于钢材，管片质量较轻，安装运输方便，耐蚀性好，机械加工后管片精度高，能有效地防渗抗漏。铸铁管片具有脆性破坏的特性，不宜用于承受冲击荷重的隧道衬砌结构，且管片金属消耗量与机械加工量大，价格昂贵，近十几年来已逐步被钢筋混凝土管片取代。

3.1.3 钢

钢比钢筋混凝土具有更大的承受不均匀荷载和变形的能力，常应用于隧道通过高层建筑或桥梁等局部荷重的情况，以及小半径曲线及地层不均匀的地段。隧道钢管片(管节)衬砌的优点是重量轻、强度高，缺点是刚度小、耐锈蚀性差、成本昂贵、金属消耗量大，需要进行机械加工以满足防水要求。装配式隧道钢衬砌构件在使用时，常辅以混凝土或钢筋混凝土内衬。外壳用钢板制成，在钢壳内浇筑钢筋混凝土组成复合结构。因此，其重量比钢筋混凝土管片轻，刚度比较大，金属消耗量比较小。此类构件要求特定的工艺，如浇筑混凝土后再涂环氧类材料，以增加耐久性，如图 3-3 和图 3-4 所示。

图 3-3　盾构隧道钢管片

图 3-4　顶管隧道中继间钢管节

3.1.4 波纹钢

波纹钢是一种现代的新型建筑材料。波纹钢板是将一定尺寸和厚度的钢板经特定模具辊压成波纹形状的结构板件，呈现波纹瓦楞状。波纹钢板与普通钢板相比，强度更高，在几十倍以上。波形的存在增大了波纹钢板的抗弯惯性矩，使其具有较高的承载能力和稳定性。波纹钢装配式结构因材料质地较轻、不会对地基产生过高的荷载，以及具有结实、稳定的性能，对地形、地貌等的要求也相对较为宽泛，环境适应能力较强，大大缩短了施工周期，有效控制了施工成本，如图 3-5 和图 3-6 所示。

图 3-5　波纹钢板构件

图 3-6　波纹钢装配式结构车行通道

波纹钢板的用途较为广泛，使用也相对灵活，不仅可以多孔使用，还可以承受上方 0.5～50m 的土体重量，施工工艺比较灵活简单。其主要应用领域包括隧道、涵洞；中小跨径桥梁、通道；城市下水管、雨水管、污水管；地下管线共用隧道或地下管线保护用管；旧桥、涵加固，改扩建工程涵洞接长；应急、抢险救灾、临时便道等。

3.2　节段装配式

节段装配式是将隧道沿着长度方向按照一定的尺寸划分成若干个节段，在预制厂按照固定的模具对每个节段进行整体性预制，然后运抵施工现场，通过螺栓和预应力筋等连接方式拼装成一个整体的一种施工方法。节段装配式安装施工基本可以实现 100%的装配率，现场无须湿作业，安装人工少，工期快，该项技术在国内较为常用。

3.2.1　单元形式

节段装配式管节按形状划分主要为圆形和矩形两类。车行隧道因其断面较大，建筑限界扁平，圆形断面利用率偏低，因此隧道装配式结构中矩形断面管节较为普遍，圆形断面常应用于隧道管幕、综合管廊、市政管道，如图 3-7 和图 3-8 所示。

图 3-7　拱北隧道 1620mm 管幕

图 3-8　市政管道管节

矩形管节在车行通道、人行通道中最为常见。管节一般采用矩形或类矩形(上部微拱)结构，单节长度一般为 1.5m，C50 预制钢筋混凝土，抗渗等级为 P8～P10，设置吊装孔、锚索孔、触变泥浆孔及浆液置换孔等，纵向之间采用承插式接头连接或锚索进行拉结，如图 3-9 和图 3-10 所示。

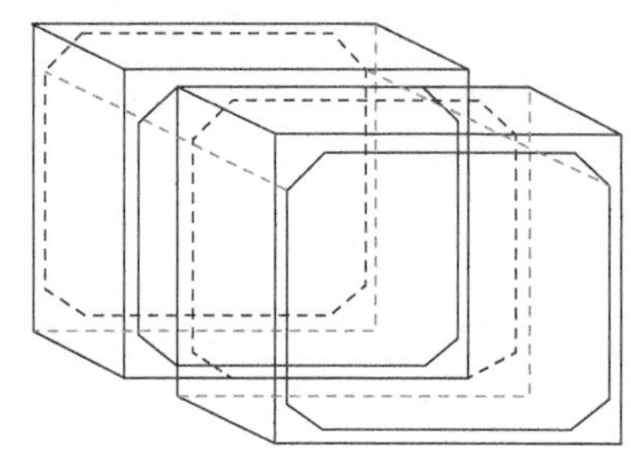

图 3-9 成段预制衬砌示意图

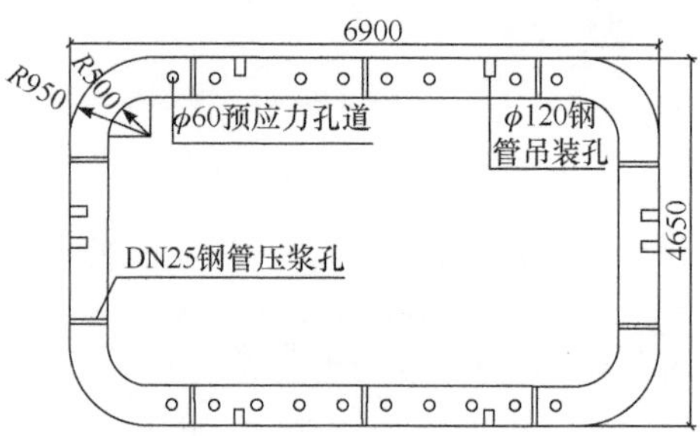

图 3-10 矩形顶管管节断面图(单位：mm)

3.2.2 拼接形式

装配式隧道的连接接头作为隧道的重要组成部分，对隧道的结构受力和防水有着重要的作用，合理的接头设计应能够抵抗较大的外部荷载，使隧道满足整体性要求。另外，隧道接头处刚度和强度较小，接头处容易出现结构性破坏。隧道接头的设计应同时满足刚度要求和强度要求，保证接头在承受较大荷载作用时不发生变形，当外部荷载超过限值时，能够产生变形消耗外部荷载产生的作用。

受预制构件加工、运输及吊装工艺的制约，现有的装配式隧道在采用预制拼装工艺时，需要在工厂内预制成标准节，然后由汽车等运输工具运送至现场，采用吊装机械吊装，再采用特定的拼接工艺实现连接。对于工厂预制、运输、吊装等环节，不同的拼接方式并没有显著的区别，但在拼接环节中，通常采用预应力钢绞线和螺纹钢筋进行张拉。

预应力张拉连接形式通过管节之间的纵向锁紧装置将两节或两节以上的管节进行串联，增强管节整体性，以此来抵抗地基的不均匀沉降。纵向锁紧是指在管节中预留可以穿过钢筋或者钢绞线的镀锌管和波纹管，再将其拉紧固定，以使多段管节整体化的方法(图 3-11 和图 3-12)。应用后预应力张拉锚索时，一般需要在预制构件接缝处设置承插口或榫形结构作为横向抗剪构造，同时在接缝处采用柔性防水构造进行防水，因为相邻管节之间存在钢筋拉力，接头端面往往承受较大的压力，所以在端面一般采用遇水膨胀橡胶圈和黏结胶进一步提升防水可靠性[6]。

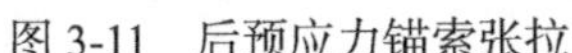
图 3-11　后预应力锚索张拉

图 3-12　临时预应力螺纹钢张拉

预应力钢绞线或钢筋拼接根据纵向接头的刚度和管节的刚度比值，可将接头分为刚性接头和柔性接头(图 3-13 和图 3-14)。刚性接头结构相对简单，主要受力部分为对接企口和预应力钢绞线，这种接头广泛应用于铁路、涵管以及小型沉管隧道等断面较小的地下结构。刚性接头对地质条件要求较高，在出现持续沉降和地震较为频繁的地方不宜采用。施加较大的钢绞线拉力能够使管节具有较高的抗弯、抗剪和抗扭性能，当隧道底部土体纵向出现不均匀沉降时，足够大的接头刚度能够保证隧道的完整性。当隧道上部覆土厚度较大，底部土体出现沉降时，最容易发生破坏的位置是管节对接企口处，企口处的混凝土产生裂缝和出现渗漏，隧道的使用功能会因此受到影响。

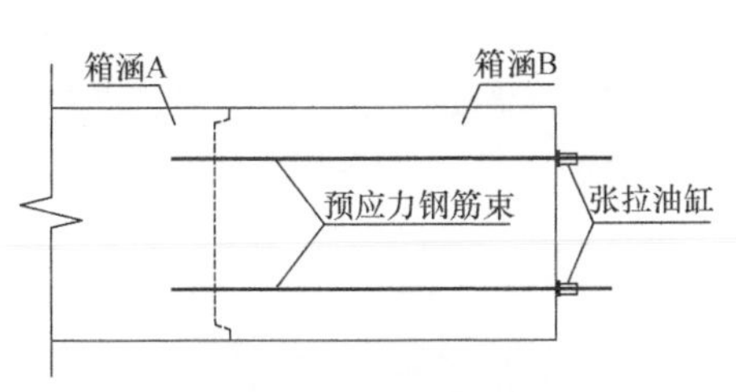

图 3-13　刚性接头

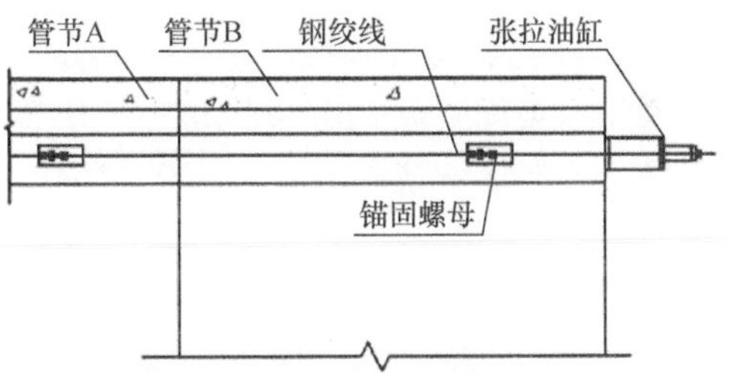

图 3-14　柔性接头

柔性接头的主要组成部分为橡胶止水条和钢绞线，钢绞线主要承受隧道轴向拉力，橡胶止水条主要承受隧道轴向压力，接头的弯曲刚度调节可以通过调整钢绞线的预拉力以及改变橡胶止水条的材料属性实现，因此其能够较好地适应不均匀沉降、地震作用和温度效应产生的变形。柔性接头在沉降未稳定、地震频发区以及饱和土质等情况下都适用，大截面的过江隧道、沉管以及对防水要求较高的地下工程的纵向连接均可以采用柔性接头。后张法预应力钢绞线一般适用于直线或者曲率半径较大的曲线轴线拼装，对于小曲率半径的曲线轴线，其后张拉施工的难度较大[7]。节段装配式隧道刚性接头和柔性接头典型案例的连接方式、设计参数、适用条件如表 3-1 所示。

表 3-1　节段装配式隧道典型拼接形式

主要内容	刚性接头	柔性接头
连接方式	通过对接企口连接	“F”型接头
设计参数	ϕ200～ϕ800mm	ϕ800～ϕ4000mm
适用条件	适用于铁路、涵管以及小型沉管隧道等断面较小的地下结构，在出现持续沉降和地震较为频繁的地方不宜采用	在沉降未稳定、地震频发区以及饱和土质等情况下都适用，大截面的过江隧道、沉管以及对防水要求较高的地下工程的纵向连接均可以采用
应用案例	上海合流污水治理工程	南京建宁西路东延线

3.3　分块装配式

分块装配式是在节段装配式隧道的基础上将隧道沿着横截面分成上下、左右分块，通过预制厂预制，然后运抵施工现场进行拼装的一种施工方法。其连接方式可采用螺栓连接、预应力连接及企口形式连接。该方法通过拆分可以有效减小隧道的尺寸及其单个构配件的重量，有利于构件的运输和现场吊装作业。分块装配式具有装配率为 100%、无须湿作业、安装人工少和工期快等优势。此类装配式盾构圆形较多，矩形较少，相比于节段装配式，分块装配式稍显轻便，但运输成本较高、安装效率较低、对现场堆放场地要求高的问题相对明显。

3.3.1　单元形式

1. 圆形结构

1) A、B 和 K 型管片

盾构隧道管环通常由周向等分割的 1 块 K 型管片(封顶块)、2 块 B 型管片(邻接块，位于 K 型管片两侧)和若干 A 型管片(标准块)构成。K 型管片分为径向插入型和轴向插入型两种。径向 K 型管片的径向存在一定的锥度，需要从隧道内侧插入；轴向 K 型管片的轴向存在一定的锥度，需要沿着隧道轴向插入。一般情况下，K 型管片的长度应小于 A、B 型管片的长度(图 3-15)。

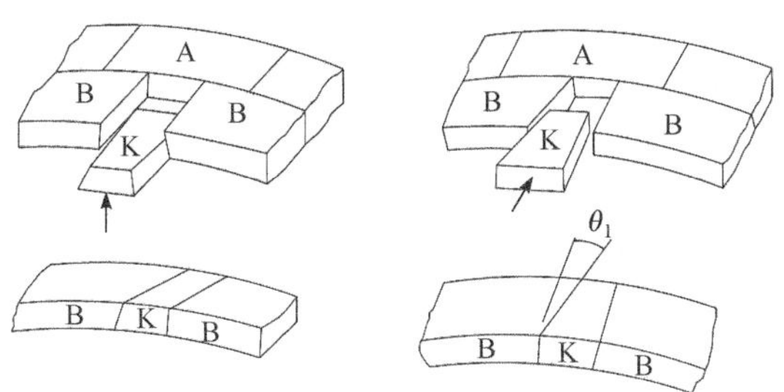

图 3-15　A、B、K 型管片

2) 楔形环管片

楔形环具有一定的锥度，当其宽度特别小，呈窄板状时称为楔形垫板。楔形环主要应用于曲线施工和修正轴向起伏。楔形环管片除了具备应有的强度，还应设置接头孔、背后注浆孔堵缝和密封沟及组装金属配件等(图 3-16)。

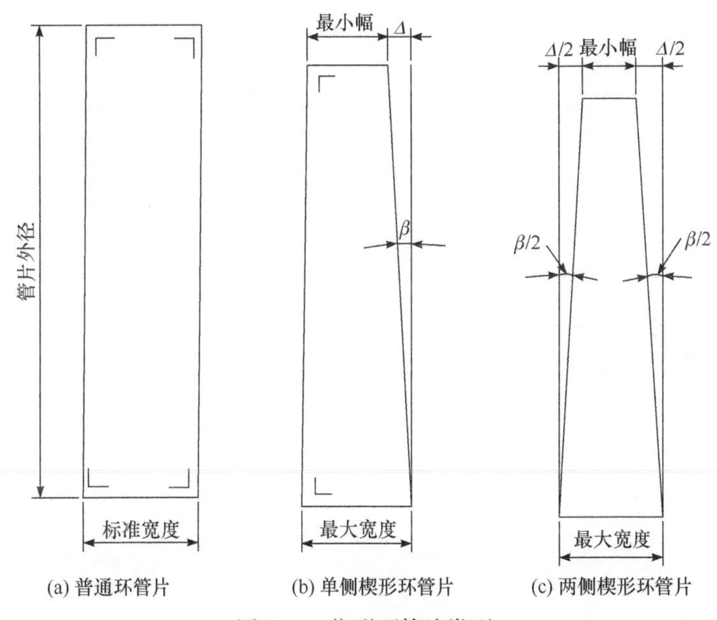

图 3-16　楔形环管片类型

3) 通用管片

通用管片，即所有的管片环形式只有一种，它既可用于直线段，也可用于曲线段，而普通管片形式需要将二者加以区分，在工程实际中应用较少。目前，国内采用的两种主流管片环形式为左转环+直线环+右转环、左转环+右转环(图 3-17 和图 3-18)。深圳地铁一期工程第 7 标段(盾构区间隧道)首次采用了通用管片环。

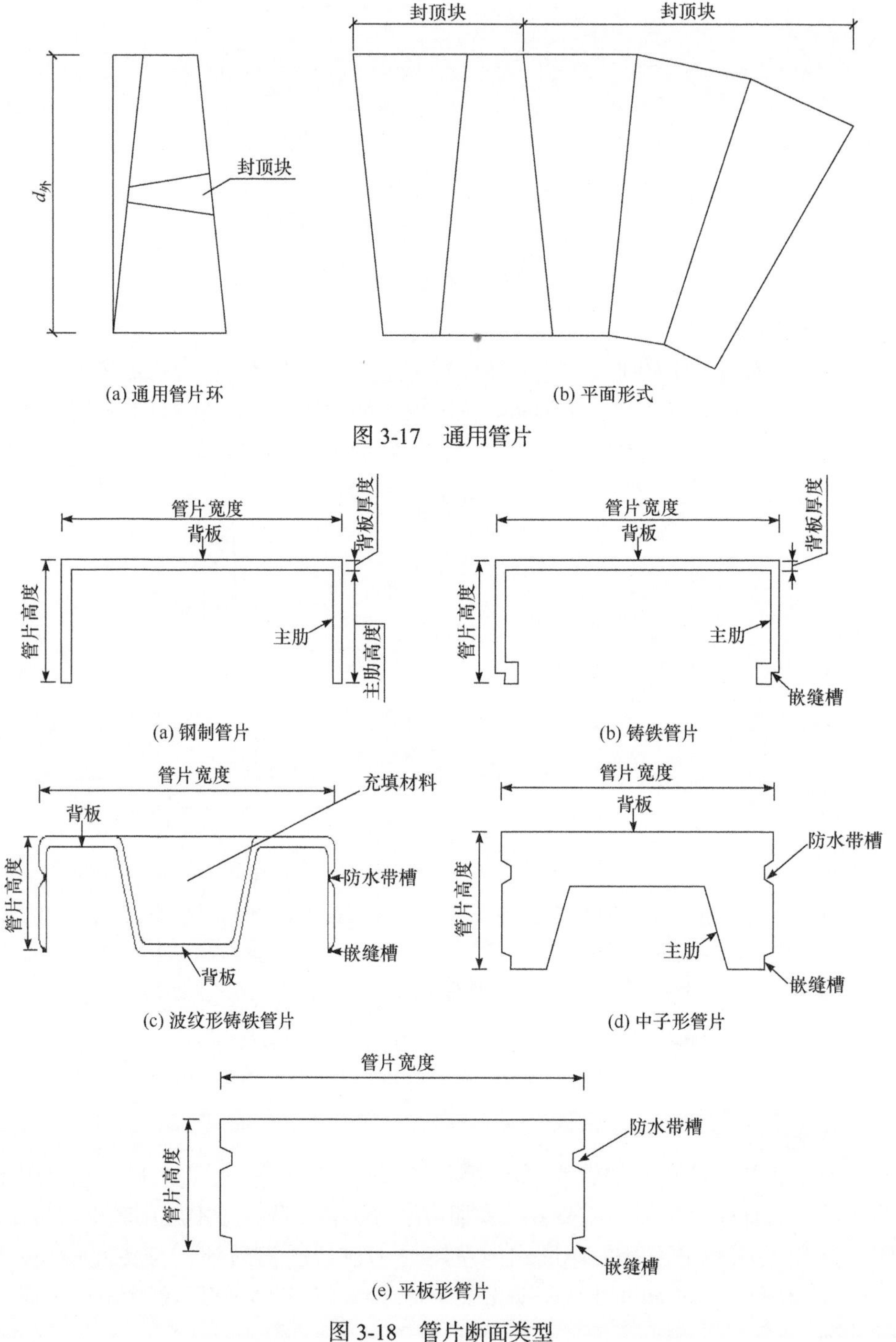

(a) 通用管片环　　(b) 平面形式

图 3-17　通用管片

(a) 钢制管片　　(b) 铸铁管片

(c) 波纹形铸铁管片　　(d) 中子形管片

(e) 平板形管片

图 3-18　管片断面类型

2. 箱型结构

将城市隧道断面结构分解为多个部分，分别预制，最终在施工现场完成拼接的结构，其类型主要有箱型结构、单拱结构等(图 3-19～图 3-22)。在仙台市地下铁道工程中，日本采用了预制双跨箱型结构，整个结构分为顶板、底板、侧壁及中柱等预制构件，设计中主要解决了构件的划分、轻量化以及构件的纵向和横向连接问题。此外，日本还在双车道公路隧道中进行了单跨矩形装配式结构的试验研究。日本和法国曾联合在公路的扩建工程中开发了大型拱形结构的预制技术，最大跨度可达 12m[8]。

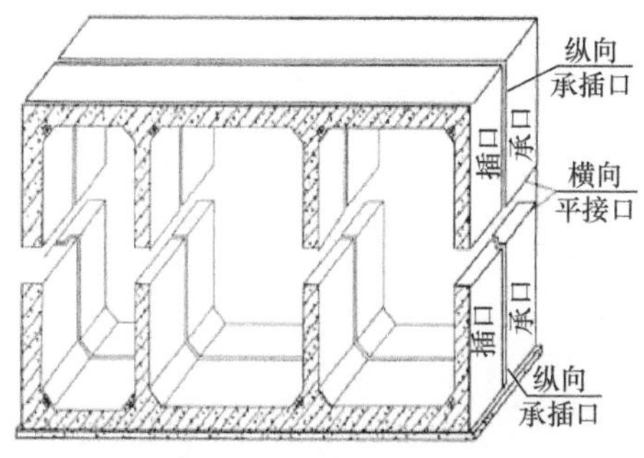

图 3-19　箱型分块装配式示意图

图 3-20　装配式隧道箱型结构分块

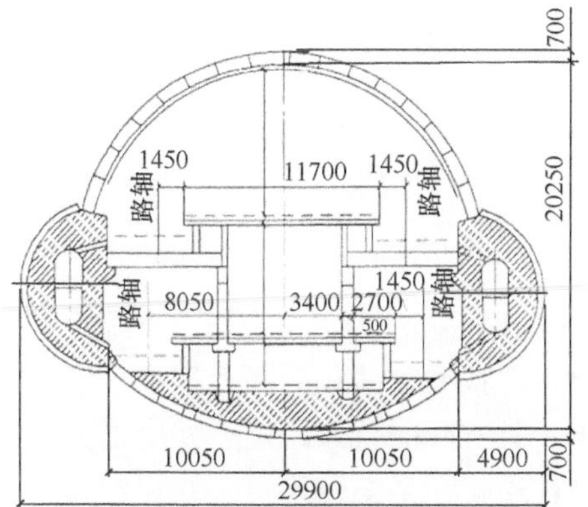

图 3-21　装配式层间楼板单拱结构地铁车站截面示意图(单位：mm)

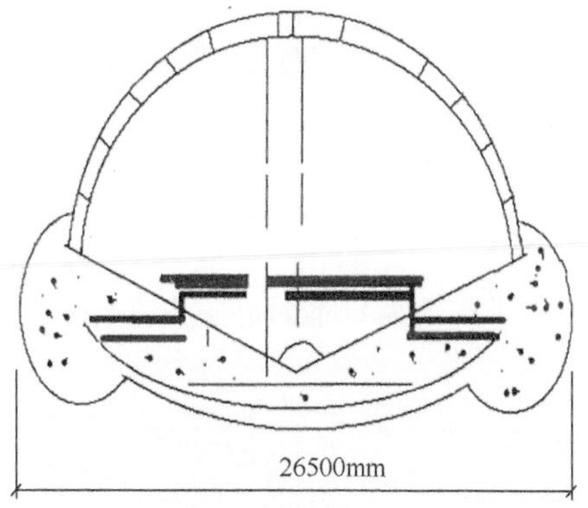

图 3-22　圣彼得堡地铁车站装配结构形式

3.3.2　节点连接方式

分块装配式隧道的节点连接方式目前主要是针对盾构管片的节点连接方式。管片的接头结构分为管片接头和管片环接头两种。管片接头将管片沿圆周方向连接，管片环接头将管片沿隧道轴向连接。盾构管片的连接形式有多种，对应的接头构造类型也不同，按接头端材料分类，可分为钢筋混凝土接头和钢板接头；按螺栓形状分类，可分为直螺栓式接头、弯螺栓式接头、销钉式接头；按结构设计分类，可分为双排螺栓接头和单排螺栓接头；按接触面分类，可分为平面接触接头、榫槽接触接头及球铰接头；从受力角度又可分为柔性接头和刚性接头两类。管片基本接头结构有螺栓接头、销插式接头、榫槽式接头、可弯折式接头等。

1. 螺栓接头

1) 直螺栓式接头

直螺栓在达到一定螺栓预紧力的条件下，具有较好的抗弯刚度，工程使用效果好，制作简单，节省材料，经济合理，但螺栓头需要进行处理。由于直螺栓造价经济，方便安装，如今得到广泛的使用(图 3-23 和图 3-24)，如上海地铁明珠线等。长直螺栓抗弯刚度比较大，但其需要打很长的手孔，安装困难，施工缓慢，其用钢量大、成本高，螺栓与螺栓孔之间灌浆密实难度大，目前国内基本上没有采用。

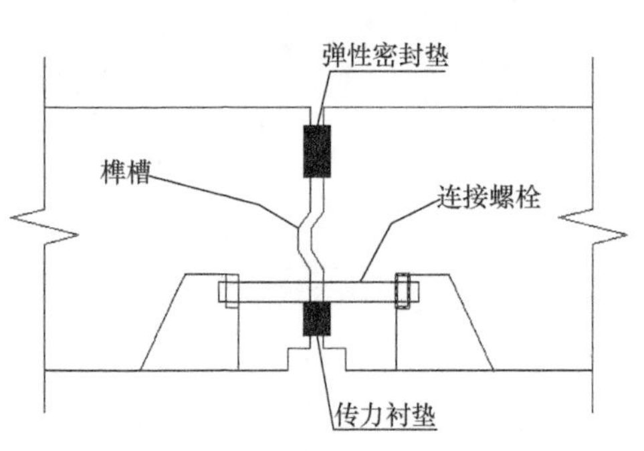

图 3-23　短直螺栓式接头形式

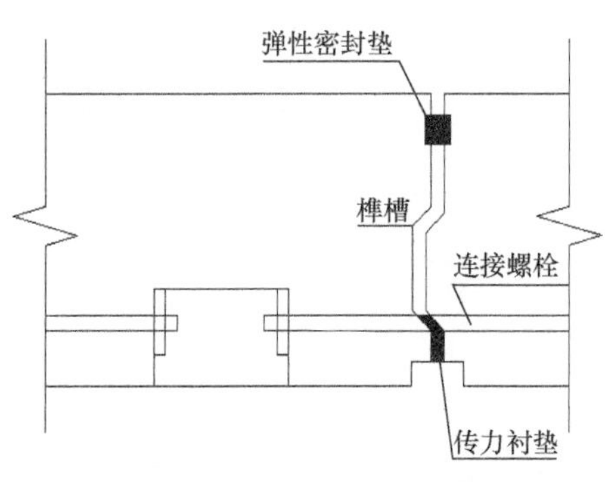

图 3-24　长直螺栓式接头形式

图 3-25 为日本海底隧道采用的一种双直螺栓式接头形式。采用双直螺栓连接时，两根螺栓的相对距离很大程度上决定了其实际的抗弯刚度，并决定了它是刚性连接还是柔性连接。双螺栓同处于一侧的内外排螺栓间距较小，设计时必须保证螺栓的屈服强度小于管片端肋的强度，以便充分利用螺栓的强度，在螺栓屈服失效前，钢筋混凝土管片不会先行破坏。

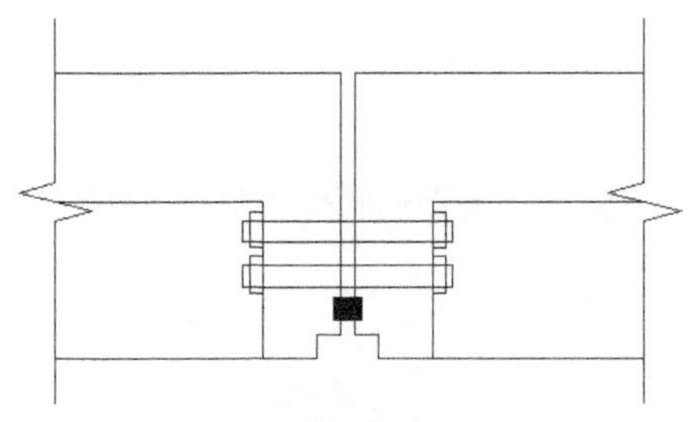
图 3-25　双直螺栓式接头形式

2) 斜螺栓式接头

图 3-26 为斜螺栓式接头形式，该接头用钢少，手孔小，对截面削弱较小，受

力合理，施工方便，只需要对螺栓的一头进行防水和防腐蚀处理，因此加快了施工进度，降低了造价。在地质条件较好的国家，常有安装后拆除斜螺栓的情况。此接头形式曾应用于上海上中路隧道、沪崇苏隧道等越江隧道以及南京长江盾构隧道、南京纬七路过江盾构隧道等工程。

3) 弯螺栓式接头

图 3-27 为单弯螺栓式接头形式，该接头理论上可以承受正负弯矩。但实验证明，与直螺栓式接头相比，它造价更高，接头更易变形，而且弯螺栓及管片钢模在制作时若未严格按照设计弧度和精度加工，则施工时螺栓穿孔将会比较困难。特别是错缝拼装时，螺栓穿孔将会消耗大量的时间与人力。弯螺栓式接头的柔性较好，应用范围广，目前普遍应用于北京、上海、南京等地铁中。

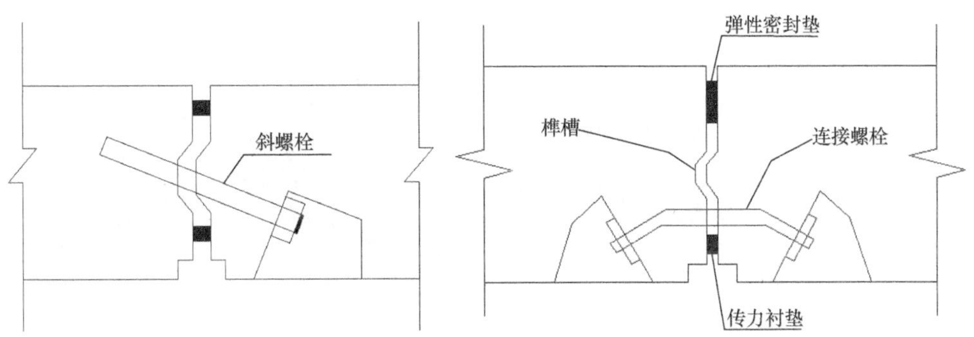

图 3-26　斜螺栓式接头形式　　图 3-27　单弯螺栓式接头形式

图 3-28 为上海打浦路隧道的盾构管片接头形式。一弯一直两根螺栓连接，结构刚度高，但成本大大提高，而且必须使用二次衬砌。该类接头刚度很大，当隧道发生较大的不均匀沉降或考虑地震作用时，因其无法通过适当的变形吸收能量，很容易发生破坏。因此，在预计地表会有较大的不均匀沉降或地震多发地带不宜使用。在近几年的设计思想中，这种完全刚性连接的思想已经被柔性连接的思想所替代。

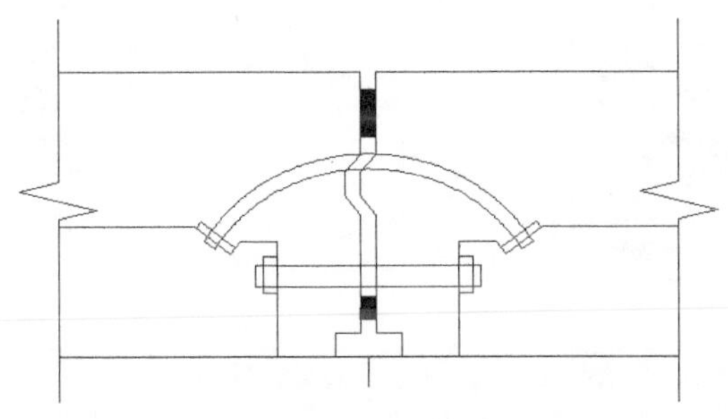

图 3-28　弯直螺栓式接头形式

2. 销插式接头

图 3-29 所示的锁扣式接头和图 3-30 所示的摩擦式接头，较多应用于日本隧道管片环缝的连接。二者都是依靠千斤顶直接将雌雄接头推牢，锁扣式接头依靠锁扣的力量产生接头需要的拉力，摩擦式接头由其摩擦力、咬合力锁住。这两类接头安装方便快捷，节省了大量拧螺栓的人工及时间，连接件很短，变形长度小，刚度较大。另外，这两类接头没有手孔和外露的金属件，不会削弱管片结构，减少了渗水途径，因此防水和防腐蚀性能强，使用范围很广，但其制作精度要求较高，且一旦损坏，很难更换。

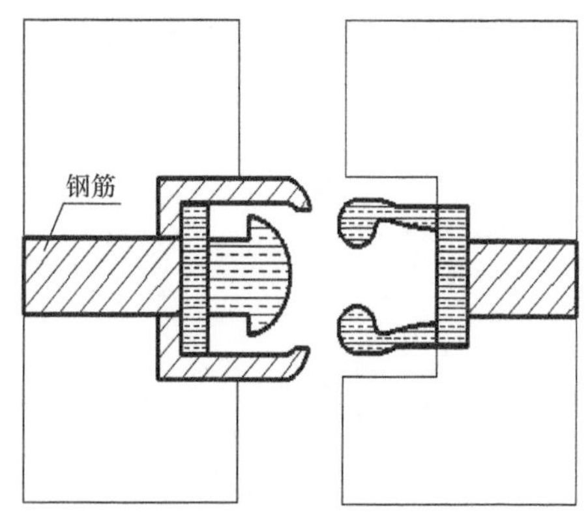

图 3-29 锁扣式接头形式

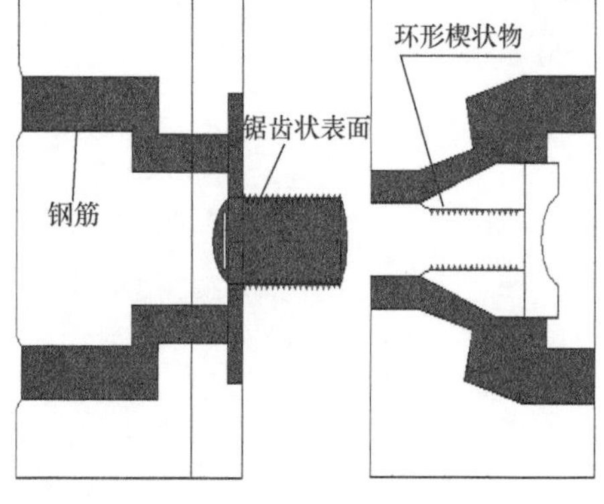

图 3-30 摩擦式接头形式

图 3-31 所示的销插式接头一般应用于纵缝接头关键块安装。销插式接头抗剪、抗弯刚度大，连接便捷，没有手孔，使用的材料可以是钢，也可以是合成材料。为了插入安装方便，往往楔形块与块之间存在空隙，不利于防水，因此这类接头多应用于给排水工程，而且往往需要配合薄层的二次衬砌共同使用。

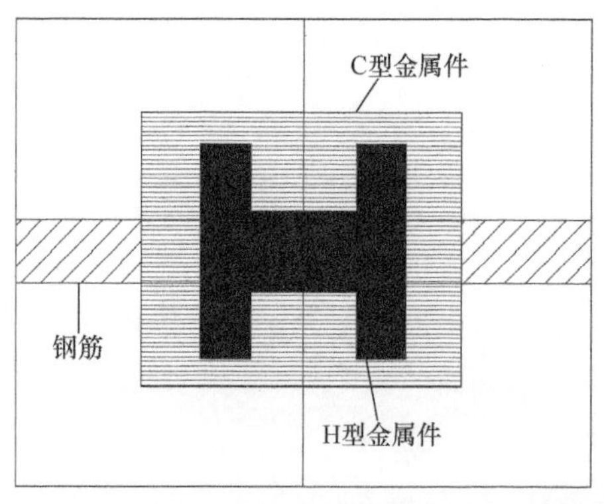

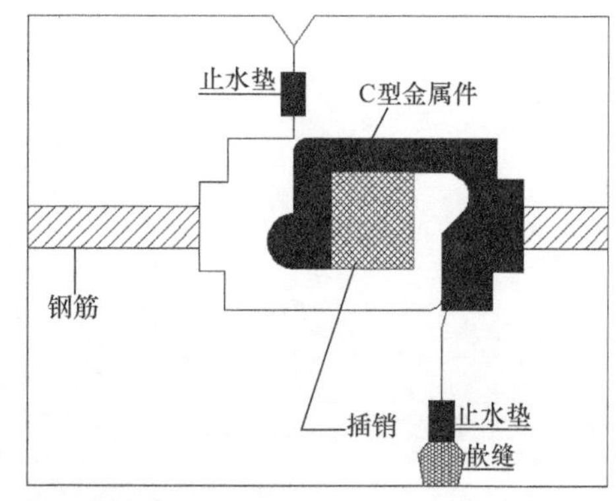

图 3-31 销插式接头其他形式

3. 其他类型接头

1) 榫槽式接头

图 3-32 所示的榫槽式接头的优点是安装简单，施工速度快，并且造价低廉。目前，榫槽式接头在南京地铁、上海金山隧道均有采用。当隧道区间出现较大的纵向不均匀沉降时，凸起的榫槽块可以提供较大的抗剪能力。但榫槽式接头的抗弯刚度很小，不能抵抗外加荷载引起的弯矩作用，必须依靠围岩的抗力达到自身的受力平衡。当出现由径向不均匀沉降等引起的弯矩时，榫槽式接头会很快出现较大的张开量，不利于管片整体性和防水性。为了确保隧道轴向的连续性和防水性，大多还需要同时使用具有紧固力的接头结构。

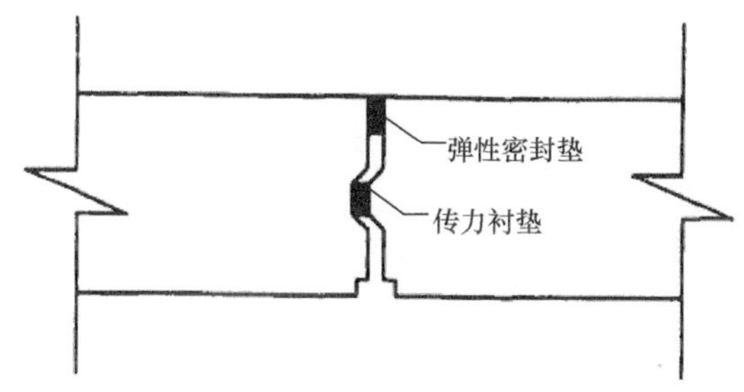

图 3-32 榫槽式接头形式

2) 可弯折式接头

日本大阪海底输气隧道采用了可弯折式接头，如图 3-33 所示。可弯折式接头形式设计灵活度高，适用于对隧道的变形有较高预估的地方，以及防水要求很高的地区，造价很高，因此只能限量使用。

3) 端钢壳接头

根据接头端钢壳连接方式，钢壳可分为整体式端钢壳和分离式端钢壳，而整体式端钢壳又可分为连壁整体式端钢壳和接头整体式端钢壳，主要应用于沉管隧道。端面焊接水平和垂直钢剪切键，限制因地震、沉降而产生的垂直、水平方向的位移，使其不超过水密性要求的允许值，其受力大小由抗震计算和管段不均匀沉降而产生的剪力确定[8](图 3-34～图 3-41)。

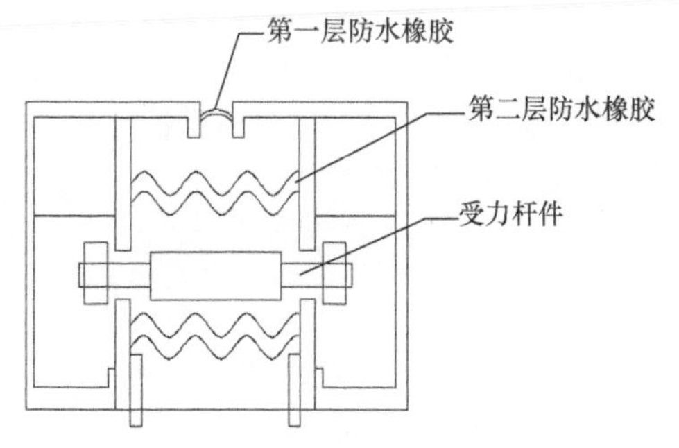

图 3-33 可弯折式接头形式

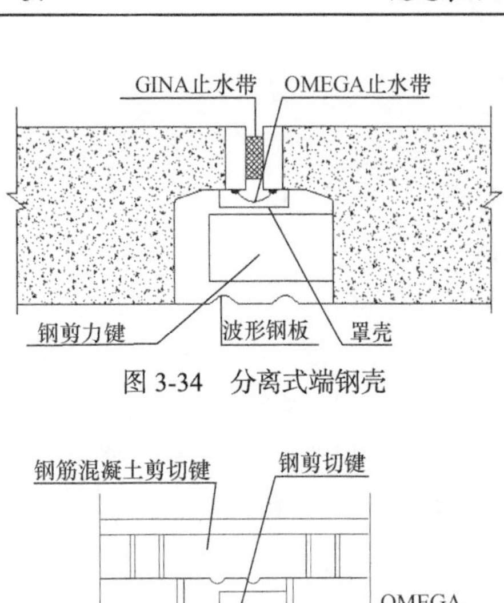

图 3-34　分离式端钢壳

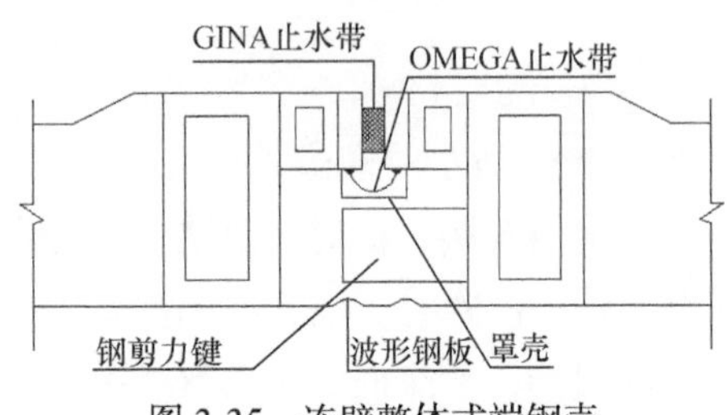

图 3-35　连壁整体式端钢壳

图 3-36　接头整体式端钢壳(底板)

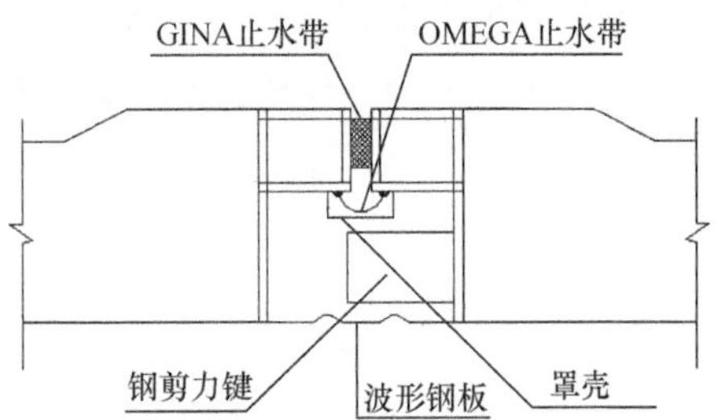

图 3-37　接头整体式端钢壳(顶板)

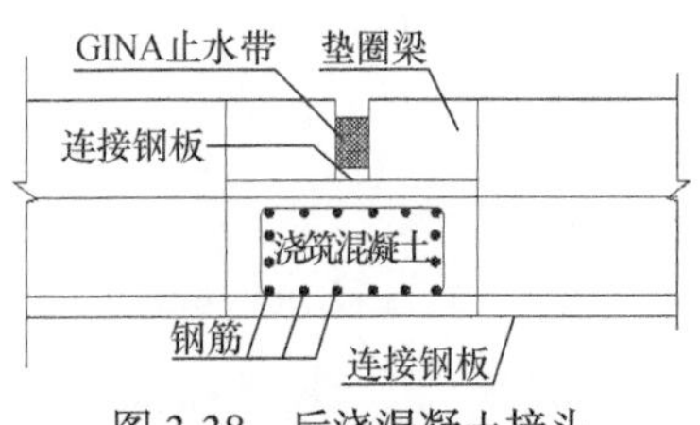

图 3-38　后浇混凝土接头

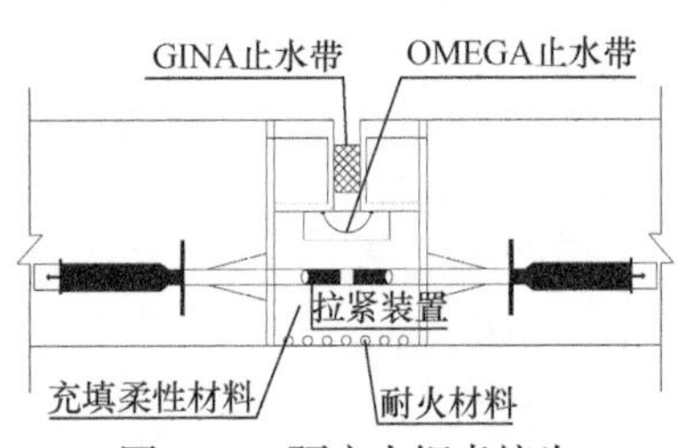

图 3-39　预应力钢索接头

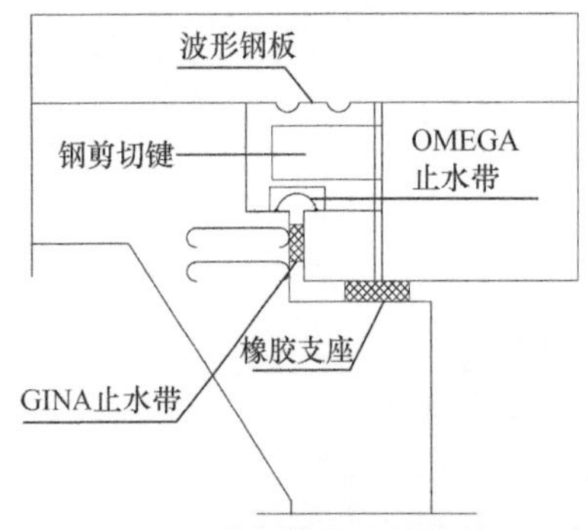

图 3-40　管段与岸边结构接头

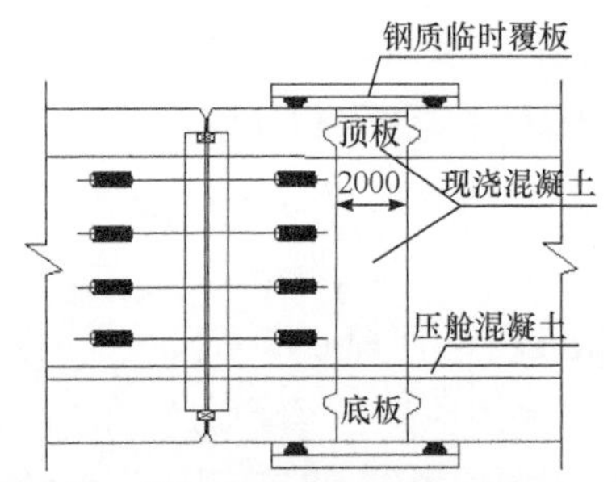

图 3-41　管段连接合拢接头(单位：mm)

分块装配式隧道接头典型案例连接方式、设计参数、适用条件如表 3-2 所示。

表 3-2　分块装配式隧道接头典型拼接形式

接头形式	连接方式	设计参数	适用条件	应用案例
螺栓接头	螺栓	M25～M48	适用于多种地层	南京地铁南北线工程
销插式接头	C、T 型连接件	T 型件扣入 C 型件 40mm	对防水、防腐性能要求高的地区	梅子洲污水二通道工程
榫槽式接头	榫槽	1/4 管片高度<榫槽高度<1/3 管片高度；宽度约为 20cm	防水要求不高，且围岩土体相对较好的地区	上海金山隧道
可弯折式接头	防水橡胶	ϕ10～ϕ30mm	适用于隧道变形较大的地区	大阪海底输气隧道
端钢壳接头	钢剪力键	高度为 680mm；深度为 760mm	适用于沉管隧道	上海外环线越江沉管隧道工程

3.4　叠合装配式

叠合装配式是将整浇式结构根据其使用和制造时的受力特点改变为预制构件部分和现浇构件部分，其中预制构件部分先在工厂制造，然后运送到现场装配，再在其上浇捣现浇部分的方法。这种结构既具有整浇结构整体刚度高的优点，也具有装配式结构工业化施工的优点，并且构件质量优良，施工时可省略模板支护，节省大量的材料。

叠合装配式隧道技术是将隧道拆分为预制底板、预制墙板和预制顶板三个部分，预制厂对三部分进行加工预制后运抵施工现场，结合现浇技术将所有的预制构件连接成整体的一种施工技术，达到“等同现浇”的效果。其施工顺序为安装预制底板绑扎底板钢筋→安装预制墙板绑扎墙板钢筋(设立支撑固定)→安装预制顶板→浇捣混凝土→拆撑。该项技术与分块装配式相比具有以下优势：①具有更好的整体性能和抗震性能；②经济效益更加显著，结构体积更小，重量更轻，运输更加方便；③非标准节段截面适用性相对更好。

叠合装配式只适用于明挖施工，而隧道单孔跨度较大，且隧道纵坡坡度和覆土变化较快，叠合装配式构件的适应性不足，目前主要应用于综合管廊，隧道暂未见其应用实例。

3.4.1　构件形式

1. 水平叠合构件

水平叠合构件主要为混凝土叠合板。叠合板是由预制板和现浇钢筋混凝土层叠合而成的装配式构件。承受较大荷载的叠合板以及预应力叠合板，宜在预制底板上设置伸入叠合层的构造钢筋。由于叠合板结构的宽度较大，受施工与运输限制，预制板按一定宽度进行预制，可采用单向预制或双向预制叠合的形式(图 3-42)。

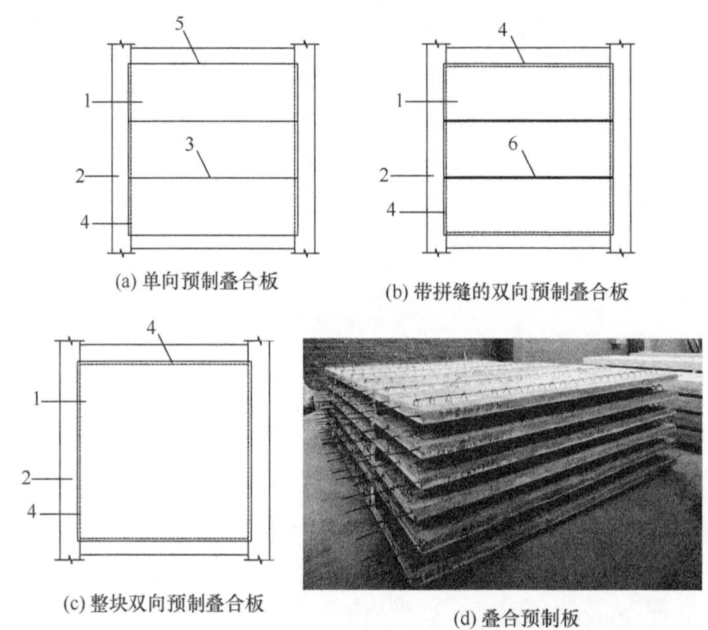

(a) 单向预制叠合板　(b) 带拼缝的双向预制叠合板

(c) 整块双向预制叠合板　(d) 叠合预制板

图 3-42　水平叠合构件

1-预制叠合板；2-墙；3-板侧分离式拼缝；4-板端支座；5-板侧支座；6-板侧整体式拼缝

2. 竖向叠合构件

竖向叠合构件主要为叠合墙，如图 3-43 所示。竖向叠合墙外二次浇筑混凝土层的厚度不应小于 50mm，混凝土强度等级不应低于既有墙的强度。粗糙结合面的凹凸差应不小于 4mm，并宜通过植筋、焊接等方法设置界面构造钢筋。

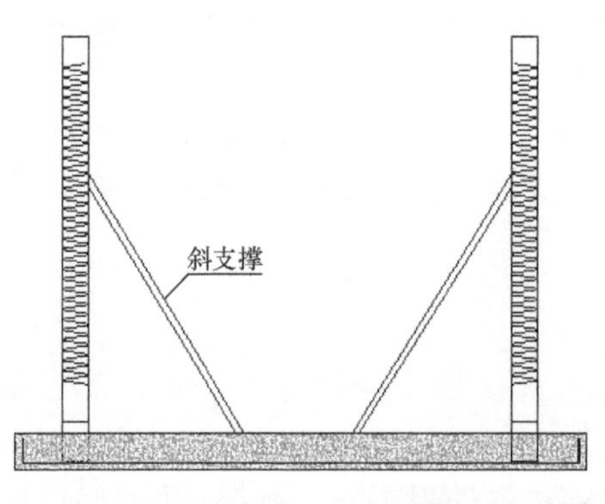

图 3-43　竖向叠合构件

3.4.2 构件连接方式

1. 底板与侧墙的连接

叠合墙与现浇底板的底部连接节点通过底板预留的约束钢筋搭接，然后底板叠合层混凝土由一端向另一端进行浇筑，先浇筑叠合层混凝土，完成后待混凝土初凝再浇筑混凝土侧墙，浇筑至止水钢板中部(图 3-44)。

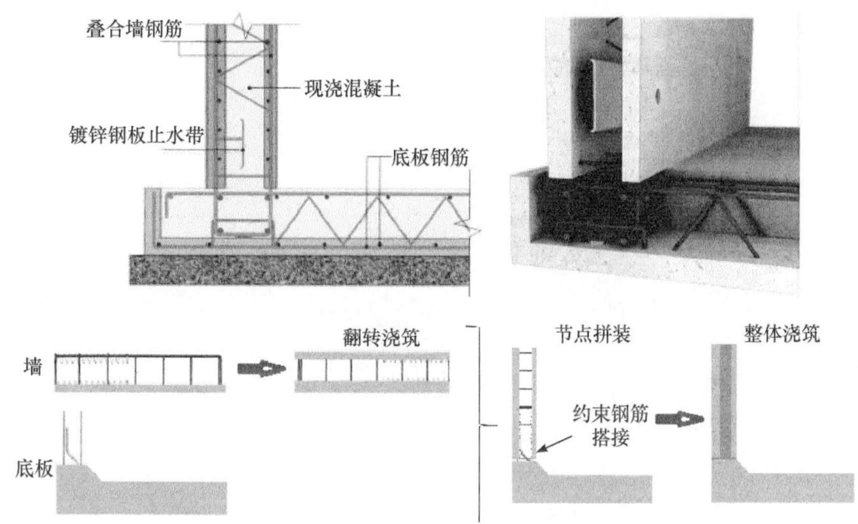

图 3-44　底板与侧墙连接节点示意图

2. 顶板与侧墙的连接

叠合顶板与墙体采用现浇节点连接，预制段两端设置现浇段。侧墙与顶板的顶部节点通过钢筋环插筋连接(图 3-45)。另外，叠合顶板应与夹心墙板搭接嵌入墙体内，墙板与顶板搭接位置采用高强度水泥砂浆封堵，顶板间拼缝先用 PE 棒(聚乙烯棒)塞缝，然后用高强度水泥砂浆填缝，确保叠合层混凝土浇筑不会出现渗浆现象。

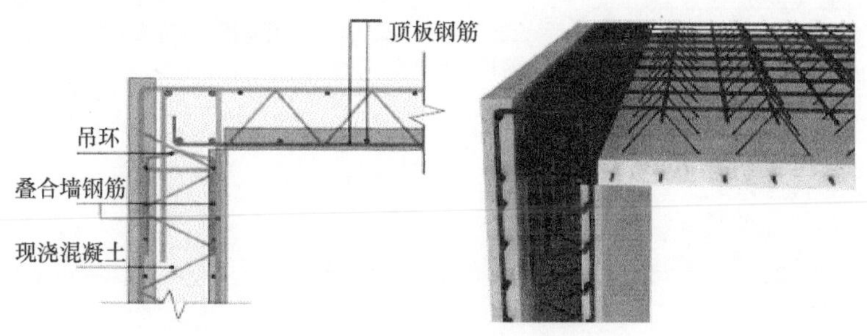

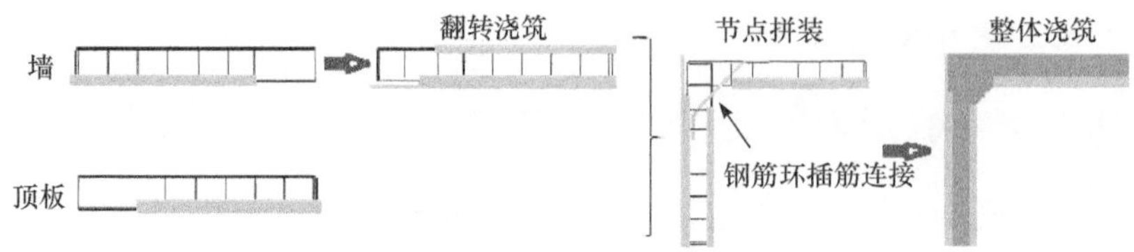

图 3-45 顶板与侧墙连接节点示意图

3. 中墙与顶板/底板的连接

中墙与顶板/底板的角部节点通过钢筋环插筋连接，即在进行墙板、顶板及底板拼接时，在墙板上预留一小段 U 形筋，与两侧的顶板采用环筋扣合的方式连接，底板与中墙采用套筒灌浆连接，且墙体与墙体间设置橡胶止水条，再整体浇筑混凝土形成一个整体(图 3-46)。叠合装配式隧道典型拼接形式和浇筑工序如表 3-3 所示。

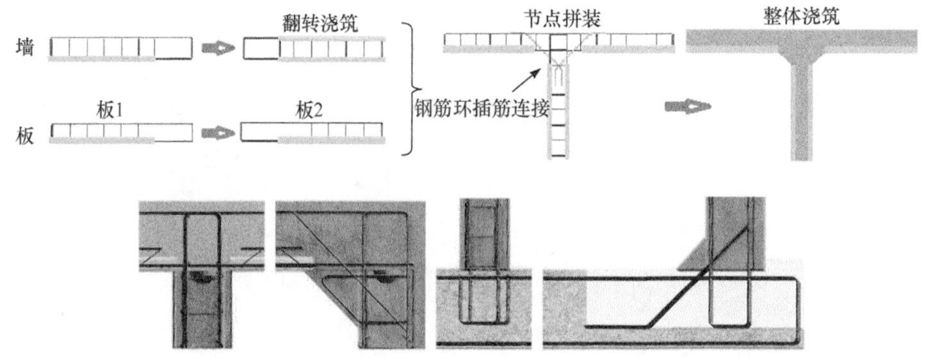

图 3-46 中墙与顶板/底板的连接节点示意图

表 3-3 叠合装配式隧道典型拼接形式和浇筑工序

连接方式	环向连接			纵向连接
连接部分	侧墙与底板	侧墙与顶板	中墙与顶板/底板	侧墙与侧墙、顶(底)板与顶(底)板
拼接形式	预留插筋/主筋搭接	钢筋环插筋	钢筋环插筋	环筋搭接+纵向销接刚接
浇筑工序	搭设底板、侧墙模板→绑扎钢筋→浇筑底板混凝土→搭设顶板模板→绑扎顶板钢筋→浇筑顶板及侧墙混凝土			有变形缝处分开浇筑，无变形缝处一次浇筑

第 4 章　装配式隧道防水设计

隧道防水是一项系统工程，它涉及防水材料、防水设计、施工技术等各个方面，是隧道建设成败的关键。防水的任务是综合上述各方面的因素，进行全方位评价，选择符合要求的高性能防水材料，完成可靠、耐久、合理、经济的防水设计，以满足隧道使用年限，实现高质量及良好的综合效益。本章从装配式隧道防水体系出发，对结构自防水、外包防水、接缝防水及其他防水措施进行总结，重点介绍预制拼装接缝防水的处置措施。

4.1　主体结构防水

4.1.1　结构自防水

隧道防水设计主要为结构自防水，是隧道防水系统中最重要的保护屏障。利用混凝土自身密实性阻止渗水路径，可以抑制混凝土内部空隙的形成和连接，有效保证结构不产生渗漏及缝隙。因此，可以通过调整混凝土配合比、掺加减水剂和膨胀剂、限制骨料粒径等措施增加土体密实性，使混凝土满足结构自防水的需求。

1. 防水混凝土

防水混凝土是以 28～90 天为龄期的标准试件，按标准试验方法试验时所能承受的是最大水压为 0.6MPa 不透水的混凝土。防水混凝土可以分为三类，即普通防水混凝土、外加剂防水混凝土和膨胀水泥防水混凝土。

1) 普通防水混凝土

普通防水混凝土的原材料与普通混凝土的原材料大致相同，但配制原则有区别。普通防水混凝土在配制时，主要采用较小的水灰比，以提高水泥使用量、砂率及灰砂比，严格控制石子的最大粒径，加强养护，以控制混凝土的孔隙率，进而改变空隙特征，提高砂浆和集料间的密实性和抗渗性。普通防水混凝土抗渗压力可达到 0.6～2.5MPa，操作简单，成本较低，质量稳定，但其使用范围有限，在抗腐蚀、抗低温、抗冻融、抗开裂能力等方面都比较薄弱。

2) 外加剂防水混凝土

混凝土外加剂是指为改善混凝土的性能而掺加的外加剂。混凝土外加剂在实际工程中逐渐被重视，外加剂的加入能够使混凝土的性能得到改善，但外加剂的类型、添加方式及适应性将会限制其大范围的应用。混凝土外加剂可分为四类：①改善拌和物流变性能的外加剂，如减水剂、引气剂和泵送剂等；②调节凝结时间及硬化的外加剂，如缓凝剂、早强剂和速凝剂等；③调节耐久性的外加剂，如引气剂、防水剂和阻锈剂等；④调节其他性能的外加剂，如加气剂、膨胀剂、着色剂、防冻剂、防水剂和泵送剂等。

3) 膨胀水泥防水混凝土

膨胀水泥防水混凝土在水泥水化时产生许多体积膨胀的结晶体(氢氧化钙和钙矾石)，减少了混凝土的体积收缩，使混凝土在约束条件下的抗裂性和抗渗性获得改善，其主要原理为：混凝土收缩时受到限制造成开裂，膨胀水泥在养护时体积膨胀，能够在混凝土中产生 0.2～0.7MPa 的预压应力，抵消了混凝土在收缩时产生的拉应力，从而可以控制混凝土的收缩开裂量[9]。

2. 防水混凝土的配合比

隧道预制构件在含水地层内的地下水压力下工作，要求衬砌结构具有一定的抗渗能力，以防止地下水的渗入。预制构件的抗渗性与防水混凝土的配合比密切相关，预制构件的抗渗等级至少不应小于 P8，防水混凝土的配合比、抗渗等级应比设计要求提高一级。为达到预制构件的自身抗渗性要求，采取如下措施：①每立方米混凝土中的胶凝材料用量不应小于 320kg；②砂率应为 35%～45%；③当混凝土的设计抗渗等级大于 P12 时，C30 以上的混凝土的水胶比不得大于 0.45；④掺用引气剂的防水混凝土，其含气量应控制在 3%～5%；⑤防水混凝土的干燥收缩率应在 800×10^{-6} 以下；⑥防水混凝土的泌水量不得大于 $3mL/mm^2$[10]。

3. 预制构件的制作精度

根据国内外隧道施工的实践，对于装配式钢筋混凝土预制构件防水，采用高精度钢模，以提高管片质量和精度，是保证构件自防水和提高接缝防水最主要的环节。构件制作精度较差再加上衬砌拼装的累计误差，导致衬砌接缝不密贴而出现较大的初始缝隙，此时若接缝防水材料的弹性变形量不能适应缝隙要求，则会出现漏水。此外，若衬砌制作精度不够，则容易造成构件的损坏和崩落，并导致漏水。

生产高精度的钢筋混凝土构件，必须配套高精度的钢模。钢模应在有足够刚度的基础上进行高精度机械的精加工，特别是要确保两侧钢模的刚度。采用高精度的钢模，最初生产的构件比较容易保证精度，而在使用一段时间之后，就会产生翘曲、变形、松脱等现象，因此必须随时检验精度。以日本为例，单块管片各部尺寸误差均为±1.0mm(钢模制作精度为±0.5mm)，整个圆环拼装直径的允许误差为±10mm。上海地铁管片生产质量标准如表 4-1 所示。上海地铁管片生产质量标准沉管隧道管段制作精度参见上海市工程建设规范《道路隧道设计标准》(DG/TJ 08—2033—2017)[11]，如表 4-2 所示。

表 4-1　上海地铁管片生产质量标准

序号	项目主次	项目检验内容	质量等级标准		检查方法及要求
			一等	二等	
			允许偏差	允许偏差	
1	主	管片宽度/mm	±1.0		浇筑混凝土前检查钢模，控制偏差为±0.5mm，每只钢模测三点，测量 50 块管片，做好数理统计工作
2	主	弧弦长(张角值)/mm	1.0		每月水平拼装双层、单层管片各一环，实测纵缝缝隙
3	主	管片厚度/mm	±3	±3	逐块检查，每块测三点
4	主	管片强度	符合国际标准		—
5	次	管片检漏	渗漏深度<1/3 管片厚度		每环检漏一块，恒压 4h，若有对穿漏水，则整环全部检漏
6	次	缺角掉边蜂窝麻面占总面积百分比/%	<0.5		逐块检查

表 4-2　沉管隧道制作精度

项目	外包宽度	外包长度	管节长度	顶、底板厚度	内孔净宽	内孔净高	外墙、内墙厚度
误差/mm	5～10	5～10	±30	0～5	0～10	0～5	0～10

4.1.2　外包防水

隧道工程除了预制构件自身防水，对于明挖隧道、钻爆隧道等，还包括构件外包防水。外包防水主要采用涂料防水和卷材防水的方式，特别是当隧道处于侵蚀性介质的地层时，应采取相应的耐侵蚀防水措施。

1. 涂料防水

涂料防水是在构件外面涂刷防水层，通过化学反应渗入衬砌的孔隙中形成不透水层，保护衬砌不受地下水中有害物质的侵蚀，堵住水渗漏的通道。涂料防水层主要包括以下几类。

1) 沥青类防水涂料

沥青类防水涂料是以沥青为基料配制而成的溶剂型或水乳型防水涂料。未经改性的石油沥青直接溶解于汽油等有机溶剂中而配制的涂料称为溶剂型沥青涂料，这类涂料的实质是一种沥青溶剂。此类涂料形成的涂膜较薄，沥青又未经过改性，因此一般不单独用于防水涂料，仅作为某些防水涂料的配套材料使用。

2) 高聚物改性沥青防水涂料

高聚物改性沥青防水涂料一般是以沥青为基料，用高分子聚合物对其进行改性，配制而成的溶剂型或水乳型涂膜防水材料。溶剂型高聚物改性沥青防水涂料是以橡胶树脂改性沥青为基料，经溶剂溶解配制而成的黑色黏稠状，细腻而均匀呈胶状液体的一种防水涂料，具有良好的黏结性、抗裂性、柔韧性和耐高/低温性能。按改性剂不同，溶剂型高聚物改性沥青防水涂料又可分为氯丁橡胶改性沥青防水涂料和再生橡胶改性沥青防水涂料。氯丁橡胶改性沥青防水涂料因其延伸性好，耐候性、耐腐蚀性优良，应用较为广泛。

水乳型高聚物改性沥青防水涂料是以沥青乳液(如乳化沥青)为基料，以合成胶乳(如氯丁胶乳、丁苯胶乳)为改性剂复合配制而成的一类防水涂料。该类产品的主要成膜物质是沥青乳液和合成胶乳，与溶剂型高聚物改性沥青防水涂料相比，水乳型高聚物改性沥青防水涂料以水代替了汽油等溶剂，因此其使用安全性较好，并且具备水乳型涂料的一系列优点。

3) 合成高分子防水涂料

合成高分子防水涂料是以合成橡胶或合成树脂为主要成膜物质，加入其他辅助材料配制而成的防水涂料。合成高分子防水涂料的种类繁多，其主要品种包括聚氨酯、丙烯酸酯、硅橡胶等。聚氨酯防水涂料具有较大的弹性和延伸能力，以及较好的抗裂性、耐候性、耐酸碱性和抗老化性。丙烯酸酯防水涂料具有保色性、耐候性好，光泽和硬度高，色浅且保光性好等优点。有机硅类的防水涂料具有优良的耐高/低温、耐候、耐水、耐各种气体、耐臭氧和耐紫外线降解等性能，将其涂刷在墙面上，既可保持墙壁的正常透气，又能抵挡水的侵蚀，使墙面防潮、防腐、耐冻融，并保持光泽，建筑防水应用较多。

4) 水泥基渗透结晶型防水涂料

水泥基渗透结晶型防水涂料是由硅酸盐水泥石英砂、特殊的活性化学物质以及各种添加剂组成的无机粉末状防水材料。该类产品的特性主要为渗透深度大，具有独特的自修复能力，可以起到永久性防水作用，防止化学侵蚀，产品环保、无毒、无公害，施工方法简单，其主要物理性能指标如表4-3 所示。

表 4-3　水泥基渗透结晶型防水涂料的物理性能[12]

序号	试验项目		性能指标
1	外观		均匀、无结块
2	含水率/%		≤1.5
3	细度, 0.63mm 筛余/%		≤5
4	氯离子含量/%		≤0.1
5	施工性	加水搅拌后	刮涂无障碍
		20min	刮涂无障碍
6	抗折强度/MPa，28 天		≥2.8
7	抗压强度/MPa，28 天		≥15.0
8	湿基面黏结强度/MPa，28 天		≥1.0

2. 卷材防水

防水卷材及其胶黏剂应具有良好的耐水性、耐久性、耐刺穿性、耐腐蚀性和耐菌性。外包防水卷材宜采用抗变形能力较强的合成高分子类材料。常用的防水卷材有高分子改性沥青防水卷材、合成橡胶防水卷材、新型高分子防水卷材等。

1) 高分子改性沥青防水卷材

高分子改性沥青防水卷材是将高分子聚合物和沥青在热熔状态下混合在一起，形成的一种共聚混合物。高分子聚合物能够使沥青具有一定的黏弹性，改性后的沥青受到温差和外界荷载的作用会发生一定的变形，从而保证沥青不会发生脆性断裂的现象，改性后的沥青不仅保留了原有的耐水性，还使得各项物理性能得到提升。常用材料如 SBS 改性沥青防水卷材。

2) 合成橡胶防水卷材

合成橡胶防水卷材是将各种合成橡胶或合成树脂作为主要原料，经过一系列加工制成的弹性卷材。它具有高温不流淌、低温抗裂性能好、耐老化、延伸率高等优点，如三元乙丙橡胶防水卷材。

3) 新型高分子防水卷材

新型高分子防水卷材与高分子改性沥青防水卷材和合成橡胶防水卷材相比，除了具有这两种防水卷材优异的性能，还具有耐腐蚀、耐高温、强度高等特点。我国自主研发的新型多层增强聚氯乙烯(polyvinyl chloride，PVC)防水卷材已经得到了大范围的应用。

新型高分子防水卷材的施工要求为基面应保持干净、干燥，基层的阴阳角应做成倒角或圆弧形，并涂刷基层处理剂；当基面潮湿时，涂刷湿固化型胶黏剂或潮湿界面隔离剂。基层处理剂要求均匀涂刷，不露底，其性质应与卷材和黏结材料的材性相容，表面干燥后方可铺贴卷材[13]。

4.2 接缝防水

装配式隧道防水除了采用高精度构件以保证接头接触面密贴、均匀，接缝处防水一般包括接头面密封、嵌缝填料、注入密封剂、螺栓孔防水、止水条、止水钢板、膨胀橡胶等，以及内衬砌、回填注浆等。可以根据工程的实际需要，采用其中 1～2 种措施或者几种方法并用，以保证隧道接缝防水的可靠性。

4.2.1 接头面密封

隧道纵向环间接头的防水构造设计应考虑隧道纵向变形曲线的最小曲率半径，以保证单层衬砌不会在施工阶段因环缝张开过大而漏泥水，进而影响隧道的防水性和稳定性。接头面密封是防水成效体现的主要防线。以前的做法是在接头面涂刷密封剂，密封材料主要为环氧系或异丁(烯)橡胶系，但这些材料对荷载变动和接头变形的适应能力差，表现为复原力弱、黏结力易受损，防水效果并不理想，目前广泛采用弹性密封防水。

弹性密封防水应保证结构在设计水压下不漏水，能承受千斤顶顶力、压浆压力、拧螺栓的扭力以及衬砌使用阶段的截面内力，有相当的弹性，在承受往复压力后复原能力强；有足够的黏结力和耐久性、稳定性、抗老化性以及对浆液的耐适性；施工方便，不会影响拼装的精度，安装后能立即承受荷载，如图 4-1 和图 4-2 所示。

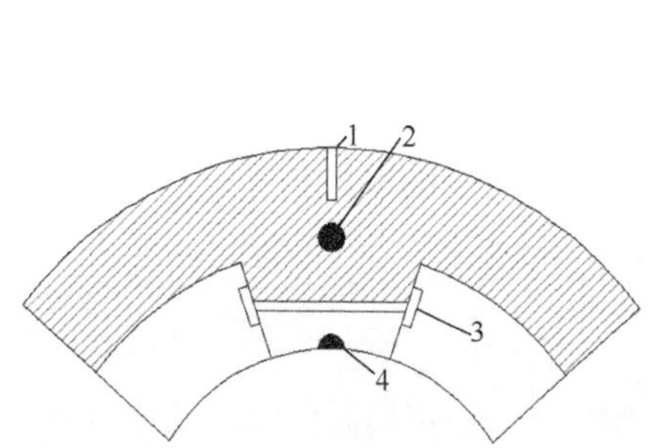

图 4-1　接头面密封防水

1-接头面防水；2-灌注密封剂；3-螺栓孔防水；4-嵌缝填料

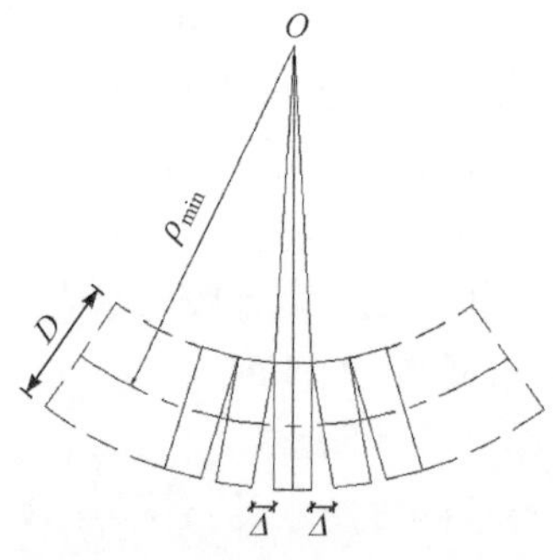

图 4-2　隧道纵向弯曲与环缝张开值的几何关系

ρ_{min}-最小曲率半径；D-隧道外径；Δ-环缝张开值

1. 弹性密封垫

弹性密封垫是预制的成形品，嵌置在接头面上专设的密封垫沟槽内，不仅可以靠压密防水，还可以靠弹性复原力适应隧道因沉降和变形产生的接缝张开而引发的防水问题，无论有螺栓的接头还是无螺栓的接头，均可使用。近年来，弹性密封垫在德国和日本得到了深入的研究和广泛的应用，在地层条件恶劣、地下水压高的情况下也具有显著的防水效果。

弹性密封垫有未定型制品和定型制品两种。未定型制品有现场浇涂的液状和膏状材料，如焦油聚氨酯弹性体。定型制品通常使用的材料为各种不同硬度的固体氯丁橡胶、泡沫氯丁橡胶、丁基橡胶、天然橡胶、乙丙胶改性橡胶等加工制成各种不同断面的带形制品，其断面形式有抓斗形、齿槽形等。常用弹性密封垫有硫化橡胶类弹性密封垫和复合型弹性密封垫。

图 4-3 为硫化橡胶类弹性密封垫的几种形式。硫化橡胶类弹性密封垫弹性好，复原能力强，即使接头有一定的张开量，其仍处于压密状态，可以有效阻挡水的渗漏。密封垫可设计成不同的形状，不同的开孔率和各种宽度、高度，以适应水密性要求的压缩率和压缩的均匀度。当拼装稍有误差时，密封垫具有一定长度可以保证有一定的接触面积防水。

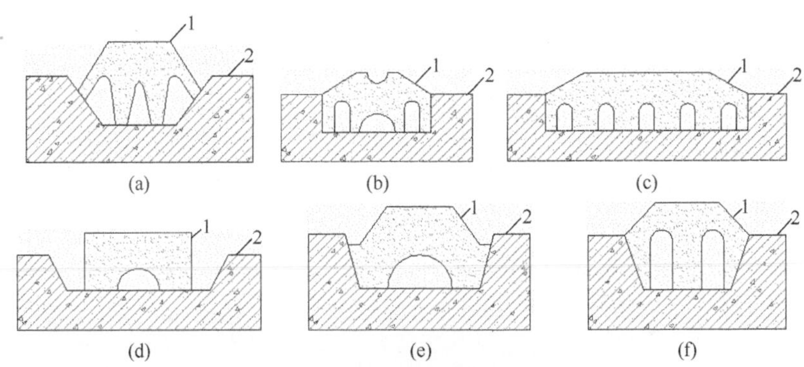

图 4-3　硫化橡胶类弹性密封垫

1-硫化橡胶类弹性密封垫；2-混凝土或钢筋混凝土衬砌

为了正确安装弹性密封垫，使其牢固固定在管片上，并使其压缩量被储存，应在管片的环纵连接面上设有粘贴及套箍密封垫的沟槽。沟槽在管片上的位置、形式等对防水密封效果有直接影响，沟槽尺寸应与密封垫相适应。沟槽按防水要求，又可分为单密封沟槽与双密封沟槽两种。断面多为倒梯形，槽宽一般为 30～50mm，槽深为 15～30mm，如图 4-4 所示。

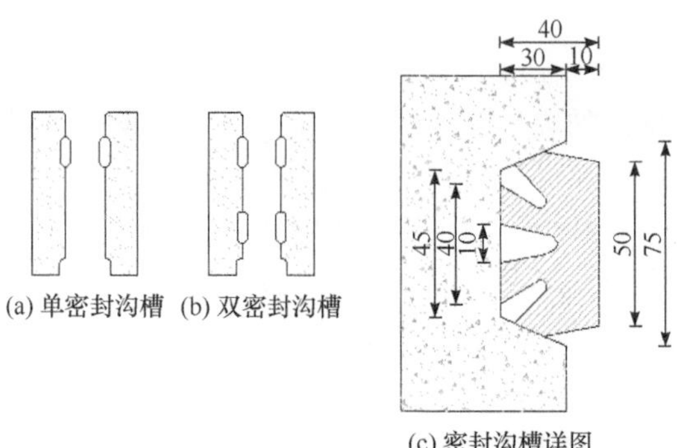

图 4-4　密封沟槽(单位：mm)

弹性密封垫对管片的黏结面清洁度标准要求严格，制作成本较高，特别是带齿槽的密封垫，制模困难。图 4-5 为埃及苏伊士运河下的艾哈迈德·哈姆迪隧道衬砌所用的氯丁橡胶密封垫与沟槽示意图。该设计允许接头张开量为 0～15mm，两垫之间仍可保持密封防水。图 4-6 为英国用于环间接头的密封垫，为专门解决沉降引起的密封问题，采用泡沫氯丁橡胶材料，在安装时可从 16mm 压缩到 8mm，可允许由接缝合拢时的 3mm 到重新张开至 13mm。相邻环依靠一个聚缩醛类材料的销子插入管片的承口相连接，形成柔性接头。

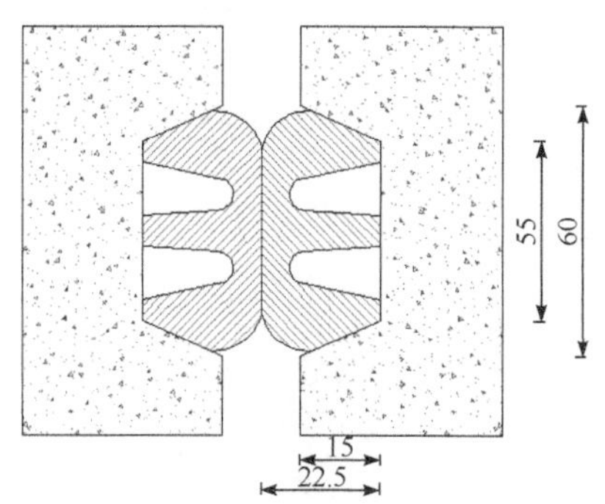

图 4-5　氯丁橡胶密封垫与沟槽示意图(单位：mm)

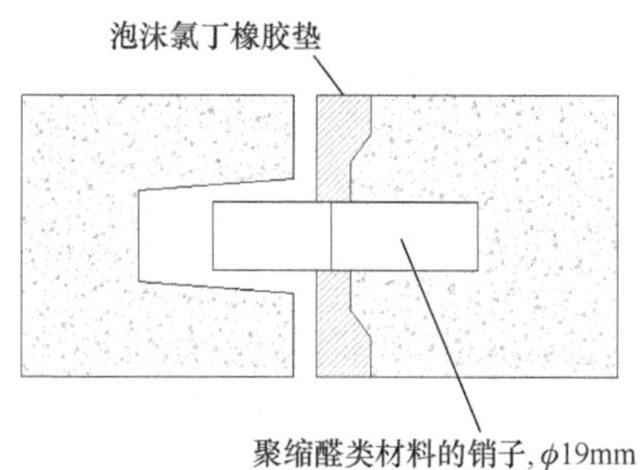

图 4-6　泡沫氯丁橡胶垫

图 4-7 为复合型弹性密封垫的几种类型。复合型弹性密封垫是由不同材料组合而成，以高弹性复原力材料为芯材，具有外包致密性、黏性好的覆盖层的复合带状制品。芯材多用氯丁胶、丁基胶所得的海绵橡胶(也称多孔橡胶、泡沫胶)，覆盖层多采用以未硫化的丁基胶或异丁胶为主材的致密自黏性腻子胶带、聚氯乙烯胶泥带等材料。复合型弹性密封垫的优点是集弹性和黏性于一身，芯材的高弹性使其在接头微张开下仍不失水密性，覆盖层的自黏性使其与接头面的混凝土之间和密封垫之间的粘连紧密牢固。

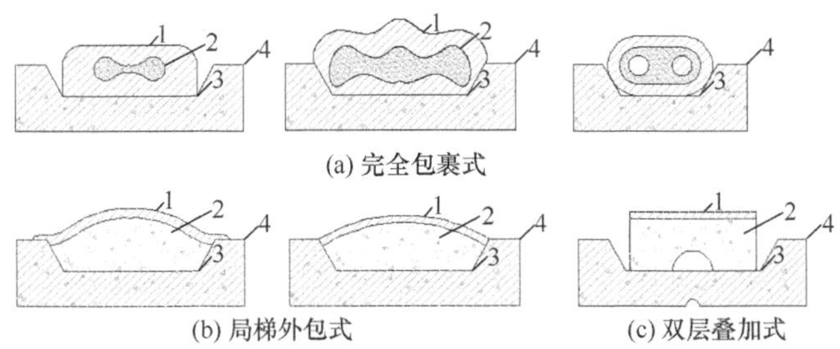

图 4-7　复合型弹性密封垫

1-自黏性腻子胶带；2-海绵橡胶；3-黏合涂层；4-混凝土或钢筋混凝土衬砌

图 4-8 为日本使用的一种双孔复合型密封垫。它的芯材为空心的氯丁橡胶圈，外包丁基橡胶。丁基橡胶密封条粘贴在对面接头面上，空心处随着接头压紧而闭合，又随着接头张开而放松。试验表明，在接头相对移动 5mm 时，密封仍然有效。

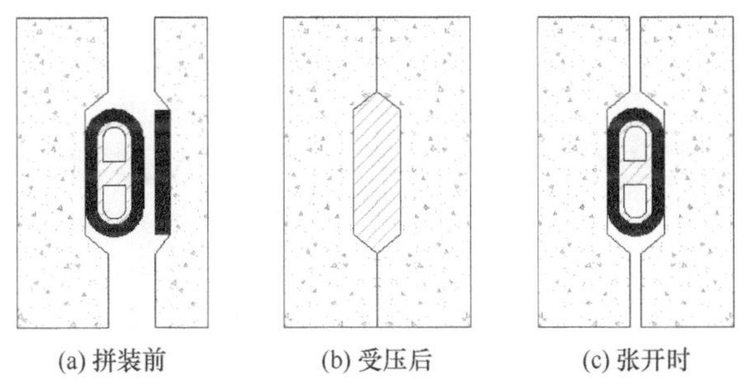

图 4-8　双孔复合型密封垫

图 4-9 为日本东京 Edogava 下穿隧道衬砌所用的三角形复合密封垫。这是一种局部外包式的复合型弹性密封垫，芯材为未硫化橡胶，覆盖一层丁基橡胶。管片边角罩上软钢板，以减少盾构尾部的磨损和免受其他可能的损害。

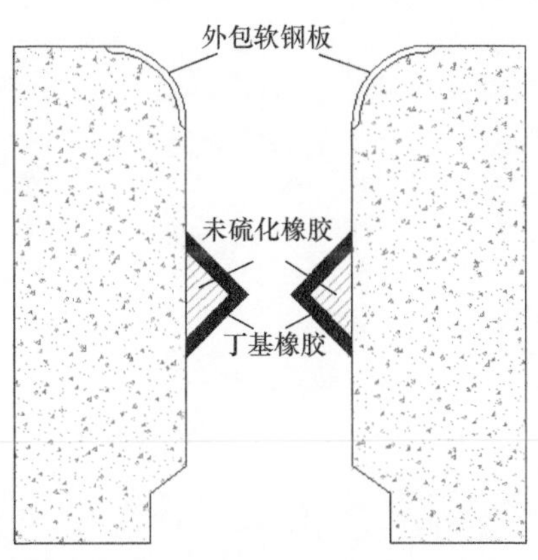

图 4-9　三角形复合密封垫

对于弹性密封垫，一般认为使用一道即可，但也有使用两道弹性密封垫的实例。例如，日本京叶线羽田隧道某区段水底强水压隧道，对防水进行了专项研究，使用两道丁基橡胶密封垫，如图 4-10 所示。

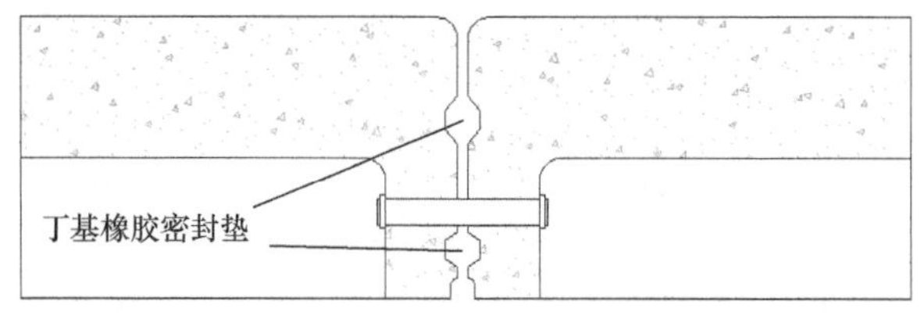

图 4-10　两道密封垫接头

GINA 止水带材料一般为丁苯橡胶与天然橡胶的混合物。GINA 止水带接头通常由尖肋、本体、底翼缘、底肋四部分组成。尖肋用于初步止水，本体为承受水压的主体，底翼缘是为了安装专门设计的部分，底肋用于解决因管节端面不平整可能产生的漏水问题，如图 4-11 所示。

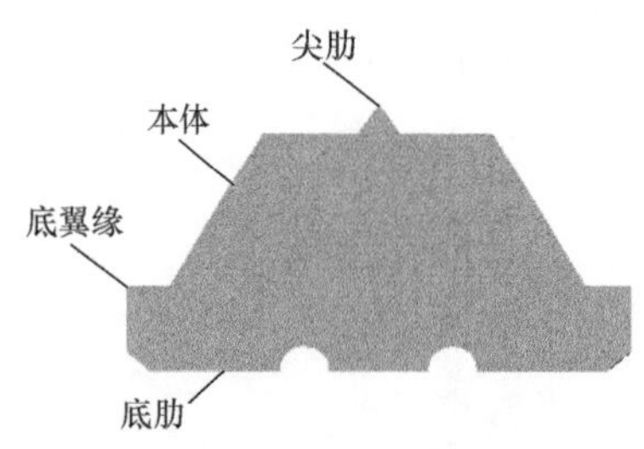

图 4-11　GINA 止水带接头

OMEGA 止水带通常由两层氯丁橡胶及置于其中的尼龙片压制而成，每个接头处的 OMEGA 止水带应为完整的一条，最后接口在现场硫化完成，如图 4-12 所示。

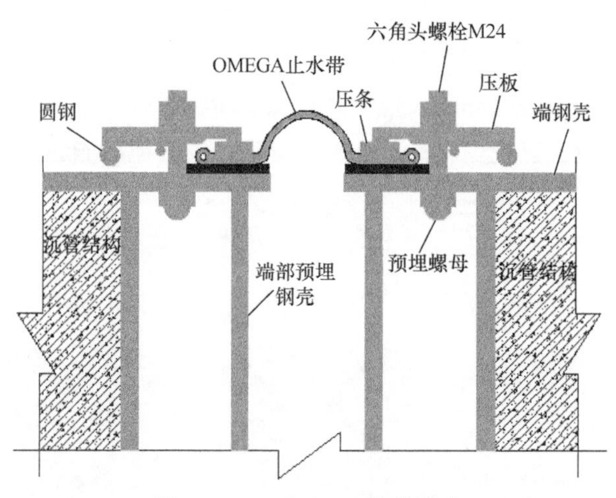

图 4-12　OMEGA 止水带接头

2. 嵌缝填料

嵌缝防水是接缝防水的又一道防线，嵌缝应在管片拼装完成后过一段时间进行嵌缝作业，衬砌变形相对稳定时进行。嵌缝不是依靠弹性压密防水，而是利用止水材料的填嵌密实来达到防水的目的。

嵌缝填料要求具有良好的不透水性、黏结性、耐久性、延伸性、耐药性、抗老化性，以及适应一定变形的弹性，特别是应能与潮湿的混凝土结合得好，要求具有不流坠的抗下垂性，以便于在湿润状态下施工。目前，采用环氧树脂系、聚硫橡胶系、聚氨酯或聚硫改性的环氧焦油系及尿素系树脂材料较多。嵌缝作业应在接缝堵漏和无明显渗水后进行，嵌缝槽表面混凝土若有缺损，则应采用聚合物水泥砂浆或特种水泥修补，强度应达到或超过混凝土本体的强度。嵌缝材料嵌填时，应先刷涂基层处理剂，嵌填应密实、平整。

嵌缝填料几乎不受接头形状的限制，是各种形式接头都适用的防水措施。嵌缝沟槽位于接头内缘，其开口有方形、喇叭形等，如图 4-13 所示。可根据现场地层条件和所选用材料等具体情况确定嵌缝沟槽的形式，其中图 4-13(c)和(d)所示的形式应用较多。一般认为图 4-13(d)所示的形式有利于膏状材料类的不定型填料嵌密不坠落。

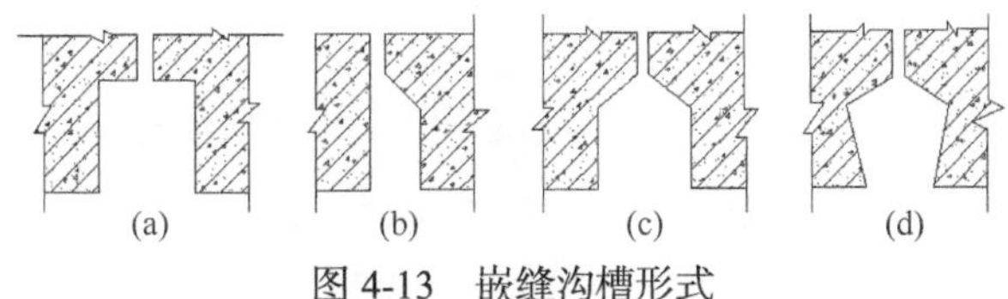

图 4-13　嵌缝沟槽形式

图 4-14 为日本的一种嵌缝填料防水结构，先消除沟槽中的油、锈、水等，先用聚氯基甲酸酯将接头不能密合的缝宽填满，再将嵌缝沟槽的周围涂一层底层涂料，接着先后填入环氧(W)和环氯(T)。随着嵌缝填料的发展，国外几乎所有管片都考虑嵌缝防水，甚至有的铸铁管片、钢管片去掉了接缝密封垫，单靠嵌缝防水就能达到理想的防水效果。

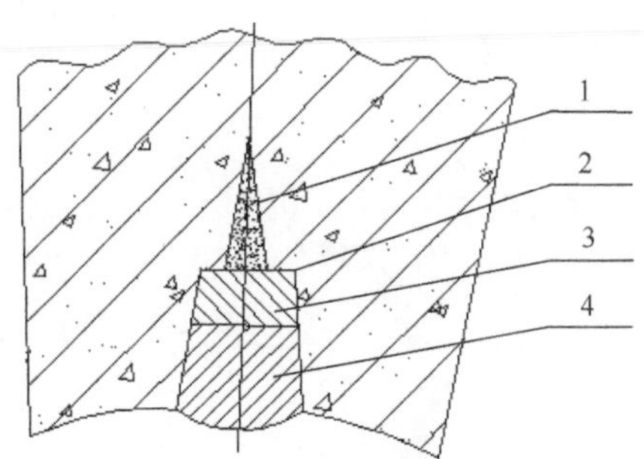

图 4-14　嵌缝沟槽的防水材料

1-聚氯基甲酸酯；2-底层涂料；3-环氧(W)；4-环氯(T)

3. 注入密封剂

密封剂灌注是利用喷枪、泵等器具将合成树脂类密封剂等材料，沿着管片的预留灌浆孔压注入环纵缝中相互连通的预留沟槽孔道中，密封剂聚合固化后，依靠它与孔壁的黏结力密封接缝，起到止水的作用。显然，密封剂要求具有良好的可灌性和有水存在下的固化性，以及固化后与混凝土间有良好的黏结力，并要有良好的强度与弹性以及化学稳定性，如图 4-15 所示。对于地质条件优良的隧道，可采用水泥砂浆灌注，但其固结后是脆性的，接头相对稍有位移，就会产生裂缝失去效用，现在多采用聚氨酯类或胶类材料。

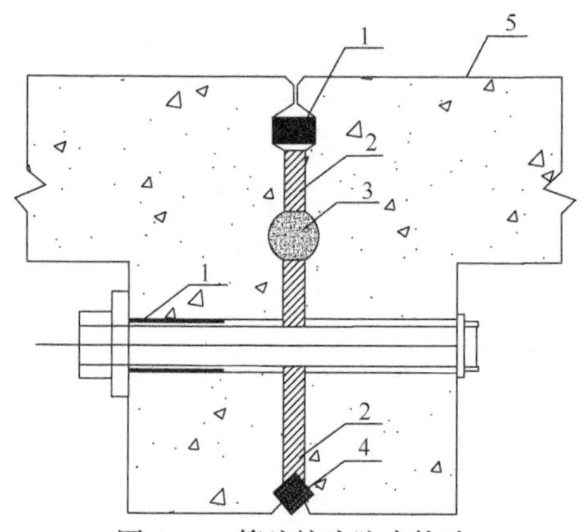

图 4-15　管片接头防水构造

1-氯丁橡胶密封垫；2-传力承压力垫；3-石灰水泥衬条；4-嵌缝密封膏；5-外防水耐酸碱涂料

4. 接头密封条

接头密封条是在受压后形成的，并黏结在接头表面，通常用于无螺栓的钢筋混凝土管片衬砌中，多见于英、美等国家。尤其在英国，因其地层条件好，广泛使用无螺栓衬砌，接头面为凹凸圆弧面，接头密封条特别适用于这种形状的接头，当接缝变大时，效果会显著降低，如图 4-16 所示。它所用的橡胶沥青密封条，厚度为 3mm，可压缩到 1.5mm，通过加热黏结在管片上。此外，还有以硅、环氧树脂等聚合物为材料，或以聚丙烯纤维芯材外包橡胶沥青的密封条。

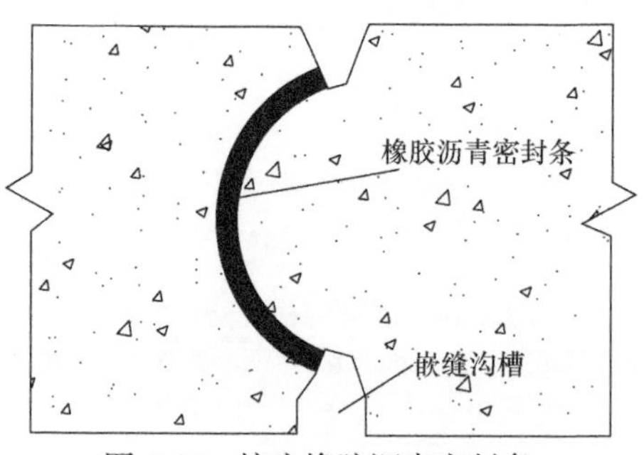

图 4-16　接头橡胶沥青密封条

5. 止水条

橡胶止水条是采用一种既有橡胶制品特性，又有遇水自行膨胀止水功能的材料制成的，广泛应用于人防、地铁、隧道、污水处理、游泳池等，以及其他混凝土工程施工缝、伸缩缝、裂缝等。止水条可分为腻子型止水条、制品型止水条、自黏性胶条等几类。

腻子型止水条是近年研制的新产品，它具有遇水膨胀的特殊性能，还具有弹性接缝止水材料的密封防水作用，当接缝两侧距离加大到弹性防水材料的弹性复原率以外时，由于该材料具有遇水膨胀的特性，其在材料膨胀范围内仍然能起到止水作用，如图 4-17 所示。

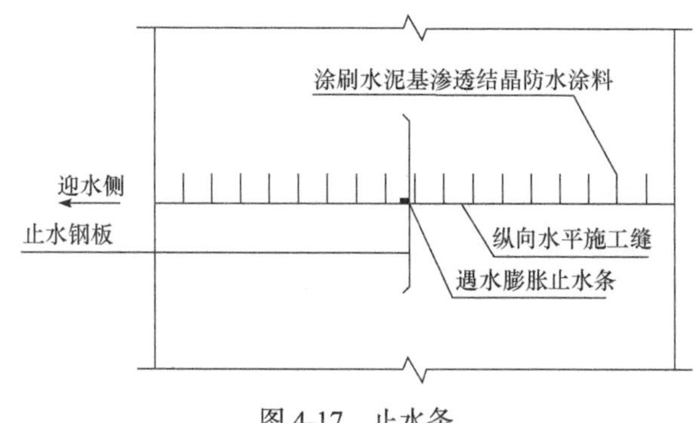

图 4-17　止水条

制品型止水条具有吸水后膨胀率高、加压不失水、与空气接触不风化、耐酸碱性稳定、抗老化等优点。该类产品主要应用于装配式结构接缝防水，建筑物变形缝、施工缝防水。

自黏性胶条是由丁基橡胶填充剂、增塑剂及其他特种助剂，经过特殊工艺加工而成的一种新型橡胶防水材料。它不仅可以填充混凝土气孔缝隙，而且在一定的压力下与混凝土有良好的黏结力，使其与混凝土黏结为一体，起到防水、止水的作用。

6. 遇水膨胀橡胶止水带

遇水膨胀橡胶止水带主要是由超高吸水能力的吸水聚合物和优异的弹性橡胶基体材料组成的。其不仅具有橡胶的高回弹、高弹性、高韧性和高拉伸性等物理性能，还具有吸水聚合物的吸水膨胀性能。在特定工况环境下，其体积膨胀倍率可以增加到自身体积的几倍甚至几十倍，加之橡胶本身优异的抗压性能和填充性能，不同填料制备的止水带能够适用于不同需求的工况环境。相对于其他吸水膨胀材料，遇水膨胀橡胶不仅具有高吸水性和高压下的高保水性优点，而且具有制造工艺简单和原料成本低廉的优点，其广泛应用于诸多领域。

7. 止水钢板

止水钢板(图 4-18)根据材质不同，通常分为镀锌钢板止水带、金属钢板止水带等。止水钢板主要应用于钢筋混凝土结构、水坝及其他大型工程。止水钢板连接部位采用满焊、双面焊接，止水效果较好，与橡胶止水带相比，其经济性更好。止水钢板的转角部位，钢板间的焊缝极难控制，因此很容易形成漏水点，且容易生锈，生锈后的钢板处理困难。

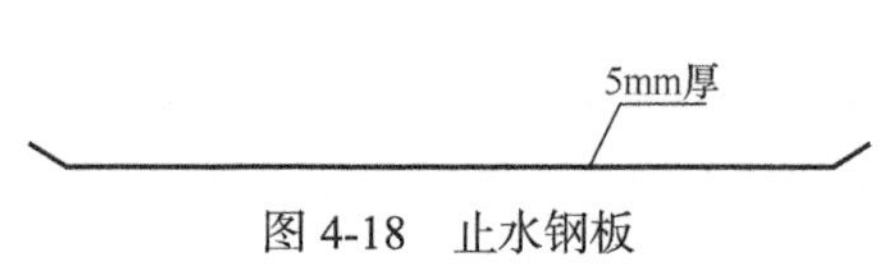

图 4-18　止水钢板

4.2.2　螺栓孔防水

装配式结构构件尤其盾构管片类拼装多采用螺栓连接，其螺栓孔的密封防水也是不可少的重要环节。通常情况下，在管片拼装完成后，渗水较多的部位是封顶块接缝和螺栓孔。管片接缝在螺栓孔外侧均设有防水密封垫，若防水密封垫的止水效果好，则螺栓孔不会发生渗漏。在密封垫失效和管片拼装精度差的部位，管片接缝、螺栓孔处会漏水。因此，必要时需要对螺栓孔进行专门的防水处理。

通常对螺栓孔进行专门的防水处理的方法是将螺栓孔口制成锥形，采用合成树脂或天然橡胶、聚乙烯等做成环形密封圈垫于螺栓垫圈和腔肋面之间。在拧紧螺栓时，密封圈受挤压变形流入螺栓孔，充填在螺栓与孔壁之间，达到止水效果。图 4-19 为密封圈在螺栓孔中的情况，图 4-20 为密封圈在受压前和受压后的变形情况。接头张开与否及程度都不会影响密封圈的作用，止水效果较好。

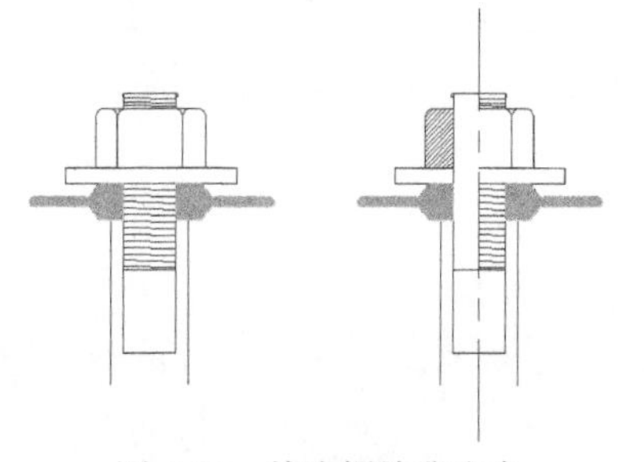

图 4-19　接头螺栓孔防水

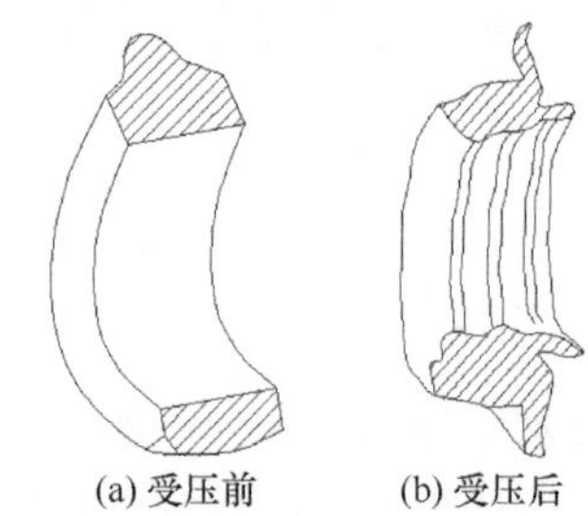

图 4-20　密封圈的变形

在日本、美国等国家还采用了一种塑料螺栓孔套管，浇捣时预埋在混凝土中，与密封圈相结合，防水效果更好，如图 4-21 所示。

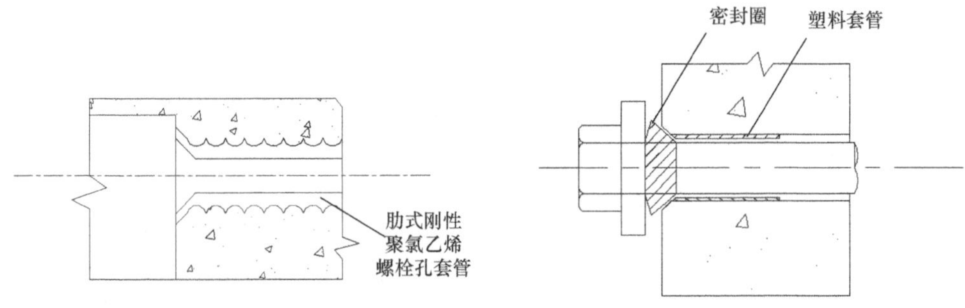

(a) 美国肋式刚性聚氯乙烯螺栓孔套管 (b) 日本塑料螺栓孔套管

图 4-21 螺栓孔套管

另外，还可以在接头面螺孔上部预留一浅槽，嵌入防水密封圈，直接将水止于螺孔之外，但接头张开较大时效果欠佳，如图 4-22 所示。

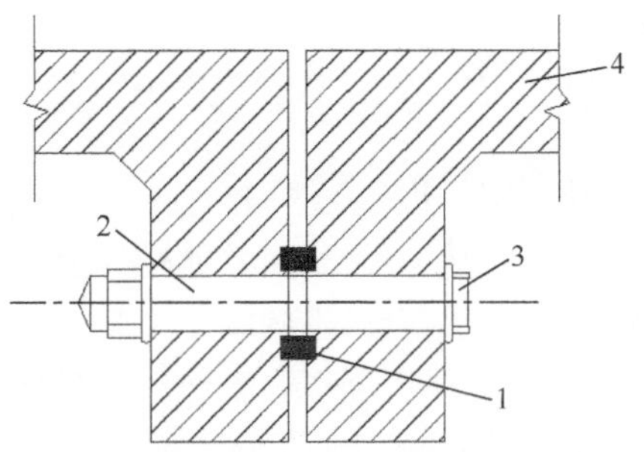

图 4-22 螺栓孔上方嵌入防水密封圈

1-防水密封圈；2-螺栓；3-螺帽；4-钢筋混凝土衬砌

4.3 其他防水措施

4.3.1 内衬砌

无论采用单道密封垫还是双道密封垫，受施工中各种因素的影响以及时间的推移，接缝发生渗漏的可能性总是存在的。当隧道处于淤泥、粉细砂等软弱地内侧嵌缝层时，隧道底部和两侧的渗漏水可能导致地层损失，从而引起结构变形加剧或沉降。因此，一些隧道采用设置内衬的方式加强防水，衬砌材料多为现浇混凝土结构或钢混组合结构。内衬的设置分为非封闭式和全封闭式两种，前者是针对防水对主体结构影响的关键部位设置，后者是结合隧道其他功能(如防火、结构补强等)在全断面设置。

1. 混凝土衬砌

内衬砌防水采用二次衬砌，内外两层衬砌成为一整体结构(或近似于整体结构)，以达到抵抗外荷载与防水的目的，具有较理想的使用效果，但内衬砌的设置会导致开挖断面增大、耗材增加、工序复杂、施工期延长、建设成本增加等问题。

混凝土内衬的实施类似于钻爆隧道现浇二次衬砌，每段大约长 10m，在内衬浇捣前，应对隧道内侧的渗漏点进行修补堵漏，用高压水进行冲洗，清除污泥等渣物。浇筑时隧道顶拱部分质量往往不易保证，容易形成空隙，因此在顶部必须预留一定数量的压浆孔，以备压注水泥砂浆补强。此外，也有在外层衬砌内表面先喷注一层 15～20mm 厚的找平层，再粘贴防水卷材，在内贴式防水层上浇筑内衬混凝土。内衬混凝土层衬砌的厚度应根据防水和内衬混凝土施工的需求来确定，一般不得小于 150mm。

2. 钢混组合衬砌

钢混组合结构以波纹钢-混凝土组合结构为代表，截面形式非常丰富，有很好的适应变形能力，耐久性好，使用寿命长，其能较好地体现装配式效果和作用，充分发挥相互结合的特点。钢混组合衬砌的施工工艺为：准备工作→隧道扩挖→基底处理、预埋件安装→基础混凝土浇筑→工作平台搭建→钢板拼装→板后空隙填充→压浆处理。

4.3.2　回填注浆

回填注浆是利用适当的注浆材料，对隧道间隙及扰动空洞范围迅速填充，以防止地层变动，调整隧道土压力均匀分布的方法。回填注浆应选择和易性好、强度高、能保持长时间塑性的材料，充分回填到结构背部，形成一定厚度的充填层，以防止隧道偏心受压，接缝裂开而造成渗漏。常用的回填注浆材料有单液水泥浆、水玻璃双液浆、聚氨酯、环氧树脂、改性沥青等。在实际的隧道堵漏工程中，一种注浆液往往不够，需要充分结合地质状况及工程特点，对于不同部位选择合适的注浆材料，以达到堵塞空隙、截断水路的目的(图 4-23)。

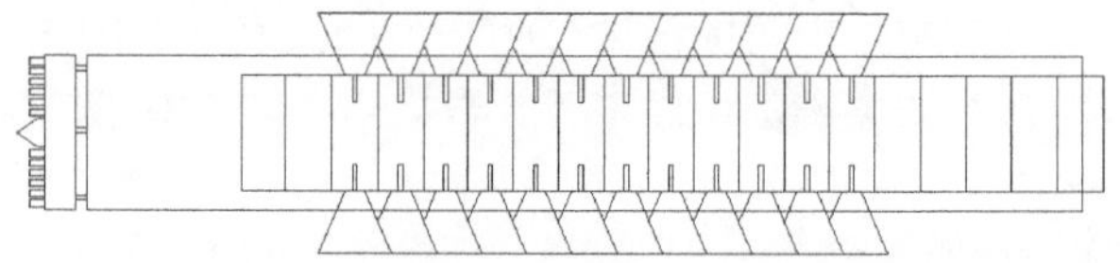

图 4-23　盾构推进二次注浆及补压浆示意图

钻爆隧道衬砌施工由于混凝土的局限性，二衬混凝土背后，特别是拱顶会出现空洞。混凝土的不密实，极大影响了衬砌混凝土的整体强度及防水要求，为确保衬砌混凝土的整体强度，增强防水性能，必须采用注浆回填的方法。灌浆顺序为：自较低的一端开始，向较高的一端推进，沿线路上坡方向进行，注浆过程中应时刻观察注浆压力和流量的变化。典型装配式隧道防水设计方式和设计参数如表 4-4 所示。

表 4-4　典型装配式隧道防水设计

序号	典型隧道	装配图	防水方式	设计参数
1	港珠澳大桥海底隧道	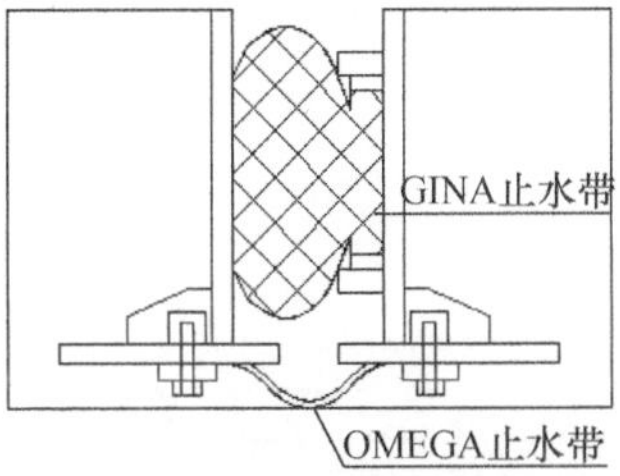 GINA止水带 OMEGA止水带	外侧采用 GINA 止水带，内侧采用 OMEGA 止水带	防水等级为二级，GINA 天然橡胶拉伸强度≥15MPa
2	纬三路过江隧道	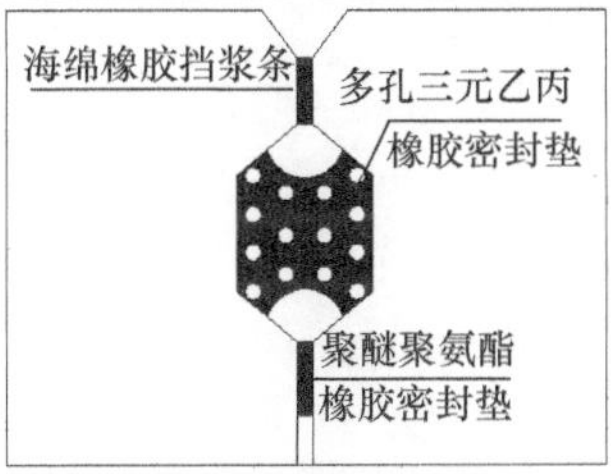 海绵橡胶挡浆条 多孔三元乙丙橡胶密封垫 聚醚聚氨酯橡胶密封垫	外侧采用海绵橡胶挡浆条和多孔三元乙丙橡胶密封垫，内侧采用聚醚聚氨酯橡胶密封垫	防水等级为二级，三元乙丙橡胶拉伸强度≥10.5MPa
3	建宁西路过江通道	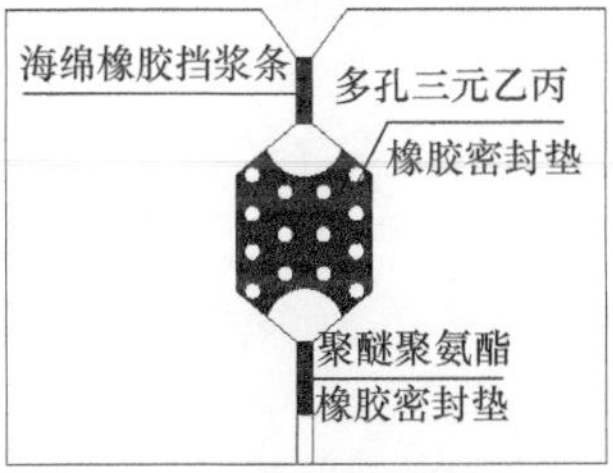 海绵橡胶挡浆条 多孔三元乙丙橡胶密封垫 聚醚聚氨酯橡胶密封垫	外侧采用海绵橡胶挡浆条和多孔三元乙丙橡胶密封垫，内侧采用聚醚聚氨酯橡胶密封垫	防水等级为二级，三元乙丙橡胶拉伸强度≥10.5MPa
4	上海长江隧道	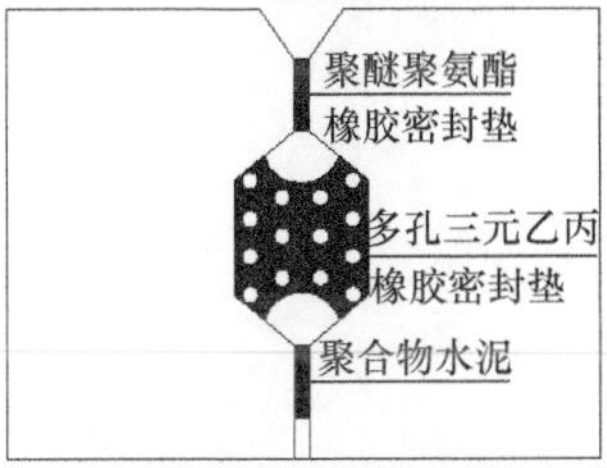 聚醚聚氨酯橡胶密封垫 多孔三元乙丙橡胶密封垫 聚合物水泥	外侧采用聚醚聚氨酯橡胶密封垫，内侧采用多孔三元乙丙橡胶密封垫	防水等级为二级，三元乙丙橡胶拉伸强度≥10.5MPa

续表

序号	典型隧道	装配图	防水方式	设计参数
5	扬子江大道管廊	聚硫封胶 钢套环 氯丁橡胶 压浆孔 粘贴膨胀橡胶条 胶合板 聚硫封胶	氯丁橡胶+膨胀橡胶条	防水等级为二级，氯丁橡胶拉伸强度≥6MPa
6	横江大道隧道	聚硫双组份密封胶 ϕ20mm半圆PVC管 中埋式钢边橡胶止水带 15°～20° 管端与剪力杆留间隙20mm 发泡PE垫板 ϕ42mm(内径)无缝钢管内注黄油 剪力杆 聚硫双组份密封胶 ϕ20mm半圆PVC管 接水盒 h h/3 h/3 h/3	中埋式钢边橡胶止水带+接水盒	防水等级为二级，中埋式钢边橡胶拉伸强度≥10MPa

第 5 章 装配式隧道建造关键技术

装配式隧道建造与现浇混凝土结构最大的区别是预制、接头、运输、安装过程，而目前国内采用预制装配式施工的隧道较少，设计建造经验不足，往往需要通过大量的模型试验、数值模拟、工程类比进行综合设计。本章根据典型案例的前期研究、设计试验、安装施工等，结合相关研究成果，对预制装配式隧道建造有关分块预制、试验模拟、优化分析、拼装工艺等一些比较重要的内容进行梳理和总结。

5.1 大尺寸框架涵结构分块预制拼装关键技术

5.1.1 结构力学缩尺模态试验

1. 试验目的

结构力学缩尺模态试验以厦门市疏港路下穿仙岳路通道工程为例。根据施工工艺，在满足结构强度、刚度及稳定性的条件下，采用模型试验和有限元数值模拟的方法对预制框架涵结构进行受力分析，并根据分析结果设计单/双仓框架涵最优截面尺寸，利用有限元模型与实体模型互相印证，使实际工程达到结构安全、尺寸最优、造价合理以及用料最省的目的。

2. 缩尺模态试验内容

缩尺模态试验内容具体如下：

(1) 根据最优截面尺寸，制作单/双仓框架涵混凝土试验模型，通过模态试验测得试验模型的实际自振频率，并与有限元模型计算的理论值进行分析比较。

(2) 进行静力加载试验，分为偏载和对称荷载两个工况，分别测量在这两个工况下的位移和应力，进而与有限元模型计算的理论值进行比较，验证有限元模型建模方法的正确性以及尺寸优化后框架涵模型结构受力的安全性和可靠性。

3. 单/双仓框架涵尺寸及参数取值

结构力学缩尺模型按实际工程单仓、双仓框架涵结构尺寸制作，如图 5-1 所示。单仓框架涵由上下两片“U”字形结构组成，框架涵长 3000mm，宽 10600mm，高 7200mm；双仓框架涵由上下两片“山”字形结构组成，框架涵长 2000mm，宽 19900mm，高 7200mm，结构顶板厚 700mm，底板厚 800mm，边墙厚 700mm，中墙厚 600mm，倒角尺寸分为 250mm×800mm 和 230mm×230mm 两种。

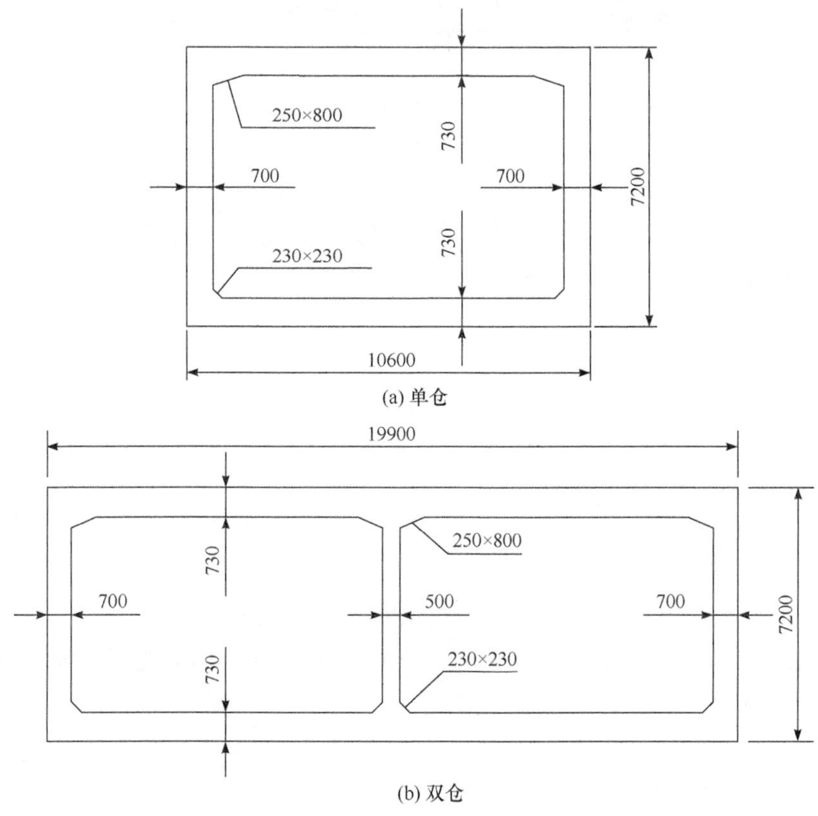

图 5-1　单仓和双仓框架涵结构尺寸(单位：mm)

混凝土强度等级为 C40，泊松比 $\nu_c = 0.2$，弹性模量 $E_c = 3.25 \times 10^{10}$ Pa，密度 $\rho_c = 2500$kg/m^3；主筋和箍筋均采用直径为 10mm 的 R235 钢筋，泊松比 $\nu_s = 0.3$，弹性模量 $E_s = 2.06 \times 10^{11}$ Pa，密度 $\rho_s = 7800$kg/m^3；上、下片结构采用尺寸为 3000mm×400mm×20mm 的钢板焊接，泊松比 $\nu_b = 0.3$，弹性模量 $E_b = 2.06 \times 10^{11}$ Pa，密度 $\rho_b = 7800$kg/m^3，使上、下两片框架涵结构成为整体。

由于运输及吊装设备的限制，将 3m 或 2m 长单片框架涵分成上、下两部分，从预制厂预制完成后由特种运输车辆将半片框架涵按顺序进行运输，然后由现场门机进行吊装、拼装。图 5-2 为上下两片“U”字形或“山”字形框架涵腹板连接处的构造，该局部连接处先用西卡胶对上下片进行黏结，待西卡胶将上下框架涵黏结牢固后用钢板将上下框架涵进行内外焊接。

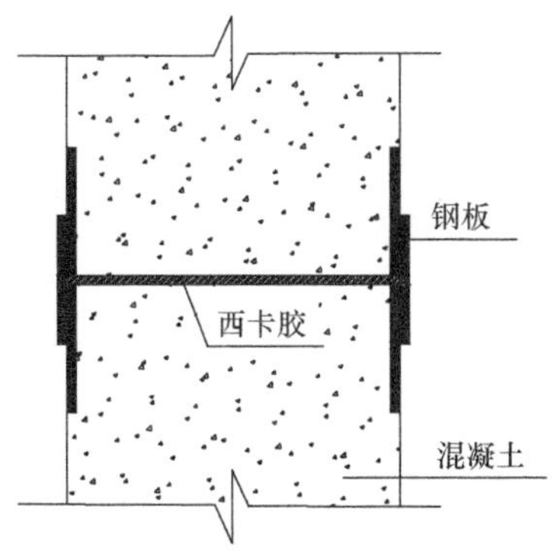

图 5-2　框架涵上下两片连接处局部详图

4. 荷载形式及布置图

结构力学缩尺模型基于实际工程项目，其所加荷载形式和大小须根据实际荷载加载。参照《公路桥涵设计通用规范》(JTGD 60—2004)荷载城市-A 级对车辆荷载形式的规定，其荷载形式如图 5-3 和图 5-4 所示。

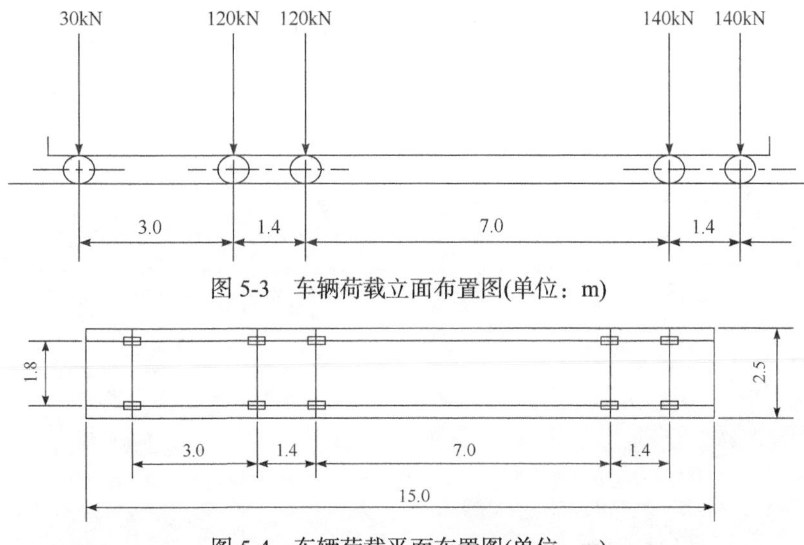

图 5-3　车辆荷载立面布置图(单位：m)

图 5-4　车辆荷载平面布置图(单位：m)

5. 试验模型制作

按大比例尺模型设计要求及相关规范，将现场节段横截面尺寸、纵向尺寸按 1∶4 进行设计。试验模型材料为 C40 商用混凝土、钢筋为 R235(直径为ϕ10mm)的圆钢、钢板材料为 Q235(尺寸为 5mm×100mm×750mm)。在试验模型制作及养护完成后，进行加载试验，对车轮集中荷载采用 5 孔直径约为 11cm 的锚具进行模拟，加载材料为红砖。

框架涵试验模型的制作工艺流程如图 5-5 所示；框架涵模型现场拼装过程如图 5-6 所示。

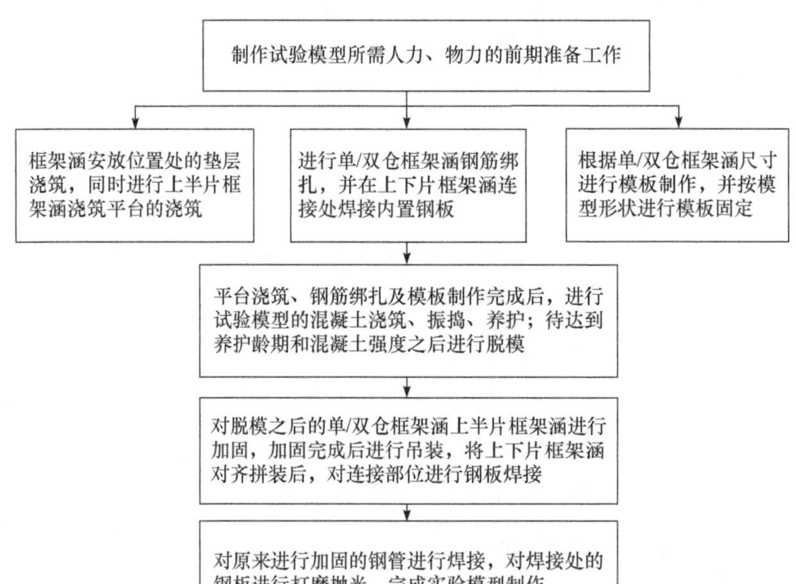

图 5-5　框架涵试验模型的制作工艺流程

(a) 框架涵垫层和浇筑平台

(b) 试验模型钢筋绑扎现场

(c) 上下片框架涵连接处内置钢板焊接

(d) 试验模型的模板现场制作

(e) 加固后单仓上半片框架涵

(f) 单仓下半片框架涵

(g) 加固后双仓上半片框架涵

(h) 双仓下半片框架涵

(i) 单仓上半片框架涵吊装

(j) 双仓上半片框架涵吊装

(k) 拼装完成后单仓框架涵

(l) 拼装完成后双仓框架涵

(m) 单仓框架涵上下片连接处的焊接钢板

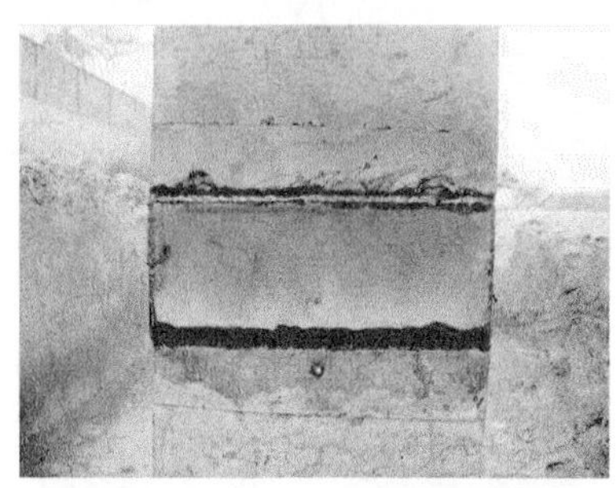

(n) 双仓框架涵上下片连接处的焊接钢板

(o) 框架涵上下片连接部位局部图

(p) 单/双仓框架涵拼装完成后整体图

图 5-6　框架涵模型现场拼装过程

6. 单仓框架涵模型试验

1) 单仓框架涵静载试验荷载布置

单仓框架涵静载试验模型按对称和偏载两个工况分别进行加载，框架横向范围内为单向双车道，对称加载为双车道，均布置城市-A 级最大设计荷载轴重，偏载为单个车道，布置城市-A 级最大设计荷载轴重，如图 5-7 所示。混凝土强度现

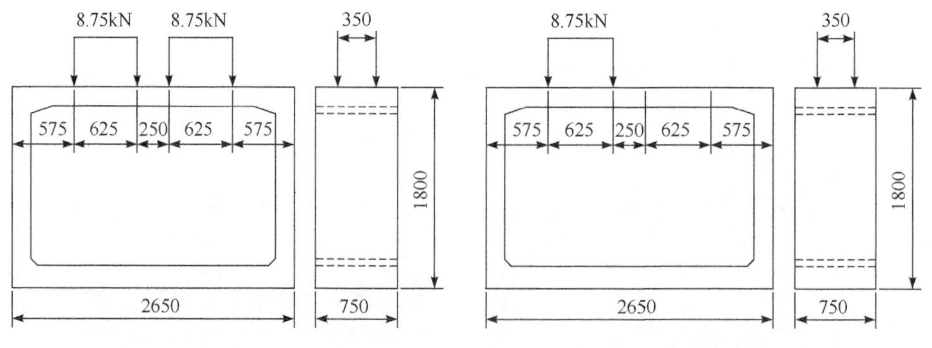

(a) 对称车辆荷载作用　　(b) 偏载车辆荷载作用

图 5-7　单仓框架涵对称和偏载车辆荷载作用下单仓通道加载示意图(单位：mm)

场回弹测试及试块抗压强度试验如图 5-8 所示。利用实验室万能机进行抗压强度试验如图 5-9 所示。

图 5-8　单仓框架涵现场回弹仪测量混凝土强度

图 5-9　单仓框架涵实验室万能机进行抗压强度试验

2) 单仓框架涵模型模态试验

试验是检验理论的有效手段，在运用有限元理论模型分析和解决实际工程问题时，验证模型和参数的正确性是必不可少的环节。在确保试验结果的正确性和试验条件与理论模型工作条件一致性的前提下，才能保证试验结果的可参考性和对比性。采用试验模态分析方法对理论模型进行对比分析及验证的方法称为模态特性参数的对比分析法，即将理论模型的模态特性参数与试验模态特性参数进行对比，试验模态特性参数是根据实测波形曲线通过分析后提取的，而理论模型的模态特性参数是根据有限元数值模拟计算方法，如子空间迭代法、矩阵迭代法及雅可比迭代法等，从有限元模型计算结果中提取出来的。

本试验采用江苏东华动态采集系统 5922 仪器进行数据采集，该仪器共有六个拾振器，包括三个横向加速度拾振器和三个竖向加速度拾振器，将一个横向加速度拾振器和一个竖向加速度拾振器作为一组，三组拾振器按图 5-10 所示位置进行安放，其中竖向为 Z 方向，横向为 Y 方向，采用石膏粉将拾振器和双仓框架涵耦合成整体，外界激励为环境激励，不施加人为激励，如图 5-11 和图 5-12 所示。

3) 单仓框架涵模型静载试验测点布置

应变测量采用硅胶式应变片，其他测量采用混凝土应变片和钢应变片。选取纵向中间截面点的应力代替横向截面其他位置的应力，即选取 X 方向的中间截面作为测点布置截面，沿 Y 方向，测点布置的位置约为框架宽度的 1/4、2/4、3/4 及端点处；沿 Z 方向，测点布置的位置为外墙与顶板的交界处和黏接钢板的中间位置，共布置混凝土应变片 5 个、钢应变片 2 个，混凝土应变片及钢应变片编号和具体测点位置如图 5-13 所示。

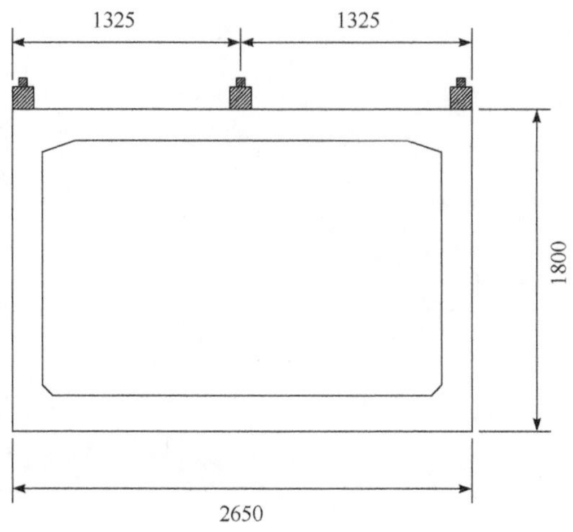

图 5-10　单仓框架涵模态试验拾振器布置位置示意图(单位：mm)

图 5-11　单仓框架涵加速度拾振器布置形式

图 5-12　单仓框架涵现场数据采集示意图

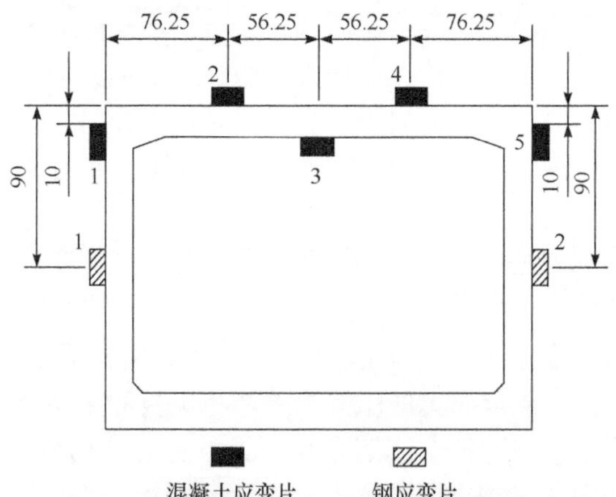

图 5-13　单仓框架涵横截面应变片测点布置示意图(单位：cm)

挠度采用百分表测量，沿 Y 方向，测点布置的位置为框架宽度的 1/2 处；沿 Z 方向，测点布置的位置为外墙与顶板的交界处和外墙黏接钢板的中间位置，以及中墙黏接钢板的中间位置，共 5 个百分表，百分表编号和具体布置如图 5-14 所示。

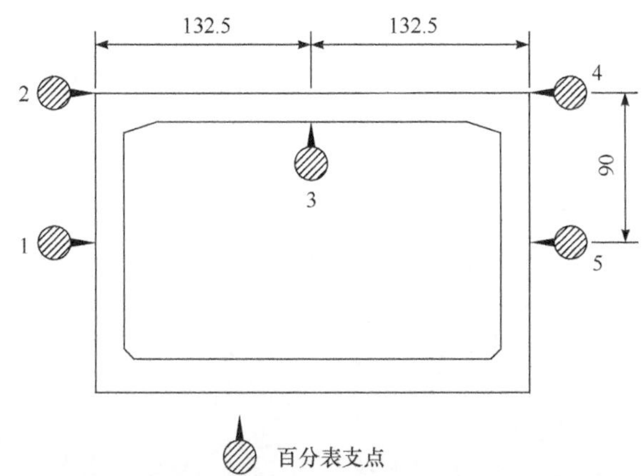

图 5-14　单仓框架涵横截面百分表测点布置示意图(单位：cm)

4) 单仓框架涵静载试验荷载计算

根据相似准则推导所得的尺寸、应力和荷载之间的关系式：

$$\frac{C_\sigma C_l^2}{C_P}=1$$

已知相似比例系数 $C_l=1/4$ 及 $C_\sigma=1$，得 $C_P=1/16$，即荷载相似比例系数为 1/16。根据城市-A 级荷载最大单轴轴重 140kN，得试验荷载最大单轴轴重为 8.75kN，试验总荷载为 70kN。由于框架结构细长，尺寸较大，实际加载形式为砖块，考虑到加载时的整体稳定性及试验人员的安全性，对称加载砖块 600 片，偏载加载砖块 300 片。经称量，每片砖的重量为 2.15kg，即对称加载 12.90kN，偏载加载 6.45kN。

(1) 工况一：根据图 5-15 所示的荷载加载位置进行对称加载，分三级加载，一级加载 4.30kN，二级加载 8.60kN，三级加载 12.90kN。

(2) 工况二：根据图 5-16 所示的荷载加载位置进行偏载加载，分三级加载，一级加载 2.15kN，二级加载 4.30kN，三级加载 6.45kN。

5) 单仓框架涵试验数据

模态数据采集采用 DH5922 动态采集系统软件进行采集(图 5-17)，数据采集时长为 30min，将采集的数据利用 DHMA 模态分析软件进行分析，通过傅里叶变换将难以处理的时域信号转换为易于分析的频域信号，然后基于自互谱综合函数的参数识别法提取模态参数，得到的自振频率及阻尼比如表 5-1 所示。

(a) 单仓框架涵对称工况加载位置

(b) 单仓框架涵对称工况一级加载

(c) 单仓框架涵对称工况二级加载

(d) 单仓框架涵对称工况三级加载

图 5-15　单仓框架涵对称加载工况

(a) 单仓框架涵偏载工况加载位置

(b) 单仓框架涵偏载工况一级加载

(c) 单仓框架涵偏载工况二级加载

(d) 单仓框架涵偏载工况三级加载

图 5-16　单仓框架涵偏载加载工况

(a) 单仓框架涵静载试验端部百分表

(b) 单仓框架涵静载试验跨中百分表

(c) 单仓框架涵静载试验应变数据采集

(d)单仓框架涵静载试验位移数据采集

图 5-17　单仓框架涵静载试验数据采集

表 5-1　单仓框架涵模态试验实测数据分析表

阶次	自振频率/Hz	阻尼比/%	振型描述
1	35.216	2.036	一阶竖向翘曲
2	73.458	4.894	一阶纵向弯曲
3	84.619	3.781	一阶横向对称

静载挠度采用百分表测量，直接读取数据，对称荷载作用下各个百分表的初始读数及加载后读数如表 5-2 所示；偏载作用下各个百分表的初始读数及加载后读数如表 5-3 所示。

表 5-2　单仓框架涵静载试验对称荷载作用下挠度数据分析表　(单位：mm)

分级加载及挠度	百分表编号				
	1	2	3	4	5
初始读数	4.336	8.155	5.482	4.325	6.664
一级加载后读数	4.341	8.155	5.511	4.325	6.669
一级加载挠度△1	0.005	0.000	0.029	0.000	0.005

续表

分级加载及挠度	百分表编号				
	1	2	3	4	5
二级加载后读数	4.347	8.155	5.542	4.325	6.674
二级加载挠度△2	0.011	0.000	0.060	0.000	0.010
三级加载后读数	4.353	8.155	5.571	4.325	6.680
三级加载挠度△3	0.017	0.000	0.089	0.000	0.016

表 5-3　单仓框架涵静载试验偏载作用下挠度数据分析表　(单位：mm)

分级加载及挠度	百分表编号				
	1	2	3	4	5
初始读数	5.646	6.332	2.185	5.482	6.423
一级加载后读数	5.648	6.332	2.199	5.482	6.423
一级加载挠度△1	0.002	0.000	0.014	0.000	0.000
二级加载后读数	5.651	6.336	2.214	5.487	6.425
二级加载挠度△2	0.005	0.004	0.029	0.005	0.002
三级加载后读数	5.656	6.340	2.230	5.492	6.428
三级加载挠度△3	0.010	0.008	0.045	0.010	0.005

静载应力采用硅胶式应变片，应变数据采用 DH3819 静态应变采集系统进行采集，多次采集后筛选出合理的数据，然后求取平均值，可得各测点的应力。对称荷载作用下各个应变片的初始读数及加载后读数如表 5-4 所示；偏载作用下各个应变片的初始读数及加载后读数如表 5-5 所示。

表 5-4　单仓框架涵静载试验对称荷载作用下应力数据分析表　(单位：MPa)

应变片类型	应变片编号	分级加载及应力						
		初始读数	一级加载读数	一级加载应力	二级加载读数	二级加载应力	三级加载读数	三级加载应力
混凝土应变片	1	0.000	0.000	0.000	0.000	0.000	0.000	0.000

续表

应变片类型	应变片编号	分级加载及应力						
		初始读数	一级加载读数	一级加载应力	二级加载读数	二级加载应力	三级加载读数	三级加载应力
混凝土应变片	2	0.000	–0.065	–0.065	–0.163	–0.163	–0.260	–0.260
	3	0.000	0.195	0.195	0.390	0.390	0.585	0.585
	4	0.000	–0.065	–0.065	–0.163	–0.163	–0.260	–0.260
	5	0.000	0.000	0.000	0.000	0.000	0.000	0.000
钢应变片	1	0.000	0.000	0.000	0.000	0.000	0.000	0.000
	2	0.000	0.000	0.000	0.000	0.000	0.000	0.000

表 5-5　单仓框架涵静载试验偏载作用下应力数据分析表　(单位：MPa)

应变片类型	应变片编号	分级加载及应力						
		初始读数	一级加载读数	一级加载应力	二级加载读数	二级加载应力	三级加载读数	三级加载应力
混凝土应变片	1	0.000	0.000	0.000	0.000	0.000	0.000	0.000
	2	0.000	0.000	0.000	0.000	0.000	0.000	0.000
	3	0.000	0.098	0.098	0.195	0.195	0.293	0.293
	4	0.000	–0.065	–0.065	–0.163	–0.163	–0.228	–0.228
	5	0.000	0.000	0.000	0.000	0.000	0.000	0.000
钢应变片	1	0.000	0.000	0.000	0.000	0.000	0.000	0.000
	2	0.000	0.000	0.000	0.000	0.000	0.000	0.000

7. 双仓框架涵模型试验

1) 双仓框架涵静载试验荷载布置

双仓框架涵静载试验荷载布置基本要求与单仓框架涵相同，具体布置如图 5-18～图 5-20 所示。

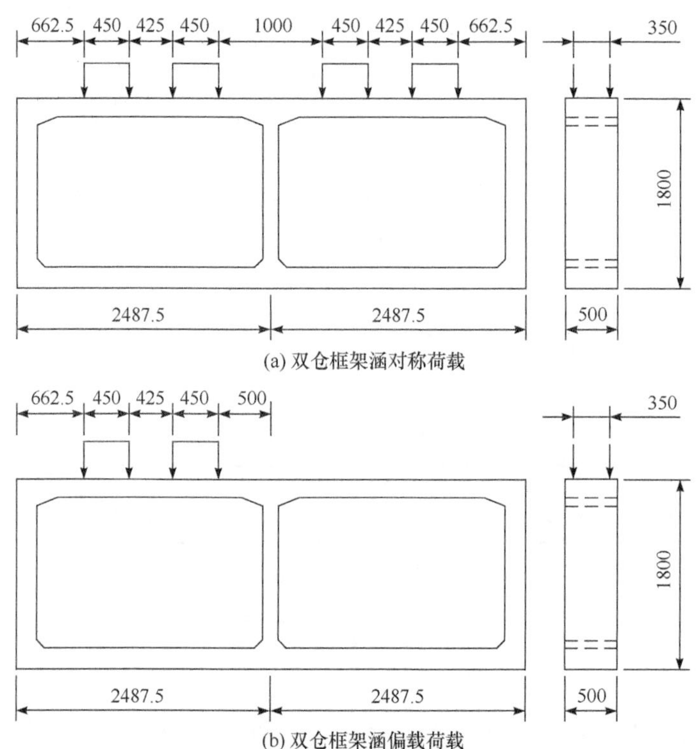

图 5-18　双仓框架涵对称和偏载作用下荷载布置形式及位置示意图(单位：mm)

图 5-19　双仓框架涵现场回弹仪测量混凝土强度

图 5-20　双仓框架涵实验室万能机进行抗压强度试验

2) 双仓框架涵模型模态试验

双仓框架涵模型模态试验与单仓框架涵相同，拾振器布置如图 5-21～图 5-23 所示。

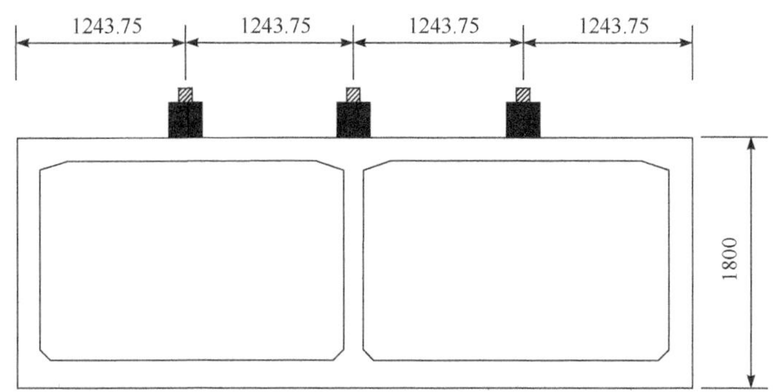

图 5-21　双仓框架涵模态试验拾振器布置形式及位置示意图(单位：mm)

图 5-22　双仓框架涵加速度拾振器布置形式

图 5-23　双仓框架涵现场数据采集示意图

3) 双仓框架涵模型静载试验测点布置

框架结构按梁计算的宽跨比小于 1/7，可将结构物看成狭长形的梁计算，即沿 X 方向的应力变化浮动很小。因此，可以选取某个点的应力代替该截面其他位置的应力，从而选取 X 方向的中间截面作为测点布置截面；沿 Y 方向，测点布置的位置为框架宽度的 1/8、2/8、3/8、4/8、5/8、6/8、7/8 及端点处；沿 Z 方向，测点布置的位置为外墙与顶板的交界处和黏接钢板的中间位置，共布置混凝土应变片 11 个，钢应变片 4 个，混凝土应变片及钢应变片编号和具体测点位置如图 5-24 所示。

沿 Y 方向，挠度测点布置的位置为框架宽度的 2/8、6/8 处；沿 Z 方向，挠度测点布置的位置为外墙与顶板的交界处和外墙黏接钢板的中间位置，以及中墙黏接钢板的中间位置，共 7 个百分表，百分表编号和具体布置如图 5-25 所示。

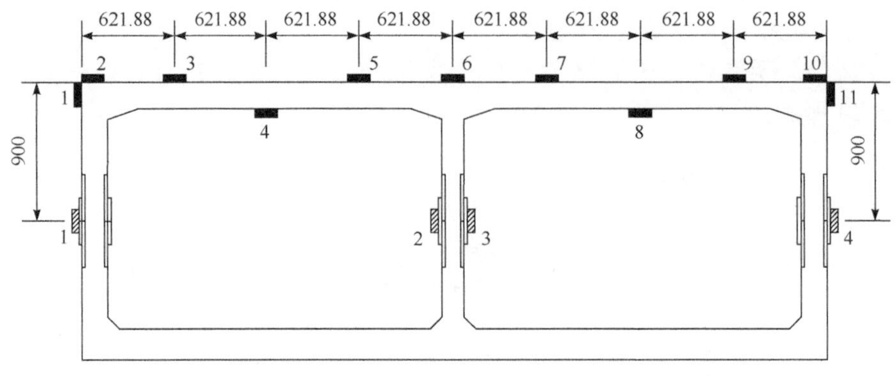

图 5-24　双仓框架涵横截面应变片测点布置示意图(单位：mm)

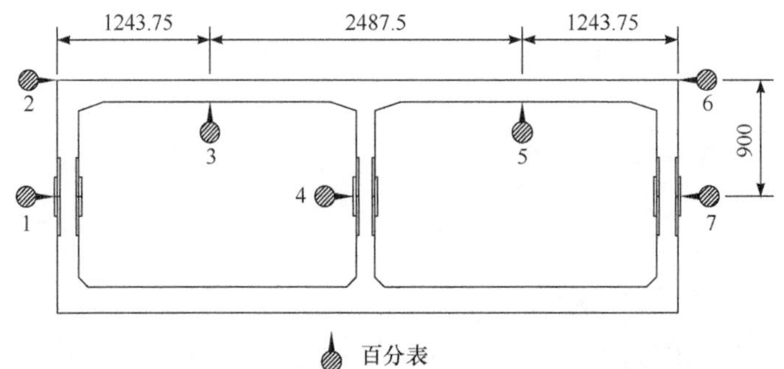

图 5-25　双仓框架涵横截面百分表测点布置示意图(单位：mm)

4) 双仓框架涵静载试验荷载计算

对称加载砖块共 1200 片，偏载加载砖块共 600 片，经称量，每片砖的重量为 2.15kg，即对称加载 25.80kN，偏载加载 12.90kN。

(1) 工况一：根据图 5-26 所示的荷载加载位置进行对称加载，分三级加载，一级加载 8.60kN，二级加载 17.20kN，三级加载 25.80kN。

(a)双仓框架涵对称工况加载位置

(b)双仓框架涵对称工况一级加载

(c)双仓框架涵对称工况二级加载

(d)双仓框架涵对称工况三级加载

图 5-26　双仓框架涵对称加载工况

(2) 工况二：根据图 5-27 所示的荷载加载位置进行偏载加载，分三级加载，一级加载 4.30kN，二级加载 8.60kN，三级加载 12.90kN。

(a) 双仓框架涵偏载工况加载位置

(b) 双仓框架涵偏载工况一级加载

(c) 双仓框架涵偏载工况二级加载

(d) 双仓框架涵偏载工况三级加载

图 5-27　双仓框架涵偏载加载工况

5) 双仓框架涵试验数据

双仓框架涵试验数据采集及分析如图 5-28 及表 5-6～表 5-10 所示。

(a) 双仓框架涵钢应变片测点

(b) 双仓框架涵混凝土应变片测点

(c) 双仓框架涵跨中挠度测点百分表

(d) 双仓框架涵端部位移测点百分表

(e) 双仓框架涵挠度测点数据采集

(f) 双仓框架涵应变数据采集

图 5-28　双仓框架涵静载试验数据采集

表 5-6　双仓框架涵模态试验实测数据分析表

阶次	自振频率/Hz	阻尼比/%	振型描述
1	33.168	2.098	一阶横向双仓反对称
2	45.943	4.941	一阶纵向双仓对称
3	63.539	1.672	一阶纵向双仓反对称

表 5-7　双仓框架涵静载试验对称荷载作用下挠度数据分析表　(单位：mm)

分级加载及挠度	百分表编号						
	1	2	3	4	5	6	7
初始读数	5.551	5.344	11.480	8.415	6.368	4.154	16.550
一级加载后读数	5.556	5.344	11.508	8.415	6.398	4.154	16.556
一级加载挠度△1	0.005	0.000	0.028	0.000	0.030	0.000	0.006
二级加载后读数	5.560	5.344	11.538	8.415	6.427	4.151	16.560
二级加载挠度△2	0.009	0.000	0.058	0.000	0.059	–0.003	0.010
三级加载后读数	5.566	5.339	11.569	8.415	6.456	4.147	16.566
三级加载挠度△3	0.015	–0.005	0.089	0.000	0.088	–0.007	0.016

表 5-8　双仓框架涵静载试验偏载作用下挠度数据分析表　(单位：mm)

分级加载及挠度	百分表编号						
	1	2	3	4	5	6	7
初始读数	7.784	12.356	4.665	5.152	8.456	2.148	10.836
一级加载后读数	7.784	12.344	4.704	5.143	8.446	2.158	10.836
一级加载挠度△1	0.000	–0.012	0.039	–0.009	–0.010	0.010	0.000
二级加载后读数	7.787	12.331	4.746	5.133	8.435	2.170	10.838
二级加载挠度△2	0.003	–0.025	0.081	–0.019	–0.021	0.022	0.002
三级加载后读数	7.789	12.318	4.787	5.123	8.425	2.180	10.841
三级加载挠度△3	0.005	–0.038	0.122	–0.029	–0.031	0.032	0.005

表 5-9　双仓框架涵静载试验对称荷载作用下应力数据分析表　(单位：MPa)

应变片类型	应变片编号	分级加载及应力						
		初始读数	一级加载读数	一级加载应力	二级加载读数	二级加载应力	三级加载读数	三级加载应力
混凝土应变片	1	0.000	0.000	0.000	0.065	0.065	0.163	0.163
	2	0.000	0.000	0.000	0.098	0.098	0.130	0.130
	3	0.000	–0.130	–0.130	–0.195	–0.195	–0.260	–0.260
	4	0.000	0.260	0.260	0.488	0.488	0.748	0.748
	5	0.000	–0.098	–0.098	–0.163	–0.163	–0.228	–0.228
	6	0.000	0.325	0.325	0.585	0.585	0.878	0.878
	7	0.000	–0.065	–0.065	–0.163	–0.163	–0.195	–0.195
	8	0.000	0.293	0.293	0.553	0.553	0.780	0.780
	9	0.000	–0.098	–0.098	–0.163	–0.163	–0.228	–0.228

续表

应变片类型	应变片编号	分级加载及应力						
		初始读数	一级加载读数	一级加载应力	二级加载读数	二级加载应力	三级加载读数	三级加载应力
混凝土应变片	10	0.000	0.000	0.000	0.065	0.065	0.163	0.163
	11	0.000	0.000	0.000	0.098	0.098	0.163	0.163
钢应变片	1	0.000	0.206	0.206	0.618	0.618	0.824	0.824
	2	0.000	−0.412	−0.412	−0.618	−0.618	−1.030	−1.030
	3	0.000	−0.206	−0.206	−0.618	−0.618	−0.824	−0.824
	4	0.000	0.000	0.000	0.412	0.412	0.618	0.618

表 5-10　双仓框架涵静载试验偏载作用下应力数据分析表　　(单位：MPa)

应变片类型	应变片编号	分级加载及应力						
		初始读数	一级加载读数	一级加载应力	二级加载读数	二级加载应力	三级加载读数	三级加载应力
混凝土应变片	1	0.000	0.065	0.065	0.098	0.098	0.163	0.163
	2	0.000	0.065	0.065	0.098	0.098	0.130	0.130
	3	0.000	−0.130	−0.130	−0.195	−0.195	−0.293	−0.293
	4	0.000	0.325	0.325	0.585	0.585	0.878	0.878
	5	0.000	−0.163	−0.163	−0.293	−0.293	−0.423	−0.423
	6	0.000	−0.228	−0.228	−0.358	−0.358	−0.520	−0.520
	7	0.000	0.130	0.130	0.260	0.260	0.325	0.325
	8	0.000	−0.098	−0.098	−0.163	−0.163	−0.228	−0.228
	9	0.000	0.033	0.033	0.033	0.033	0.033	0.033
	10	0.000	0.000	0.000	0.000	0.000	0.000	0.000
	11	0.000	0.000	0.000	0.000	0.000	0.000	0.000
钢应变片	1	0.000	0.000	0.000	0.412	0.412	0.618	0.618
	2	0.000	−0.412	−0.412	−0.618	−0.618	−1.030	−1.030
	3	0.000	0.000	0.000	0.000	0.000	0.000	0.000
	4	0.000	0.000	0.000	0.000	0.000	0.000	0.000

5.1.2　分块装配式结构受力及优化分析

本节试验模型优化分析以具有代表性的双仓框架涵为例。荷载按承载能力极限状态设计，在该设计荷载作用下，结构处于弹性变形阶段，有限元模型是规则的框架模型，没有曲线边界，从计算量、耗时及计算精度等方面考虑，模型混凝土材料采用 Solid45 单元。

模型中钢板用于连接上下框架涵，内嵌钢板与框架涵混凝土嵌固成一体，即不考虑钢板和混凝土接触面的相对滑移，在建模时采用共节点方法连接两种材料。在上下框架涵拼装缝之间，采用西卡胶进行上下框架涵的黏结，待西卡胶达到一定强度后可以传递由上框架涵传递下来的力，使上下框架涵在连接处竖向成为一个整体。此外，在连接处设有剪力键进行横向约束，并且外贴钢板将上下框架涵钢板进行焊接，增加横向抗推刚度，使上下框架涵在连接处横向成为一个整体。综上分析，上下框架涵的连接部位从结构和材料两方面考虑，均可进行共节点处理。

1. 模型计算分析

通过对框架结构自重、覆土(按 1m 计)及车辆荷载进行荷载组合，采用有限元计算软件 ANSYS 对框架结构(分别采用铰接和刚接)进行各种荷载工况下的受力分析。

双仓框架取 2m 节段，框架涵的底部采用固定支座约束三方向的位移。上下半框架接触部位采用铰接的方式连接，即只在轴线上共节点，其他部位的节点自由。框架两侧采用密排桩抵挡土压力，因此不考虑土的侧向压力，仅考虑框架顶部上方土体的自重作用，换算成面荷载加在框架顶面上。考虑到框架上路面布置情况，双仓框架可在两侧的边缘横向各布置两辆车。框架底部固定约束位移，因此不考虑框架内的车辆荷载。参照节段长度，双仓框架纵向可布置两个轮位，纵向间距为 1.4m，距纵向边缘各 0.3m，每个车轮荷载 70kN，采用集中荷载的形式布置在对应的节点上。双仓框架计算工况如下。

1) 工况一：自重+土压力

双仓框架涵在工况一下位移、应力、主应力云图如图 5-29 所示。

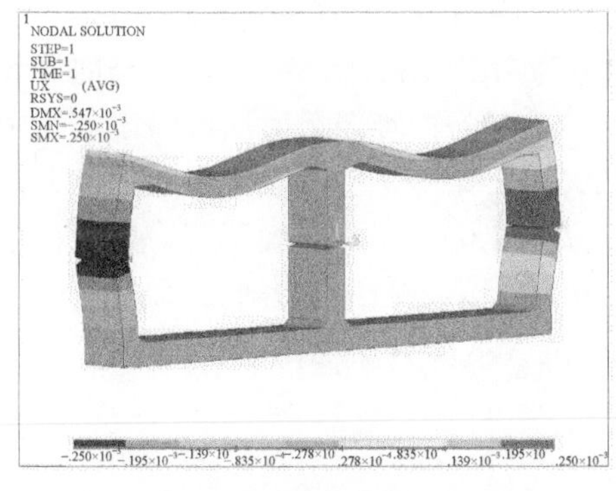

(a) 横向位移云图

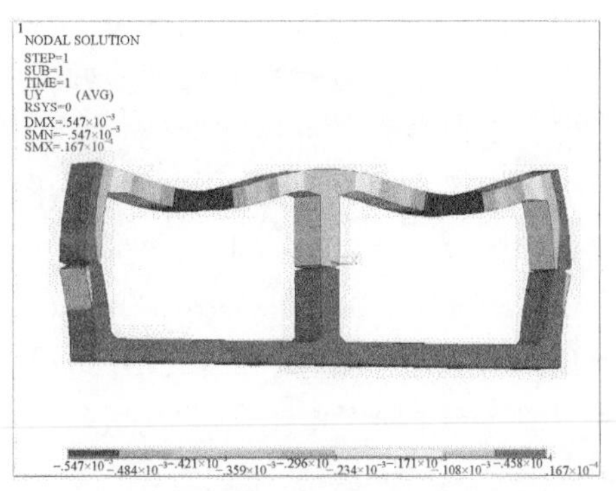

(b) 竖向位移云图

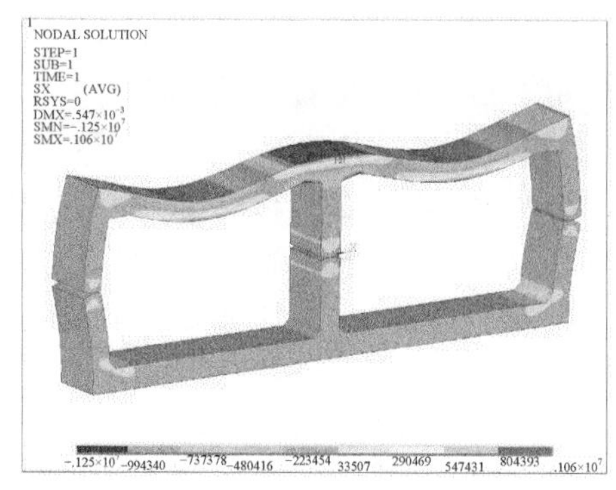

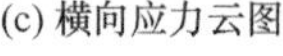
(c) 横向应力云图

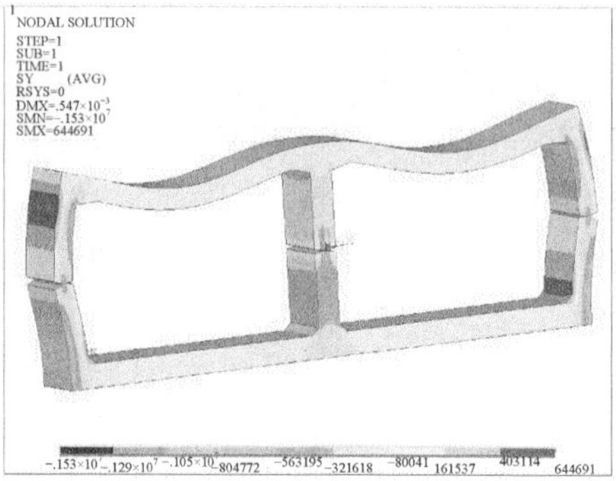

(d) 竖向应力云图

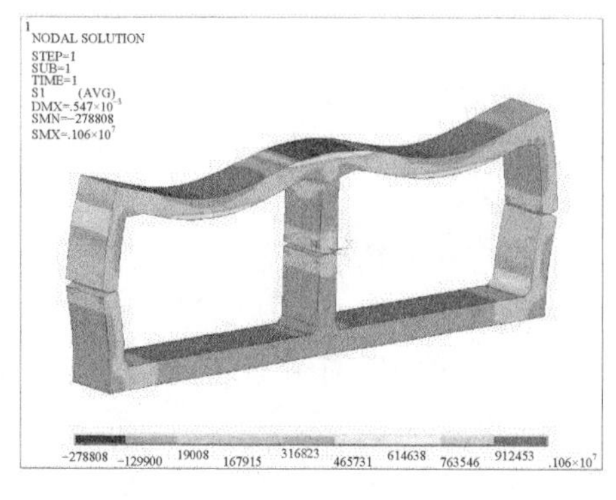

(e) 第一主应力云图

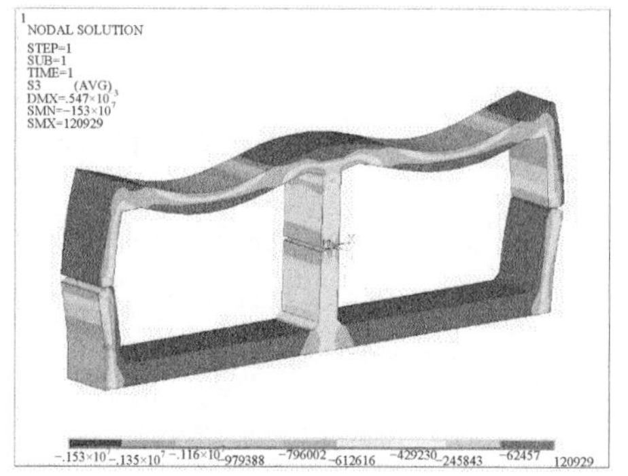

(f) 第三主应力云图

图 5-29　双仓框架涵在工况一下位移、应力、主应力云图

由计算结果云图可以看出，在工况一作用下，横向最大位移出现在外侧上下半框接触面处，位移值为 0.250mm，横向向外(图 5-29 (a))；竖向最大位移出现在两室顶板中间部位，位移值为 0.547mm，竖向向下(图 5-29 (b))；横向最大拉应力出现在中腹板上方的顶板上截面部位，应力值为 1.06MPa，横向最大压应力出现在中腹板附近的上梗腋处，应力值为−1.25MPa(图 5-29(c))；竖向最大拉应力出现在两侧下梗腋部位，应力值为 0.64MPa，竖向最大压应力出现在中腹板接触部位，应力值为−1.53MPa(图 5-29(d))；第一主应力方向最大拉应力出现在中腹板上方的顶板上截面部位，应力值为 1.06MPa，最大压应力出现在中腹板接触部位，应力值为−0.28MPa(图 5-29(e))；第三主应力方向最大拉应力出现在两侧下梗腋部位，应力值为 0.12MPa，最大压应力出现在中腹板接触部位，应力值为−1.53MPa(图 5-29(f))。各方向的应力值均较小，在规范规定的强度范围内。

2) 工况二：自重+土压力+车辆满载

双仓框架涵在工况二下位移、应力、主应力云图如图 5-30 所示。

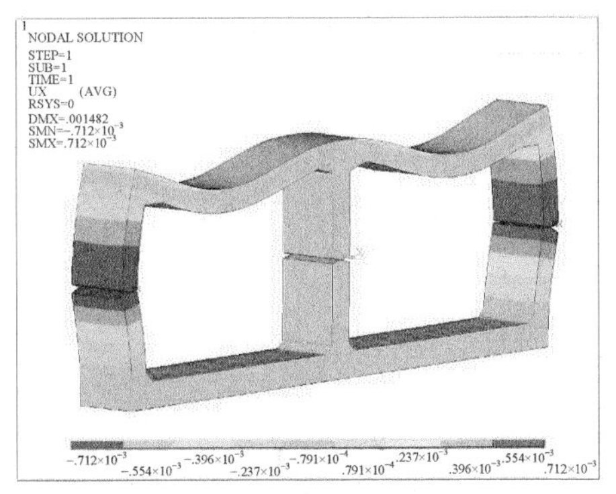

(a) 横向位移云图

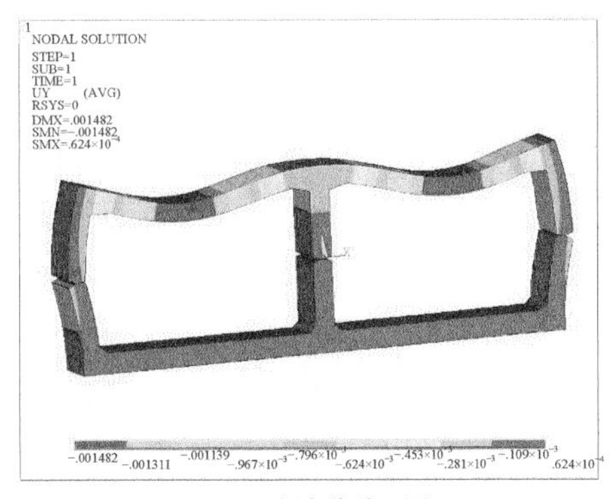

(b) 竖向位移云图

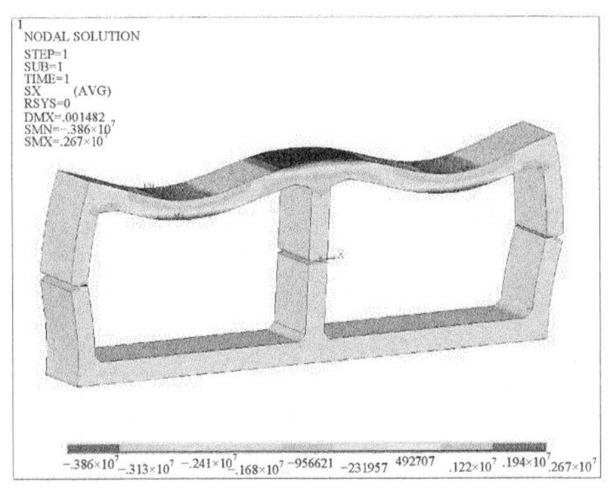

(c) 横向应力云图

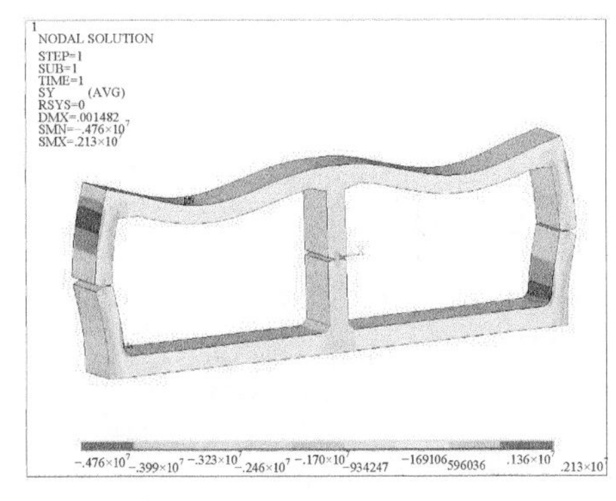

(d) 竖向应力云图

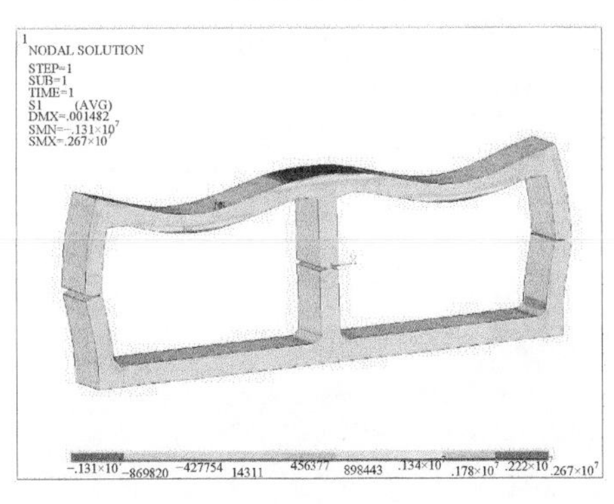

(e) 第一主应力云图

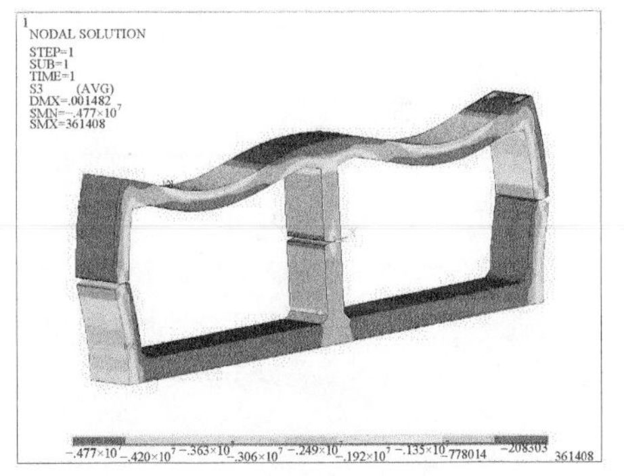

(f) 第三主应力云图

图 5-30　双仓框架涵在工况二下位移、应力、主应力云图

由计算结果云图可以看出，在工况二作用下，横向最大位移出现在外侧上下半框接触面处，位移值为 0.712mm，横向向外(图 5-30(a))；竖向最大位移出现在两室顶板中间部位，位移值为 1.482mm，竖向向下(图 5-30(b))；横向最大拉应力出现在两室顶板下截面中间部位，应力值为 2.67MPa，横向最大压应力

出现在两室顶板上截面中间部位，应力值为–3.86MPa(图 5-30(c))；竖向最大拉应力出现在两侧下梗腋部位，应力值为 2.13MPa，竖向最大压应力出现在两侧上梗腋部位，应力值为–4.76MPa(图 5-30(d))；第一主应力方向最大拉应力出现在两室顶板下截面中间部位，应力值为 2.67MPa，最大压应力出现在两侧上梗腋部位，应力值为–1.31MPa(图 5-30(e))；第三主应力方向最大拉应力出现在两侧下梗腋部位，应力值为 0.36MPa，最大压应力出现在两侧上梗腋部位，应力值为–4.77MPa(图 5-30(f))。

3) 工况三：自重+土压力+车辆偏载

双仓框架涵在工况三下位移、应力、主应力云图如图 5-31 所示。

由计算结果云图可以看出，在工况三作用下，横向最大位移出现在加载侧外腹板上下半框接触面处，位移值为 0.720mm，横向向外(图 5-31(a))；竖向最大位移出现在加载室顶板中间部位，位移值为 1.68mm，竖向向下(图 5-31(b))；横向最大拉应力出现在加载室顶板下截面中间部位，应力值为 2.83MPa，横向最大压应力出现在加载室顶板上截面中间部位，应力值为–4.00MPa(图 5-31(c))；竖向最大

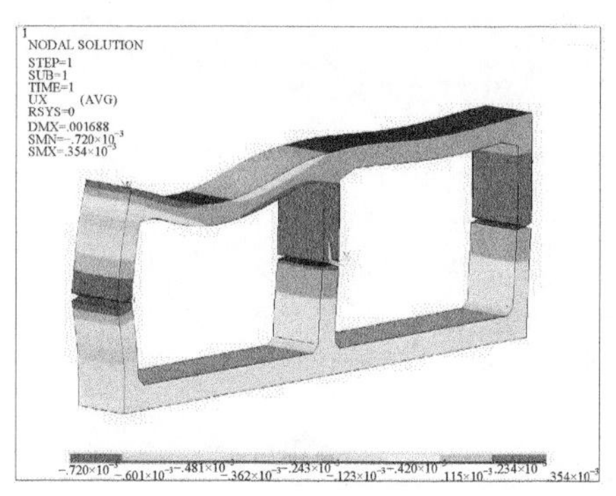

(a) 横向位移云图

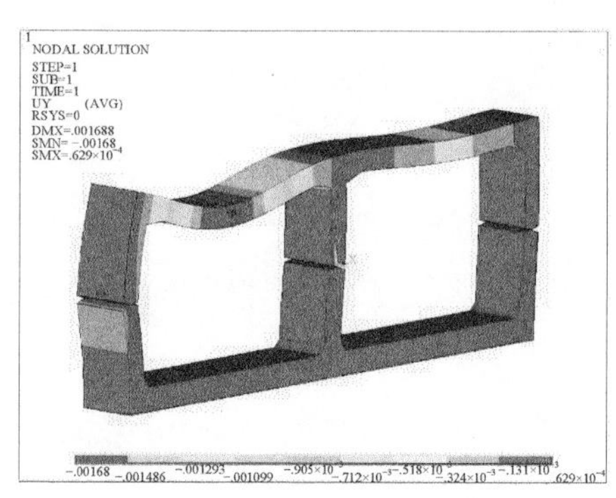

(b) 竖向位移云图

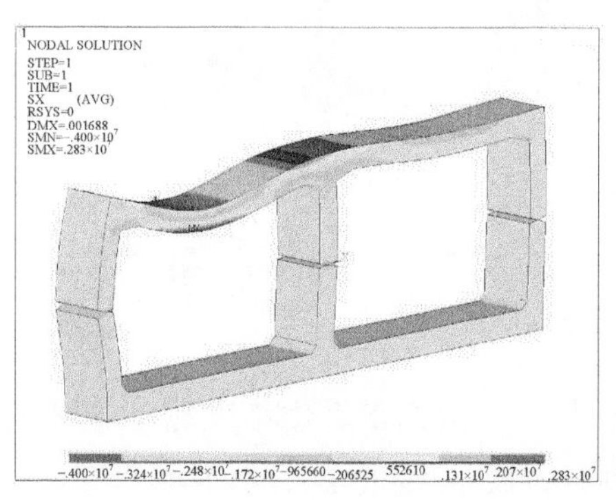

(c) 横向应力云图

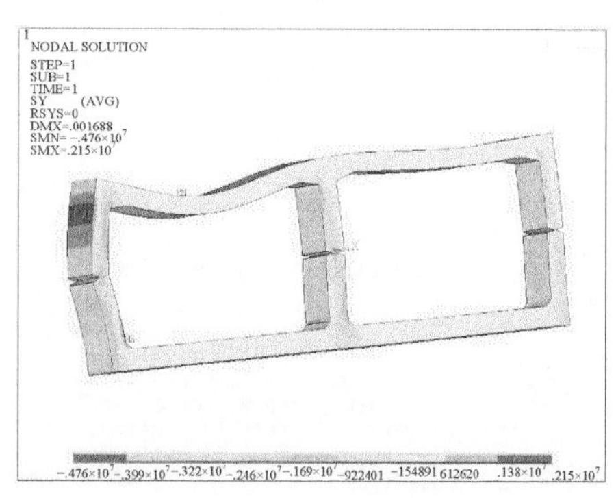

(d) 竖向应力云图

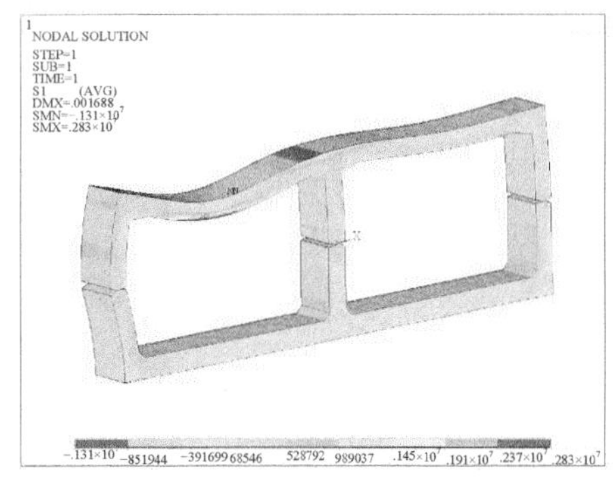

(e) 第一主应力云图

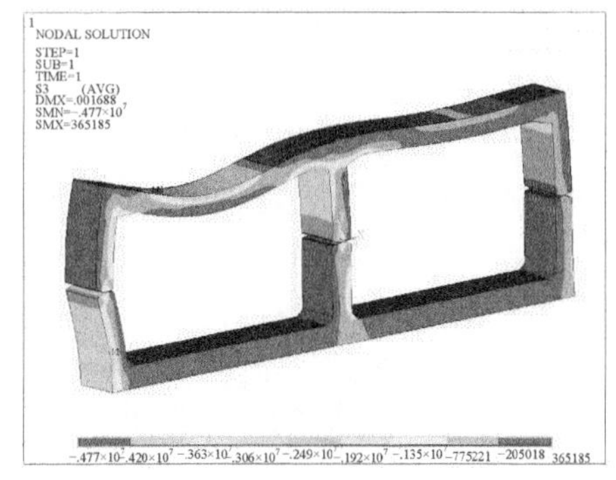

(f) 第三主应力云图

图 5-31　双仓框架涵在工况三下位移、应力、主应力云图

拉应力出现在加载室外侧下梗腋部位，应力值为 2.15MPa，竖向最大压应力出现在加载室外侧上梗腋部位，应力值为–4.76MPa(图 5-31(d))；第一主应力方向最大拉应力出现在加载室顶板下截面中间部位，应力值为 2.83MPa，最大压应力出现在加载室外侧上梗腋部位，应力值为–1.31MPa(图 5-31(e))；第三主应力方向最大拉应力出现在加载室外侧下梗腋部位，应力值为 0.37MPa，最大压应力出现在加载室外侧上梗腋部位，应力值为–4.77MPa(图 5-31(f))。

通过对下穿通道框架结构进行有限元分析，可以得到以下结论：

(1) 采用实体有限元软件 ANSYS 计算时，双仓框架涵在无车辆荷载的工况下，计算出的应力较小，且在规范规定的范围内；

(2) 在车辆荷载作用工况下，框架横向最大位移出现在外侧上下半框接触面处，横向向外，竖向最大位移出现在两室顶板中间部位，竖向向下；

(3) 部分位置如各室顶板下截面中部、梗腋处应力较大，但未超过混凝土容许拉应力，属于应力集中现象。

2. 有限元与缩尺模态试验数据对比分析

通过模态试验和静载试验，对双仓框架涵空间三维有限元模型和实际模型的对比分析可得到以下结论。

(1) 从模态试验方面分析，有限元模型在弹簧竖向刚度取值不小于 1.0×10^8N/m 时，有限元计算的前三阶自振频率与实测框架涵的前三阶自振频率误差均小于 5%，并且在有限元模型中框架涵底面全约束时的自振频率与实测值误差最小，即从模态试验方面说明边界条件为底板底面全约束的有限元模型与实际模型相似程度最高，说明采用该方法建模是可行的。

(2) 从挠度试验方面分析，有限元模型在弹簧竖向刚度取值不小于 1.0×10^8N/m 时，有限元计算的参考测点挠度与实际框架涵的参考测点挠度误差很小，并且当弹簧竖向刚度不小于 1.0×10^8N/m 时，各参考测点挠度误差不随弹簧竖向刚度的变化而变化，即从挠度试验方面说明有限元值与实测值吻合良好，说明采用该方法建模是可行的。

(3) 从应力试验方面分析，混凝土材料具有较大的离散性，并且所测应力较小，使得有限元值和模型实测值二者很小的数值差导致较大的误差，并且该误差超过 5%。然而，两测点应力连线的变化趋势一致，从数值差和变化趋势两方面判定有限元值与实测值基本吻合，进而说明采用该方法建模是可行的。此外，对于钢板应力试验结果，仅根据应力连线的变化趋势对建模方法正确性进行辅助性佐证。

综上所述，采用本建模方法所得到的结果与实际模型的试验结果吻合，证明采用本方法建立双仓框架涵空间三维有限元模型是可行的。

3. 双仓框架涵力学性能数值分析

基于上述试验模型和有限元模型的对比论证，证明采用本建模方法、单元类型、材料属性等是正确的、合理的，因此在采用相同的建模方法、单元类型、材料属性建模时，所建立的有限元模型可以进行数值模拟分析。根据实际工程进行双仓框架涵参数化分析时，须将模型的尺寸、结构所受外荷载等按实际情况进行模拟。

对于外荷载，直接或间接作用在结构上的外荷载包括回填土压力和车辆荷载。回填土压力按实际回填土的土层厚度及重度计算作用在框架涵顶板面上的面力；车辆荷载按车轮集中力形式考虑，且车轮和顶板面之间有 1.1m 厚的回填土，车辆荷载间接作用在结构上。因此，车轮集中荷载传递至顶板面上时由集中力转化为面均布力，实际框架涵结构外荷载均为面均布荷载。

对于边界条件，由于框架涵底面和基坑底之间设置厚度为 0.7m 的钢筋混凝土垫层，根据混凝土耐压且不易变形的特性，有限元模型中框架涵底边的边界条件设置为节点全约束。

1) 回填土深度对框架涵结构受力影响分析

均布荷载在有限元模型中的加载分为两种，第一种为回填土产生的竖向均布荷载，整个框架涵顶面均布置；第二种为车轮集中荷载产生的竖向均布荷载。随着回填土埋深的增加，车轮集中荷载对框架涵的影响越来越小，而回填土对框架涵的影响越来越大。因此，可以推断存在一个两者作用叠加后对框架涵影响最小的深度，这个深度称为最适埋深。此外，回填土作用于框架涵整个顶面，且作用位置不随埋深的增加而改变；对于车辆荷载，考虑其横向移动效应，存在一个加载位置为最不利效应加载布置，该位置的确定采用试算法。根据设计要求，令中墙轴线顶面截面为控制截面一，框架跨中顶面截面为控制截面二，如图 5-32 所示。

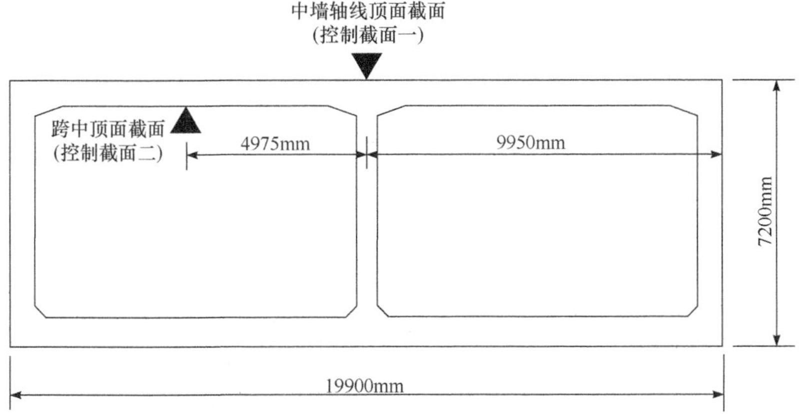

图 5-32　双仓框架涵控制截面示意图

2) 控制截面一最不利加载分析

根据规范，车辆之间的最小间距为 1.3m，并考虑车辆的横向移动，通过试算法得出路面车轮最不利加载位置，如图 5-33 所示。

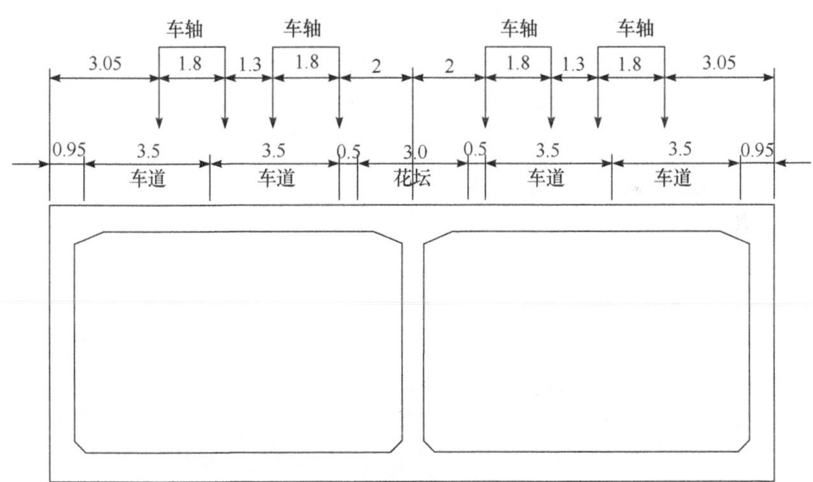

图 5-33　控制截面一最不利加载位置示意图(单位：m)

回填土和车辆荷载叠加后对框架涵的作用应力与回填土埋深的变化曲线如图 5-34 所示。

由控制截面一顶面应力与回填土埋深的关系可得出以下结论：

(1) 控制截面一顶面应力随着回填土埋深的增加呈现先减小后增大的变化趋势；

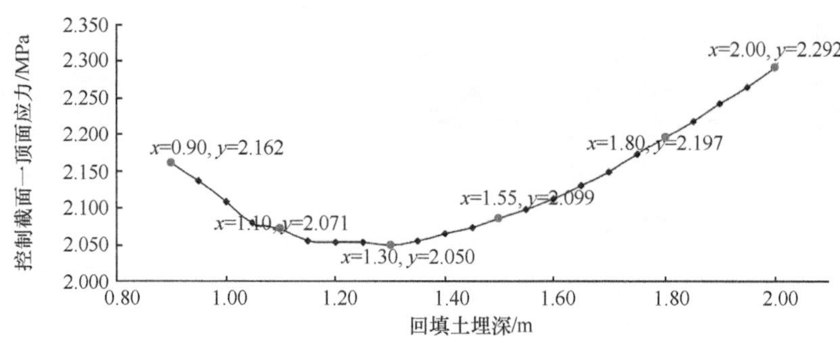

图 5-34　控制截面一顶面应力随回填土埋深的变化趋势

(2) 回填土埋深为 0.9m 和 1.8m 时，控制截面一顶面应力差值很小，说明回填土埋深为0.9m时车辆荷载对框架涵的影响比回填土大,而在回填土埋深为1.8m时刚好相反，并且当埋深再进一步增大时，控制截面一顶面应力随着埋深的增加而增加；

(3) 根据原设计框架涵横截面尺寸，控制截面一在设计荷载作用下，回填土的最适埋深为 1.30m。

3) 控制截面二最不利加载分析

与控制截面一最不利加载分析同理，通过试算法得出偏载作用下最不利加载轮位如图 5-35 所示。由图可知，集中荷载按 45°扩散，当回填土埋深超过 1.5m 时，随着埋深的增加，需要将车轮往内车道的偏移量为回填土埋深减去 1.5m。

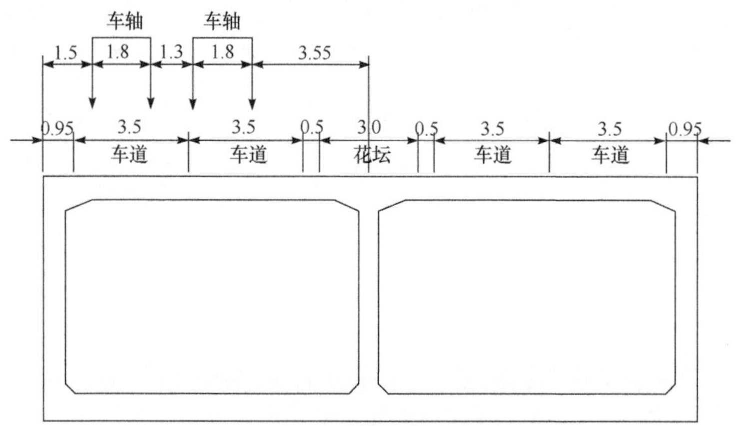

图 5-35　控制截面二最不利加载位置示意图(单位：m)

回填土和车辆荷载叠加后对框架涵的作用应力与回填土埋深的变化曲线如图 5-36 所示。

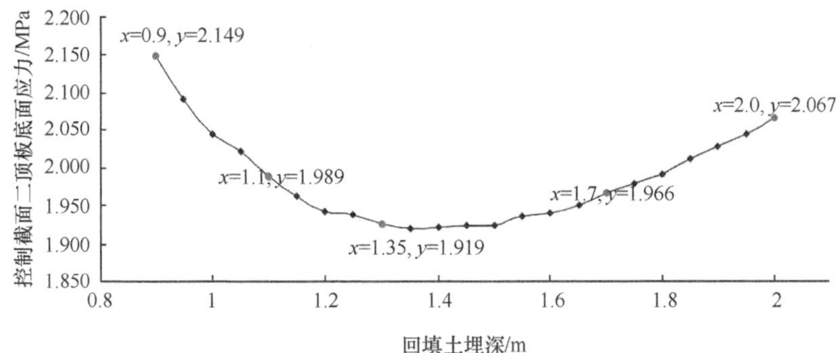

图 5-36　控制截面二顶板底面应力随回填土埋深的变化趋势

由控制截面二顶板底面应力与回填土埋深的关系可得出以下结论：

(1) 与对称荷载工况下控制截面一拉应力随埋深的变化趋势相似；

(2) 在偏载工况下，控制截面二拉应力随回填土埋深变化的最适埋深为1.35m。

4) 最适埋深确定分析

综上分析，在框架涵设计尺寸下，中墙轴线顶面最不利加载分析中，最适埋深为 1.30m，相应拉应力为 2.050MPa；框架跨中底面最不利加载分析中，最适埋深为 1.35m，相应拉应力为 1.919MPa。由此可知，由于中墙轴线顶面的拉应力稍大于框架跨中底面截面的拉应力，为安全考虑，取该框架涵设计尺寸下的最适埋深为 1.30m。

5.1.3　快速拼装施工工艺与线形控制

1. 框架涵节段拼装工艺流程

1) 基坑开挖

采用灌注桩+预应力锚杆支护，高压悬喷桩止水；分层开挖，同步实施锚杆；基底碎石+C15 砼垫层，设钢筋砼地梁支承预制节段，如图 5-37 所示。

(a) 灌注桩施工

(b) 锚杆施工

(c) 土方开挖

(d) 垫层施工

图 5-37　基坑支护及开挖

2) 节段预制

在预制场地采用长线法多向匹配预制；养护完成后堆放于预制场地；出场前再进行一次试拼，确保现场安装顺利，如图 5-38 所示。

(a) 下节段模板安装

(b) 上节段模板安装

(c) 堆放存梁

(d) 出场试拼

图 5-38　框架涵节段预制

3) 运输、卸梁、就位

利用平板车将预制节段从预制场运输到现场，双仓框架利用龙门吊卸梁，单仓框架利用履带吊卸梁，均利用龙门吊将预制节段运送至安装位置，如图 5-39 所示。

在拼装每个节段时，采用四个 100t 卸荷块在预制框架两侧四个点作为临时支撑，卸荷块根据预制框架梁的重量和实际安装纵向坡度选择。单仓节段用卸荷块设计纵坡 2.4%，双仓节段用卸荷块设计纵坡 0.94%，如图 5-40 所示。整孔预制框架拼装完毕并完成永久张拉和灌浆后，取出所有卸荷块，待满足设计要求后方可用于下一孔施工。

(a) 双仓框架利用龙门吊卸梁

(b) 利用龙门吊将预制节段运送至安装位置(双仓)

(c) 单仓框架利用履带吊卸梁

(d) 利用龙门吊将预制节段运送至安装位置(单仓)

图 5-39　框架涵节段吊装、运输

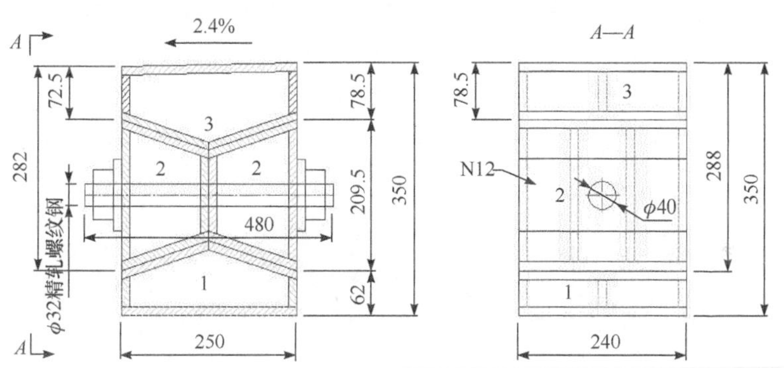

(a) 单仓框架涵节段卸荷块(纵坡2.4%)

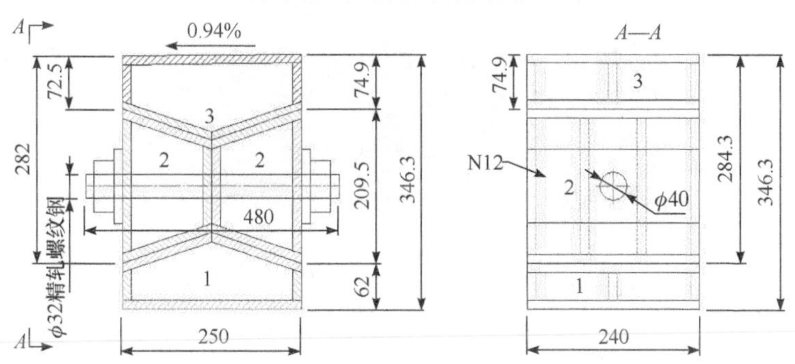

(b) 双仓框架涵节段卸荷块(纵坡0.94%)

图 5-40　单/双仓框架涵节段卸荷块(单位：mm)

4) 上下拼接

采用结构胶，利用自重压力进行上下拼接，上下节段现场预拼无误后进行涂胶，利用自重提供黏结力，待结构胶达到强度后进行接缝钢板焊接，如图 5-41 和图 5-42 所示。

图 5-41　等待上下拼接的节段

图 5-42　接缝钢板焊接

(1) 上下节段拼装。

采用 120t 门机在钢便桥区域，将节段从后向前依次吊装底座节段支撑于卸荷块上，调整下部节段并精确定位，然后将上部节段运抵现场，按照上下匹配原则缓慢向已定位好的下部节段靠拢，在即将靠拢时，用木楔在上下节段接缝间临时塞垫，防止节段撞伤。待节段稳定后，取出垫木，然后利用定位板限位，并通过门机起升机构的三向微调功能，缓慢驱动天车将节段的上部与下部进行拼接，直至满足要求，完成节段的试拼工作，如图 5-43 所示。

(a)下部节段吊装安置

(b)上部节段匹配拼装

图 5-43　上下节段匹配拼装

试拼后通过天车将上部节段吊离下部节段约 50cm，对上下接触面进行涂胶施工，涂胶完成后将上下节段对拼，待胶达到设计强度后，进行上下节段拼缝钢板焊接，按顺序将整孔所有框架节段上下拼接成整体。

(2) 上下节段拼接缝焊接。

框架上下节段匹配完毕后，在侧墙两侧均采用钢板与预埋钢板焊接，以确保不漏水。原钢板为 3m 一道焊在接缝位置，现场施工时由于单片钢板较重，且焊接时间长，经常影响后续拼装工作。经设计单位同意，将内侧钢板改为 2m 一道先焊于节段中间，待纵向拼接完毕后将两节段间的钢板补齐，以保证拼装进度不受焊接影响，如图 5-44 所示。

(a)单仓

(b)双仓

图 5-44　单/双仓框架拼接

5) 纵向拼接

采用结构胶，利用临时预应力进行纵向拼接，完成一个大节段(20～30m)后张拉永久预应力，如图 5-45 和图 5-46 所示。

图 5-45　胶结面涂胶施工

图 5-46　临时预应力张拉施工

(1) 首节节段定位与固定。

首节节段作为整孔拼装的基准面，其准确定位对于后续节段拼装就位非常关键。框架节段在预制时底座节段底板顶面埋设了六个控制点，并提供了六个控制点的理论拼装坐标，通过测量六个控制点进行准确定位后，方可松开吊具，而节段重量转换由卸荷块支撑，如图 5-47 所示。

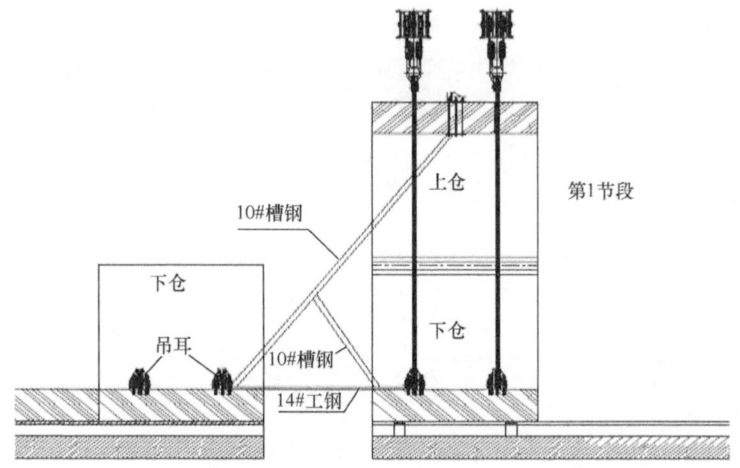

图 5-47　首节节段定位加固示意图

首节节段定位后，为防止首节下部节段在后续拼装时被撞发生偏移，利用现有围护桩或前一孔节段，在下部节段和上部节段两侧利用上下型钢将节段固定。

(2) 节段试拼。

起重天车起吊第二节完整节段至与已定位好的首节完整节段相同高度后停止，天车缓慢向首节段靠拢，在即将靠拢时，用木楔在两节段接缝间临时塞垫，防止节段撞伤。待节段稳定后，取出垫木，缓慢驱动天车将第二节段与首节段拼接，并通过门机起升机构的三向微调功能进行微调，直至满足要求。试拼后利用天车将第二节段吊离距首节段约 50cm，即可开始涂胶施工。

(3) 胶拼。

拼装时各节段间接缝采用环氧黏结剂黏接，环氧黏结材料采用双组分成品，不含对钢筋有腐蚀和影响混凝土结构耐久性的成分。环氧胶技术指标如表 5-11 所示。

表 5-11　环氧胶技术指标一览表

序号	项目		技术要求	备注
1	抗压强度/MPa	12h	≥40	—
		24h	≥60	—
		7d	≥80	—
2	抗压弹性模量/MPa		>7500	—
3	抗剪强度(砼-砼)/MPa		≥13	并大于 C40 砼抗剪
4	抗拉强度/MPa		>3.1	并大于 C40 砼抗拉

续表

序号	项目	技术要求	备注
5	初步固化时间/min	≥60	—
6	完全固化时间/h	≤10	—
7	凝胶时间/min	≥45	—
8	使用环境温度/℃	0～60	—
9	100 年抗老化指标/%	≥80	—
10	涂刷厚度/mm	1～3	—

节段涂胶时环氧涂料应充分搅拌，以确保色泽均匀。在环氧涂料初凝时间段内应按要求完成环氧搅拌、涂料涂刷、节段拼接、临时预应力张拉等工序，以保证拼装的质量。

试拼合格后再次分开后续节段，距首节段 50～60cm 后临时固定，在节段接合面均匀涂抹环氧胶，双面涂刷厚度应控制在 2mm 左右。预应力管道边缘采用高压缩性的橡胶垫粘贴，以防止环氧胶渗入管道造成堵塞。对于剪力键凹凸槽，由于挤胶困难，可采用单面涂胶。涂胶结束经检查合格后利用起重天车及手拉葫芦移动后续节段箱梁缓慢靠近首节段箱梁，距离在 10cm 左右时调节好节段的高度和方位，紧密靠拢首节段。

(4) 临时预应力张拉。

相邻节段涂胶靠拢后再通过预应力精轧螺纹钢(单仓框架涵节段顶板 4 根+底板 4 根，共计 8 根，ϕ32mm 精扎螺纹钢筋共同作用，张拉力为 598kN/根；双仓框架涵节段顶板 8 根+底板 6 根+中墙 2 根，共计 16 根，ϕ32mm 精扎螺纹钢筋共同作用，张拉力为 530kN/根)将前后节段连接压紧，检查接缝处混凝土接合情况(接缝遵循以底板顺接为准，左右腹板对称原则)，在符合要求后开始同步分级张拉精轧螺纹钢，同时检查接缝四周挤胶情况，并及时清理胶体。后续节段梁胶拼施工依次按工序重复操作，直至完成一跨剩余节段梁拼装，如图 5-48 所示。

(5) 预制节段的线形调整。

在节段拼装线形误差超出允许偏差时，通过对现场测量结果、变形特征评估以及现场工程师的判断，采用调整临时预应力张拉顺序和垫环氧树脂片(或薄铜片)的方式进行调整。

在梁段间某些部位设 2～3mm 厚的环氧调整垫片(或薄铜片)调整，垫片总面积应保证节段混凝土满足局部承压要求。同时，在垫片周边增加环氧胶涂抹厚

图 5-48　现场临时预应力张拉

度，使其超出垫片厚度 1～2mm。具体调整方法分为两种情况：①高程控制点误差超出允许范围，采取在顶板或底板垫环氧垫片的方法进行调整；②平面控制点误差超出允许范围，采取在左侧墙或右侧墙垫环氧垫片的方法进行调整。

(6) 永久预应力张拉。

单仓框架设计 4 束纵向预应力钢绞线，每束钢绞线为 7-ϕs15.2，张拉控制力为 135.24t，采用 8 台 YC200 型张拉千斤顶布置于两端同时对称张拉。预应力束位置如图 5-49 所示。

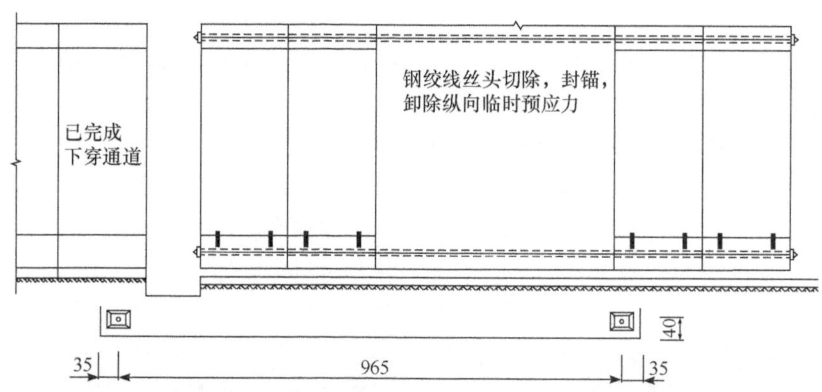

图 5-49　单仓框架永久预应力束位置示意图(单位：mm)

双仓框架设计 6 束纵向预应力钢绞线，每束钢绞线为 7-ϕs15.2，张拉控制力为 135.24t，采用 12 台 YC200 型张拉千斤顶布置于两端同时对称张拉。预应力束位置如图 5-50 所示。

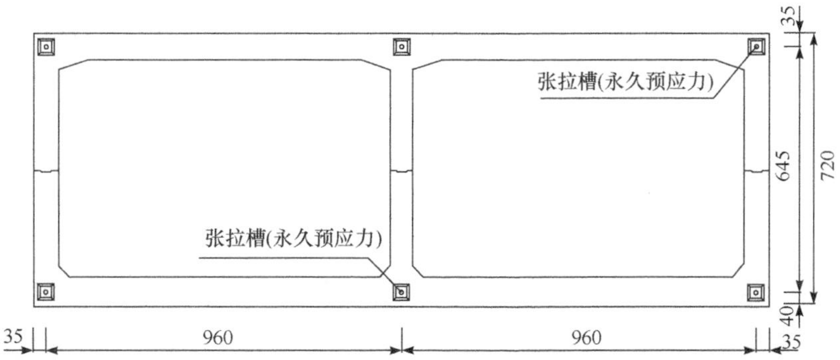

图 5-50　双仓框架永久预应力束位置示意图(单位：mm)

6) 底部压浆、沉降缝施工

大节段拼接完成后进行底部压浆，移除底部千斤顶，大节段之间的湿浇带钢筋绑扎、埋设止水带并现场浇筑，如图 5-51 所示。

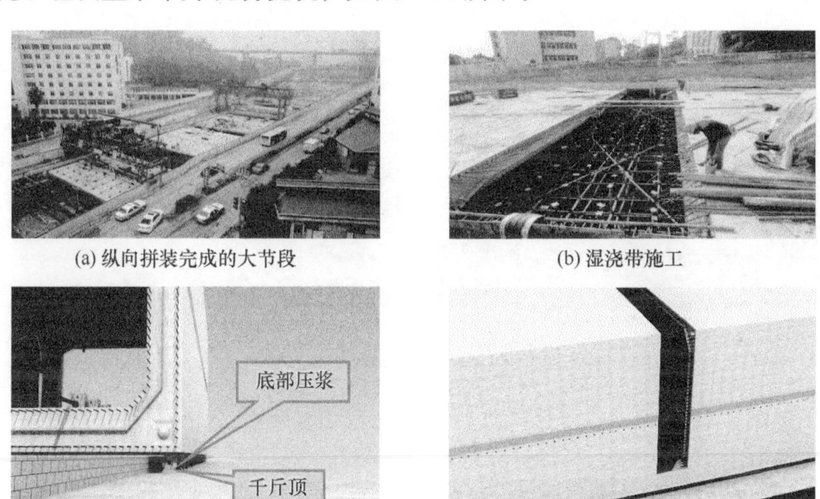

(a) 纵向拼装完成的大节段　(b) 湿浇带施工

(c) 底部压浆并移除千斤顶　(d) 大节段之间的湿浇带现浇施工

图 5-51　大节段拼接后的底部压浆及后浇带施工

(1) 孔道压浆。

张拉完成后及时进行孔道压浆，根据设计的配合比调制管道压浆料，采用真空机预先进行管道抽真空(抽真空压强达到–0.05MPa)，随后从另一端用压浆机灌入压浆料，直至另一端出现浓浆。

(2) 底部灌浆。

在框架涵节段拼装完成后，采用泡沫剂封堵框架结构边缘缝隙，然后将拌制好的 M40 水泥浆直接从进浆孔灌入进行底部灌浆，直至注浆材料从周边出浆孔流出，自身重力使垫层混凝土与预制节段梁底之间充满水泥浆体。12h 后补压一次，以保证框架底部压浆密实。待强度满足设计要求后，拆除节段底部卸荷块，移至下孔施工。至此，完成一孔框架涵节段的多向拼装。

7) 防水、回填施工

顶面、侧面设聚氨酯防水涂膜+水泥砂浆+防水卷材，顶面加铺细石砼保护层，并形成排水横坡。侧面采用混凝土回填，顶面按路基要求回填，如图 5-52 所示。

(a) 防水涂膜施工

(b) 防水卷材施工

(c) 细石砼保护层施工

(d) 侧面C15砼回填

图 5-52　隧道拼装后的防水及回填施工

2. 线形控制

框架涵节段在高度方向一分为二，形成顶盖节段和底座节段，因此预制框架涵节段在拼装后不仅在纵向相邻节段之间存在拼装缝，而且在横向上下节段之间也存在拼装缝。如何确保节段之间拼装缝的严密和拼装完成后整体线形符合设计要求是预制工艺所面临的问题。

1) 纵向线形控制

根据工程进度要求和预制厂的现场情况，同时考虑成本和质量控制等因素，本工程节段箱梁预制线形控制采用长线法和短线法。长线法匹配预制就是按照预制段每跨设计的线形，将一跨预制段在一个长线台座上分成等长的若干节段进行匹配预制。在一节段预制完成后，侧模移至下一待浇节段进行支模施工，已浇节段的后端面成为待浇节段的前端模，逐块在台座上匹配预制，如图 5-53 和图 5-54 所示。

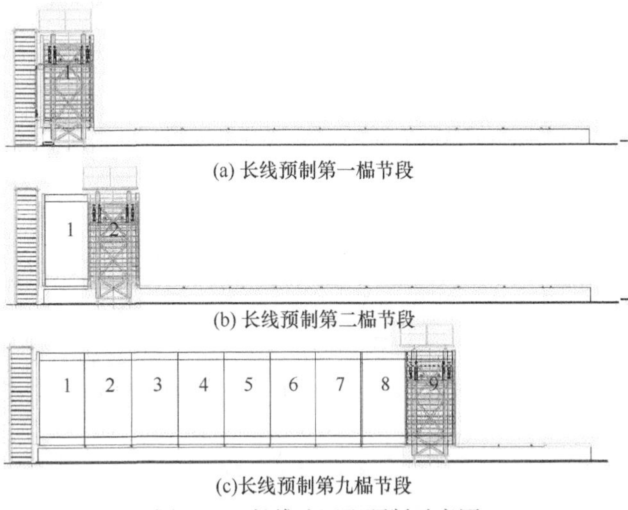

(a) 长线预制第一榀节段

(b) 长线预制第二榀节段

(c)长线预制第九榀节段

图 5-53　长线法匹配预制示意图

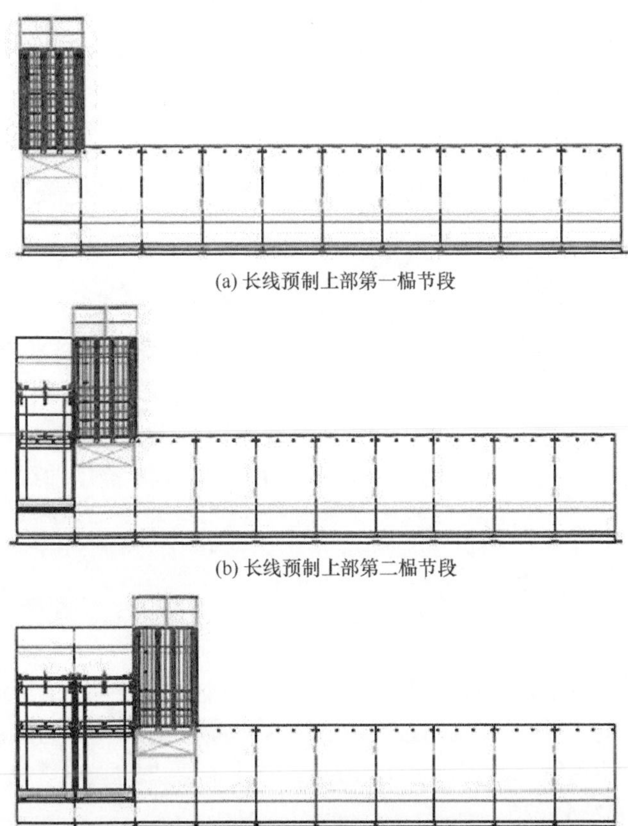

(a) 长线预制上部第一榀节段

(b) 长线预制上部第二榀节段

(c) 长线预制上部第三榀节段

图 5-54　长线法多向匹配预制上部节段示意图

短线台座的线形是节段之间的线形，以已浇节段的后端面作为待浇节段的前端模，解决了节段之间拼缝严密的问题；而长线台座的线形是节段拼装后的整体线形，因此长线法匹配预制确保了相邻节段之间拼缝严密和节段拼装后的整体线形满足设计要求。

2) 横向匹配预制

该项目节段采用长线法多向匹配预制，上下节段不仅在纵向进行匹配预制，在横向也进行匹配预制。在节段预制的过程中，一节段预制完成后，侧模移至下一待浇节段进行支模施工，已浇节段的后端面成为待浇节段的前端模，逐块在台座上匹配预制节段。当节段预制至 N3 时，可匹配预制上部节段的 N1，即形成 3.1-4.2-5.3-6.4-7.5-8.6-9.7-10.8-1.9-2.10…的预制顺序，从而形成流水线式的生产。

在下部节段预制完成后，下部节段的顶面形成与长线台座线形一致的上端面，以此上端面为胎模，横向匹配预制上部节段，这样既可以确保上下节段之间拼缝的严密性，同时也使上部节段的线形与下部节段保持一致。如此，以下部节段为基础，通过横向和纵向匹配预制上部节段。因此，本工程框架涵节段预制采用长线法多向匹配预制工艺是可行的。

5.2 波纹钢板-混凝土组合结构预制拼装关键技术

5.2.1 构件制作与试验

本试验以金华三渡溪隧道为例，研究波纹钢板-混凝土组合梁的力学性能。考虑组合结构设计的影响因素，设计并制作 12 根组合梁试件。通过改变波形、板厚、剪力钉、钢筋、受压方向等参数，对波纹钢板-混凝土组合梁试件进行试验研究，观察试件的破坏模式，分析试件的受力特点及荷载-挠度曲线、荷载-应变曲线等。

1. 试件设计与制作

1) 试件设计

本试验设计并制作了 12 根参数不同的波纹钢板-混凝土组合梁试件，编号为 1～12，主要变化参数有波纹钢板波形、钢板厚度、钢筋及剪力钉的设置及受压方向，12 个试件具体参数如表 5-12 所示，其中混凝土的强度等级为 C30，钢板的强度等级为 Q235。

表 5-12　试件参数

编号	构件简图	参数
1	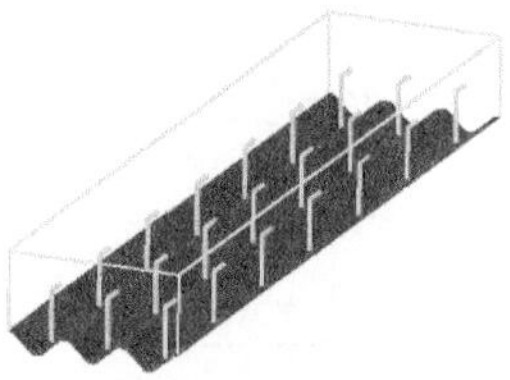	F 型波形钢板(150mm×50mm×5mm) 剪力钉：ϕ8@300 钢筋网：无 受压方向：混凝土受压 混凝土浇筑厚度：200mm 浇筑后总尺寸：2000mm×450mm×250mm
2	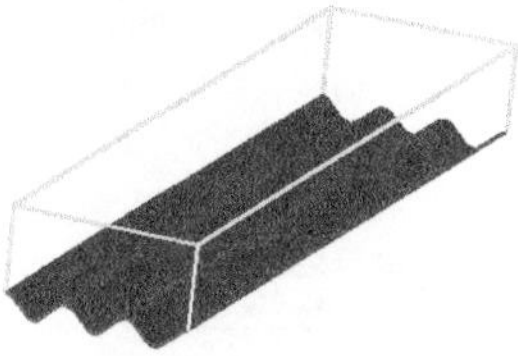	F 型波形钢板(150mm×50mm×3mm) 剪力钉：无 钢筋网：无 受压方向：混凝土受压 混凝土浇筑厚度：200mm 浇筑后总尺寸：2000mm×450mm×250mm
3	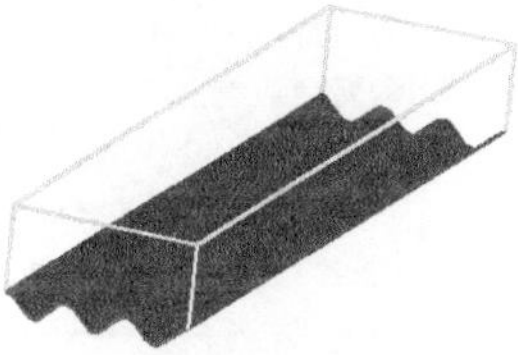	F 型波形钢板(150mm×50mm×5mm) 剪力钉：无 钢筋网：无 受压方向：混凝土受压 混凝土浇筑厚度：200mm 浇筑后总尺寸：2000mm×450mm×250mm
4		F 型波形钢板(150mm×50mm×3mm) 剪力钉：无 钢筋网：受力筋ϕ12@100；分布筋ϕ12@100 受压方向：混凝土受压 混凝土浇筑厚度：200mm 浇筑后总尺寸：2000mm×450mm×250mm
5	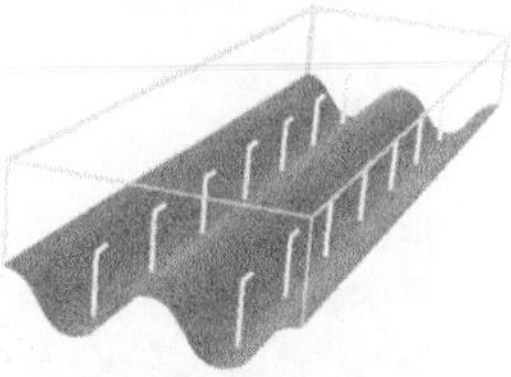	H 型波形钢板(230mm×64mm×5mm) 剪力钉：ϕ8@300 钢筋网：无 受压方向：混凝土受压 混凝土浇筑厚度：200mm 浇筑后总尺寸：2000mm×460mm×264mm
6	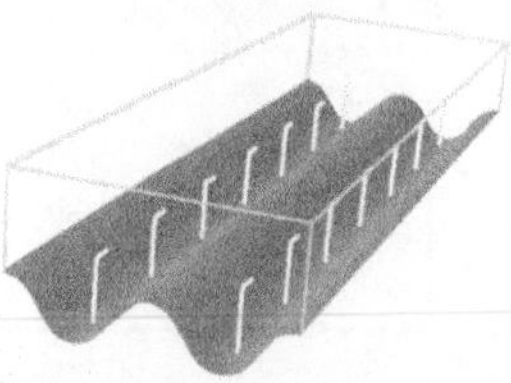	H 型波形钢板(230mm×64mm×3mm) 剪力钉：ϕ8@300 钢筋网：无 受压方向：混凝土受压 混凝土浇筑厚度：200mm 浇筑后总尺寸：2000mm×460mm×264mm

续表

编号	构件简图	参数
7	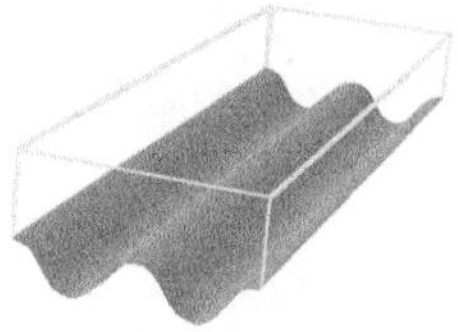	F 型波形钢板(230mm×64mm×5mm) 剪力钉：无 钢筋网：无 受压方向：混凝土受压 混凝土浇筑厚度：200mm 浇筑后总尺寸：2000mm×460mm×264mm
8	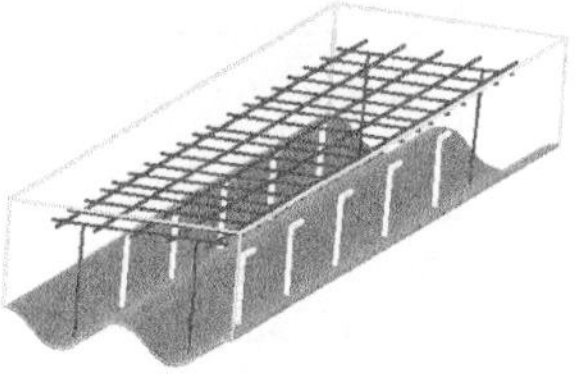	F 型波形钢板(230mm×64mm×3mm) 剪力钉：ϕ8@300 钢筋网：受力筋ϕ12@100；分布筋ϕ12@100 受压方向：波纹钢板受压 混凝土浇筑厚度：200mm 浇筑后总尺寸：2000mm×460mm×264mm
9	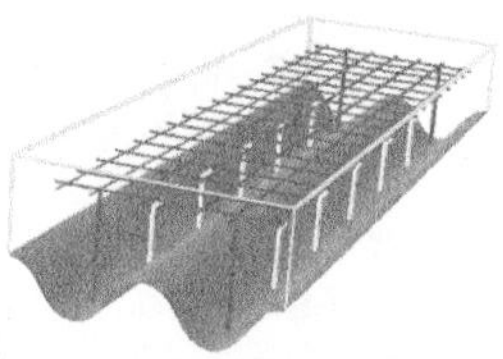	G 型波形钢板(300mm×110mm×5mm) 剪力钉：ϕ8@300 钢筋网：受力筋ϕ12@75；分布筋ϕ12@100 受压方向：波纹钢板受压 混凝土浇筑厚度：200mm 浇筑后总尺寸：2000mm×460mm×264mm
10	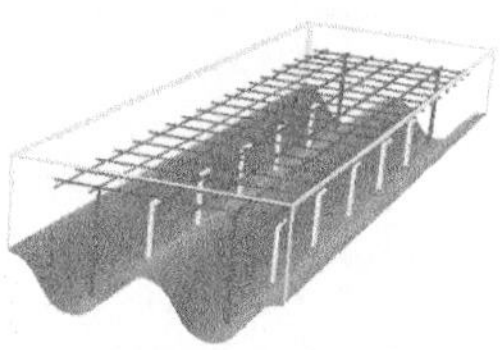	G 型波形钢板(300mm×110mm×3mm) 剪力钉：ϕ8@300 钢筋网：受力筋ϕ12@75；分布筋ϕ12@100 受压方向：波纹钢板受压 混凝土浇筑厚度：200mm 浇筑后总尺寸：2000mm×600mm×310mm
11	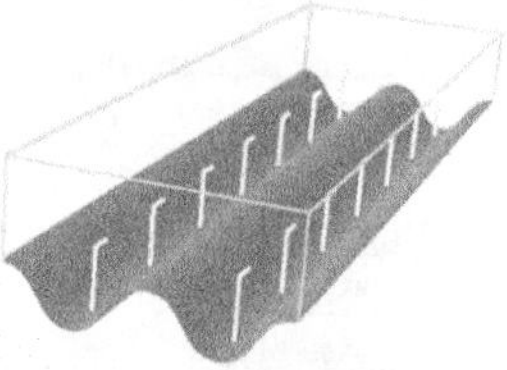	G 型波形钢板(300mm×110mm×3mm) 剪力钉：ϕ8@300 钢筋网：无 受压方向：波纹钢板受压 混凝土浇筑厚度：200mm 浇筑后总尺寸：2000mm×600mm×310mm
12		G 型波形钢板(300mm×110mm×3mm) 剪力钉：ϕ8@300 钢筋网：受力筋ϕ12@75；分布筋ϕ12@100 受压方向：波纹钢板受压 混凝土浇筑厚度：250mm 浇筑后总尺寸：2000mm×600mm×360mm

表 5-12 中所提及的 F 型、H 型和 G 型波纹钢板的横截面几何参数如图 5-55 所示，其对应的截面特性如表 5-13 所示。

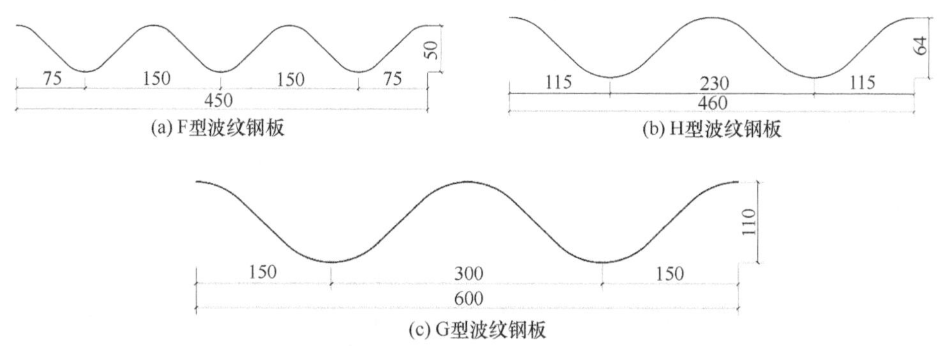

图 5-55 波纹钢板横截面几何参数(单位：mm)

表 5-13 波纹钢板截面特性

波型	波距 p/mm	高度 d/mm	厚度 t/mm	截面面积/mm^2	抵抗矩/mm^3	惯性矩/mm^4
F 型	150	50	3	3.6	17.04	1045.8
	150	50	5	5.9	17.11	1727.4
H 型	230	64	3	3.5	22.3	1746.2
	230	64	5	5.7	22.6	2925.9
G 型	300	110	3	3.0	41.59	5188.7
	300	110	5	5.0	41.60	8654.5

2) 试件制作

按波纹钢板实际尺寸支设侧模，将波纹钢板直接作为试件底模。为确保波纹钢板在混凝土浇筑时不发生变形，沿波纹钢板长度方向每 1/4 跨长设置一道支撑。组合梁试件采用 C30 商品混凝土制作，利用搅拌机拌和、振捣棒振捣密实，并在振捣完成后对试件表面收平。在制作浇筑试验模型时，同步浇筑、养护混凝土立方体试块，其尺寸为 150mm×150mm×150mm，按照《混凝土物理力学性能试验方法标准》(GB/T 50081—2019)对其进行抗压强度和抗拉强度试验。波纹钢板强度等级为 Q235，钢筋选用直径为 12mm 的螺纹钢筋 HRB335，剪力钉由螺纹钢筋制成。依照《金属材料 拉伸试验 第 1 部分：室温试验方法》(GB/T 228.1—2021)中相关规定对钢板及钢筋进行抗拉强度试验。试件支模及浇筑现场情况如图 5-56 所示。

(a) 钢筋焊接

(b) 钢筋应变片

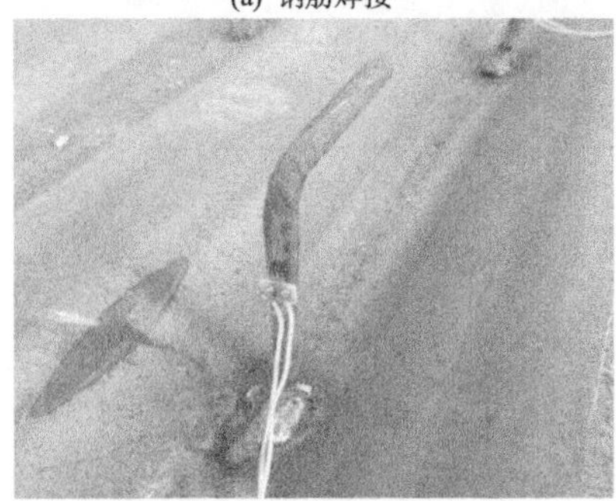
(c) 剪力钉应变片

(d) 混凝土浇筑

图 5-56　试件支模及浇筑现场情况

2. 试验方案

1) 加载装置

本试验所有试件均为组合简支梁试件。采用液压千斤顶通过分配梁对称三分点方式加载。为保证荷载传递的均匀性，集中荷载通过分配梁传递到组合梁上，分配梁两端采用滚轴支座。为保证构件在水平方向可自由移动，在试件一端使用滚轴支座。在支座及加载位置处增加垫块，以避免出现应力集中，加载装置如图 5-57 所示，试验现场如图 5-58 所示。

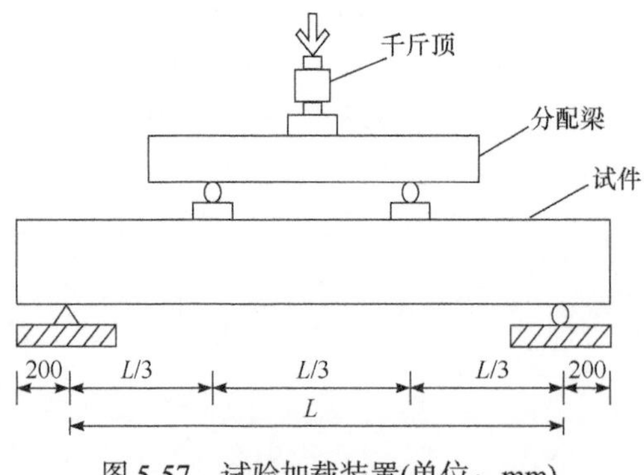

图 5-57　试验加载装置(单位：mm)

图 5-58　试验现场

2) 加载方式

根据《混凝土结构试验方法标准》(GB/T 50152—2012)，试验正式开始前先进行预加载，检查各仪表能否正常工作。正式加载时采用分级加载，每级荷载增量为 5kN，逐级增加，直至试件屈服，并观测加载过程中试件侧面的混凝土裂缝发展情况。

3) 量测内容

试验中主要对试件的竖向位移和应变进行测量，具体内容如下：

(1) 跨中位置及加载点处的荷载-位移曲线；

(2) 跨中及靠近加载点处的波纹钢板和混凝土的荷载-应变曲线；

(3) 加载过程中首次出现裂缝时对应的荷载为开裂荷载，整个加载过程中采集到的最大荷载为极限荷载；

(4) 在试件上描绘出裂缝随着荷载增加的开展情况，并记录裂缝宽度的变化情况。

4) 测点布置

(1) 应变测量。为研究波纹钢板-混凝土组合梁的受力、变形特征，在混凝土和波纹钢板表面布置应变片。波纹钢板应变片布置在跨中和 1/3 跨度位置的波峰与波谷处，即 1/3 波峰(S1、S3)、1/3 波谷(S4、S6)、跨中波峰(S2)、跨中波谷(S5)位置，共计 6 处，具体位置如图 5-59 所示。用 502 胶将应变片平整地粘贴在波纹钢板表面上，为了保证应变测量的准确性，需要确保应变片下没有气泡。混凝土应变片分别布置在跨中(C2、C4、C5)、加载点两侧位置(C1、C3)共 5 处，具体布置如图 5-60 所示。钢筋沿跨度方向每 300mm 布置一个应变片，沿宽度方向每隔 100mm 布置一个应变片，如图 5-61 所示。剪力钉沿跨度方向每 300mm 布置一个应变片，沿宽度方向每隔 150mm 布置一个应变片，布置在波谷处，如图 5-62 所示。

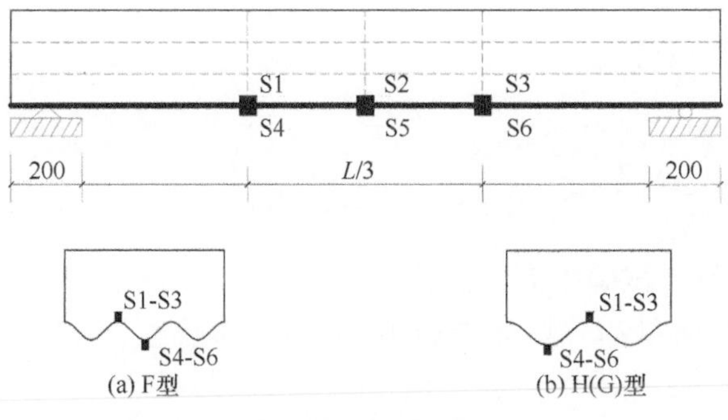

图 5-59 波纹钢板应变测点(单位：mm)

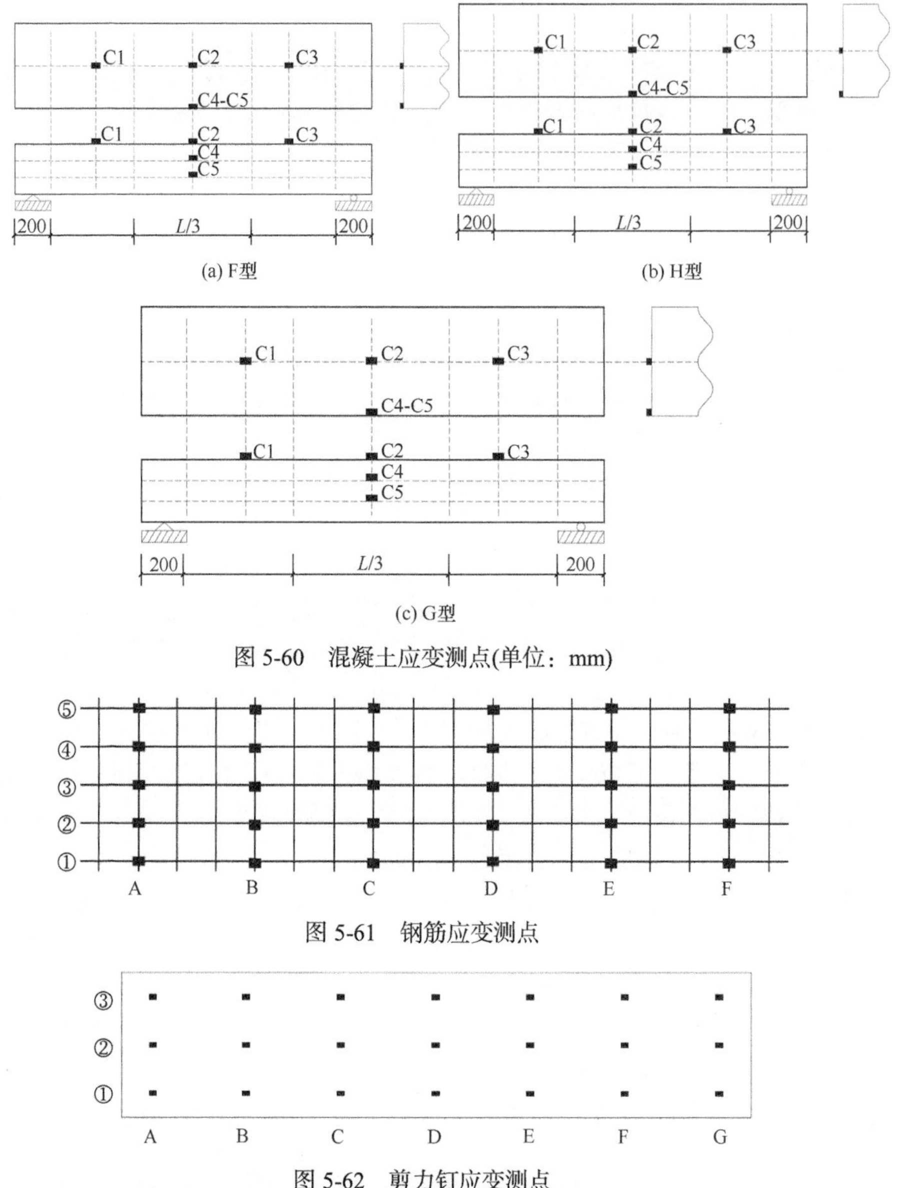

图 5-60　混凝土应变测点(单位：mm)

图 5-61　钢筋应变测点

图 5-62　剪力钉应变测点

(2) 位移测量。试验中需要测量在荷载作用下试件的变形，在 1/3 处(D1、D3)、跨中(D2)位置处布置位移传感器，共计 3 个位置，如图 5-63 所示。将小铁块粘贴在竖向位移的测点位置，用千分表触头测试铁块位移，以此间接反映测点位移。

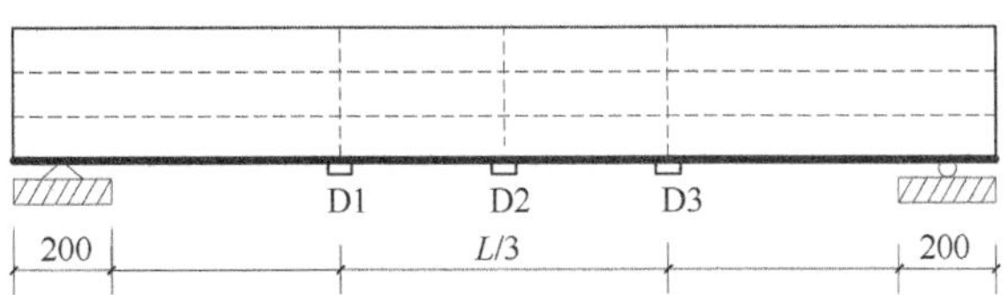

图 5-63　位移传感器布置情况(单位：mm)

3. 试验结果及分析

1) 试验现象

试验时试件跨度沿东西方向，宽度沿南北方向。试件典型破坏过程详细描述如下。

(1) 试件 1。

试件 1 裂缝发展如图 5-64 所示。采用分级加载，每级荷载为 5kN。当加载至 190kN 时，组合梁两侧同时出现裂缝，在此荷载之前，组合梁处于弹性工作阶段，没有开裂。

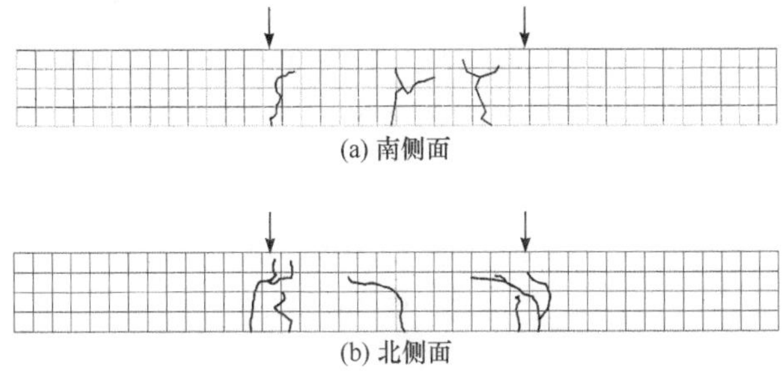

图 5-64　试件 1 裂缝发展

由 190kN 向 195kN 的加载过程中，试件开始发出间断的、较轻的清脆响声，位于组合梁底部的几条细小裂缝向加载点斜向发展，且其裂缝开展速度比跨中部位的裂缝发展速度更快。当加载至 315kN 时，试件跨中挠度增加速度加快，裂缝宽度明显增加。当加载至 340kN 时，试件出现贯穿裂缝，停止加载。

(2) 试件 2。

采用分级加载，每级荷载为 5kN。当加载至 125kN 时，试件加载点附近出现一条细微裂缝。当加载至 140kN 时，试件开始断断续续地发出轻微的响声。当加载至 160kN 时，试件跨中区域出现第一条裂缝，加载点附近裂缝继续发展。当加载至 175kN 时，跨中发出一声较大的声响，所有裂缝高度迅速发展，加载点附近的裂缝宽度增长明显，跨中主裂缝出现分叉现象。当加载至 185kN 时，混凝土部分裂缝贯穿，加载结束。试件 2 裂缝发展如图 5-65 所示。

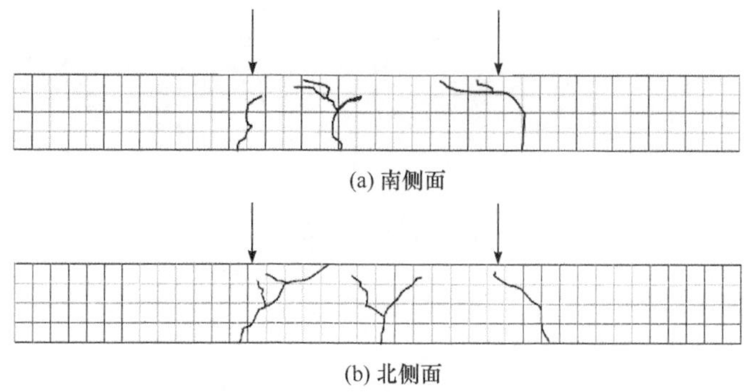
(a) 南侧面

(b) 北侧面

图 5-65　试件 2 裂缝发展

(3) 试件 3。

采用分级加载，每级荷载为 5kN。当加载至 135kN 时，试件南北两侧加载处各出现一条裂缝，同时在北侧西加载点附近出现一条斜裂缝。当加载至 150kN 时，试件发出间断的轻微响声，裂缝发展缓慢。当加载至 195kN 时，试件开始产生不连续的响声，跨中区域裂缝出现分叉现象，呈“Y”字形发展，原有的北侧西加载点附近的裂缝宽度迅速发展，并有少量混凝土剥落。当加载至 220kN 时，裂缝贯穿，加载停止。试件 3 裂缝发展如图 5-66 所示。

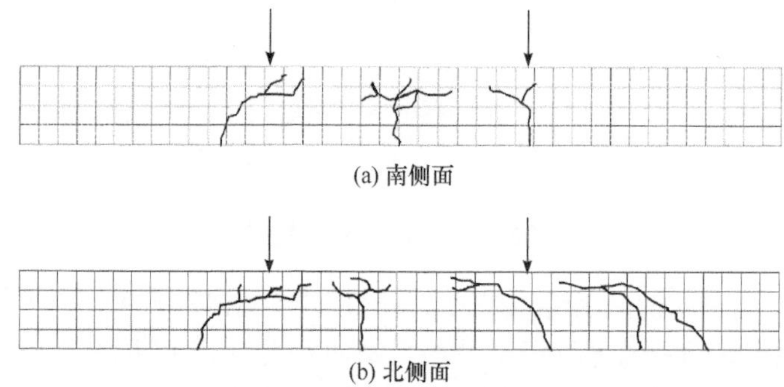
(a) 南侧面

(b) 北侧面

图 5-66　试件 3 裂缝发展

(4) 试件 4。

采用分级加载，每级荷载为 5kN。当加载至 280kN 时，试件在跨中底部出现裂缝，并最终发展为主裂缝。当加载至 315kN 时，在组合梁底部又出现若干条弯曲裂缝，主裂缝不断向上延伸。随着荷载的增大，组合梁的挠度不断增大，裂缝不断增多，宽度增大，在组合梁两端可以观察到波纹钢板与混凝土出现局部脱离。当达到极限荷载时，混凝土上表面达到极限压应变，即混凝土被压碎，同时混凝土部分出现贯穿的斜裂缝。试件 4 裂缝发展如图 5-67 所示。

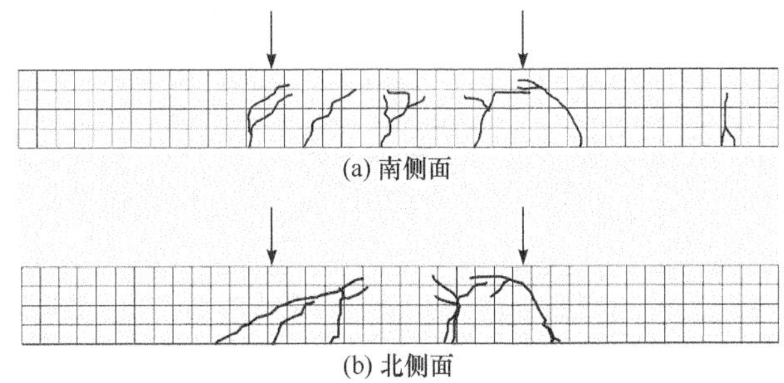

图 5-67　试件 4 裂缝发展

(5) 试件 7。

采用分级加载，每级荷载为 5kN。在加载初期，组合梁处于弹性工作状态，无裂缝产生，波纹钢板与混凝土共同工作。当加载至 170kN 时，试件侧表面出现几条微小的裂缝。随着荷载不断增大，裂缝开始呈现由底部向上延伸的趋势，裂缝主要出现在试件跨中及加载点附近。随着荷载的增大，组合梁的挠度不断增大，裂缝不断向上开展，宽度不断增大。当加载至 305kN 时，试件发出较大声响，在组合梁侧端可以观察到混凝土与波纹钢板出现脱离，并且整个试件变形较大，其挠度发展速度较快，裂缝开展很大。当加载至 350kN 时，混凝土出现贯穿裂缝，加载停止。试件 7 裂缝发展如图 5-68 所示。

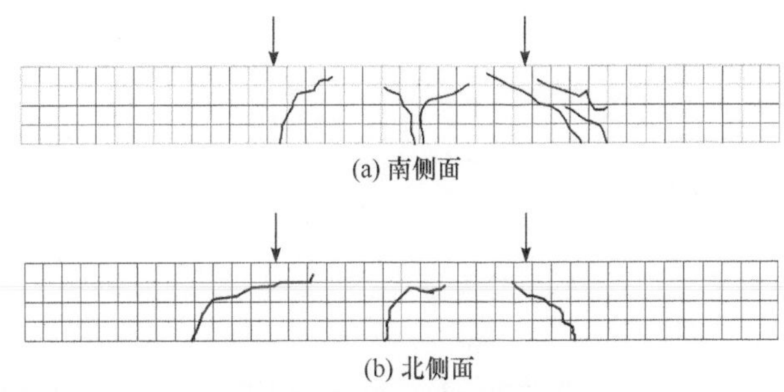

图 5-68　试件 7 裂缝发展

(6) 试件 9。

采用分级加载，每级荷载为 5kN。当荷载增加至 195kN 时，试件底部混凝土出现些许细小裂缝，随着荷载的增加最终发展为主裂缝。当加载至 330kN 时，组合梁挠度不断增大，主裂缝不断向上延伸，呈竖向发展趋势，且裂缝不断增多，宽度增大，在组合梁两端可以观察到波纹钢板与混凝土出现局部脱离。当加载至 385kN 时，混凝土部分出现贯穿裂缝，加载停止。试件 9 裂缝发展如图 5-69 所示。

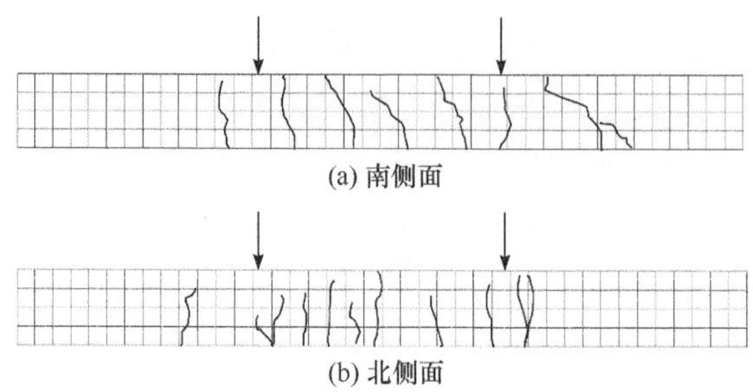

图 5-69　试件 9 裂缝发展

(7) 试件 10。

采用分级加载，每级荷载为 5kN。在加载初期，组合梁处于弹性工作状态，波纹钢板承受大部分压力，且无裂缝产生。当加载至 170kN 时，组合梁加载点附近最先开始出现微小裂缝。随着荷载的不断增大，裂缝开始由底部向上延伸，跨中位置开始出现裂缝。随着试件挠度的不断增大，组合梁侧表面不断有新的裂缝出现，同时裂缝不断向上延伸扩展，宽度也不断增大。当加载至 305kN 时，试件发出较大的声响，在组合梁侧端可以观察到混凝土与波纹钢板出现脱离，并且整个试件变形较大，其挠度发展速度较快，裂缝开展很大。当加载至 370kN 时，混凝土出现贯穿裂缝，加载停止。试件 10 裂缝发展如图 5-70 所示。

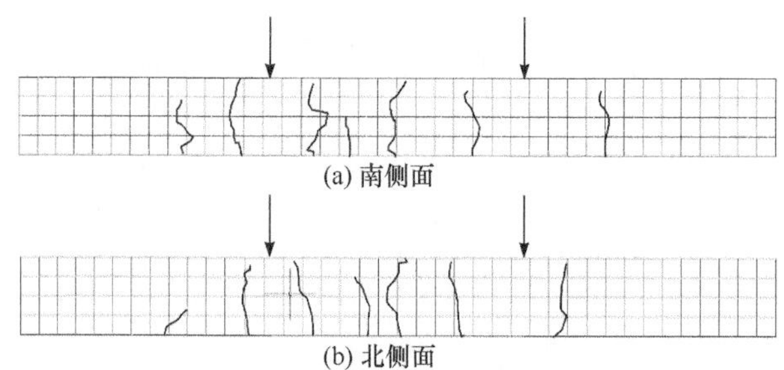

图 5-70　试件 10 裂缝发展

总结各组合梁试件在荷载作用下的裂缝发展情况可以发现，随着外荷载的增大，裂缝首先出现在组合梁加载点附近；随着挠度的不断增大，组合梁的跨中截面下部受拉区开始出现裂缝，并由底部逐渐向上延伸；由混凝土直接承受压力的组合梁裂缝逐渐出现分叉现象，由钢板直接承受压力的组合梁裂缝基本上呈竖向发展趋势；最后在跨中区域的混凝土被压碎，出现贯穿裂缝，加载结束。

2) 荷载-挠度曲线

组合梁试件的荷载-挠度曲线如图 5-71 所示。由图可知，组合梁试件 1～试件 7 的受力可以分成三个阶段。第一阶段为弹性阶段，此阶段荷载-挠度曲线基本呈直线，表现出良好的整体工作性能。对比波纹钢板-混凝土组合梁的荷载-挠度曲线可以看出，在弹性阶段，波形、钢板厚度、剪力钉及钢筋的布置对组合梁的性能影响较小。第二阶段为组合梁带裂缝工作阶段，将波纹钢板-混凝土组合梁所能承受的最大跨中荷载称为组合梁的极限承载力。从弹性承载力到极限承载力这一阶段称为组合梁的弹塑性阶段。在此阶段，组合梁跨中截面部分为塑性，截面内力发生重分布，波纹钢板与混凝土接触面的滑移增大。随着荷载的增大，组合截面中性轴逐渐向上移动，导致组合截面刚度降低，挠度发展速率高于荷载发展速率，直至试件出现贯穿裂缝，受压区混凝土压溃，试件承载能力达到极限而发生破坏，即第三阶段(破坏阶段)。与上述试件不同，试件 8～试件 12 由波纹钢板直接承受压力，由混凝土承受拉力，在弹性阶段混凝土部分已经产生贯穿裂缝，加载即刻停止，荷载-挠度曲线基本呈直线分布。

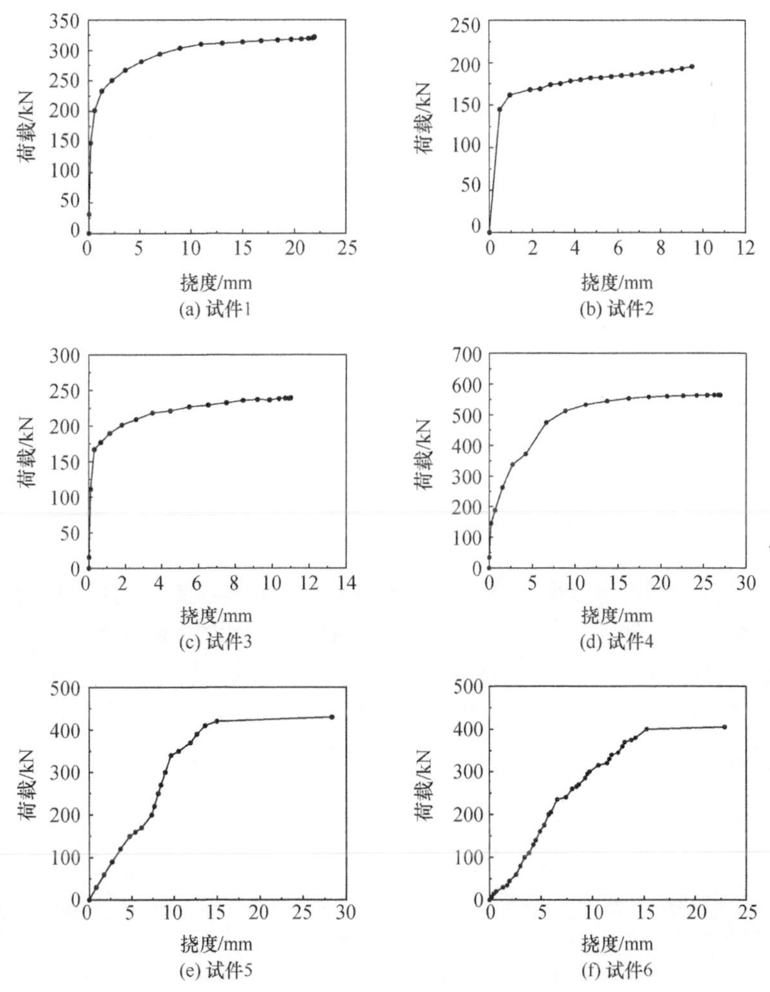

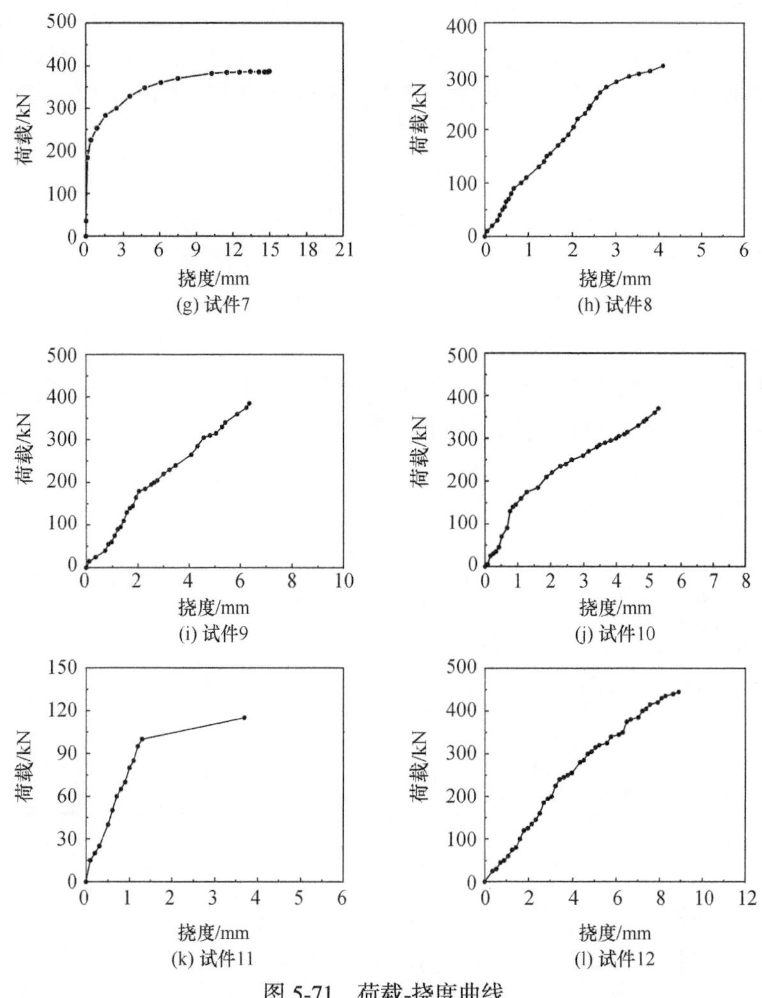

图 5-71　荷载-挠度曲线

为研究钢板厚度、波形、剪力钉、钢筋等因素对波纹钢板-混凝土组合梁力学性能的影响，对试件 1 和试件 3、试件 2 和试件 3、试件 2 和试件 4、试件 3 和试件 7 的开裂荷载 P_{cr} 、极限荷载 P_u 的试验结果进行比较，如表 5-14 所示。根据《混凝土物理力学性能试验方法标准》(GB/T 50081—2019)，试验中组合梁的开裂荷载采用荷载-位移曲线上斜率首次突变的荷载值。

表 5-14　特征点荷载

编号	P_{cr} / kN	P_u / kN
试件 1	190	340
试件 2	125	185

续表

编号	P_{cr} / kN	P_u / kN
试件 3	135	220
试件 4	280	540
试件 7	170	350

对比数据可以发现，试件 3 的开裂荷载比试件 2 提高了 8%，极限荷载提高了 19%，因此可以适当增加波纹钢板的厚度来提高组合结构的刚度。与试件 3 相比，试件 7 的开裂荷载提高了 26%，极限荷载提高了 59%，表明波距越大，组合梁的承载能力越强，随着波距的增大，波纹钢板的惯性增大，从而导致组合梁的抗弯性能提高。与试件 3 相比，试件 1 的开裂荷载提高了 41%，极限荷载提高了 55%。因此，剪力钉的设置有利于提高波纹钢板-混凝土组合结构的截面受剪承载力，主要原因为剪力钉的设置提高了混凝土受压区的拉压强度，且在加载过程中剪力钉穿过斜裂缝，可以有效缓解裂缝的发展。与试件 2 相比，试件 4 的开裂荷载提高了 124%，极限荷载提高了 192%，这一现象说明钢筋的布置极大地提高了试件的极限荷载。实际工程中可以在考虑经济条件的前提下，适当增加波纹钢板的厚度，同时布置剪力连接件、钢筋来提高组合结构的承载能力。

3) 混凝土荷载-应变曲线

图 5-72 为混凝土荷载-应变曲线，其中试件 8 混凝土应变片在加载过程中被破坏，未输出有效数据。由曲线可以看出，位于混凝土跨中位置的 C2 应变片所测应变最大，位于组合梁两端靠近支座位置处 C1、C3 应变片测得的应变次之，且两处的应变发展趋势大致相同，说明对称性良好。此外，由混凝土荷载-应变曲线还可以发现，试件从开始加载至破坏阶段，跨中位置混凝土上表面均未达到极限压应变$\varepsilon = 0.003$。

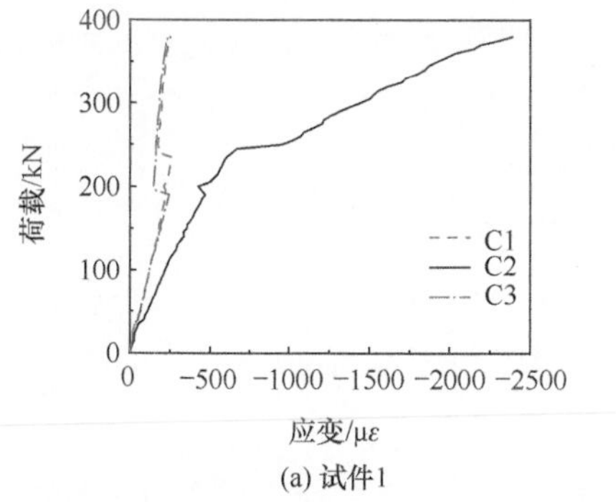

(a) 试件1

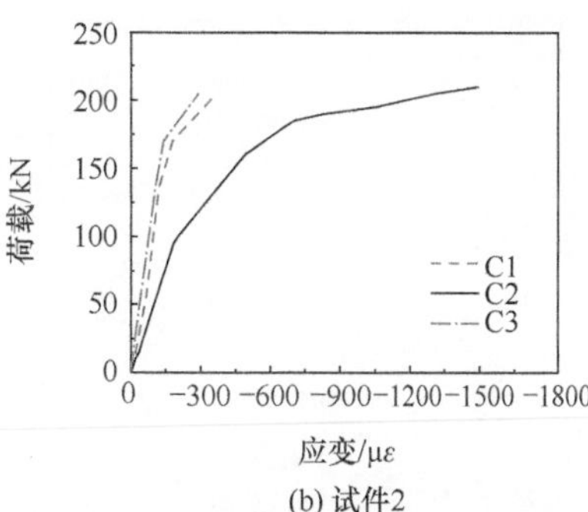

(b) 试件2

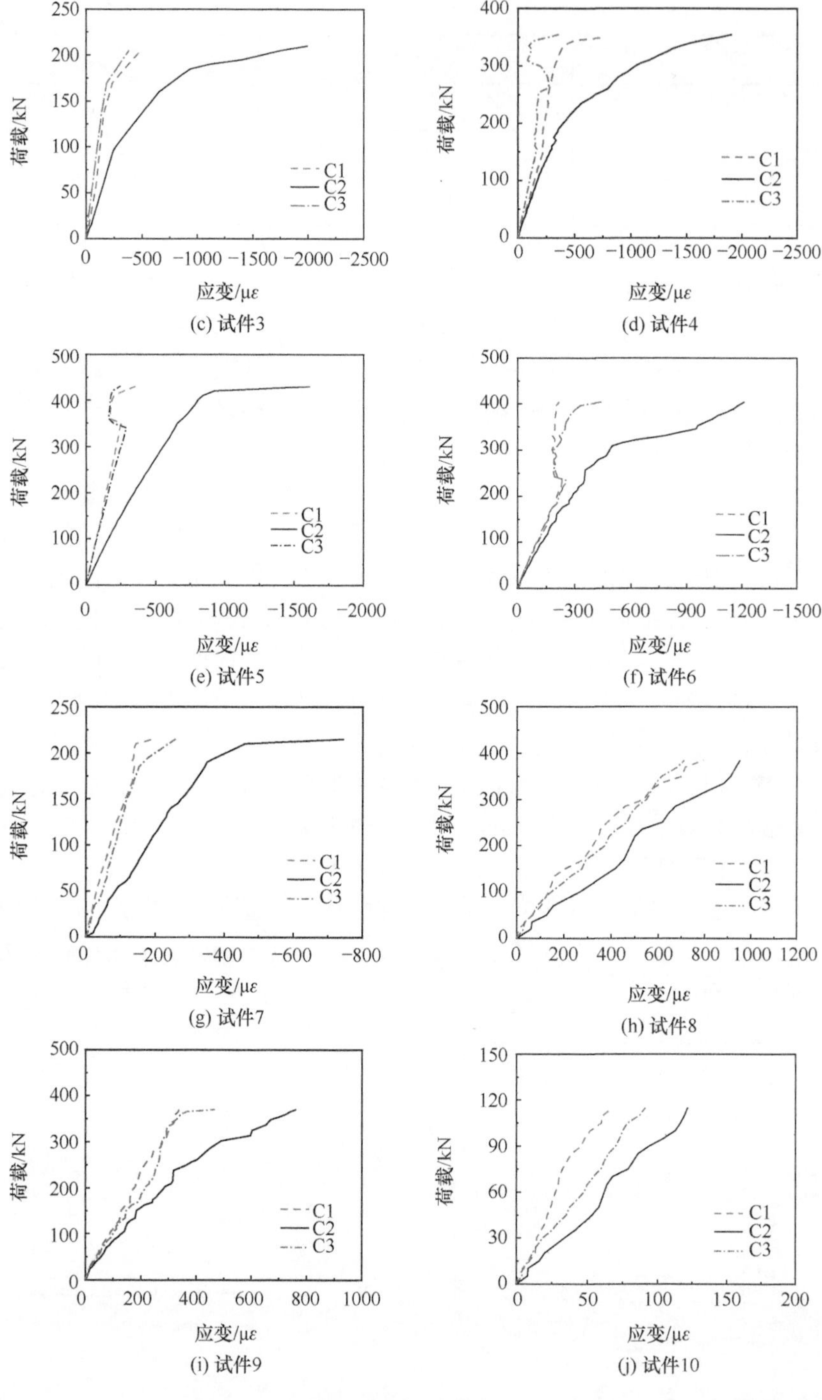

(c) 试件3　(d) 试件4

(e) 试件5　(f) 试件6

(g) 试件7　(h) 试件8

(i) 试件9　(j) 试件10

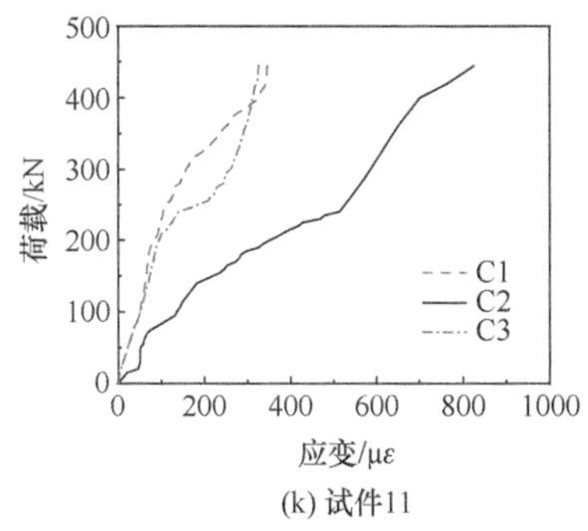

(k) 试件11

图 5-72　混凝土荷载-应变曲线

在加载初期，由于施加荷载比较小，各个测点的混凝土应变呈直线分布，试件处于弹性阶段，波纹钢板与混凝土协同工作良好。随着荷载的增大，试件出现裂缝并扩展，至此进入弹塑性阶段。由曲线发展趋势可以看出，随着荷载的逐渐增大，混凝土的应变变化逐渐加快，这种现象考虑为进入弹塑性阶段后，混凝土上表面已经逐渐表现出塑性特征。整个加载过程中，C1、C2 以及 C3 处混凝土一直处于受压状态。

表 5-15 中列举了几个典型试件的极限荷载及其对应的混凝土最大压应变。由表可以看出，随着试件极限荷载的增大，对应的混凝土最大压应变也相应增大。试件 1 的极限荷载为 340kN，混凝土最大压应变达到 1847με，试件 3 的极限荷载为 220kN，混凝土最大压应变为 998με。与试件 3 相比，试件 1 的极限荷载提高了 54.5%，而混凝土最大压应变增加了 85.1%。试件 2 的极限荷载为 185kN，混凝土最大压应变达到 673με，试件 4 的极限荷载为 540kN，混凝土最大压应变为 1908με。与试件 2 相比，试件 4 的极限荷载提高了 191.9%，而混凝土最大压应变增加了 183.5%。试件 3 的极限荷载为 220kN，对应的混凝土最大压应变为 998με，试件 7 的极限荷载为 350kN，混凝土最大压应变为 1215με。与试件 3 相比，试件 7 的极限荷载提高了 59.1%，混凝土最大压应变增大了 21.7%。

表 5-15　不同模型试验结果分析

编号	极限荷载/kN	混凝土最大压应变/με
试件 1	340	1847
试件 2	185	673
试件 3	220	998
试件 4	540	1908
试件 7	350	1215

对比数据可知，波纹钢板-混凝土组合梁中设置剪力钉、钢筋网以及增大波纹钢板波距都可以在不同程度上提高组合梁的承载能力，其中增设钢筋网可以明显提高组合结构的承载能力，有效控制裂缝的发展。

4) 波纹钢板荷载-应变曲线

(1) 波纹钢板波谷处的应变分析。

图 5-73 为波纹钢板波谷处荷载-应变曲线。由曲线可以看出，位于波纹钢板跨中位置的 S5 应变片所测应变最大，位于组合梁两端靠近支座位置处 S4、S6 应变片测得的应变次之，且 S4、S6 应变发展趋势基本一致，说明两端承受荷载情况基本相同，对称性良好。此外，随着荷载的增大，跨中应变(S5)发展稍快于其他位置，破坏时一般跨中处波纹钢板能够首先达到屈服。波纹钢板荷载-应变曲线有突变点，其原因考虑为钢板与混凝土之间发生相对滑移。在整个加载过程中，波纹钢板波谷处一直受拉。

对于已布置剪力钉的试件，剪力钉在钢板与混凝土之间传递剪力，延缓滑移的发展，使二者之间有一定的组合作用，在最终达到极限荷载时，波纹钢板波谷在变形较大的部位可以达到屈服应变，如图 5-73(a)、(e)和(f)所示。

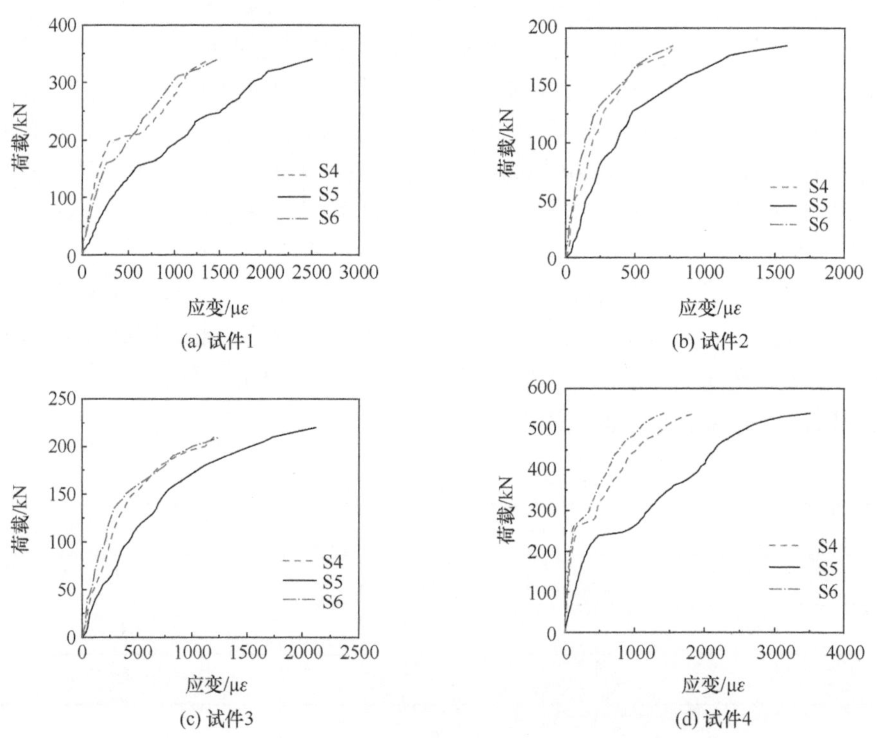

(a) 试件1

(b) 试件2

(c) 试件3

(d) 试件4

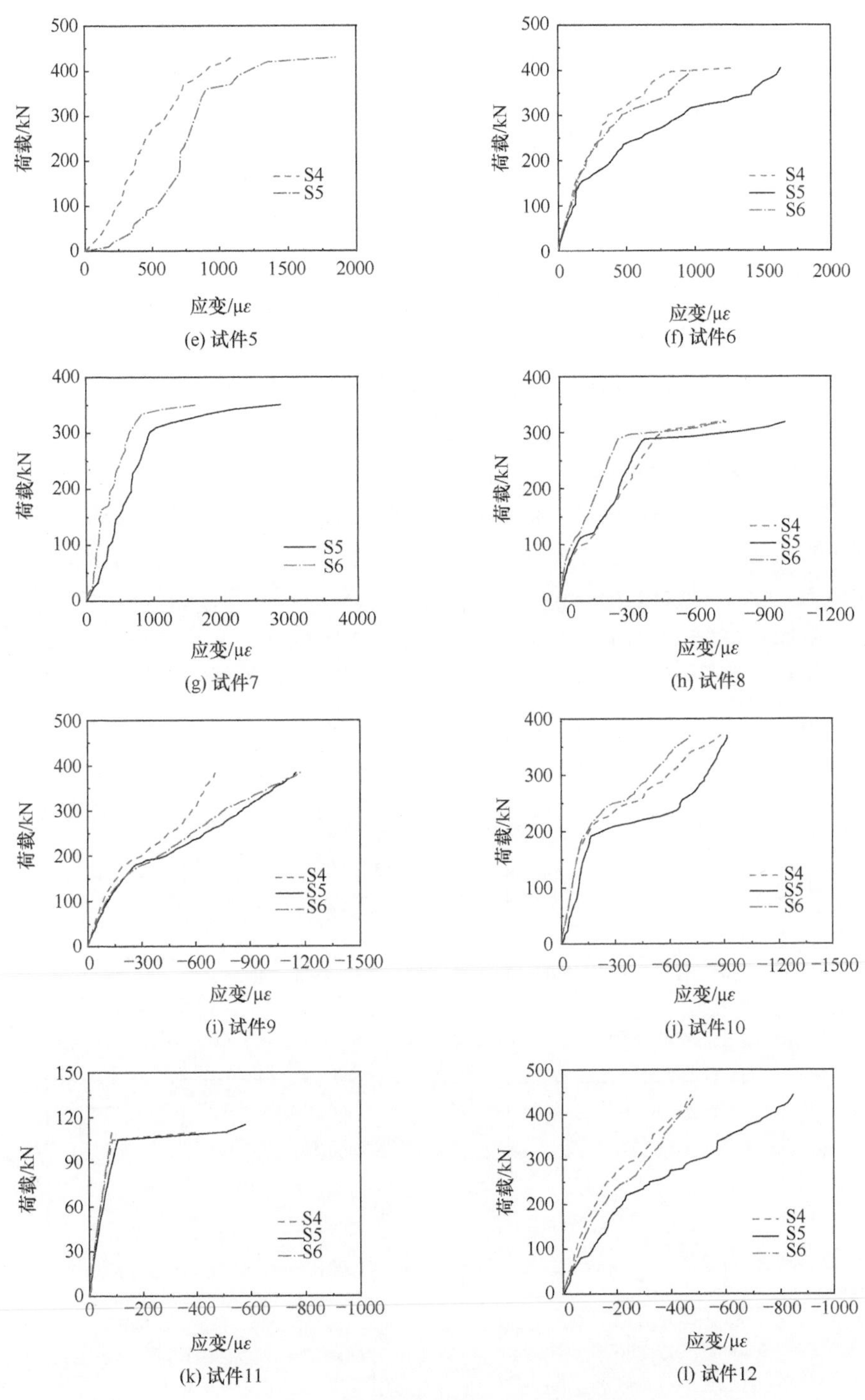

图 5-73　波纹钢板波谷处荷载-应变曲线

对于布置钢筋的试件，钢筋网起到加固混凝土的作用，可以提高混凝土的承载力。此外，上层钢筋网通过剪力筋与钢板之间传递剪力，使混凝土、钢筋网及钢板之间一直保持较好的组合作用，钢板受拉性能得到充分利用，最终钢板波谷处大部分可屈服，如图 5-73(d)所示。

对于无剪力钉、无钢筋的试件，随着荷载的增大，跨中裂缝开展速度增大，变形也增大，同时沿跨度方向不同位置处波纹钢板应变增大，当达到极限荷载时，跨中位置处的波纹钢板达到屈服应变，而靠近加载点附近的钢板未屈服，如图 5-73(b)、(c)和(g)所示。

由荷载-应变曲线可以看出，与试件 1～试件 7 由混凝土直接承受压力不同，对于由波纹钢板直接承受压力的试件，在整个加载过程中波谷处一直处于受压状态，直至加载结束，如图 5-73(h)～(l)所示。

(2) 波纹钢板波峰处的应变分析。

图 5-74 为波纹钢板波峰处荷载-应变曲线，其中试件 5 波峰处应变片在加载过程中被破坏，未输出有效数据。由曲线可以看出，波纹钢板跨中波峰处(S2)的应变最大，位于组合梁两端靠近支座处的波峰(S1、S3)应变次之，这是因为在弹性工作阶段，混凝土与钢板共同受力。弯矩由跨中逐渐向支座处减小，钢板承受的拉力越靠近支座越小，相应的应变也就越小。此外，虽然沿跨度方向处于对称

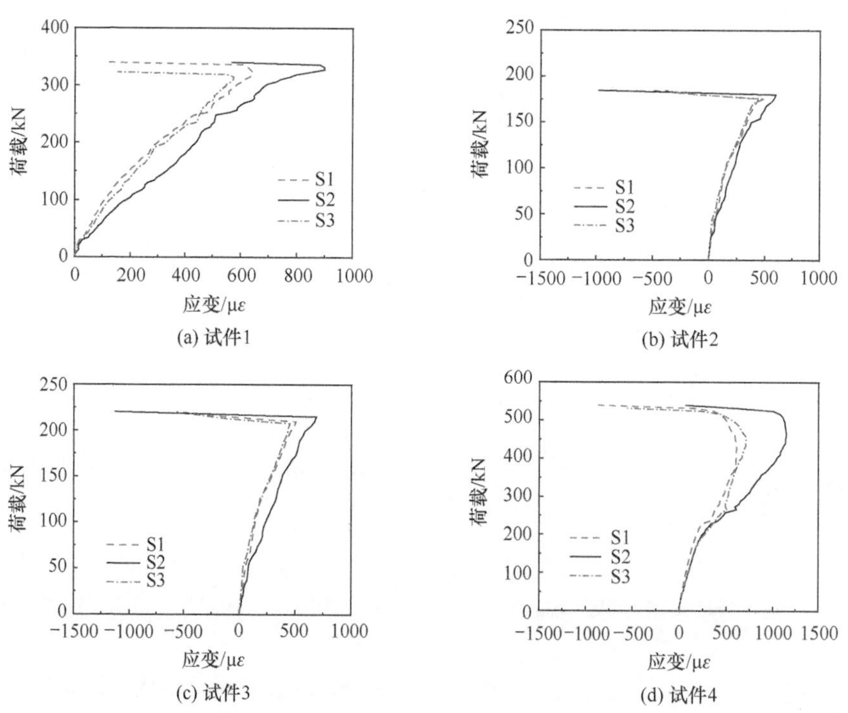

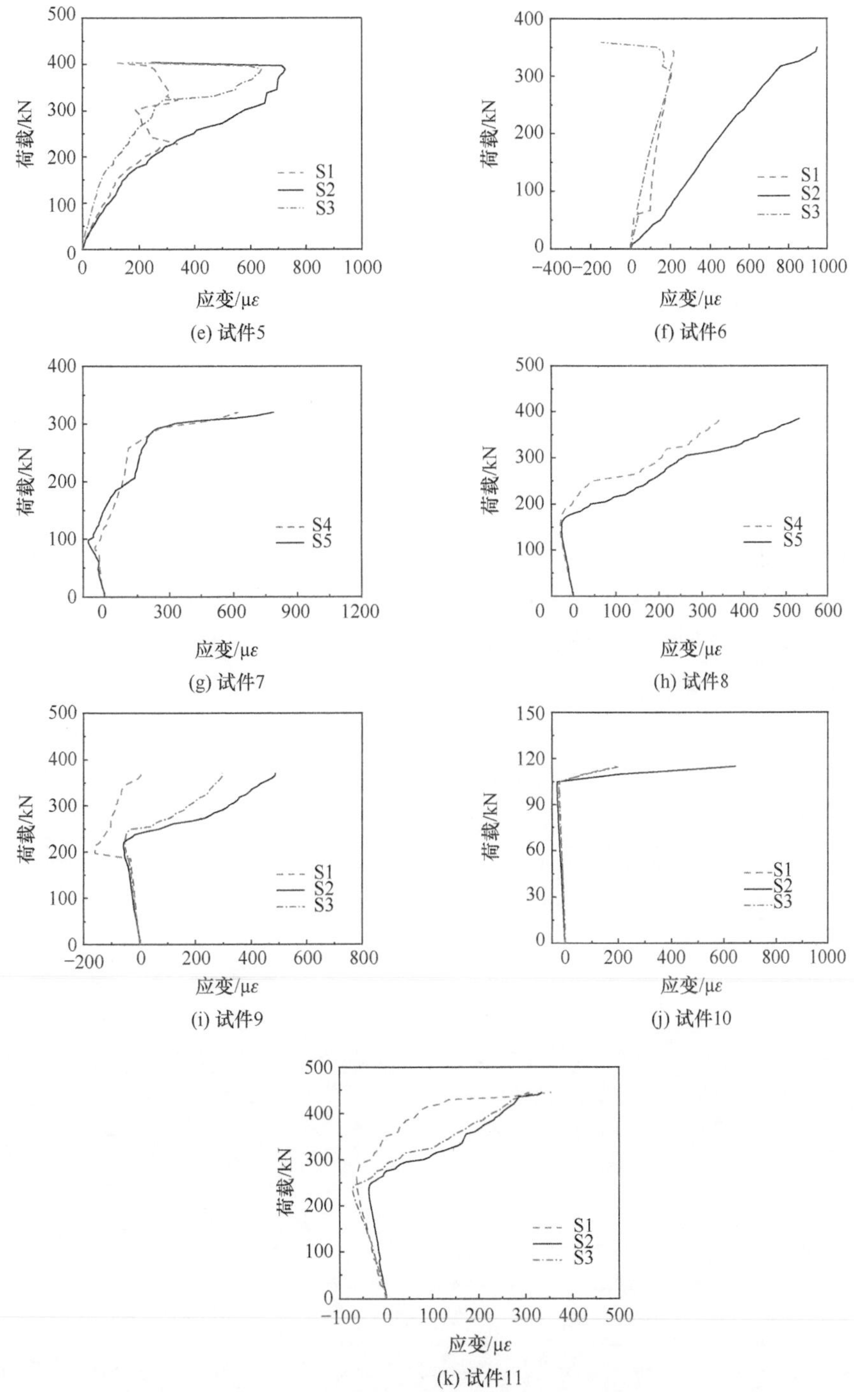

(e) 试件5

(f) 试件6

(g) 试件7

(h) 试件8

(i) 试件9

(j) 试件10

(k) 试件11

图 5-74　波纹钢板波峰处荷载-应变曲线

位置的应变(S1、S3)不完全相同，但其变化趋势相似，应变发展趋势基本一致，这可能是裂缝开展不完全对称，导致对称位置波纹钢板应变不完全相同。

对于设置剪力钉的试件，在加载初期，与波谷各点应变分布相似，沿跨度方向波纹钢板跨中波峰的应变最大。随着荷载的增大，波纹钢板波峰和波谷应变都增大，但是波峰处受拉应变小于波谷处，并且二者之间的差值逐渐增大。在整个加载过程中，波峰处一直处于受拉状态，如图 5-74(a)和(e)所示。

对于未布置剪力钉的组合梁试件，在加载的初始阶段，随着荷载的增大，波纹钢板的拉应变逐渐增大，荷载-应变曲线近似直线；随着荷载的持续增大，钢板与混凝土接触面发生局部破坏，波峰处受到的拉应力随之减弱，应变增长速度逐渐降低；在加载后期，波纹钢板沿波纹方向的变形不受剪力钉的限制，混凝土与波纹钢板发生垂直分离，波纹钢板波峰应变减小，由受拉状态变为受压，如图 5-74(b)～(d)和(f)所示。

对于由波纹钢板直接承受压力，由混凝土承受拉力的试件，从加载初期到加载结束(混凝土出现贯穿裂缝)历时较短。此外，波纹钢板波峰处承受拉力，与前述组合梁试件波谷处的受力规律类似，如图 5-74(g)～(k)所示。

5) 钢筋的应变分布特征

下面以钢筋的荷载-应变曲线为例，列举试件 4 中的钢筋在各级荷载作用下不同位置处的应变曲线，其中 P_u 为加载过程中的极限荷载，P 为阶段荷载，如图 5-75 和图 5-76 所示。由图可以看出，无论是纵向钢筋还是横向钢筋，随着荷载的增大，钢筋应变不断增大，且应变由跨中逐渐向两边降低，在整个加载过程中钢筋一直处于受拉状态。

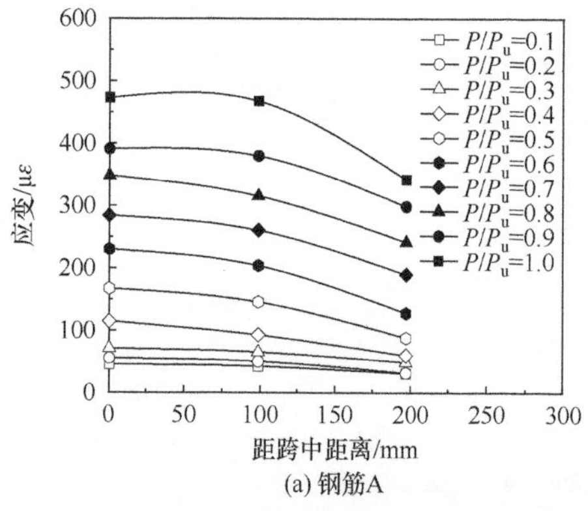

(a) 钢筋A

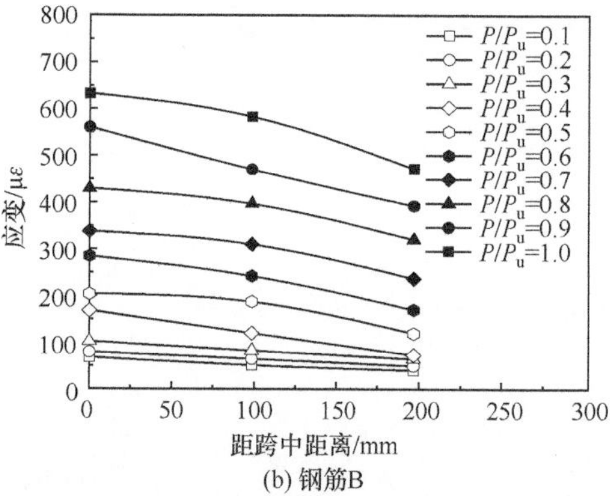

(b) 钢筋B

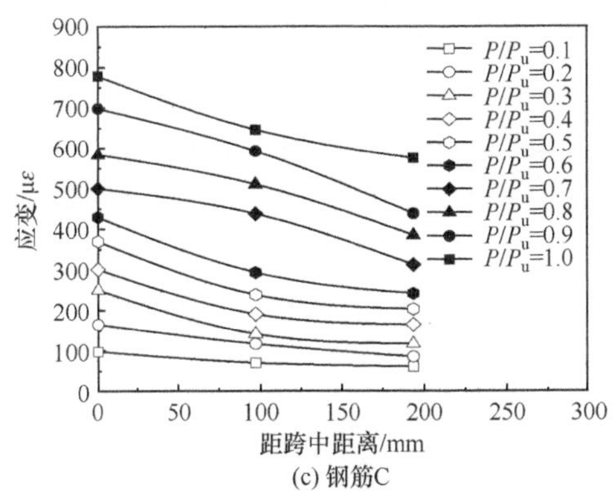

(c) 钢筋C

图 5-75　纵向钢筋的应变分布

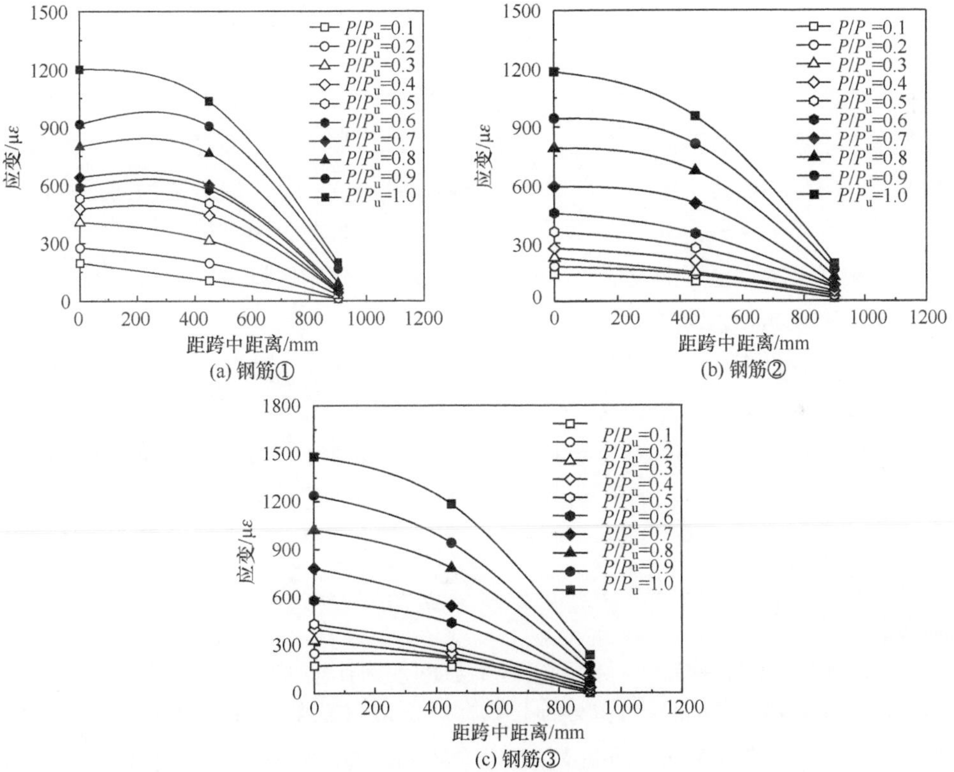

(a) 钢筋①

(b) 钢筋②

(c) 钢筋③

图 5-76　横向钢筋的应变分布

纵向钢筋的应变分布如图 5-75 所示，在加载初期，荷载较小的情况下，沿着组合梁宽度方向，各测点应变分布均匀，增加相同的荷载，应变变化较小。随着荷载逐渐增大，波纹钢板-混凝土组合梁变形逐渐增大，在增加相同荷载的情况下，各测点应变增量增大。沿着组合梁跨度方向，钢筋应变由梁边缘至跨中逐渐增大。由图可以看出，钢筋 C 的最终应变最大，钢筋 B 次之，钢筋 A 最小。

横向钢筋的应变分布如图 5-76 所示，在加载初期，沿着组合梁跨度方向，各测点应变从跨中位置到边缘基本呈逐渐减小的趋势，降幅较小。随着荷载的增大，跨中位置钢筋的应变变化较其他位置更明显。在混凝土开裂前，钢筋的拉应变较小，且前期增幅较小；混凝土开裂后，钢筋应变突增，整个加载过程中钢筋基本上承受拉力。

4. 结论

通过对波纹钢板荷载-应变曲线、混凝土荷载-应变曲线、组合梁荷载-挠度曲线进行对比分析，得出影响组合梁受力性能的因素，归纳总结后得出以下结论：

(1) 通过观察试件在加载过程中的试验现象可以发现，裂缝首先出现在组合梁加载点附近，随着荷载的增大，其中一条裂缝发展成为主裂缝；随着挠度的不断增大，组合梁的跨中截面下部受拉区开始出现裂缝，并由底部逐渐向上延伸；由混凝土直接承受压力的组合梁裂缝逐渐出现分叉现象，由钢板直接承受压力的组合梁裂缝基本上呈竖向发展趋势；最后混凝土在跨中区域被压碎，出现贯穿裂缝。试件被破坏时，跨中位置的变形最大。

(2) 由波纹钢板-混凝土组合梁的荷载-挠度曲线可以看出，从加载至破坏，组合梁试件大致经历了三个阶段，即弹性阶段、弹塑性阶段和破坏阶段。在加载的初始阶段，荷载-挠度曲线基本呈直线分布，组合梁处于弹性阶段。随着荷载的不断增大，混凝土开始出现细微裂缝，荷载-挠度曲线不再呈线性关系，组合梁进入弹塑性阶段。随着裂缝不断向上延伸以及裂缝宽度的增大，中性轴上移，挠度发展速度加快，直至试件出现贯穿裂缝，受压区混凝土压溃，试件承载能力达到极限而发生破坏。

(3) 增大波纹钢板波距对提升极限荷载的效果比增加钢板厚度更明显。对比各个试件的荷载-挠度曲线可以发现，当波纹钢板厚度为 5mm，上覆混凝土厚度为 200mm 时，将波距从 150mm 增加至 230mm，其极限荷载提高程度比波距为 150mm 时将波纹钢板厚度从 3mm 增加至 5mm 更加明显。

(4) 在组合结构上设置剪力钉能使波纹钢板和混凝土更好地协同工作，有效提高组合结构的承载力。相同结构中，设置剪力钉的结构极限荷载比未设置剪力钉的结构增加了 35%。

(5) 随着荷载的增大，钢筋应变不断增大，且由跨中向两边逐渐降低，在整个加载过程中，钢筋一直处于受拉状态。此外，设置钢筋的组合结构，其极限荷载提高了 60%，表明钢筋网的设置能有效抑制混凝土的开裂，增加组合结构的极限承载能力和极限挠度。

(6) 由波纹钢板荷载-应变曲线可以看出，沿着跨度方向，跨中位置应变最大。波谷一直处于受拉状态，波峰在弹性阶段受拉，且其拉应变小于波谷处的拉应变。在加载后期，由于端部无剪力钉的作用，波纹钢板回缩不受限制，与混凝土发生垂直分离，波纹钢板波峰应变减小，由受拉状态转变为受压。在极限荷载下，波纹钢板波峰位置均未发生屈服现象。

5.2.2 结构设计及施工工艺

1. 结构设计方案

三渡溪隧道老洞全长 428m，隧道内大部分毛洞宽 4～5m，洞身高 4～5m，距洞口 155～202m 区段为扩大断面(断面宽约 8m，高约 5.2m)。对三渡溪隧道进行维修加固设计，结合原毛洞净空尺寸确定断面及支护参数，常规区段改造为标准断面，采用锚喷支护形式；扩大断面改造为含错车道断面，设计净宽为 7m，净高为 4.5m，采用复合式衬砌形式。

三渡溪隧道改建方案为装配式波纹钢-混凝土组合衬砌，钢板由 7mm 厚波纹钢板现场错缝拼装而成，以 1m 宽度为单位，即纵向长度为 1m，波纹钢板两端均焊接有用于组接的法兰，隧道环向有五块钢板，即三块圆拱部波纹钢板和两块直墙波纹钢板，组合衬砌示意图如图 5-77 所示。波纹钢板背部设置ϕ20@300 剪力钉，剪力钉采用梅花形布置，与波纹钢板同时加工。波纹钢板与初支之间通过预留注浆孔灌注 C30 混凝土，最大厚度为 350mm。三渡溪隧道因围岩整体情况较好，所以未在负弯矩区域增设钢筋网。

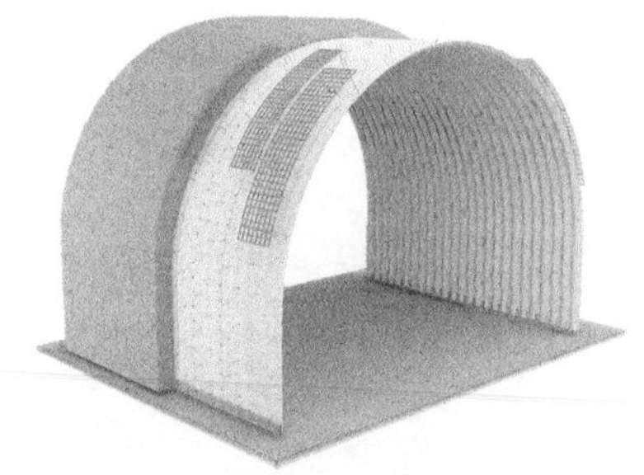

图 5-77　装配式波纹钢-混凝土组合衬砌示意图

(1) 隧道环向波纹钢板由五块波纹钢板互相搭接并经若干螺栓固定而成，如图 5-78 所示。相邻环之间错缝相连，如图 5-79 所示。剪力连接件位于各波纹钢背侧波谷处，如图 5-80 和图 5-81 所示。直墙波纹钢与 L 型钢通过水平向锚栓相连接，H 型钢通过竖直向锚栓与基座相连接，如图 5-82 所示。

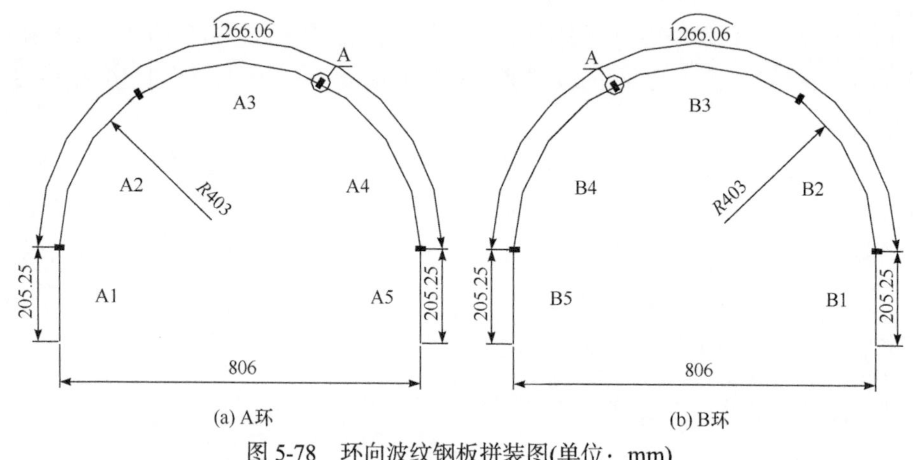

图 5-78　环向波纹钢板拼装图(单位：mm)

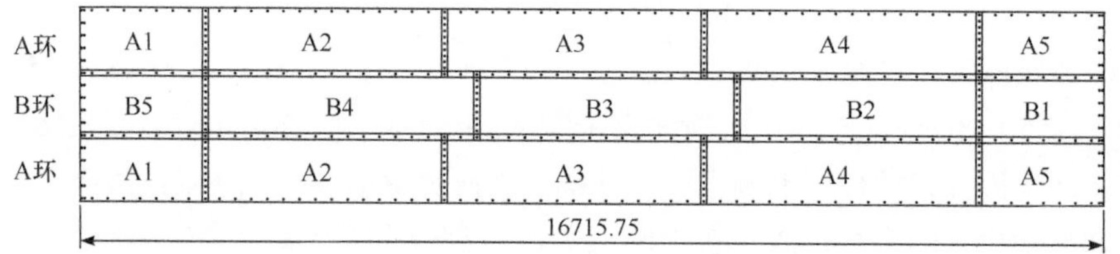

图 5-79　板片错缝连接展开图(单位：mm)

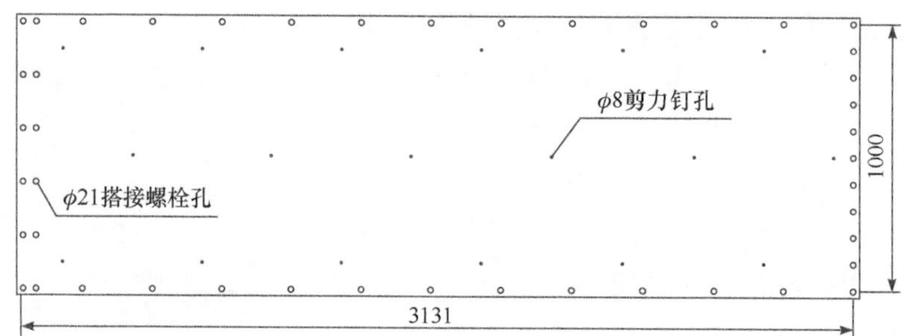

图 5-80　剪力钉分布示意图(单位：mm)

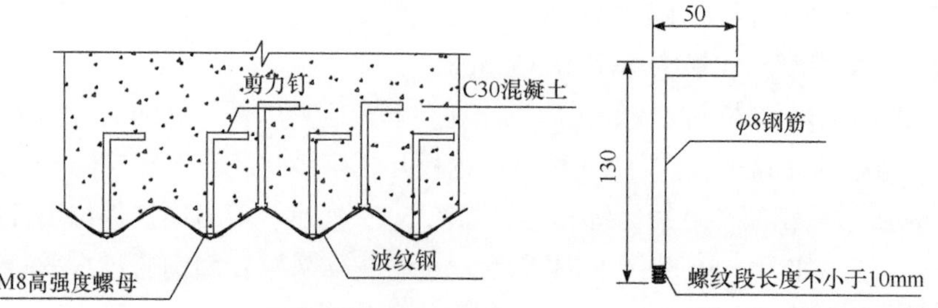

图 5-81　剪力钉大样图(单位：mm)

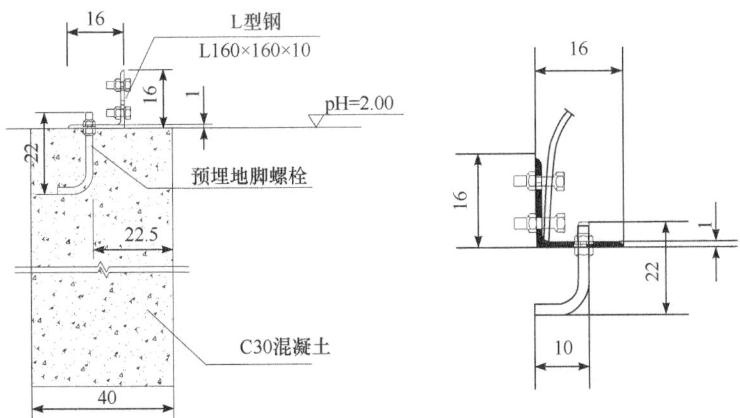

图 5-82　直墙波纹钢与 L 型钢连接示意图(地脚大样图)(单位：mm)

(2) 封堵模板设置。波纹钢板拼装 3 环为一幅，一幅拼装完成后，采用木模板或可伸缩型钢制模板进行封堵，根据实际断面尺寸对模板进行切割，每个封堵模板预留 5 个浇筑口，浇筑口开口高度为 20～30cm，浇筑满一层后进行封口处理，如图 5-83 所示。

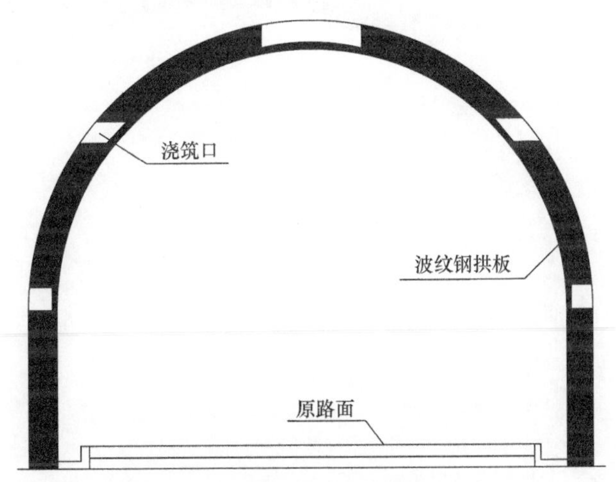

图 5-83　封堵模板开孔示意图(单位：mm)

2. 结构设计计算

为分析波纹钢板-混凝土组合衬砌在围岩作用下的应力分布及变形特点，采用有限元软件 ABAQUS 对优选衬砌方案进行三维实体建模。模型采用 H 型波纹钢板，衬砌模型宽度取 0.92m，围岩对衬砌的作用通过弹簧模拟，计算结果云图如图 5-84～图 5-88 所示。

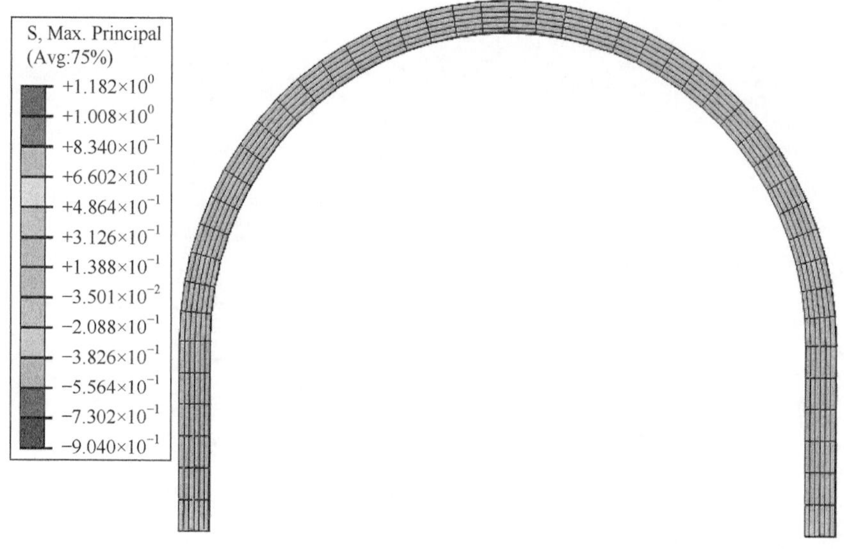

图 5-84 混凝土最大主应力云图

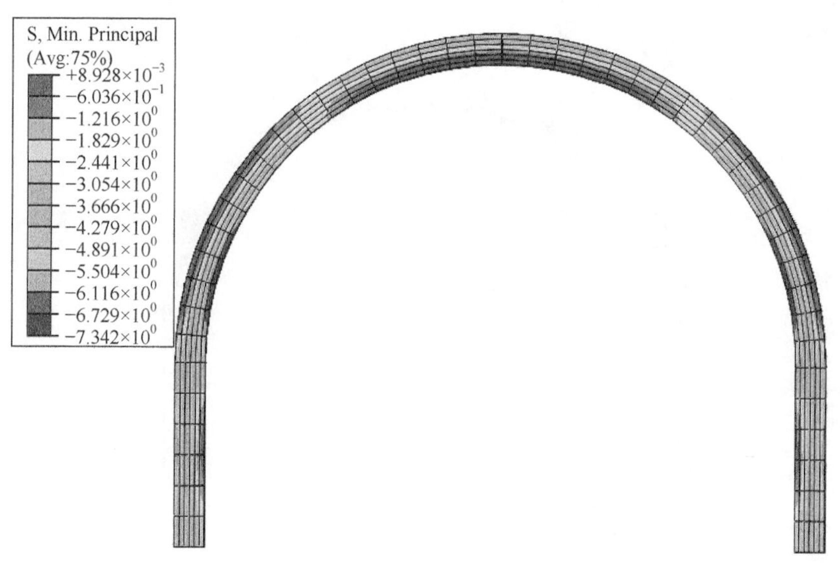

图 5-85 混凝土最小主应力云图

由图 5-84 和图 5-85 可以看出，混凝土结构的受拉区域基本符合隧道结构的基本受力规律，即拱顶内侧和拱肩外侧均受拉。其中，混凝土所承受的最大拉应力位于拱顶处，为 1.18MPa，小于 C30 混凝土的极限抗拉强度 2.3MPa，模拟结果基本满足规定要求；混凝土所承受的最大压应力为 7.34MPa，小于 C30 混凝土抗压设计强度要求(15MPa)，远小于 C30 混凝土的极限抗压强度。

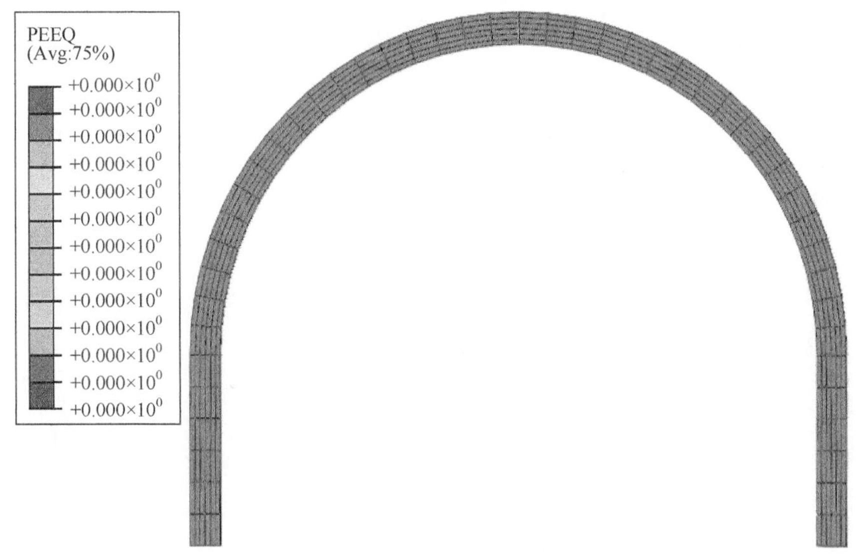

图 5-86　混凝土等效塑性应变云图

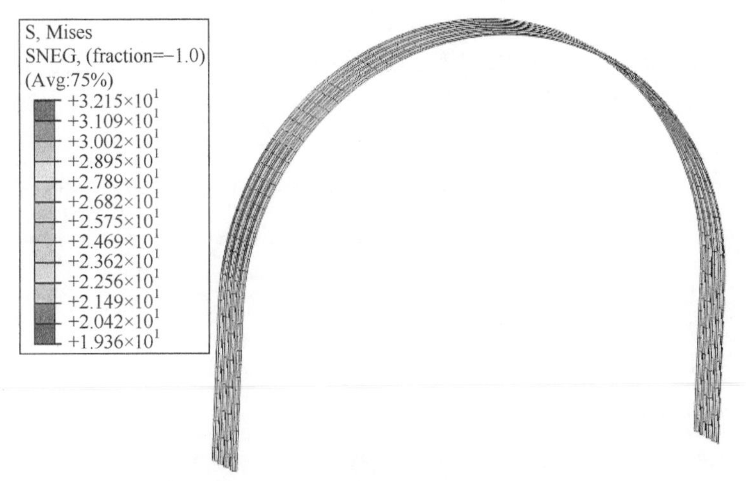

图 5-87　波纹钢板屈服应力云图

由图 5-86 可知，混凝土部分塑性应变为 0，可以判断混凝土未发生塑性破坏，因此结构基本稳定。由图 5-87 可以看出，波纹钢板所承受的最大应力为 32.2MPa，位于拱肩处，其值远小于 Q235 钢的屈服极限强度。《公路隧道设计规范　第一册　土建工程》(JTG 3370.1—2018)规定Ⅴ级围岩的容许隧道水平收敛为隧道直径的 0.2%～0.8%(对应直径为 8m 的隧道为 16～64mm)。由图 5-88 可知，波纹钢板-混凝土组合衬砌的竖向变形为 2.94mm，满足设计规范要求，且其变形符合理论变形趋势。

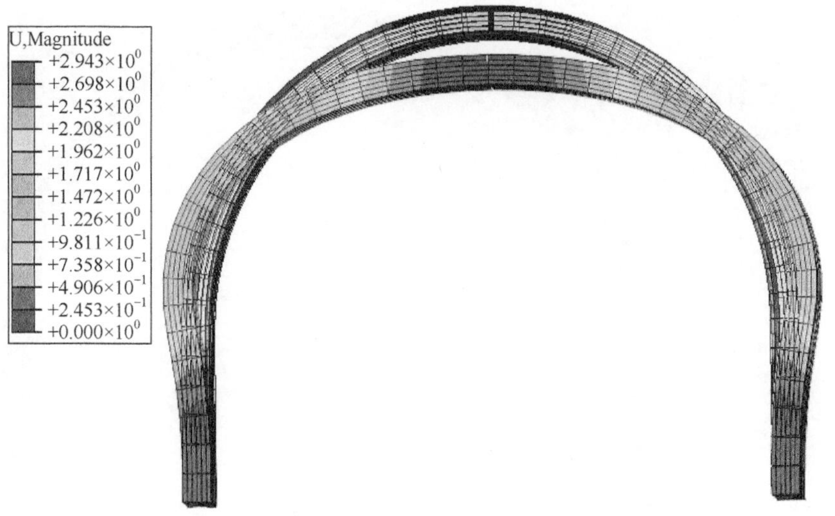

图 5-88　衬砌结构竖向变形云图

3. 施工工艺流程

波纹钢板-混凝土组合衬砌的施工工艺流程为：准备工作→隧道扩挖→基底处理→预埋件安装→基础混凝土浇筑→工作平台搭建→钢板拼装→混凝土填充板后空隙→压浆处理，如图 5-89 所示。

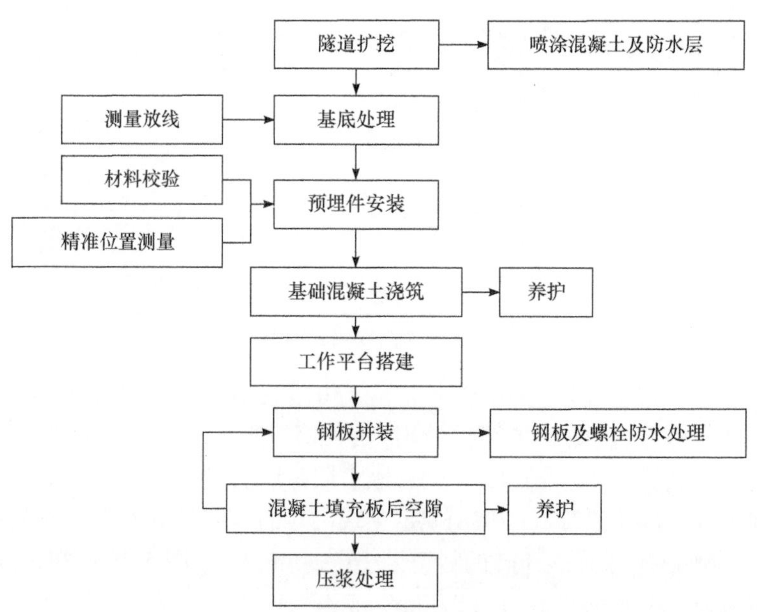

图 5-89　波纹钢板-混凝土组合衬砌施工工艺流程

4. 施工过程

1) 隧道扩挖

根据隧道的设计洞径对原始隧道围岩进行扩挖，开挖完工后对隧道内壁进行初次喷射混凝土施工，养护完成后，再喷涂三道改性乳化沥青作为防水层。

2) 基础混凝土浇筑

加工方管并在其上钻孔，以便确定地脚螺栓分布间距，并保证其分布在一条直线上。将方管用钢架固定在预埋槽上方，调整高程后焊接地脚螺栓，浇筑前应注意复核预埋地脚的跨径尺寸，浇筑后 3～5 天可以进行角钢安装及波纹钢板拼装。通过地脚螺栓固定基底 L 型钢，浇筑混凝土基座，如图 5-90 所示；安装直墙波纹钢板拱架，使用水平锚栓与基底 L 型钢锚固，浇筑剩余基底混凝土。

3) 工作平台搭建

采用ϕ48mm 钢管搭建支架平台，平台宽度及高度根据波纹钢板安装后的实际位置确定，搭建为中间高、两侧低的工作平台。

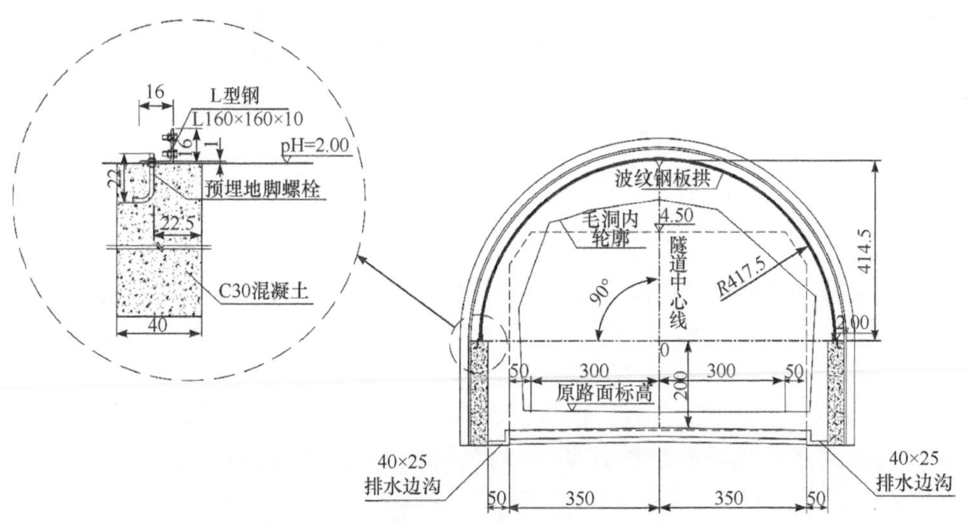

图 5-90　L 型钢位置示意图(单位：mm)

4) 钢板拼装

钢板拼装过程具体如下。

(1) 在波纹钢板拼接前，检查两侧混凝土直墙顶部预埋件的位置以及螺栓孔的间距；由于施工现场钢板的一般规格和曲率不同，组装时应严格按照设计图标注的顺序和位置进行。

(2) 在拼装底板时，以混凝土直墙隧洞中心预埋件上的螺栓孔为基准定位第一块波纹板，然后从该点向两端延伸。第二块板叠加在第一块板上，对准连接孔，套上螺栓与垫圈，旋上螺母，然后用套筒扳手预紧螺母。

(3) 在拼装环形圈时，由两侧向上顺次拼装，如图 5-91 所示。搭接部分上板覆盖下板，圆周向连接采用梯形搭接方式，即上面两块板的连接缝与下面两块板的连接缝错位，连接孔对正后，螺栓由内向外插入孔位，用套筒扳手预紧螺母。

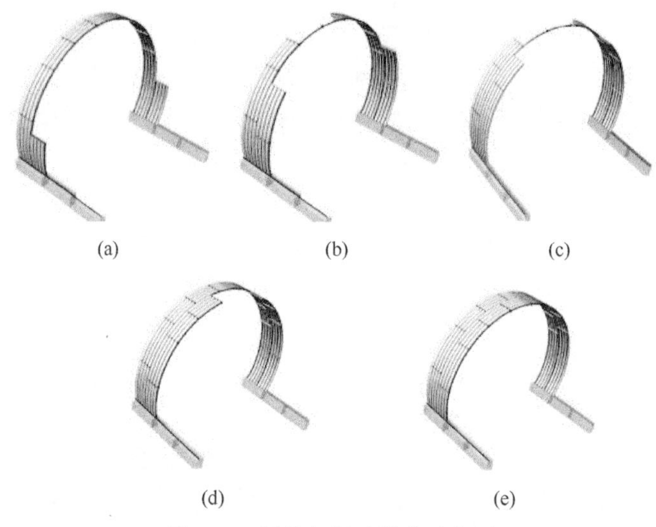

图 5-91　波纹钢板片拼装示意图

(4) 在每榀拼装成型后，需要测定一次截面形状，达到标准后才可继续拼装，达不到标准应及时调整。圆周向拼装到环形圈合拢时，测定截面形状，采用定位拉杆固定，调整预紧螺母，拼装顶部第一块波纹钢板。

(5) 在拼装全部完成后，依次紧固所有螺栓，并用红漆标记紧固后的螺栓。在注浆之前将所有螺栓拧紧，以保证波纹钢板片的重叠部分紧密地嵌套在一起。

(6) 钢板间夹缝防水是通过粘贴密封胶垫来实现的，在吊运钢板前，将密封条附着在钢板的外缘，在螺栓紧固后，钢板与钢板之间密封性应保持良好，防止渗水。

5) 混凝土填充板后空隙

密闭完成后浇筑超流态型高强微膨胀混凝土，从两侧边墙开始浇筑，至两侧波纹钢板上部注浆孔有浆液溢出；再分别从上部两侧波纹钢注浆孔进行注浆，直至有浆液从顶部注浆孔溢出；最后通过拱顶处注浆口补灌，以保证拱顶填充密实，至此完成混凝土的灌注。施工过程及竣工效果如图 5-92 所示。

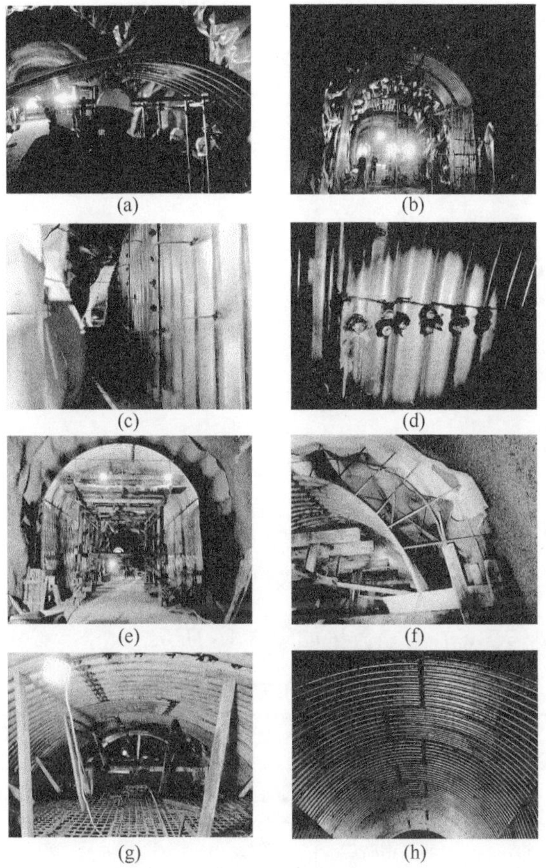

图 5-92　施工过程及竣工效果

5.2.3　结构受力与变形监测

1. 监测目的和内容

对运行期内的装配式衬砌受力与变形规律进行监测，可以据此定量计算装配式衬砌隧道的车辆与环境附加作用，确定在围岩压力、车载、温差、地基不均匀沉降以及地下水位升降等工况组合下主体结构在长期运营期内的健康状态，预测变形规律，找出可能导致隧道结构和渗漏的薄弱环节。

监测共设置 4 个断面，监测项目如下：①波纹钢应力量测；②波纹钢后混凝土应力量测；③围岩压力及两层支护间压力；④隧道内空变位量测。

2. 监测断面布置

监测断面布置如图 5-93 所示。

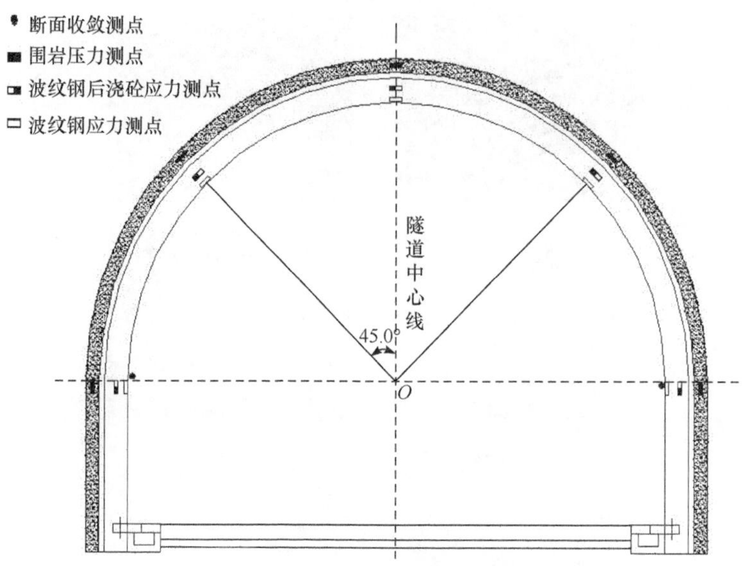

图 5-93　监测断面布置

监测断面主要传感器(测点)数量如表 5-16 所示。

表 5-16　主要传感器(测点)数量

序号	监测内容	传感器类型	传感器(测点)数量				
			断面 1	断面 2	断面 3	断面 4	总计
1	波纹钢应力	弦式钢筋计	5	5	5	5	20
2	波纹钢后混凝土应力	弦式砼应变计	5	5	5	5	20
3	围岩压力及两层支护间压力	土压力盒	5	5	5	5	20
4	隧道内空变位	—	2	2	2	2	8

3. 量测方法

1) 波纹钢应力量测

利用频率仪对事先焊接在波纹钢钢架上的钢筋计(应变计)进行监测，钢筋计受力后振动频率会发生改变，对比事先标定的力与频率的关系曲线，可得到作用在应力计上的应力。

2) 波纹钢后混凝土应力量测

利用频率仪对事先预埋在后浇砼中的砼应变计进行量测，砼应变计受力后振动频率会发生改变，对比事先标定的力与频率的关系曲线，可得到作用在应力计上的应力。

3) 围岩压力及两层支护间压力量测

土压力盒布设在围岩与初衬之间，可测得围岩与初衬之间的接触压力；土压力盒布设在初衬与二衬之间，可测得两层支护间的接触压力。布设土压力盒时，应将测点布设在具有代表性断面的关键部位(如拱顶、拱腰、拱脚、边墙仰拱等)，并对各测点逐一进行编号。在埋设土压力盒时，应使土压力盒的受压面朝向围岩。

4) 隧道内空变位量测

隧道内空变位量测主要监控隧道施工及营运过程中平面内空尺寸的变化情况，如图 5-94 所示。隧道内空变位观测是用收敛计量测围岩表面两点在连线(基线)方向上的相对位移变化，即收敛值。其工作原理是，将收敛计两端与固定测桩连接，用恒力张紧钢丝(或钢卷尺)作为传递位移的介质，采用百分表等测读工具量测两固定点间的距离，并比较在不同时间段内的变化。

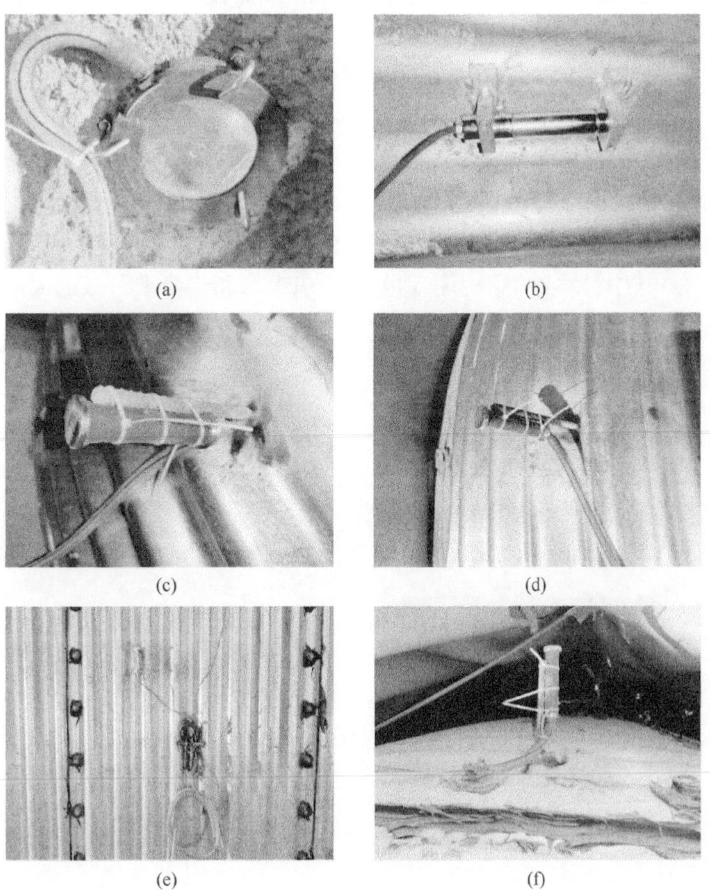

(a)　(b)

(c)　(d)

(e)　(f)

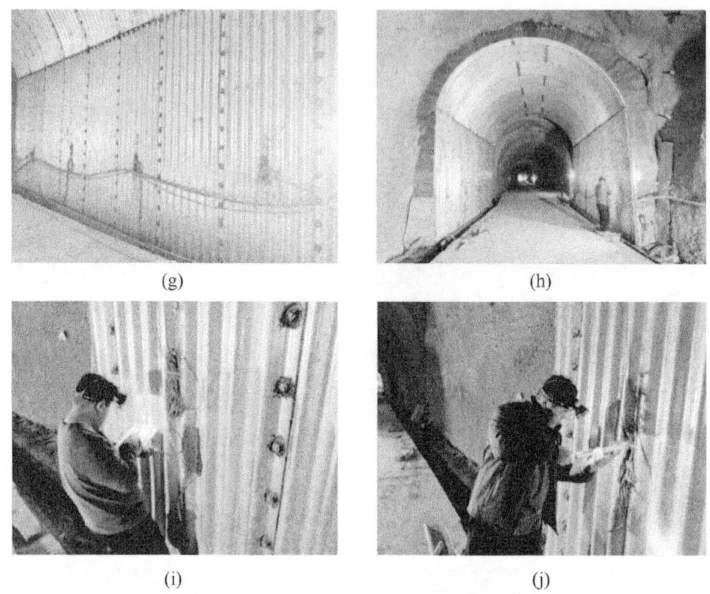

(g)　(h)

(i)　(j)

图 5-94　测点施工及日常监测

4. 监测结果

工程竣工后，按照规范监测频率的要求，对隧道进行不间断变形监测，各传感器每天上午、下午各测量一次，洞身收敛每天测量一次，变化曲线如图 5-95～图 5-98 所示。其中，“正中”为拱顶处，“东上”和“西上”分别为两侧拱肩处，“东下”和“西下”为直墙处。

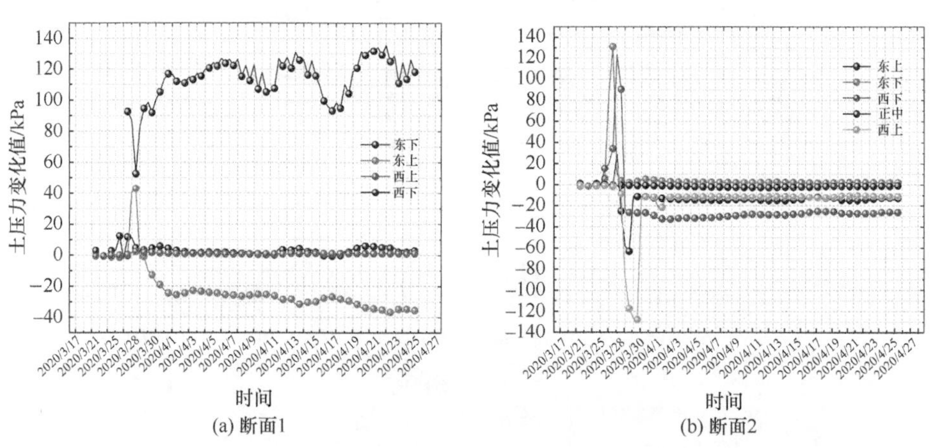

(a) 断面1　(b) 断面2

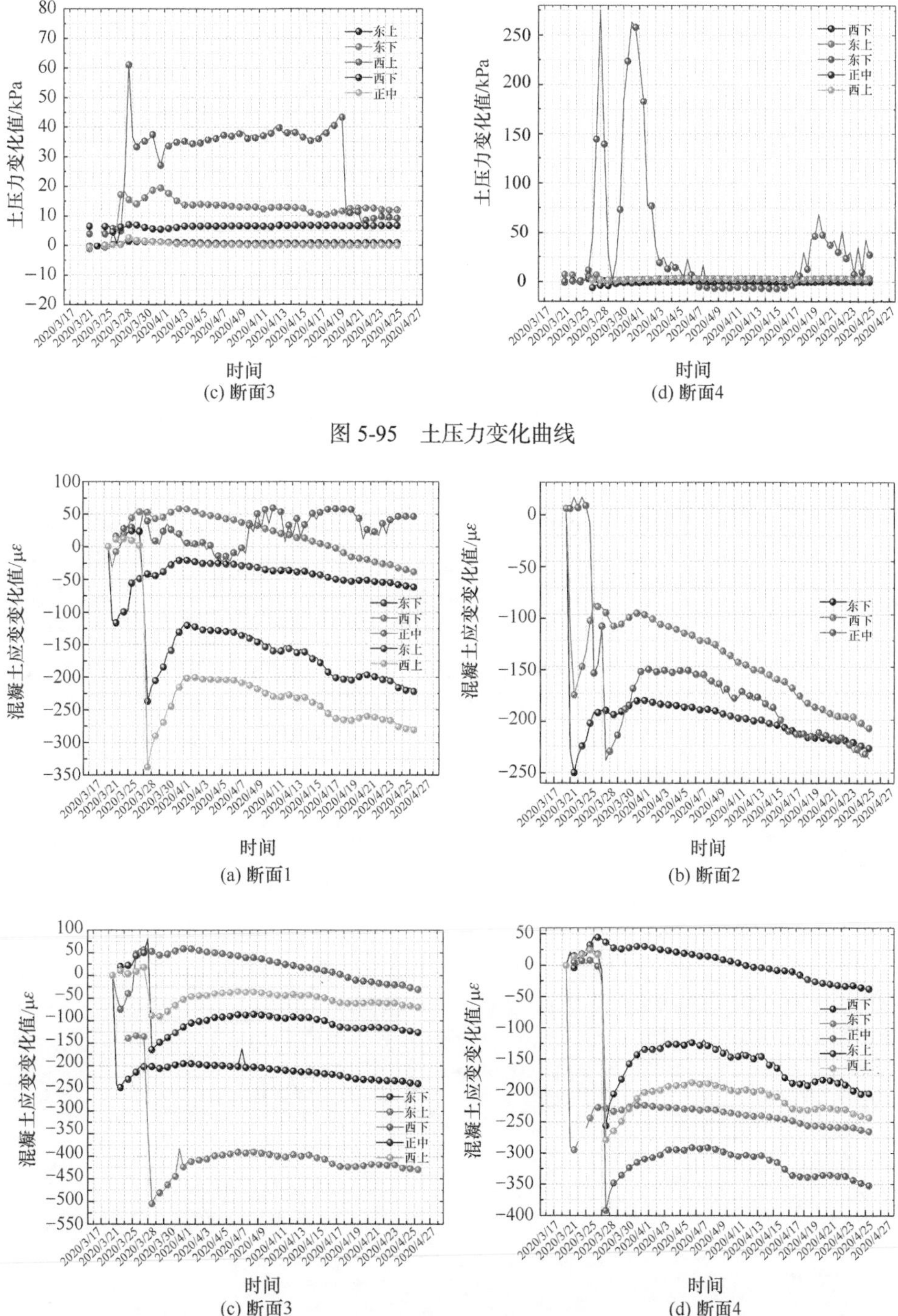

图 5-95　土压力变化曲线

图 5-96　混凝土应变变化曲线

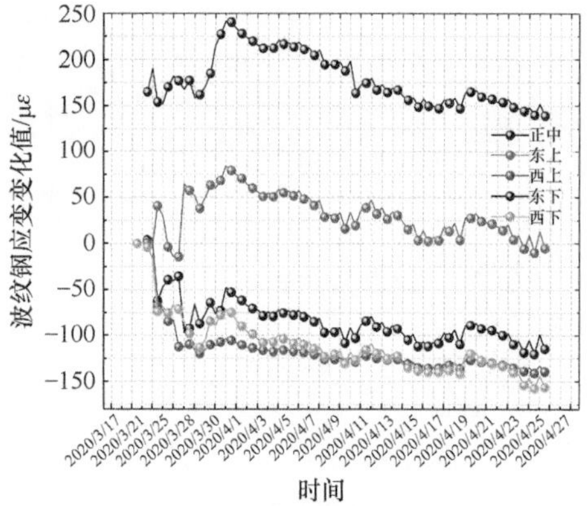

(a) 断面1

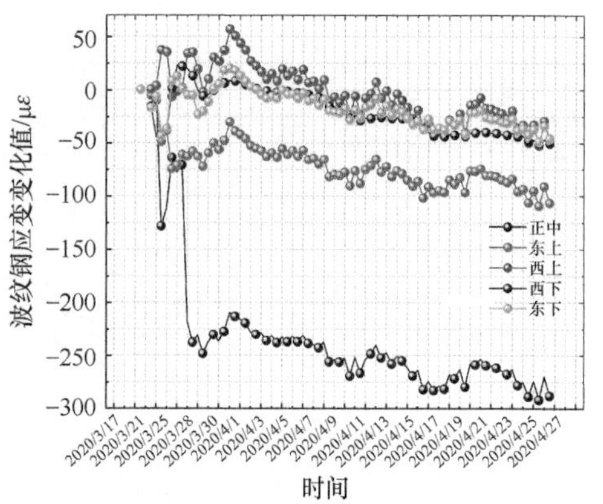

(b) 断面2

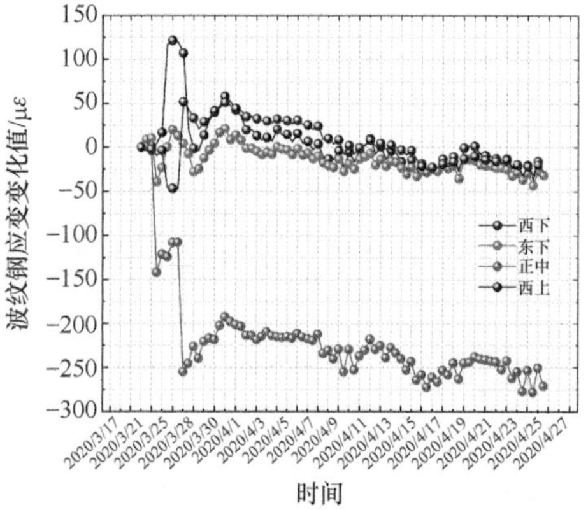

(c) 断面3

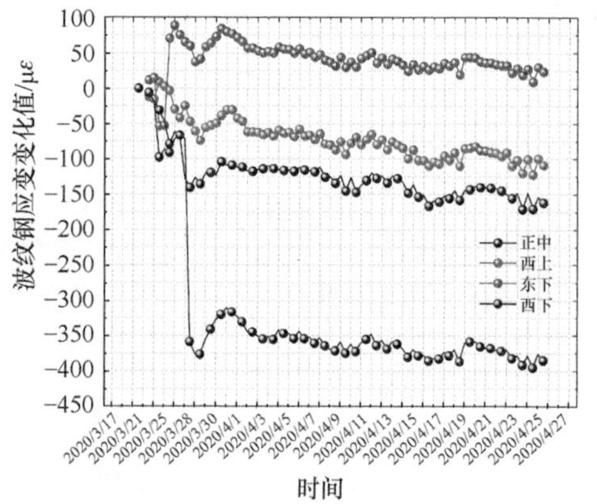

(d) 断面4

图 5-97 波纹钢应变变化曲线

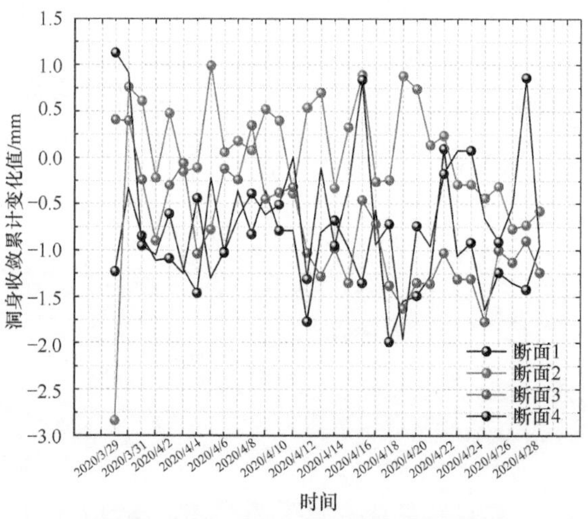

图 5-98 各断面洞身收敛累计变化曲线

波纹钢后混凝土浇筑于 2020 年 3 月 23 日完成，由图中可明显看出混凝土浇筑对波纹钢产生了较大的影响，随着时间的变化，各传感器数据趋于平稳，隧道累计收敛范围为–3～1.2mm，整体向内收敛。根据相关工程经验，可判定隧道收敛值处于安全范围，整体判断该组合式结构处于安全可控状态。

5.3　盾构隧道内部结构预制拼装关键技术

本节以南京市横江大道综合管廊盾构工程为例，主要从装配式内部结构设计、计算及选型出发，确定内部结构设计方案，并对预制安装及节点安装工艺等关键技术进行总结。

5.3.1　设计方案比选

1. 隔板方案对比

相比于现浇混凝土隔板，预制隔板可以减少大量模板工程，施工便捷，经济性优势显著。根据具体的结构和材料类型，隔板可采用预制整体板、预制叠合板、钢格栅板、压型钢板混凝土组合板等形式，隔板方案对比如表 5-17 和表 5-18 所示。

表 5-17　盾构管廊内隔板方案对比

方案		优点	缺点
混凝土结构	预制整体板	装配工序少，施工速度快； 安装固定后可直接在上层施工； 强度较高，适用于板上荷载较大的情况	构件自重较大，脱模、运输和安装有难度；在孔洞位置需定制异形板
	预制叠合板	构件自重小； 浇筑后整体性较好，可以实现双向受力	必须待上层混凝土浇筑完成并达到强度后才能向上施工；同等承载力板厚度大于预制整体板
钢结构	钢格栅板	易安装、重量轻、强度高、 易更换、方便定制	常用的钢格栅板最大跨距为 3m，需要提前安装支撑系统，如型钢梁、柱等；无密封性和耐火性，仅适用于检修走道板，不宜设置在热力管线上方
钢-砼组合结构	压型钢板混凝土组合板	单向承载力与预制叠合板近似，厚度较小；其中，闭口型压型钢板可在板底提供任意吊点；压型钢板敷设比预制叠合板更便捷；运输和施工过程中不易损坏	压型钢板一般只能制造单向肋，因此组合板一般只适用于单向受力；跨距≥4.5m 时需设临时支撑，影响下层交通

表 5-18　隔墙板方案比选

方案	原方案：钢砼预制板	优化方案：ALC 板+钢龙骨
结构荷载	较大，一幅板重约 3t	较轻，与原方案同尺寸隔墙重约 635kg
机械性能	等同现浇混凝土	板材自身强度较低，与钢骨架形成柔性结构，可满足 9 度以上的抗震设防要求

续表

方案	原方案：钢砼预制板	优化方案：ALC 板+钢龙骨
结构耐久性	较好，完成后外露钢构件较少	一般，外露钢构件较多
耐火极限	200mm 厚钢筋混凝土实体墙耐火极限可达 3.0h	100mm 厚 ALC 板材耐火极限可达 4.0h，钢骨架需要喷涂厚型防火涂料
预制时间	较长，需预制场加工、蒸汽养护，预埋件种类多，预埋精度要求较高	较短，可购买成品板材，根据需要可现场切割；无结构预埋件
安装难度	很大，板材安装需机械辅助；现场焊接作业量大	较小，分块后一幅板材重约 45kg；现场仅需钢骨架焊接，板材通过固定件连接
施工工期	较长，无法在一个施工段同时展开施工	较短，可在一个施工段展开多个工作面
施工成本	较高	较低
比选结果	不推荐	推荐

注：ALC 为蒸压轻质混凝土的简称。

2. ALC 板材选择

ALC 板材是以水泥、石灰、硅砂为原料，以铝粉为加气剂，采用专用防锈液处理的焊接钢筋网片配筋，经高温高压蒸汽养护而成的高性能多孔硅酸盐板材。

根据《城市综合管廊工程技术规范》(GB 50838—2015)，综合管廊内不同舱室之间应采用耐火极限不低于 3.0h 的不燃性结构进行分隔。隔墙板上的荷载除自重外主要为管廊发生火灾时逃生舱正压通风的压力，风压荷载标准值为 1.3kPa。根据《蒸压轻质加气混凝土(ALC)板构造图集》(苏 J01—2002)板材选用表，厚度为 125mm、长度为 2000mm 的板材容许荷载标准值可达 5kN/m^2，实际板材厚度为 125mm、长度为 1180mm，容许荷载标准值不小于 2kN/m^2。

3. 支撑方案对比

支撑构件是将横隔板荷载向下传递的关键，特别是在进行装配施工时，支撑构件同时承受弯、剪、扭等复杂的荷载工况。由于弧形的二衬结构不可避免地会挤占盾构内的空间，考虑取消二衬或仅保留墙底部分的二衬，盾构管廊内支撑方案对比如表 5-19 所示。

表 5-19　盾构管廊内支撑方案对比

方案		优点	缺点
混凝土结构	现浇弧形二衬支撑	施工工艺简单； 可以作为纵向连接件加强盾构隧道纵向刚度	二次工程量大，混凝土浇筑质量不易保证；二衬会减小隧道内径，经济性较差

续表

方案		优点	缺点
混凝土结构	预制弧形二衬支撑	相对于现浇二衬工程施工更快、构件质量更好； 可分块预制，方便隧道内安装	与管片间的连接不可靠； 盾构管片和预制二衬结构叠放不可避免地会产生较大的累计误差，板下支座必须现浇或为可活动式； 小转弯半径盾构内施工时较为不便；二衬会减小隧道内径，经济性较差
	混凝土预制牛腿	强度高，与管片连接整体性好，耐久性与盾构衬砌一致	采用错缝拼装时管片种类复杂，牛腿和预埋件的预制精度要求很高
	混凝土立柱(墙板)支撑	可作为竖向支撑，对横向构件起减跨作用； 可兼作下层管廊竖向分隔构件	无论是预制还是现浇的立柱(墙板)，施工难度都较大，混凝土养护期间需要斜撑固定； 竖向构件占用较多下层管廊空间
钢结构	钢牛腿	强度高，采用合理的连接方式时施工速度快； 牛腿间无遮挡，便于下层管廊内施工和管养； 批量加工时成本可控	耐久性较差，需要采取额外的防腐和防火措施； 对预埋件和牛腿的安装精度有一定的要求
	钢立柱	强度高，自重小，方便隧道内安装； 可作为竖向支撑，对横向构件起减跨作用； 可作为下层管廊内支架的固定点	耐久性较差，需采取额外的防腐和防火措施； 对预埋件和牛腿的安装精度有一定的要求； 竖向构件会占用部分下层管廊空间
钢-砼组合结构	钢-砼组合牛腿	利用栓钉或剪力键实现混凝土中的锚固，受力等同于现浇钢筋混凝土牛腿，可降低牛腿截面高度，经济性好； 内部型钢构件可工厂预制，现场装配后现浇外层混凝土； 多个组合钢-砼组合牛腿可以采用纵向连系梁连接，加强纵向整体性	型钢构件与混凝土的连接可靠度尚需研究； 混凝土部分抗剪强度较差，尤其是在上方荷载较大时可能发生纵向劈裂； 钢-砼组合牛腿的横向稳定性较差，不适用于横截面内有偏心荷载的情况

4. 内部围护结构方案对比

除了主要受力构件，管廊内部构件也存在多种可选的预制方案，内部构件对比如表 5-20 所示。

表 5-20　盾构管廊内部构件方案对比

方案	优点	缺点
实心砌墙	工艺简单，材料广泛，隧道内施工适应性强	整体性较差，砌体墙横向稳定性依赖构造梁、柱； 长期使用水泥砂浆强度会下降； 墙上无法直接挂载重物； 拼缝多，美观性差

续表

方案	优点	缺点
ALC 预制墙板	板材自重小，仅为同等体积混凝土的 1/4，且小于等厚度砌块； 装配后墙体的耐火性好，100mm 厚墙板耐火极限即可达到 3.0h 以上； 安装后墙体整体性优于砌体墙，地震作用下经过测试验证可靠； 板材施工速度快，可修补微小缺陷	墙板安装依赖于专用连接件； 墙面如需加装支架，则需设置型钢龙骨作为支撑； 板材硬度较低，运输、安装过程中易破损； 不生产异形板，局部需现浇
钢筋混凝土预制墙板	板材强度高，可不依赖于骨架自立； 施工完毕后整体性好，情况适宜时可作为上部结构的支撑点； 墙上可挂载重物	墙板自重大，隧道内运输和安装难度大； 墙板顶、底固定依赖机械连接或灌浆套筒，成本较高； 墙板出现缺陷时修复成本较高； 门、洞等特殊位置需要定制

5. 节点方案对比

盾构法施工综合管廊的管片厚度一般在 300～350mm，构件与管片的连接节点若采用植筋对管片的损伤较大，构件与管片的连接节点一般采用预埋钢板或槽道。预埋钢板一般直接埋置在管片内表面，为避免管片错缝安装导致的埋件对齐问题，通常为条带状。管片拼接成环后形成钢环，可将构件内钢筋或钢制构件直接焊接在钢环上，应用较为灵活。

预埋弧形槽道通过 T 型螺栓插入槽道开口，使用防松螺母锁紧构件，施工速度快，节点承载力高，且易于定位和调整，近年来多用于地铁盾构隧道拱顶和侧墙上管线和设备的安装。

5.3.2　预制化结构设计

1. 结构设计计算

1) 节点强度计算

在风压荷载下，隔墙板节点处拉力标准值 S_{JW}=0.460kN。依据《蒸压轻质加气混凝土板(NALC)构造详图》(03SG715-1)附录 D，125mm 厚的 NALC 板螺栓节点破坏试验节点破坏荷载 R_J=0.933kN， $R_J / S_{JW} = 2.03 > 2$ ，满足要求。

2) 钢柱强度计算

钢龙骨钢柱采用柱子截面高 h=120mm、宽 b=80mm，钢材厚度 t=6mm 的矩形钢管，主要荷载考虑恒荷载为电缆及支架荷载，活荷载为隔墙板上的风压荷载及活荷载 900N。构件信息、钢柱计算模型及荷载分布，以及钢柱内力和变形计算结果如表 5-21、图 5-99 和图 5-100 所示。

表 5-21　构件信息

参数	信息	参数	信息
上支座	简支	截面高度 h/mm	120
下支座	固定	截面宽度 b/mm	80
跨数	1	钢材厚度 t/mm	6
计算跨长/m	2.4	—	—

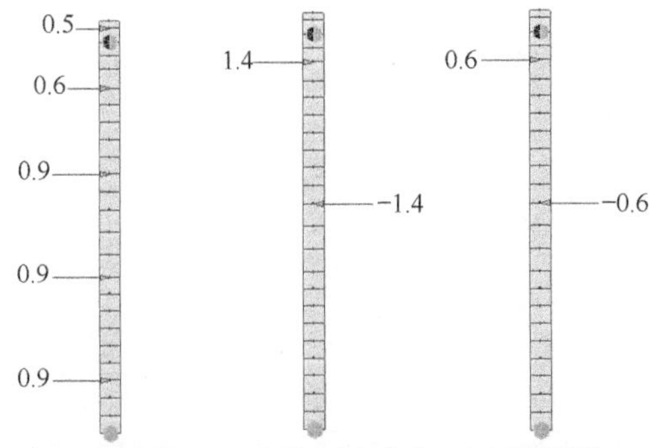

(a) 风压荷载　(b) 电缆及支架荷载　(c) 人工荷载

图 5-99　钢柱计算模型及荷载分布

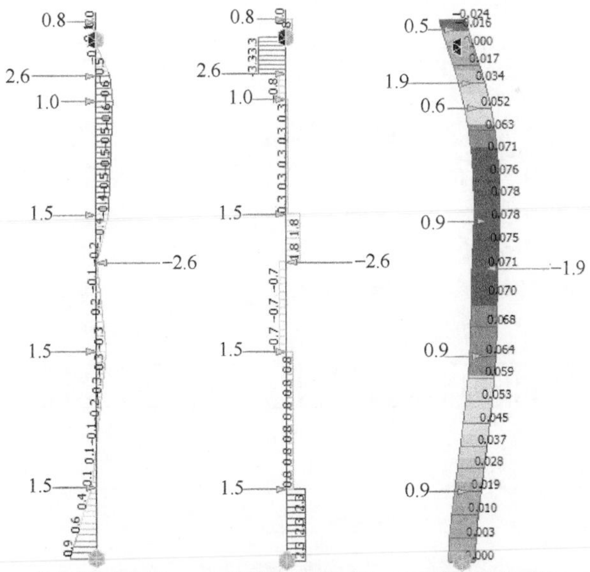

(a) 基本组合弯矩图（单位：kN·m）　(b) 基本组合剪力图（单位：kN）　(c) 标准组合变形图（单位：mm）

图 5-100　钢柱内力和变形计算结果

以跨号 1 为例，钢柱内力与变形计算结果如表 5-22 所示。

表 5-22　钢柱内力与变形计算结果

位置	弯矩/(kN·m)	剪力/kN	变形/mm
钢柱顶	0	–3.3215	0
钢柱中	–0.5536	1.8110	0.078
钢柱底	0.8724	2.3413	0

根据《钢结构设计标准(附条文说明[另册])》(GB 50017—2017)(简称刚结构规范)，钢柱计算结果如表 5-23 所示。

表 5-23　钢柱计算结果

参数	跨号 1	强度设计值 f	最小安全系数	是否安全
上侧正应力/(N/mm^2)	7.22	215	29.78	安全
下侧正应力/(N/mm^2)	11.38	215	18.89	安全
剪应力/(N/mm^2)	2.83	125	44.17	安全

3) 横隔板设计计算

横隔板安装方式为四点支承于钢牛腿上，支座处按铰接考虑，由于横隔板长跨方向高跨比为 l_0/h=5036/200=25.18，短跨方向高跨比为 l_0/h=1000/200=5，长边和短边长度之比大于 3，因此将横隔板受力模型简化为长边方向的简支单向板计算，如图 5-101 所示。其中，横隔板混凝土强度等级为 C40，钢筋采用 HRBC400，管道和支墩荷载简化为集中力，不计管道运营期间的振动荷载，计算采用 MIDAS Civil 2015 进行。

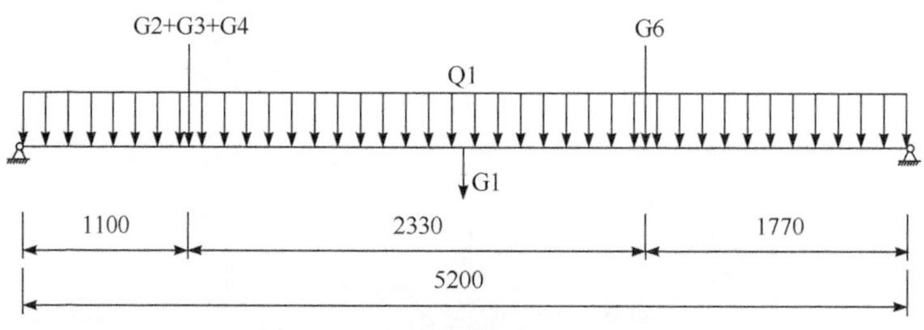

图 5-101　横隔板结构受力简图

构件抗弯强度验算采用荷载效应的基本组合；构件裂缝宽度验算、挠度计算采用荷载效应的准永久组合；结构计算荷载类型和计算取值参见表 5-24。

表 5-24　结构荷载表

荷载类型	荷载名称	荷载标准值计算及取值
永久荷载	结构自重 G1	钢筋混凝土容重γ_c取 25kN/m^3
	DN800 管道重 G2	按 6m 长管内满水计算，取 42.37kN
	管道支墩重 G3	按 1m×1m×0.35m 体积计算，取 8.75kN
	向上弯管接头荷载 G4	按管道设计内水压力为 1.1MPa，管道截面外推力标准值： $P_{w,k}$=0.785×800^2×1.1/1000=552.64kN 按管道接头偏转 1.5°，支墩处向下偏转力标准值： $F_{wr,k}$=$P_{w,k}$·tan1.5°=552.64×tan1.5°=14.47kN
	纵隔墙和管线荷载 G6	ALC 隔墙板尺寸为 2.5m×1.2m×0.125m，干密度为 525kg/m^3，设计中扩大系数取 1.4，隔墙综合荷载标准值取 2.76kN； 墙上支架敷设 8 次 10kV 电缆及管廊内自用电缆，10kV 电缆单根每米质量为 19.88kg；支架间距 1.2m，支架质量约 20kg； 电缆及支架综合荷载标准值取 2.11kN，合计取 4.87kN
活荷载	楼面活荷载 Q1	运营期间取 5kN/m^2，施工期间取 10kN/m^2

荷载按结构承载能力极限状态及正常使用极限状态进行组合，按荷载最不利组合进行结构的抗弯、抗剪、抗压、抗扭强度和裂缝宽度验算。

(1) 各基本荷载组合计算结果如图 5-102～图 5-107 所示。

图 5-102　工况 1 弯矩图(单位：kN·m)

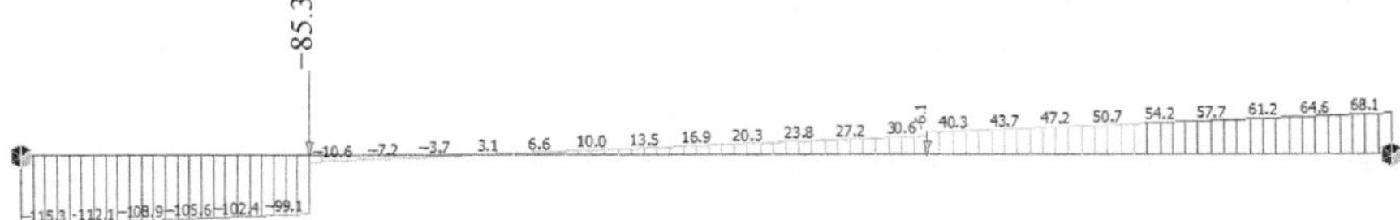

图 5-103　工况 1 剪力图(单位：kN)

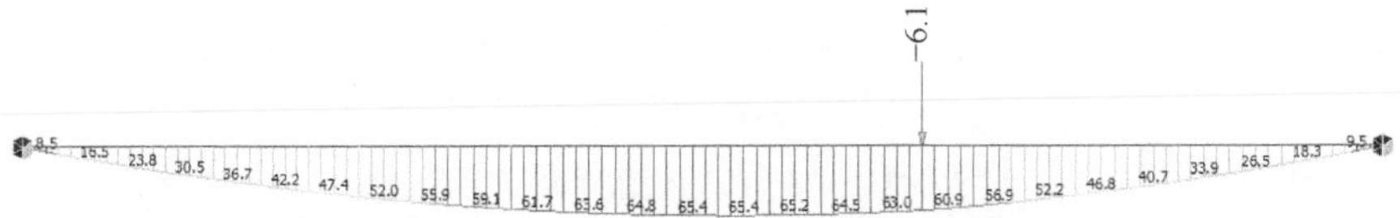

图 5-104　工况 2 弯矩图(单位：kN·m)

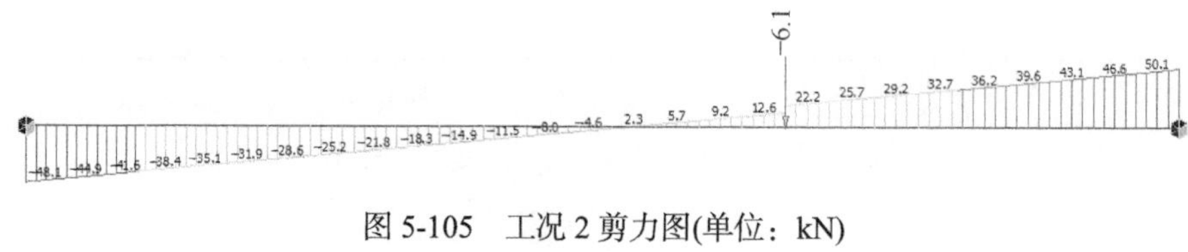

图 5-105　工况 2 剪力图(单位：kN)

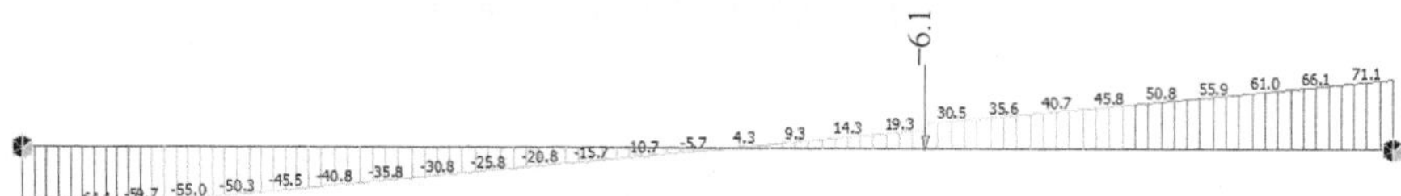

图 5-106　工况 3 弯矩图(单位：kN·m)

图 5-107　工况 3 剪力图(单位：kN)

根据《混凝土结构设计规范(2015 年版)》(GB 50010—2010)中相关计算规定，计算正截面受弯承载力、受冲切承载力、受剪承载力均满足承载力要求，管道支墩处受冲切承载力也满足要求，如表 5-25 所示。

表 5-25　计算截面承载力设计值

计算截面	荷载组合	弯矩设计值/(kN·m)	左侧支座剪力设计值/kN	右侧支座剪力设计值/kN
横隔板标准件跨中截面 1180mm×200mm	运营期荷载工况 1(带支墩板)	119.3	115.3	68.1
	运营期荷载工况 2(无支墩板)	65.4	48.1	50.1
	施工期荷载工况 3	92.7	69.2	71.1

(2) 准永久组荷载组合计算结果如图 5-108～图 5-111 所示。

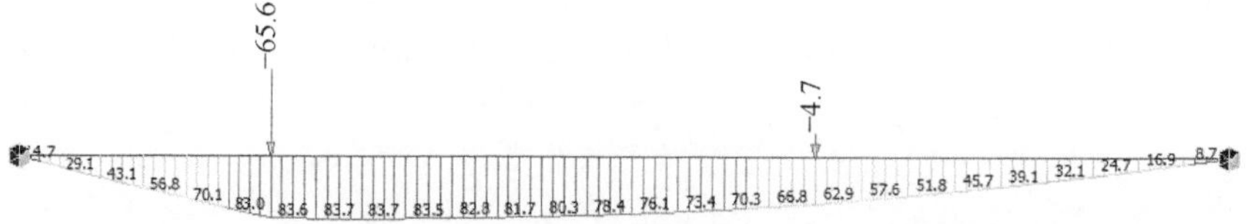

图 5-108　工况 4 弯矩图(单位：kN·m)

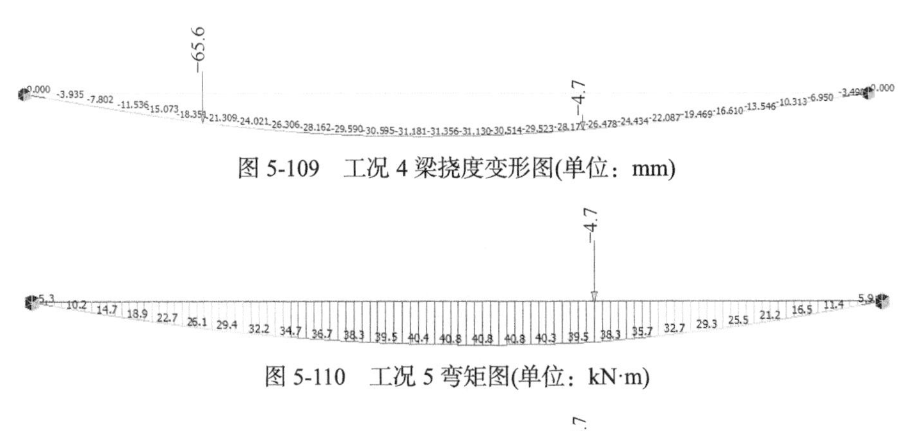

图 5-109　工况 4 梁挠度变形图(单位：mm)

图 5-110　工况 5 弯矩图(单位：kN·m)

图 5-111　工况 5 梁挠度变形图(单位：mm)

(3) 本次对准永久组合下弯矩最大处进行裂缝宽度验算，根据《城市综合管廊工程技术规范》(GB 50838—2015)，最大裂缝宽度限值为 0.2mm。裂缝宽度按纯弯计算为 0.11mm，满足规范要求。根据挠度计算结果，最大挠度位置可近似认为在跨中，最大挠度为 31.3mm。预制中隔板时，长跨方向考虑 1%起拱，跨中起拱 26mm，净挠度为 31.3–26=5.3mm<5200/200=26mm，满足挠度要求，准永久组合设计值如表 5-26 所示。

表 5-26　准永久组合设计值

计算截面	荷载组合	弯矩设计值/(kN · m)	挠度/mm
横隔板标准件跨中截面 1180mm×200mm	运营期荷载工况 4 (带支墩板)	83.7	31.3
	运营期荷载工况 5 (无支墩板)	40.8	14.8

4) 钢牛腿设计计算

H 型钢牛腿材料及几何参数如表 5-27 所示

表 5-27　H 型钢牛腿材料及几何参数

牛腿材料		Q235B
钢材强度设计值 /(N/mm²)	抗拉、抗压和抗弯 f	215
	抗剪 f_v	125

续表

牛腿截面几何尺寸/mm	
变量取值/mm	H=200 B=300 t_1=t_2=12 t_w=12 e_1=80，e_2=225
角焊缝强度设计值 f_f^w / (N/mm²)	160

根据中隔板计算结果，考虑牛腿可能的荷载工况如表 5-28 所示。

表 5-28　牛腿荷载工况

序号	工况	荷载设计值/kN	弯矩设计值 M/(kN · m)	剪力设计值 V/kN	扭矩设计值 T/(kN · m)
工况 1	单侧安装中隔板，未安装支墩(施工)	N_1=71.1/2=35.55，N_2=0	8.0	35.6	2.8
工况 2	双侧安装中隔板，未安装支墩(施工)	N_1=N_2=35.55	16.0	51.1	0
工况 3	双侧安装中隔板，单侧安装支墩(运营)	N_1=115.3/2=57.65，N_2=48.1/2=24.05	18.4	81.7	2.7
工况 4	双侧安装中隔板，双侧安装支墩(运营)	N_1=N_2=57.65	25.9	115.3	0

(1) 根据钢结构规范，主平面内受弯实腹构件抗弯强度按式(5-1)计算：

$$\frac{M_x}{\gamma_x W_{nx}}+\frac{M_y}{\gamma_y W_{ny}}\leqslant f \tag{5-1}$$

截面惯性矩 $I_x = 74.609\times10^6\,\mathrm{mm}^4$；抗弯截面模量 $W = 746092\mathrm{mm}^3$；对于“工”字形截面，截面塑性发展系数 $\gamma_x = 1.05$。

工况 4 下，截面弯曲应力 $\sigma = 33.06\mathrm{N/mm^2} < 215\mathrm{N/mm^2}$，$|f_v/\sigma| = 6.5$，满足

要求。

(2) 根据钢结构规范，主平面内受弯实腹构件抗剪强度按式(5-2)计算：

$$\tau = \frac{VS}{I_x t_w} \leqslant f_v \tag{5-2}$$

受剪截面高 h_v=200mm，截面惯性矩 $I_x = 74.609 \times 10^6 \text{mm}^4$；受剪截面对中和轴的半面积矩 $S_y = 431328\text{mm}^3$。

工况 4 下，最大剪应力 $\tau = 27.77\text{N}/\text{mm}^2 < 125\text{N}/\text{mm}^2$，$|f_v/\tau| = 4.5$，满足要求。

(3) 根据钢结构规范，受压翼缘有侧向支承点的梁 $l_1/B < 16$。

构件受压翼缘自由长度与宽度之比为 $l_1/b_1 = 300/300 = 1.0 < 16$，满足要求。

2. 内部结构设计方案

综合管廊的横断面布置需要考虑建筑限界、设备安装、装修、施工误差等方面的要求，本工程确定的横断面布置如图 5-112 所示。

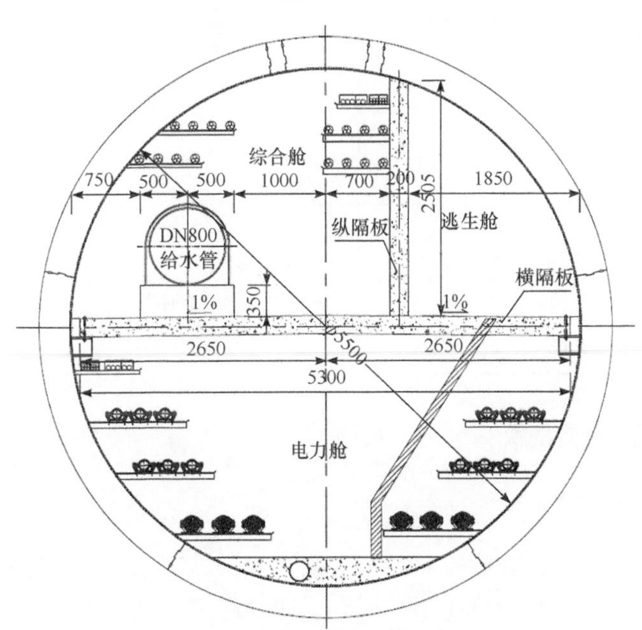

图 5-112 盾构综合管廊标准断面布置(单位：mm)

本节设计的盾构综合管廊内部为上下叠层结构，上部被竖向隔墙分为综合舱和逃生舱，下部为电力舱。综合舱内设计主要管线有 DN800 给水管和共计 16 回 10kV 电缆。电力舱内设计主要设计有 2 回 220kV 电力和 4 回 110kV 电缆。盾构管片内设预埋钢板，管片拼装后成环。电缆支架一般通过弧形主架与预埋钢板连接，上层竖向隔墙上的电缆支架通过 T 型连接件与隔墙钢龙骨连接。

管廊横隔板：根据管廊内部结构承载力、耐久性、防火性的要求，横隔板采用钢筋混凝土板式结构，尺寸为 5.2m×1.18m×0.2m(长×宽×厚)，对角线最大回转半径为 2666mm，两侧水平安装宽度余量为 84mm。横隔板间接缝采用 1 道缓膨型遇水膨胀橡胶条+微膨胀聚合物水泥砂浆嵌缝。

上层隔墙：采用 ALC 板+钢龙骨体系。预制墙板厚 125mm。隔墙板间采用专用勾缝剂或岩棉嵌缝。

上层横向逃生口采用钢制甲级防火门，防火门尺寸为 0.9m×2.1m；竖向逃生口采用两块特制横隔板拼合而成，尺寸为 1.0m×1.0m。特制横隔板间采用专用连接件连接。逃生口上设置钢制机械式逃生盖板，耐火极限不小于 3.0h。

内部结构主要构件设计尺寸及材料如表 5-29 所示。

表 5-29　内部结构构件设计参数

构件		结构尺寸			材料	备注
		长/m	宽/m	高/厚/m		
横隔板		5.2	1.18	0.2	C40 钢筋砼	预制后现场安装
ALC 隔墙		1.2	0.6/0.4/0.3	0.125	—	预制后现场安装
钢龙骨	钢柱	0.12	0.08	0.006	Q235B	—
	钢梁	0.08	0.08	0.004		
钢牛腿		0.3	0.3	0.2/0.012	Q235B	焊接成型后现场安装，外浇 50mm 厚 C40 细石砼
板边后浇带		盾构段全长	0.15	0.22	C40 钢筋砼	—
现浇底座底层砼		盾构段全长	2.5	0.3	C40 细石砼	—

5.3.3　构件预制安装技术

1. 整体施工方案

本标段内地下综合管廊主要采用分段施工，即钢筋、模板等利用汽车运输至作业点附近，井口利用汽车吊吊运到工作井内部，材料准备好后使用小型机械人工配合将钢筋、模板摆放就位。现场测量放线，牛腿打眼，底座底层混凝土施工，牛腿边梁混凝土施工，中隔板安装，板间、板与管片后浇带施工，检修通道砼施工。

内部结构施工工序如下：

(1) 综合管廊盾构段内结构施工由下至上进行；

(2) 先浇筑拱底混凝土垫层；

(3) 在管片预埋钢板上焊接钢牛腿后浇筑混凝土保护层，钢牛腿外包混凝土达到设计强度后方可安装横隔板；

(4) 在牛腿上安装预制横隔板；

(5) 焊接钢龙骨，并使其处于竖立状态，在龙骨上安装固定 ALC 板；

(6) 浇筑板边后浇带和墙顶部位混凝土；

(7) 敷设找平层，并完成管廊内支架、管线的安装。

2. 牛腿施工工艺

牛腿施工工艺具体如下。

(1) 牛腿采用 Q235B 钢材，截面(尺寸为 300mm×200mm)与管片预埋钢板间采用满焊，焊缝高度为 4mm，焊条采用 E43 型。距离管片 10cm 位置，在牛腿两侧焊接两根直径为 8mm、高度为 15cm 的隔板限位钢筋。焊接完成后，沿牛腿四周点焊 D6 钢筋网片 ϕ6@100×100，然后使用高强度砂浆灌注进行防腐。

(2) 牛腿灌浆模板采用尺寸为 350mm×400mm×250mm 的竹胶板加工制作成四方盒子状，靠近管片部位加工成弧形，顶部使用两道 U 型卡进行固定(图 5-113)。

图 5-113　牛腿灌浆模板

3. 横隔板预制及安装工艺

1) 横隔板预制

内部结构柱距标准段按照(0.5+ 2+3n+2+2+0.5)m(n 为板的数量)布置，风机段按照(0.5+2+2×2.5+2+0.5)m 布置。针对柱距不同，上层预制车道板分为以下五种不同类型，具体如图 5-114 和图 5-115 所示。

(1) 1 号板：尺寸为 9000mm×2990mm×520mm，适用于标准段 3m 中跨。

(2) 2 号板：尺寸为 9000mm×2485mm×520mm，适用于标准段 2.5m 边跨。

(3) 3 号板：尺寸为 9000mm×1990mm×520mm，适用于标准段 2m 中跨。

(4) 4 号板：尺寸为 9600mm×2490mm×520mm，适用于风机段 2.5m 中跨。

(5) 5 号板：尺寸为 9600mm×2485mm×520mm，适用于风机段 2m 边跨。

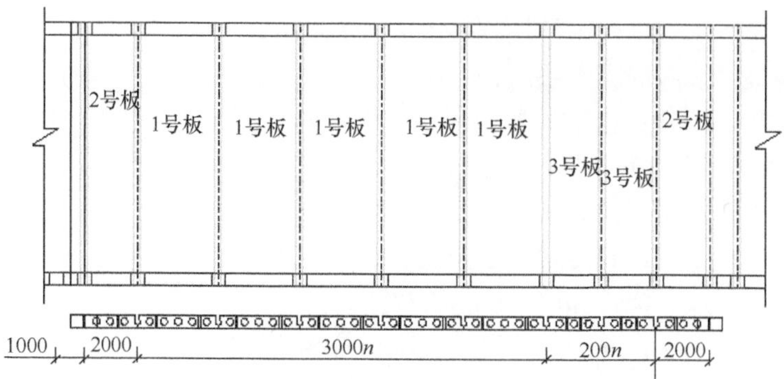

图 5-114　标准段车道板布置(单位：mm)

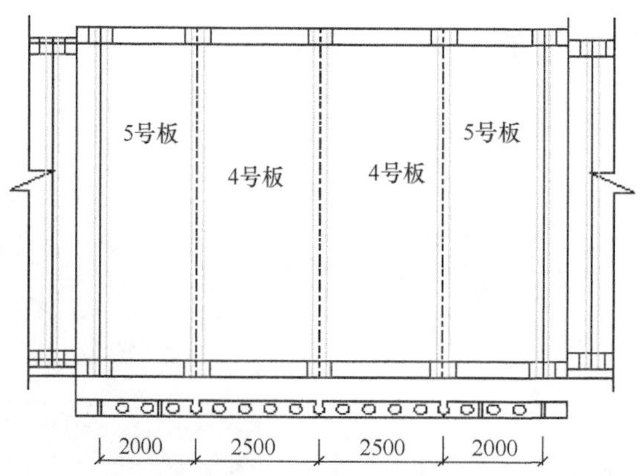

图 5-115　风机段车道板布置(单位：mm)

预制车道板在隧道外加工，工厂化施工可以较快地完成预制构件的生产工作，如图 5-116 所示。预制构件的生产在工厂内采用流水线作业方式进行，首先

图 5-116　工厂预制板加工现场

清洗模具，喷涂脱模剂，安放钢筋骨架及各种预埋件；然后浇筑混凝土，振捣成形；随后进行养护，养护可采用自然养护或蒸汽养护，养护后脱模起吊；室内养护 3 天后运往室外存放场地存放，同期养护 28 天后运往现场使用。

预制车道板生产作业主要包括模板清洗安装、钢筋笼就位、混凝土浇筑、蒸汽养护、脱模等工序，完成一个车道板为一个循环，循环时间如表 5-30 所示。

表 5-30　预制车道板作业循环时间

作业名称	模板清洗安装	钢筋笼就位	混凝土浇筑	蒸汽养护	脱模	合计
作业时间/min	30	40	30	260	20	380

预制构件模具应采用钢模(图 5-117)，模具制作应考虑以下因素：

(1) 预制构件需要预留钢筋，制作预制构件模具时应预留钢筋孔；

(2) 预制车道板数量较多，为减少人工振捣对模具的破坏，确保构件混凝土密实均匀，模具应采取振捣措施；

图 5-117　预制板模具

(3) 模具应具有合理的刚度，一方面保证振捣效果，另一方面保证结构的稳定性。

为匹配现场预留钢筋，预制构件质量控制应重点关注以下问题：

(1) 预留钢筋定位。预留钢筋必须按设计要求定位，钢筋定位偏差应控制在 2mm 以内，如图 5-118 所示。

(2) 定位埋件。定位埋件用于预制板整体定位，其偏差应控制在 2mm 以内。

(3) 底面平整度翘曲。底面平整度，尤其是板两侧简支与牛腿顶面部分平整度需要特别注意，防止预制车道板安装时出现板部分支点腾空现象。

预制车道板模板数量与生产速度可根据盾构内部施工速度调整。为确保安装高峰期预制车道板的供应，在预制厂外集中存放(图 5-119)。

图 5-118　预制板钢筋绑扎现场

图 5-119　预制板临时堆放现场

2) 横隔板安装工艺

横隔板安装工艺具体如下。

(1) 支座板安装。牛腿灌浆完毕后，距离管片 16.5cm 位置为中心线，安装尺寸为 26cm×9cm×2cm 的支座板，并与牛腿顶面进行焊接。

(2) 中隔板安装施工。管廊中隔板采用转运设备运输及安装，利用汽车运输中隔板至下料口，在下料口位置吊放预制板至运装车上，在盾构区间内运输砼板至安装面，人工配合进行安装。专用设备为运输安装一体式，转运形式为纵向运输，在安装作业面前方顶升至高位转向落放至边梁上。

铺板工艺流程为：运输车运板至下料口→吊板装于铺板安装车上→运输预制板至安装位置→安装预制板→安装车返回装板→混凝土勾缝。

叉车将隔板运输至吊装点，利用吊车将隔板吊装至运输安装一体机托架。运输安装一体机将隔板运至安装点前方 3.5m 后刹车，人工进行遥控操作，顶升、旋转、横移将隔板安装到位；运输安装一体机返回下料口装板，进行下一个铺板循环，板间纵向拼缝宽 2cm，标准板及异形板拼缝处依下自上，使用 20mm×20mm 低模量聚硫密封胶嵌缝后，再嵌入 20mm×40mm 缓膨型遇水膨胀橡胶条，最后使用微膨胀聚合物水泥砂浆封闭，其中异形板拼缝需要加入岩棉。异形板拼缝纵向处使用 3 块尺寸为 22cm×8cm 的连接钢板进行连接，如图 5-120 和图 5-121 所示。

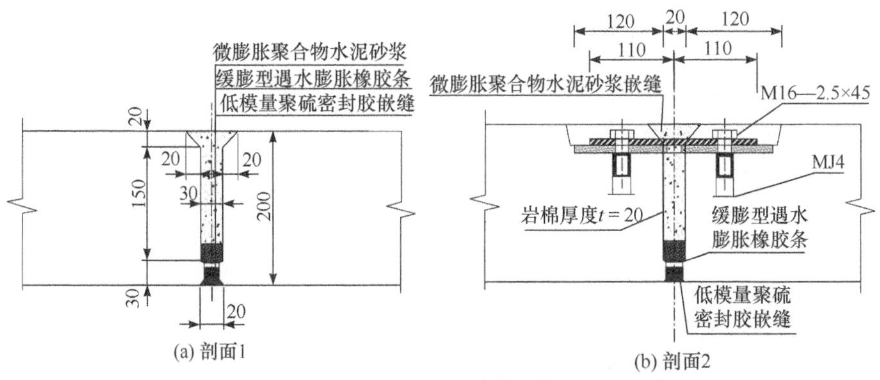

图 5-120　横隔板纵向拼接构造图(单位：mm)

(a) 运输至吊装点

(b) 吊装至托架

(c) 运输中隔板

(d) 顶升中隔板

(e) 横移对位安装

(f) 安装就位

图 5-121　中隔板安装流程

(3) 后浇带施工。中隔板单侧后浇带截面尺寸为 15cm×20cm，模板使用 15mm 厚竹胶板，在牛腿顶两侧面各植入两根直径为 16mm 的螺纹钢筋，外露长度为 10cm，模板平铺于上侧。模板上方上下两层各布设两根直径为 10mm 的钢筋，并采用直径为 8mm 的圆钢，每间距 20cm 布设箍筋，且与横隔板预留钢筋进行焊接，连成整体。后浇带为 C40 混凝土，人工使用小桶进行浇筑，浇筑过程中使用小型手持振捣器进行振捣，以确保混凝土密实，浇筑后采用土工布或塑料薄膜进行覆盖洒水养生，冬季采用棉被等进行覆盖，以确保温度和湿度符合设计及规范要求，板边后浇带贴近管片侧使用 1cm×2.5cm 低模量聚氨酯密封胶进行填充。

(4) 调平层施工。中隔板安装完毕后，施做 1∶2.5 水泥砂浆调平层，厚度应不小于 5cm，内敷设 D6 钢筋网片，设 1%横坡。

4. 烟道板及后浇节点施工工艺

本节不仅总结了南京市横江大道盾构管廊工程，同时还归纳了南京市建宁西路盾构隧道的施工关键技术，主要包括烟道板及后浇节点施工。

1) 烟道板施工工艺

烟道板设置于牛腿上，牛腿采用植筋与管片相连，如图 5-122 所示。

烟道板主要施工工艺如下。

(1) 第一阶段：待隧道变形稳定后，在盾构管片管壁植筋施工现浇钢筋混凝土牛腿，同时预制烟道板。

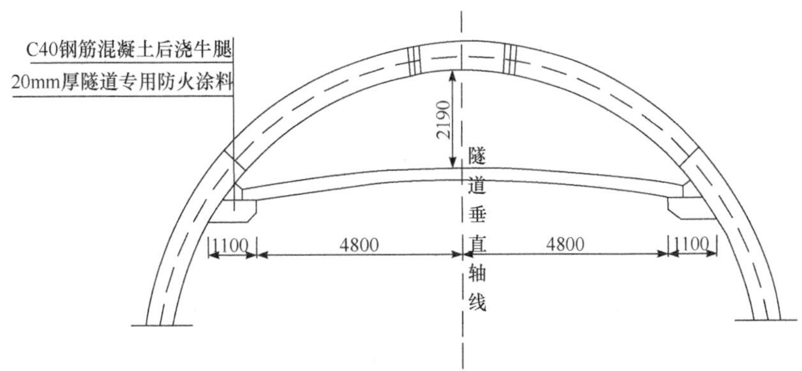

图 5-122　烟道板布置(单位：mm)

(2) 第二阶段：先架设预制烟道板，并在排烟口处预留现浇空间，待排烟口前后预制烟道板架设完毕后，现浇钢筋混凝土烟道板。

(3) 第三阶段：清理烟道板表面、嵌缝等。

2) 后浇节点施工工艺

预制车道板安装于车道纵梁位置。为保证预制纵梁与预制车道板连接，纵梁与预制车道板均设置预留箍筋，该梁板连接节点钢筋较多，预制车道板定位容易受到干扰。为解决这一问题，对节点内钢筋进行优化，以减少钢筋的相互影响(图 5-123)，具体措施如下。

(1) 车道板部分不受力的下层钢筋截断，不伸入梁内，减少伸入梁内的钢筋数量；

(2) 根据车道纵梁长度，施工时采取精确箍筋定位，防止产生过大偏差；

(3) 预制车道板、车道纵梁制作时设置定位标志，防止产生定位偏差。

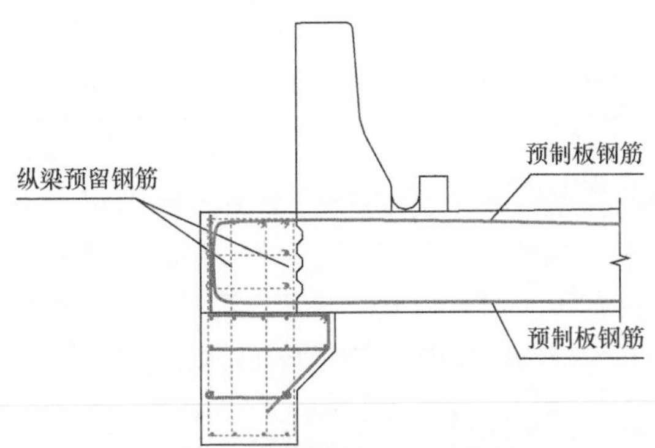

图 5-123　梁板连接节点示意图

5.4 大断面矩形顶管隧道结构预制拼装关键技术

5.4.1 工法与设备选型

以建宁西路过江通道江南连接线-主线隧道东延工程为例，隧道全长1.622km，双向四车道。其中，明挖段长1217.4m，管幕结构段长64.8m，暗挖段长249.3m。因其下穿文物保护区，根据文物部门的要求，本节点不允许采用明挖方案破坏文化层，所以仅考虑采用暗挖工法。考虑到该区域主要为第四系松散岩类孔隙潜水，地下水水位埋深浅，主要穿越地层为粉土夹粉砂、粉砂地层，且穿越长度较大，综合考虑周边工程地质条件、水文地质条件、工程造价、工程施工便捷性，推荐采用顶管法穿越该处城墙遗址及护城河。

顶管机选型主要是确定平衡的模式和刀盘的形式以及功率的大小。平衡模式应根据场地地质条件特点确定；刀盘选择主要取决于地层特性和断面，以此确定刀盘开口率和刀具类型(表5-31)。在顶管过程中，当顶管机的前方及上方土体坍塌时，会导致顶管施工非常困难，为此在顶管施工中必须要求顶管机具有辅助功能，以保证顶管机前方挖掘面土体及上方覆土层的稳定。

表5-31 顶管法施工平衡模式选型

类型	特点	适用土质	优点	缺点
气压平衡式	利用开挖面上的空气压力平衡水土压力	软土、砂卵石、有地下障碍的土质	工具构造简单，设备成本低，重量轻，结构简单	不适用于含水层，空气容易渗漏，对土质及周围环境要求高
土压平衡式	利用顶管机舱内泥土压力平衡顶管机所处地层水土压力	从软土到硬土等各种土质	排除挖掘面障碍物方便	在砂性土中施工时需要对土体进行改良
泥水平衡式	采用泥水压力平衡水土压力	黏土、砂土、小粒径砂砾层	施工速度快，施工操作不间断，无须进行降水处理或地基改良	处理弃土困难，设备成本高，施工噪声大，对环境污染严重

选用不同类型的顶管机决定不同的施工工法，需要根据实际工程的地质特点选择匹配的设备。常用的顶管机主要有泥水平衡顶管机和土压平衡顶管机，二者适用的工程地质条件有所区别。对于本工程，需要考虑在高水压粉土粉砂地层中的泥浆漏失问题和开挖面稳定问题，泥水平衡顶管机稳定性高，但其成本高、施工场地大，需要考虑工程造价及现场交通。

除了需要对顶管机进行选型，还需要对刀盘及刀具进行设计。刀盘是顶管机中最关键的组成部分，在顶管施工过程中刀盘直接切削、挤压、破碎开挖面上的岩土体，因此刀盘的选型直接决定顶管工程能否高效进行。刀盘切削一般存在切削死角，矩形刀盘的刀削面积有效率远高于多刀盘。因此，软土、松散的砂土可采用死角较大、较多的多刀盘，密实的砂土和硬塑的黏土，以及较厚、较大的加固体应采用死角较小的矩形刀盘。

刀盘的功率应通过计算确定，动力系数应达到 2～3，但不能配置过大，否则会引起机头摆动的意外。根据不同工程需要进行不同刀盘开挖系统的设计，矩形盾构顶管施工的关键是控制地表沉降，针对不同地层岩性，应对矩形掘进机开挖方式进行对比分析，以找到更适宜项目的开挖技术，如表 5-32 所示。针对本工程地质条件和工程条件，结合调研综合比选，拟选用大刀盘偏心多轴组合式土压平衡顶管机。

表 5-32　刀盘形式及其适用范围

<table>
<tr><th>开挖方式</th><th>适宜条件</th><th>优缺点</th></tr>
<tr><td>前后多刀盘回转开挖</td><td>适用于软土地层，土体扰动小</td><td rowspan="2">(1) 切削扭矩大，搅拌扭矩小，对周边土体扰动小；
(2) 盾体跳动小，利于姿态及地表沉降控制；
(3) 加工简单，设备运行可靠性高；
(4) 开挖面存在一定的开挖盲区，不适用于较硬的地层</td></tr>
<tr><td>同平面多刀盘回转开挖</td><td>适用于砂卵石地层，开挖能力强</td></tr>
<tr><td>摆动仿形开挖</td><td>适用于软土地层，全断面开挖</td><td rowspan="2">(1) 每把刀切削轨迹小，切削扭矩小，搅拌扭矩大；
(2) 开挖无盲区，地层适应性强；
(3) 可实现全断面开挖；
(4) 对周边土体扰动大，不利于姿态及地表沉降控制；
(5) 加工复杂，设备后期运行可靠性差</td></tr>
<tr><td>行星轮式仿形开挖</td><td>适用于软岩地层，全断面开挖</td></tr>
<tr><td>组合多刀盘开挖</td><td>地层适应性好，可采用全断面开挖</td><td>(1) 综合多刀盘和仿形开挖的特点，提高设备对地层的适应性；
(2) 可实现全断面开挖；
(3) 对周边土体扰动大，不利于姿态及地表沉降控制；
(4) 加工相对简单，设备运行可靠性较高</td></tr>
</table>

5.4.2　管节设计与预制

1. 断面选型

通过对顶管工程案例的调研，顶管断面形式大致可分为四类，即圆形、矩形、椭圆形、类矩形。其中，圆形断面主要适用于市政管道等小断面的工程，对于过街通道、隧道等大断面工程，圆形断面空间利用率较低；矩形断面相比于椭圆形断面和类矩形断面，其结构更加简单，空间利用率更高，工艺更成熟，因此在实际工程案例中应用最为广泛。结合工程条件限制，本项目考虑采用矩形断面，隧道断面最小净空为 9.75m×5.8m，矩形断面外结构尺寸达到 11.75m×7.8m。

2. 管节设计及计算

顶管断面采用矩形断面，管节衬砌厚 1m，断面尺寸为 11.75m×7.8m，顶板、底板、侧墙均为直线，内轮廓角部采用 R=0.9m 的圆弧连接(图 5-124)。

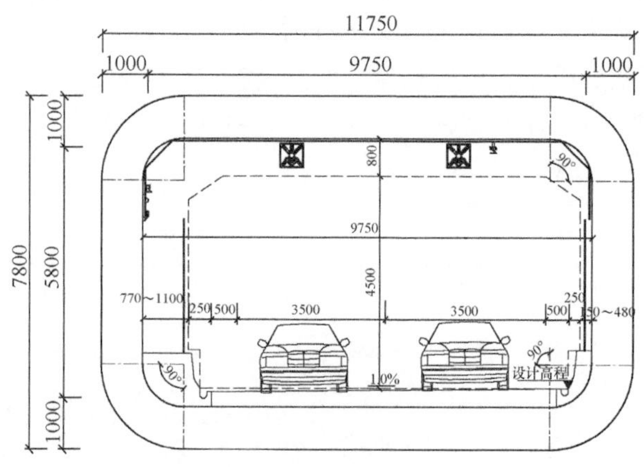

图 5-124　矩形顶管断面布置(单位：mm)

顶管管节设计如下。

(1) 管节：采用预制钢筋混凝土平板形管节。

(2) 尺寸：管节环宽 1500mm，厚 1000mm。

(3) 端面构造：管节端面采用平面式，相邻管节之间设置 20mm 厚胶合板。

(4) 顶管管节接缝：采用 F 型钢套接口，接缝内设齿形氯丁橡胶止水带和聚氨酯密封胶防水装置。

(5) 管节排版：顶管段有效长约 245m，管节共计 164 节，设置胶合板 164 段。

1) 推力设计

目前，针对矩形顶管推力的计算尚无有效规范可依，可以参照圆形顶管推力计算公式进行推算：

$$F_{\mathrm{P}} = l_0 l f_{\mathrm{k}} + N_{\mathrm{F}} \tag{5-3}$$

式中，F_{P}——顶进推力，kN；

l_0——管节周长，取 31.35m；

l——顶进设计长度，取 232.5m；

f_{k}——管道外壁与土的单位面积平均摩阻力，取 8kN/m^2；

N_{F}——顶管机的迎面阻力，kN。

其中，

$$N_F = S \cdot P \tag{5-4}$$

式中，S——顶管机开挖面积，m^2；

P——顶层迎面阻力平均值，kN/m^2。

因此，有 F_P=31.35×232.5×8+82.11×245.57=78474.75kN。

根据现有工程推力实测值与理论值的比较经验，推力实测值约为理论值的 1.3 倍，因此设计矩形顶管推力时，在圆形顶管推力计算公式的基础上，增加了一个安全系数 k，即

$$F_{设} = k F_P \tag{5-5}$$

式中，$F_{设}$——顶进推力设计值，kN；

k——安全系数，取 1.3。

因此，有 $F_{设}$=1.3×78474.75=102017.18kN。

2) 顶推设备设计

施工时，需要配备 1 台土压平衡顶管机切削土体，1 台螺旋机出土，顶推系统设置在始发井内，推进油缸布置如图 5-125 所示。采用 32 个缸径为 420mm 的推进油缸，油缸间距为 800mm，最大设计推力为 132000kN，满足设计要求，推进系统参数详见表 5-33。

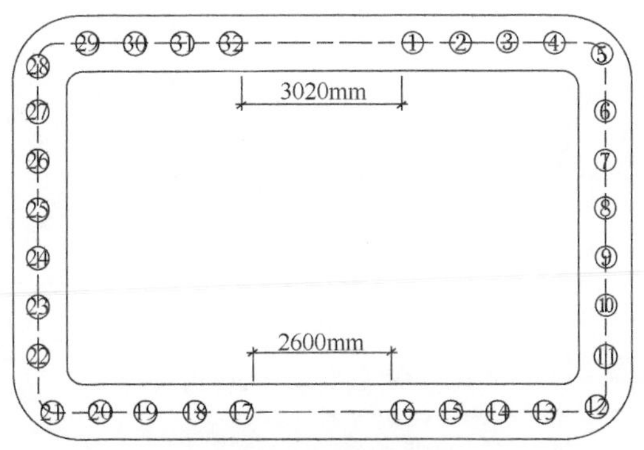

图 5-125　推进油缸布置

表 5-33　顶管机推进系统参数

油缸数量	缸径/mm	系统油压/MPa	油缸行程/mm	最大速度/(mm/min)	最大推力/kN
32	420	30	2000	40	132000

3) 管节设计

管节结构计算采用结构-荷载模式，计算模型考虑施工阶段不同结构状态和荷

载组合计算，并取包络最大内力，按照最不利组合进行稳定、结构抗弯、抗剪、抗压、抗拉强度及裂缝宽度验算。荷载及其分项系数按《建筑结构荷载规范》(GB 50009—2012)和《建筑结构可靠性设计统一标准》(GB 50068—2018)包络值取值，地震基本烈度为 7 度，按照 100 年超越概率 10%的地震动参数进行抗震计算；人防荷载按照 6 级人防抗力校核，除了特殊注明，其余均按有关规范进行取用。承载能力极限状态计算采用基本组合，正常使用极限状态计算采用准永久组合。管节设计参数如表 5-34 所示。

表 5-34　管节设计参数

设计参数			数值
管节尺寸	净宽/mm		9750
	净高/mm		5700
	壁厚/mm		900
	纵向长度/mm		1500
	内圆角半径/mm		900
	外圆角半径/mm		1800
管节材料	C50 混凝土	轴心抗压强度标准值 f_{ck}/(N/mm)	32.4
		轴心抗拉强度标准值 f_{tk}/(N/mm^2)	2.64
		轴心抗压强度设计值 f_c/(N/mm^2)	23.1
		轴心抗拉强度设计值 f_t/(N/mm^2)	1.89
		弹性模量 E_c/(N/mm^3)	34500
	HRB400 钢筋	抗压强度设计值 f_y/(N/mm^2)	360
		抗拉强度设计值 f'_y/(N/mm^2)	360
		弹性模量 E_s/(N/mm^3)	200000

(1) 荷载基本组合。

对于荷载基本组合的效应设计值 S_d，按规范要求分为由永久荷载控制的效应设计值和由可变荷载控制的效应设计值两种情况。依据规范确定这两种情况下荷载的分项系数、组合系数的取值(表 5-35 和表 5-36)。

表 5-35　由永久荷载控制的效应设计值

荷载类型	荷载名称	分项系数	组合系数
永久荷载	结构自重	1.35(1.3)	—
	路面回填	1.35(1.3)	—
	侧向土压力	1.35(1.3)	—
	侧向水压力	1.35(1.3)	—
	底板水反力	1.35(1.3)	—
	地面超载	1.35(1.3)	—
可变荷载	地面辅道车辆荷载	1.4(1.5)	0.7
	车道层车辆荷载	1.4(1.5)	0.7
	温度变化影响力	1.4(1.5)	0.6
	设备荷载	1.4(1.5)	0.9

注：括号中的数值是规范规定的取值。

表 5-36　由可变荷载控制的效应设计值

荷载类型	荷载名称	分项系数	组合系数
永久荷载	结构自重	1.3	—
	路面回填	1.3	—
	侧向土压力	1.3	—
	侧向水压力	1.3	—
	底板水反力	1.3	—
	地面超载	1.3	—
可变荷载	地面辅道车辆荷载	1.5	0.7
	车道层车辆荷载	1.8	0.7(起控制作用时 1.0)
	温度变化影响力	1.4	0.6
	设备荷载	1.4	0.9

(2) 荷载准永久组合。

依据规范，荷载准永久组合取值如表 5-37～表 5-39 所示。

表 5-37　荷载准永久组合的效应设计值

荷载类型	荷载名称	分项系数	准永久值系数
永久荷载	结构自重	1.0	—
	路面回填	1.0	—
	侧向土压力	1.0	—
	侧向水压力	1.0	—
	底板水反力	1.0	—
	地面超载	1.0	—
可变荷载	车辆荷载	1.0	0.7
	温度变化影响力	1.0	0.4
	设备荷载	1.0	0.8

表 5-38　计算工况

工况	顶板	墙板	底板
重力工况	覆土自重	(水+土+地面超载)侧压力	恒载
水反力工况	覆土自重	(水+土+地面超载)侧压力	恒载+水反力

表 5-39　断面荷载取值

编号	荷载类型	荷载名称	取值/kPa
1	永久荷载	顶板荷载	237.5
		结构侧墙顶荷载	192.5
		结构侧墙底荷载	308.0
		底板荷载	200.0
		铺装层荷载	0
2	基本可变荷载	行车荷载	20

基本组合、标准组合计算结果如图 5-126 所示。管节截面计算结果如表 5-40 所示。

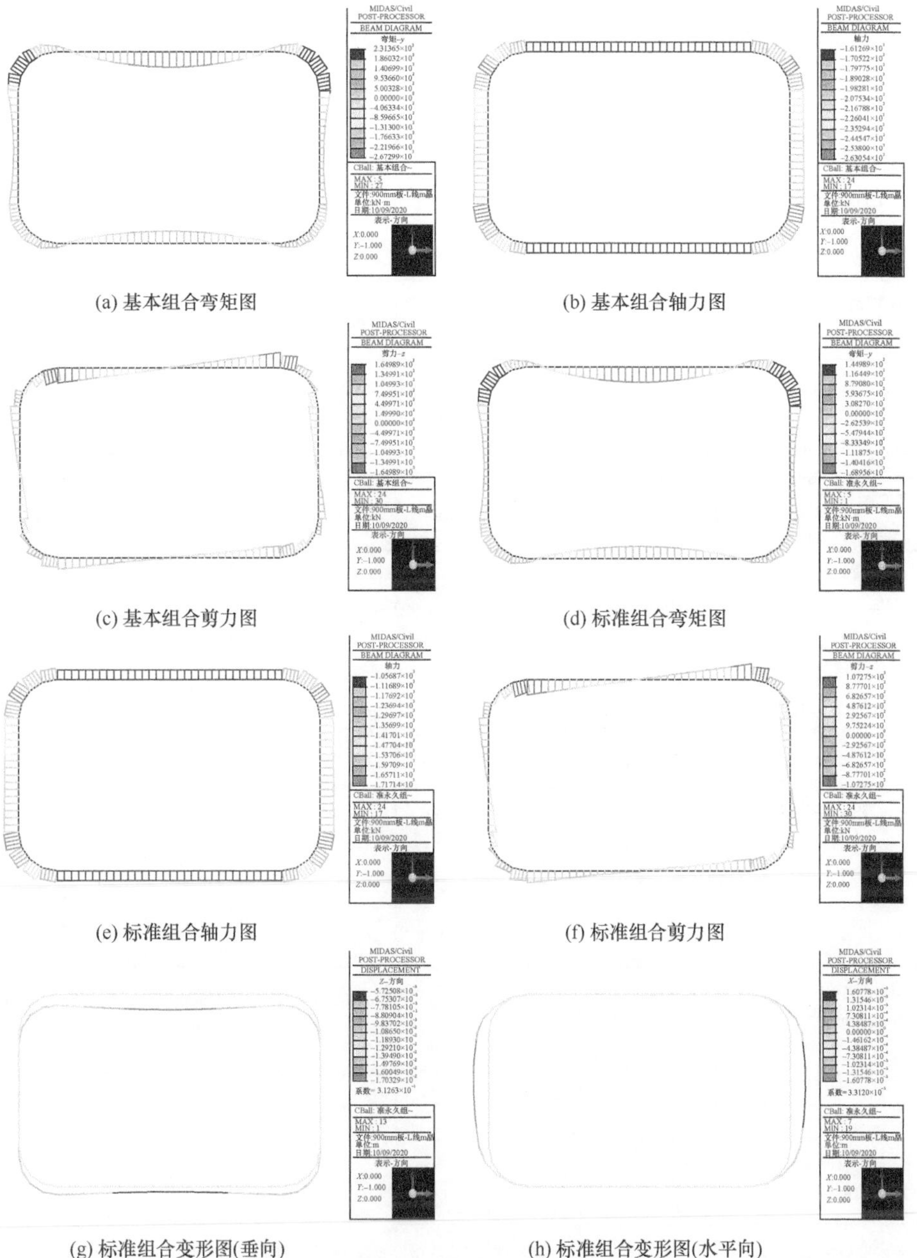

(a) 基本组合弯矩图　(b) 基本组合轴力图

(c) 基本组合剪力图　(d) 标准组合弯矩图

(e) 标准组合轴力图　(f) 标准组合剪力图

(g) 标准组合变形图(垂向)　(h) 标准组合变形图(水平向)

图 5-126　基本组合、标准组合计算结果

表 5-40　管节截面计算结果

计算内容	顶板计算值			底板计算值			侧墙计算值		
	左边支座	跨中	右边支座	左边支座	跨中	右边支座	上支座	跨中	下支座
弯矩标准值/(kN·m)	1347.2	1689.6	1420.9	1112.5	1314.9	1033.6	1449.9	945.2	1112.5
弯矩设计值/(kN·m)	2096.5	2673	2266.8	1783.7	2083.6	1601.5	2313.7	1529.8	1783.7
轴力/kN	1544.5	1056.9	1551.9	1635.1	1069.8	1623.7	1706.7	1573.9	1717.1
板厚(实际尺寸)/mm	900	900	900	900	900	900	900	900	900
板厚(计算用)/mm	900	900	900	900	900	900	900	900	900
所需面积/mm²	7346	9576	7994	6179	7297	5512	8174	5252	6179
钢筋配筋面积/mm²	11066	12315	11066	11066	9817	11066	11066	6158	11066
配筋率/%	1.230	1.368	1.230	1.230	1.091	1.230	1.230	0.684	1.230
布置	28@100	28@100	28@100	28@100	25@100	28@100	28@100	28@100	28@100
	25@100		25@100	25@100		25@100	25@100		25@100
裂缝宽度/mm	0.082	0.142	0.094	0.039	0.111	0.026	0.094	0.054	0.036
安全系数	1.522	1.319	1.408	1.789	1.367	1.993	1.379	1.171	1.789
剪力设计值/kN	1649.9	1241.7	1649.9	1234.8	870.1	1234.8	1025.2	822.1	603.9
轴力设计值/kN	2357.8	1612.7	2374.9	2496.8	1619.2	2470.5	2620.9	2446.9	2630.5
板厚(实际尺寸)/mm	900	900	900	900	900	900	900	900	900
拉筋间距/mm	150	150	150	150	150	150	150	150	150
拉筋直径/mm	12	12	12	12	12	12	12	12	12
每延米拉筋数量	6	4	6	6	4	6	6	4	6
实际承载力/kN	2673.9	2160.3	2675.1	2683.6	2160.8	2681.8	2692.3	2218.7	2693.0
是否满足要求	是	是	是	是	是	是	是	是	是

4) 地面变形分析

为分析矩形顶管施工对护城河区段地表沉降及城墙遗址处木桩的影响，现采用有限差分软件 FLAC3D 根据工程设计方案建立地层、护城河及顶管隧道三维模型，研究顶管掘进对地表最大沉降及城墙遗址木桩位移的影响。考虑到工作井距离木桩遗址较远，影响小，建模过程中忽略工作井对木桩的影响。数值模型主要考虑顶管的掘进距离及护城河、城墙遗址木桩与顶管隧道的相对位置关系，并采用对称建模，模型尺寸为 100m×240m×40m。模型上边界为地面，边界条件为自由边界，两侧竖向边界约束水平位移，底边界约束水平和竖直两个方向的自由度。计算网格模型示意图如图 5-127 所示，单元个数为 73484，节点个数为 79348。图 5-128 为模型内部结构示意图，主要部分包括矩形管节、注浆等代层和待开挖土体。

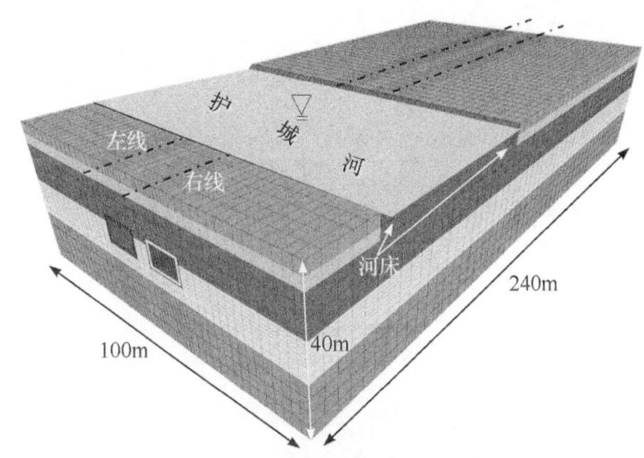

图 5-127　计算网格模型示意图

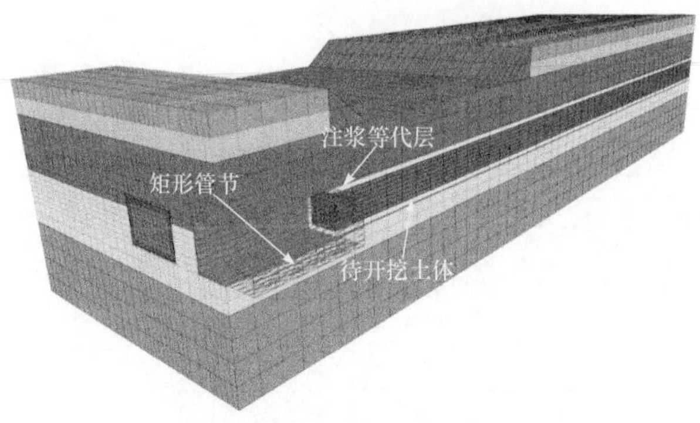

图 5-128　模型内部结构示意图

木桩建模时考虑模型对称性，将南北两侧木桩对称设置，并将桩体形状简化为六面体网格，采用实体单元建模，如图 5-129 所示。南侧桩和北侧桩的模型尺寸分别为 12m×2m×3m(长×宽×高)、8m×2m×3m，其具体范围如下。

南侧桩：$x(-20.21，-18.22)$，$y(148，160)$，$z(-6，-3)$。

北侧桩：$x(18.22，-20.21)$，$y(152，160)$，$z(-6，-3)$。

木桩腐蚀严重，对土体加固效果不明显，因此桩体材料参数采用与周围土体相近的参数，木桩在模型中的相对位置如图 5-129 所示。

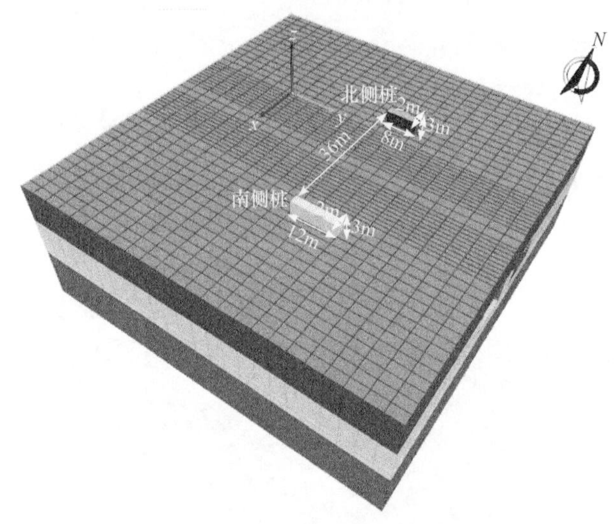

图 5-129　木桩尺寸(局部模型)

(1) 计算依据及材料参数。

根据地勘资料将模型分为 5 个土层，土体采用摩尔-库仑模型，各土层物理参数如表 5-41 所示。地下水位位于地表以下 1.2m。土层、河床采用实体单元建模，管节采用 Shell 单元模拟，将管节周围土层与浆液混合体概化为一均质、等厚、弹性的等代层，用于模拟注浆层，相关材料参数如表 5-41 和表 5-42 所示。

表 5-41　各土层物理参数

土层名称	材料模型	厚度 h/m	重度 γ/(kN/m³)	黏聚力 c/kPa	内摩擦角 φ/(°)	压缩模量 E_s/MPa	泊松比 ν
填土	摩尔-库仑	3	18.9	15.9	11.5	4.45	0.38
粉质黏土	摩尔-库仑	3	19.3	17.6	15.0	5.01	0.36
粉土夹粉砂	摩尔-库仑	10	19.5	8.4	29.0	9.73	0.32
粉砂	摩尔-库仑	10	19.8	4.4	33.3	11.05	0.27
岩石层	摩尔-库仑	14	25	20	32	30	0.2

表 5-42　其余结构参数

单元	单元类型	厚度 h/m	密度 ρ/(kg/m³)	弹性模量 E/MPa	泊松比 ν
注浆弱化层	实体单元	0.2	1800	21	0.17
管节	Shell 单元	0.8	—	3.45×10^{6}	0.2

(2) 模拟结果。

左右顶管先后施工，先施工左线顶管，再施工右线顶管，左线顶管施工完成后，护城河河床最终沉降为 1.89mm，沉降最大值位于护城河河床东侧坡脚；右线顶管施工完成后，护城河河床最终沉降为 2.12mm，沉降最大值对称分布于护城河河床东侧和西侧坡脚。

左右线开挖至木桩、离开木桩以及开挖完成时城墙遗址木桩累计沉降如图 5-130 所示，左右线开挖完成后，南北侧木桩最终最大沉降分别为 0.58mm、0.74mm。

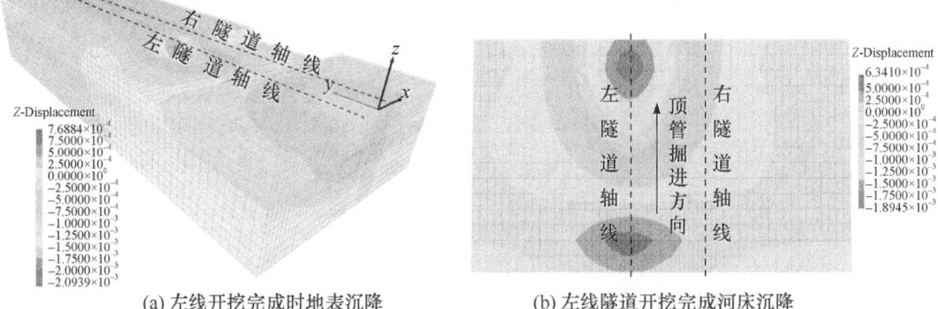

(a) 左线开挖完成时地表沉降　　(b) 左线隧道开挖完成河床沉降

(c) 右线开挖完成时地表沉降　　(d) 右线隧道开挖完成河床沉降

图 5-130　护城河河床位移云图(单位：m)

模拟结果表明，护城河河床最终沉降为 2.12mm，城墙遗址木桩最终沉降为

0.74mm，两个沉降均在 5mm 以内，满足变形控制要求，如图 5-131 所示。

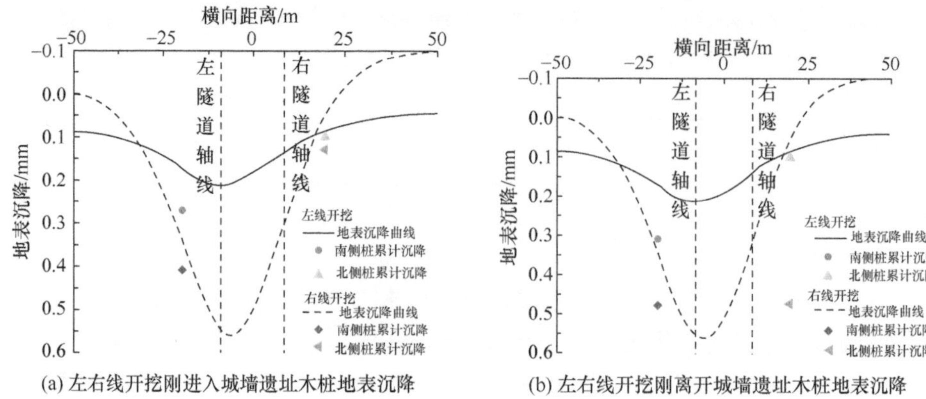

(a) 左右线开挖刚进入城墙遗址木桩地表沉降　　(b) 左右线开挖刚离开城墙遗址木桩地表沉降

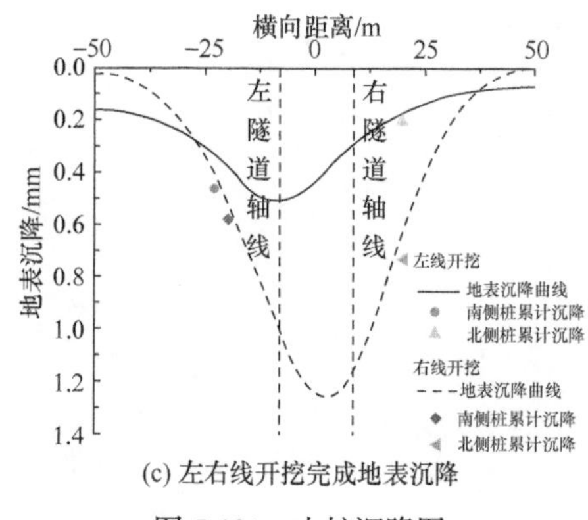

(c) 左右线开挖完成地表沉降

图 5-131　木桩沉降图

3. 防水设计

管节周围地下水丰富，地层渗透性好，为了保证工程质量及安全，管节之间的接头连接处应满足密封防水要求。顶管隧道长期在地下水土压力下工作，为防止地下水渗入，要求管节混凝土自身具备良好的抗渗性和耐久性。

1) 管节接缝防水设计

经调研分析，国内对于矩形顶管管节接头形式的研究，是在圆形顶管接头形式应用的基础上，借助大量工程实践，不断创新，管节接头形式大致经历了企口式—T 型—F 型的演变。目前，普遍采用的是 F 型管节接头，F 型管节接头端部设置有企口、预埋钢环等，且在管节接缝处使用弹性密封材料或遇水膨胀橡胶止水条，具有良好的防水效果(图 5-132)。

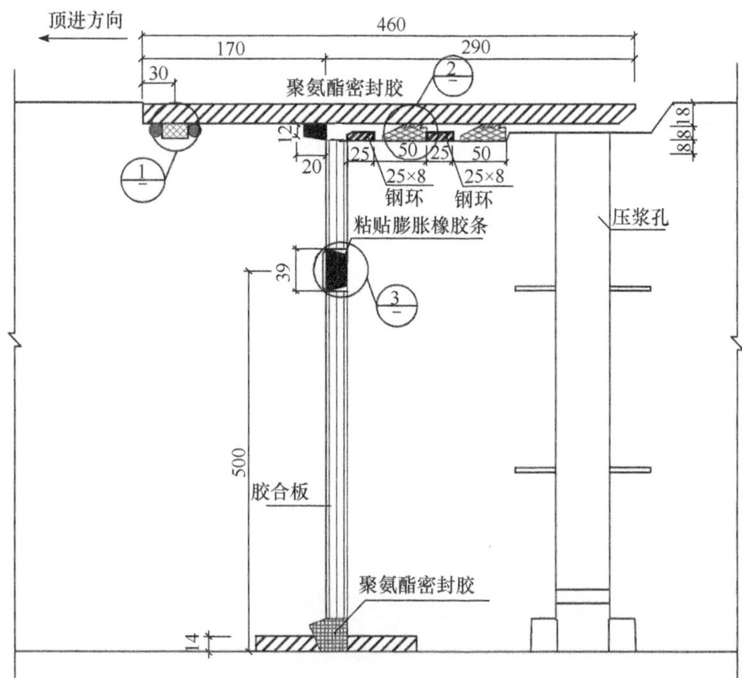

图 5-132 管节接缝防水(单位：mm)

管节接缝防水设计防水措施：

(1) 接口 F 型钢承插管以楔形橡胶止水圈作为首要防水线，材质为氯丁橡胶，采用高强黏结剂粘贴于钢套环管节端头基面上。当顶管机接口插入时，橡胶止水圈受到钢套环的挤压，与钢套环紧密相贴，起到防水的作用(图 5-133)。

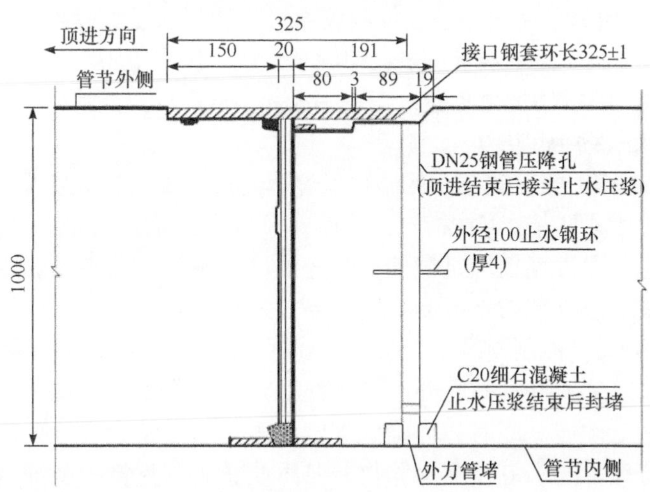

图 5-133 管节接缝构造设计(单位：mm)

(2) 考虑到顶管机钢套环与管节混凝土温差收缩不一致，二者之间可能存在渗水通道，因此在与混凝土相接触的钢套环环面上设置兜绕成环的遇水膨胀橡胶条；另外，在钢套环管节端头预留沟槽，向其中灌注低模量聚氨酯密封胶。

(3) 在整条顶管隧道施工完毕后，管节接头间的背土面嵌缝沟槽内嵌填高模量聚氨酯密封胶或聚合物水泥防水砂浆，从而在管节接头处形成封闭的防水体系。

(4) 为均匀管节间的相互作用力，减少接口处混凝土在施工过程中的破损，管节接头之间需要设置胶合板(用于直线段)或本松板(用于曲线段)作为传力衬垫。

除了上述防水措施，特殊情况下也可在接口钢套环处设置两道楔形橡胶密封圈加强防水，并在接口中部预留密封垫沟槽，设置弹性密封垫作为辅助防线[14]。

2) 管节防水设计

依据国家相关规范，结合结构埋深及水文地质条件等外在因素的影响，对顶管管节混凝土提出抗渗等级(≥P10)、强度等级(≥C50)、Cl^-扩散系数(≤$3\times10^{-8}cm^2/s$)、电通量(≤1000C)、60 天干燥收缩率(≤0.022%)和裂缝宽度(≤0.2mm，且不允许出现贯穿)等一系列技术参数要求，以满足混凝土结构的耐久性要求[15]。

为使管节混凝土满足上述较高的技术性能要求，需要从混凝土原材料控制和配合比研究入手，加强管节混凝土制备、运输、浇筑和养护等施工的全过程管理。从设计角度来看，控制管节混凝土质量的措施主要包括以下方面：

(1) 原材料控制关键在于降低水化热，减少混凝土的收缩裂缝。为此，要求采用低水化热的水泥，并用粉煤灰、矿渣粉等优质活性矿物掺和料取代部分水泥；同时，控制粗细集料的级配，使胶凝材料与集料结合得更充分，并对原材料中碱、Cl^-等有害物质进行严格限制。

(2) 配合比研究的主要目的是控制胶凝材料和用水量。胶凝材料用量过多会产生多余的水化热，而用水量过多会使混凝土产生泌水等不利情况；在合理选取水胶比的同时，要求添加聚羧酸系高效减水剂，从而尽可能地减少混凝土因存在多余水而引起的多种病害。

(3) 混凝土养护的关键在于保温、保湿。通过对温度、湿度及养护时间进行有效控制，同时采取有效养护措施，从而确保结构混凝土的质量。

综上所述，通过现场浇筑试件，并经设计、施工、监理及业主各方的综合评判，确定本隧道管节防水混凝土的主要技术要求：采用低水化热水泥，并要求 C3A 含量≤8%；控制混凝土含量(≤胶凝材料的 0.1%)和碱含量(≤$3kg/m^3$)；控制胶凝材料的用量(410～$500kg/m^3$)，水胶比≤0.35；添加聚羧酸系高效减水剂调节混凝土的施工性能。同时，为确保管节混凝土质量符合设计要求，对于预制管节的现场管理，要求夏季喷水养护，冬季防止管片混凝土受冻害，确保混凝土内外温差≤20K。

4. 管节预制工艺流程

与一般构件的预制相比，矩形管节工艺流程有以下几个特点。

(1) 钢套环制作精度要求高。混凝土管节自防水和接缝防水，接缝处钢套环和钢环要求顶进施工时应精密配合，同时还要压紧止水橡胶密封圈，因此制作精度要求较高。

(2) 管节外形尺寸。管节均为大型构件，长度和宽度以及高度允许误差均为 ± 2mm，对角线误差为 ± 3mm，因此模具组装精度要求高。

(3) 埋件定位。管节四周设有压浆管，外壁设置吊装孔和翻身孔，内壁顶部和左右两侧一般均设有预埋钢板。为保证施工过程中注浆的顺利进行，压浆管必须定位准确，并保证与管壁垂直，为保证翻身过程中不致倾覆，翻身孔也必须定位准确。

(4) 翻身和运输。管节自重大，翻身过程中惯性也大，混凝土达到一定强度后必须进行翻身使插头向下，因此安全地进行翻身和运输是管节制作中的又一个难点。

矩形管节预制可采用可拆式、具有足够刚度和精度的整体型良好的钢结构模具，由内模、外模和底模三大部分组成。模具的拼装顺序为：底模定位→内模就位→钢筋骨架整体吊入钢模→埋件定位→外模就位→混凝土保护层检查→模具拼装检测。

底模为坚固的钢结构，底模能精确定位组装，附有可靠的支持体系。底模由四块组成，拼装时应放在固定基础上，外模与内模拼装在底模的四周，具有足够的刚度和平整度，不会产生弯曲变形。在长度方向有三个定位销固定，在宽度方向有两个定位销固定，以确保混凝土浇筑时外模不变形，如图 5-134 所示。外模与其配合的四角侧板上的连接采用开槽定位销和连接螺栓，以防混凝土浇捣时侧板变形。外模在装模时应下口先接触定位销，下口偏外再合模，内模的四角由可收支撑和活动的铰组成，可收支撑向内收时可使模板和混凝土脱离，便于脱模。

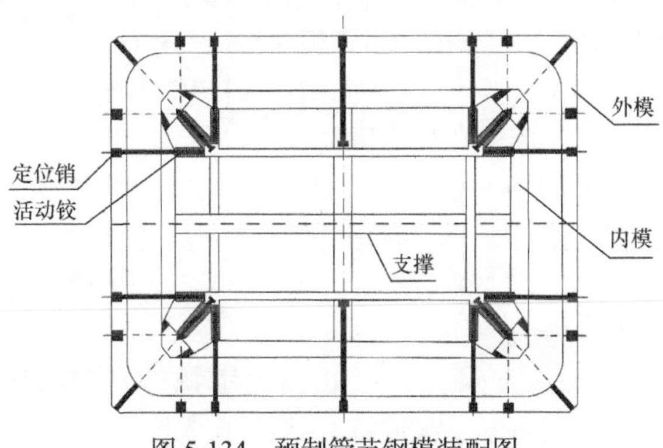

图 5-134　预制管节钢模装配图

模具进场前，依据管节重量、模具重量和施工中其他荷载做好基础，要求模具在使用过程中底座不变形，特别是长边不凹陷。模具的检测项目包括承口内、外长宽净尺寸，插口内、外长宽净尺寸以及高度。模具底座的定位和平整度直接影响管节的质量，要保证矩形管节混凝土端面的平整度，底模的定位是决定性因素之一。由于构件比较庞大，对精度要求比较高，为避免施工中发生移动，底模安装到位后，必须用水准仪测量标高，至少取 8 个点(4 个角及 4 条边的中点)，标高差值控制在 1mm 之内，经调整后，方能进行电焊固定，确保底模水平，以保证插口混凝土端面的平整度。承口混凝土端面的平整有利于混凝土浇捣完成后的压实抹光，端面的倾斜量应小于 5mm[16]。

5.4.3 始发与接收

管机始发和接收是顶管施工的重大风险源，施工前应确保洞口外侧土体的稳定条件，以防止出现洞口涌水、涌泥、涌砂等事故。本工程顶管断面大，预留洞口破除范围较大，洞口施工范围内为粉砂地层，地下水压高，洞口破除及顶进施工风险较大，需要进一步明确在复杂工程地质及水文地质条件下顶管始发及接收、洞门破除、洞门圈止水等技术要求。

砂土地区为确保顶管进、出洞门时土体具有一定的强度，防止土体坍塌涌入井内，同时保证土体具有一定的抗渗透性，防止地下水通过土体涌入井内，洞口一定范围内需要进行加固，并进行强度试验。施工前应对地下水位进行监测，当强度达到设计要求，且地下水位降至设计标高以下(管底以下不小于 0.5m)时方可施工。

顶管机在进洞、出洞过程中极易发生各种问题，存在很高的工程风险，若措施不到位或出现问题处理不当，则会造成工程质量缺陷，甚至出现工程安全事故。顶管机在进出洞过程中常见的问题主要有以下几个。

(1) 顶管机机头“磕头”现象。矩形顶管机的机头设计总质量约 130t，顶管机在机头自加固区进入原状土过程中，由于前后土体强度差异较大，在自重作用下易引起机头“磕头”，机头一旦“磕头”，纠偏难度极大，极易造成质量问题。

(2) 顶管机无法准确进洞。矩形顶管机在出洞过程中，未按照设计轴线顶进；矩形顶管机姿态控制不符合要求，导致机头方向跑偏，使得顶进主通道偏离设计轴线，无法正常施工，不能保证准确进洞。

(3) 出洞时洞口处土体涌入井内。机头在出洞期间，洞口封门拆除后，洞内土体不能自立，洞圈的密封装置不能有效阻挡土体，土体随之进入井内。若土体塌方量过大，造成地面沉陷，则会严重影响洞口附近地下管线和地面建筑物的安全，同时造成井下无法施工。

(4) 进洞时洞口处涌入泥水、砂水。因接收井洞门和管节间存在 15cm 的周边间隙，且接收井一侧无始发井的橡胶袜套结构(止水措施)，顶管机机头进洞时容易因“背土”引起水土流失，严重时会导致路面沉降，损害地下管线[17]。

1. 洞口加固

始发井基坑深 22.4m，接收井基坑深 28.3m。由于工作井靠近居民住宅区，为了减小工作井施工过程对周围的影响，工作井围护采用 1.2m 的地下连续墙，始发井地连墙深 45m，接收井地连墙深 55m，采用逆作法施工，采用钢筋砼支撑和钢支撑组合设计(图 5-135)。

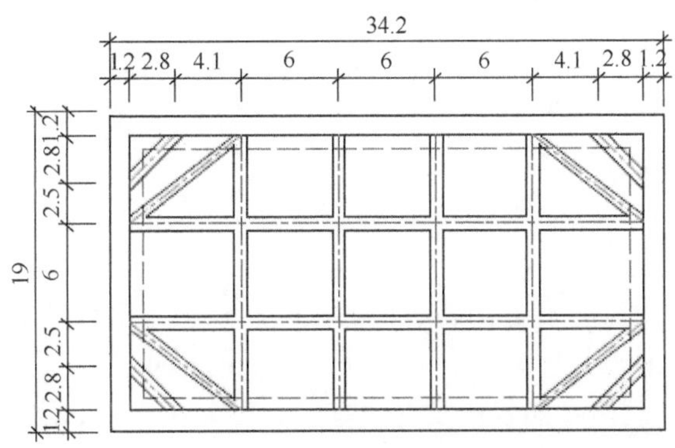

图 5-135　接收井地连墙和支撑体系布置(单位：mm)

对进出洞口区域进行土体加固，矩形顶管工艺进出洞口区域的土体加固可以采用深层搅拌、压密注浆、化学注浆等方法，本项目采用深层搅拌法进行加固，辅以其他措施综合实施。目的是将洞口处一定范围内的土体预先固结，达到进出洞时所需的强度，能使洞口封门拆除后洞口处暴露的土体自立，并且加固时应考虑加固土体的强度与矩形顶管机机头切削刀盘的刚度及出渣输送的匹配。

2. 穿墙洞口施工

始发井和接收井开凿穿墙洞口前，应在洞口底部打钻直径小于 50mm 的探孔，以检验止水桩的止水效果，达到止水要求后才能进行洞口穿墙开凿施工。在初始顶进阶段，顶进速度不宜过大，应控制在 5～10mm/min，常顶进时，速度应控制在 10～20mm/min。顶管机出加固区时，应注意土压变化，并及时调整各项参数。

工作井的穿墙洞口应设置止水装置，防止顶管机出洞、进洞时出现水土流失，造成大量塌方，并要求顶管机迅速穿墙，使顶管机快速顶入土体，止住渗漏。止水装置可采用盘根止水或橡胶止水，也可采用组合形式止水。对于砂土、粉土等土层，应采用盘根止水；对于黏性土层，应采用橡胶止水；在长距离顶管或承压本土层中，应采用多道或组合形式止水。

目前，国内出洞防水装置的种类主要有插板式和铰链式两种，对于一些大直径超深埋隧道，也可采取双道铰链式出洞防水装置。本工程设计采用施工便捷、无须人工操作又能保证出洞防水质量的单道铰链式出洞防水装置，该装置由固定板、翻板、销套、销轴和开口销等组成。

在安装铰链式出洞防水装置时，首先在洞口位置设置预制成环的帘布橡胶板，并在板上设置浸胶帘子布，以保证橡胶板在顶管推进时的完整性。此外，橡胶板端部设计为凸起圆球状，可加强端部与顶管外缘或管节的密贴。为使帘布橡胶板与洞口紧密压实，需紧随其后压上圆环板，然后设置铰链板装置。在铰链式出洞防水装置的设计中，应特别注意以下两点。

(1) 翻板的长度。若翻板过长，则会引起翻板上翻角度过大，甚至接近水平，无法充分地与顶管紧密相贴，从而引起渗漏；若翻板过短，则在顶管出洞产生偏差的情况下，很可能导致翻板某处边端与顶管外缘没有接触点，不能形成封闭的防水线。根据工程实践，一般认为翻板长度以与顶管外径接触上翻 30°～70°(与垂直面夹角)密贴为宜。

(2) 翻板的布设。原则上相邻两块翻板的间隙应控制在 20mm 左右。若间隙过大，则帘布橡胶板在水土压力的作用下，翻板间隙处容易凸起，影响密封质量；若间隙过小，加之制作、安装精度的误差，则可能造成相邻两根销轴相互冲突，给施工造成不便[18]。

5.5 沉管隧道管节预制拼装关键技术

5.5.1 管节接头设计

1. 接头构造

以港珠澳大桥沉管隧道工程为例，沉管隧道接头分为岸边接头、节段接头和合拢接头。其中，岸边接头为沉管与岸边隧道之间的连接接头，节段接头为管节与管节之间的连接接头，合拢接头为沉管隧道最后接合的接头。根据国内沉管隧道建设经验，首先从隧道结构的纵向计算入手，再综合考虑基础刚度差异、混凝土收缩徐变、温度变化、地震产生的变形和应力等因素，合理设计节段接头构造形式，保障接头构造在运营期各种工况下的安全性。

接头是沉管结构及防水的关键部位，因此接头设计应考虑沉管的水密性、施工性以及适应温度变化混凝土收缩、不均匀沉降地震等所引起的变形和内力。接头方案的选择应针对具体的地层条件，通过纵向计算得出不同接头形式对沉管结构的影响，并结合施工情况进行技术和经济比较后确定。沉管隧道的两端通常采用柔性接头，在地震区则采用半柔半刚接头，使其具有一定的抗拉、抗压、抗剪和抗弯的综合能力[19]。接头构造及其与剪力键的布置如图 5-136～图 5-138 所示。

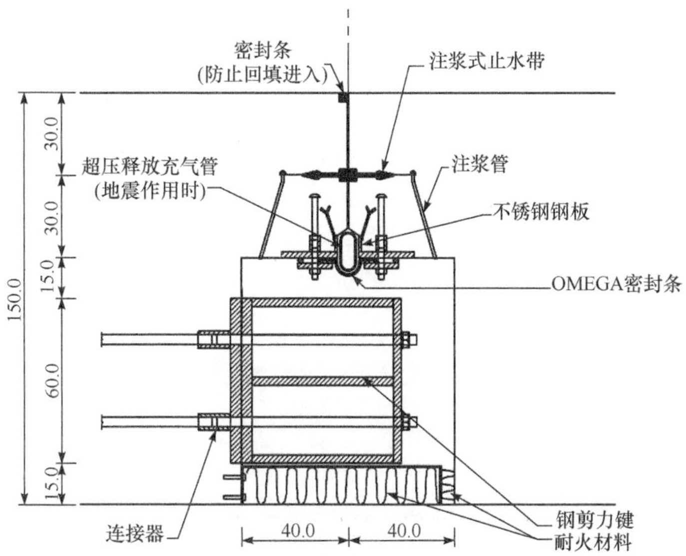

图 5-136　管节接头两道防水细部构造(单位：mm)

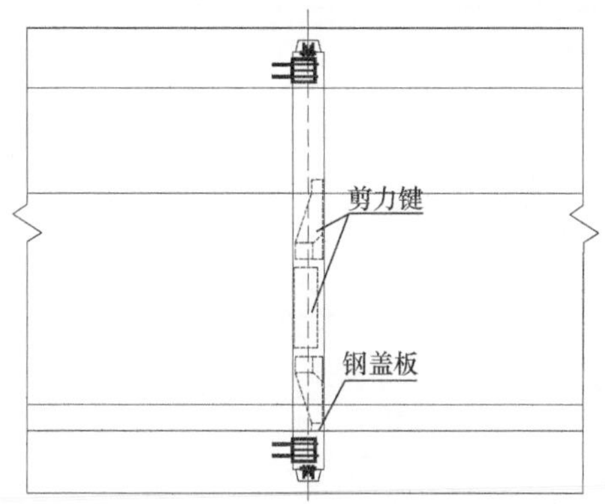

图 5-137　接头与剪力键竖向布置

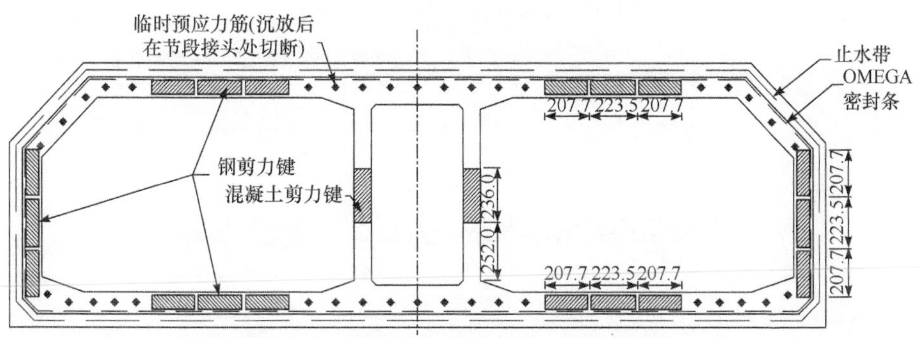

图 5-138　接头与剪力键在横断面上的布置(单位：mm)

1) 岸边接头

为了能够允许沉管段与暗埋段之间在施工阶段发生 50～150mm 的差异沉降，在暗埋段与沉管段之间布置 GINA 止水带和由 OMEGA 密封条密封的永久沉放接头，并采用临时拉索拉紧。在管节的端部，安装一道临时的止水带，其应满足压接后端封门之间的水被抽出时的水密性；沉管管节由于回填与上部保护层的荷载开始沉降时，止水带应能够沿着结合部安装在暗埋段一侧的接头钢板滑动。在大部分的预期沉降完成后，可以将临时的接头密封固定，然后将永久的管节接头预拉索松开(图 5-139)。

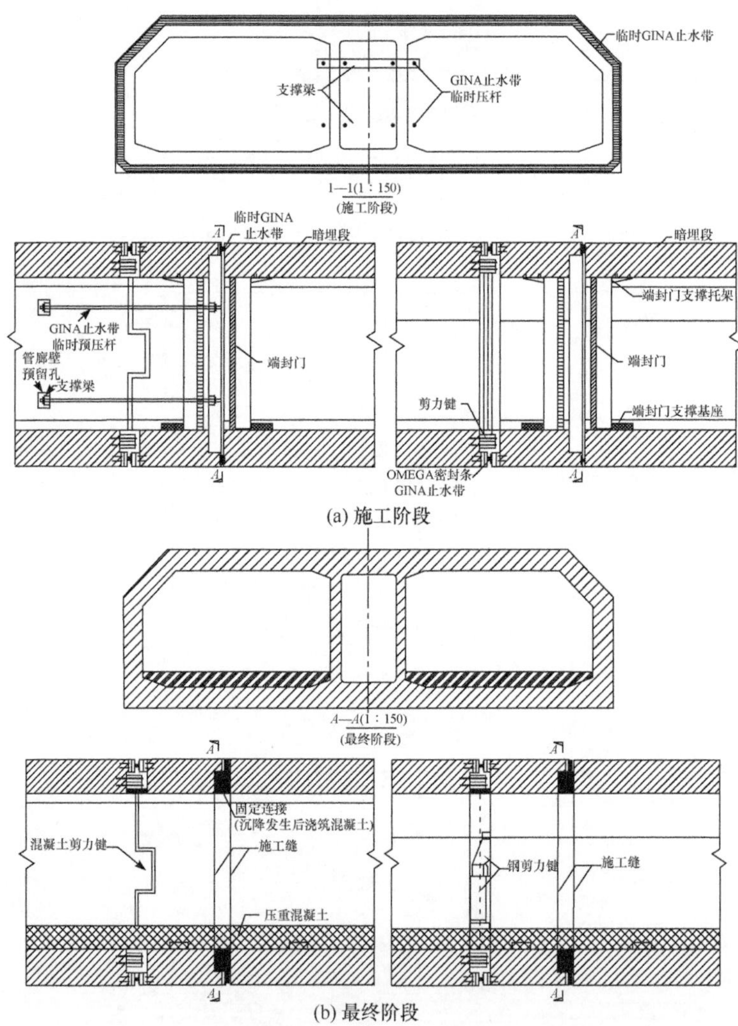

图 5-139　港珠澳大桥暗埋段与沉管段接头设置方案图

2) 节段接头

对节段式沉管隧道而言，管节内每个节段之间的接头称为节段接头。混凝土管节采用匹配预制，因此接头处仅发生由收缩引发的位移，接头可以传递压力，但不能传递拉力。此外，接头可以通过分布在竖墙、顶板和底板上的剪力键传递竖向剪力与横向剪力。

节段接头方案关注的重点是接头的水密性，通常情况下，节段接头中使用可注浆式止水带。该止水带提供一道止水密封，在欧洲的若干条隧道的沉管段及暗埋段的接头密封中广泛应用，是沉管隧道中管段接头的传统做法，它可以承受的由温度和沉降产生的伸缩位移量有限，通常适用于水压较小的情况。港珠澳大桥沉管隧道节段接头方案比选如下。

(1) 方案 1：外置 OMEGA 密封条+混凝土剪力键。

方案 1 的剪力键为钢筋混凝土结构，位于墙或板的内侧，外部采用 OMEGA 密封条作为第二道密封，具体如图 5-140 所示。

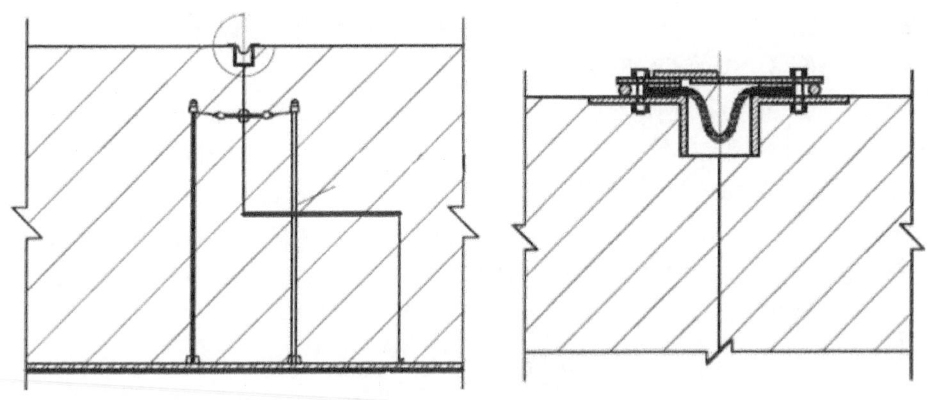

图 5-140　外置 OMEGA 密封条的外墙与顶板

总体来看，该接头方案提供了一种与可注浆式止水带破坏机理不同的备用止水系统，可以满足接头位移量的要求。该方案主要关注的问题为 OMEGA 密封条夹紧装置的保护性和耐久性、通过混凝土结构中的裂缝发生渗水的风险、水密性测试不易进行以及后期可检测可维修难等。

(2) 方案 2：中部 OMEGA 密封条+混凝土剪力键。

方案 2 的 OMEGA 密封条设置在注浆式止水带的内侧，OMEGA 密封条设置在剪力键的后面，剪力键设置在墙或板的内侧(图 5-141)。方案 2 中的 OMEGA 密封条的功能与方案 1 中的 OMEGA 密封条类似。OMEGA 密封条可以承受更高的水压和更大的位移，比主要密封带(注浆式止水带)的止水效果更好、更安全。

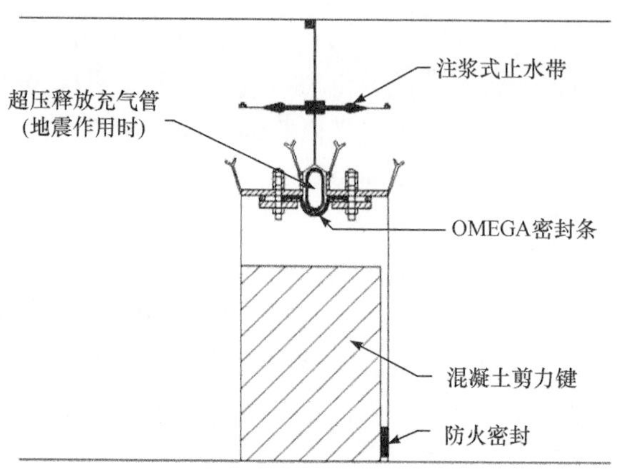

图 5-141　中部 OMEGA 密封条+混凝土剪力键

通过可能失效机理评估、测试方法、地震响应等分析，认为方案 2 在防止不可预测的失效与主要密封失效方面，为节段接头提供了额外的安全性，但内侧剪力键的浇筑限制了运营后期对 OMEGA 密封条和气囊等的修复与更换。

(3) 方案 3：中部 OMEGA 密封条+钢剪力键。

方案 3 包括设置在注浆式止水带(主要密封)内侧的 OMEGA 密封条，OMEGA 密封条与方案 2 相同，设置在剪力键后方，剪力键设置在墙内侧(图 5-142)。方案 3 与方案 2 的主要区别为方案 2 采用混凝土剪力键，而方案 3 采用钢剪力键，它在 OMEGA 密封条安装后，用螺栓紧固在混凝土上，内侧需要安装合适的防火保护层。方案 3 中的注浆式止水带与 OMEGA 密封条的功能与方案 2 类似。

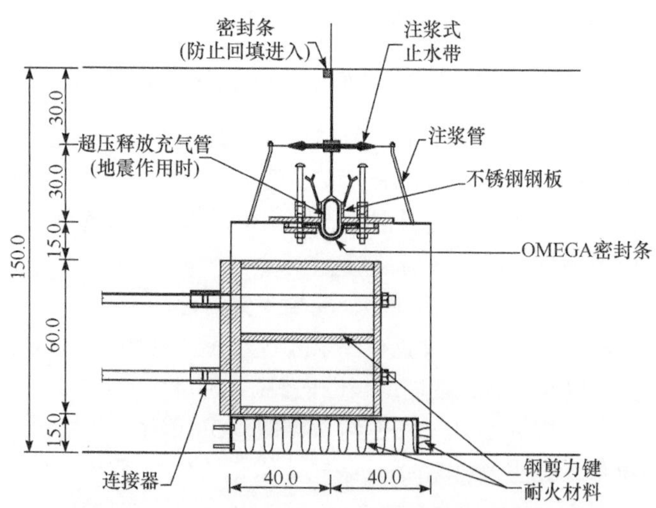

图 5-142　中部 OMEGA 密封条+钢剪力键(单位：mm)

采用钢剪力键，允许在隧道使用寿命期内对 OMEGA 密封条及其夹紧装置，以及剪力键本身进行一定程度的修复。对于位于路面下方的构件，要求压重混凝土层可去除。在钢剪力键上开一些洞口，从而对 OMEGA 密封条的夹紧装置进行再拧紧。此外，还会设置一些检查洞口，可以检查出一些不可接受的腐蚀情况。对于位于路面下方的钢构件，此处容易发生水聚集，应为钢结构提供牺牲阳极保护，或者夹具和剪力键采用不锈钢构件。

通过分析可知，在防止不可预测的失效与主要密封失效方面，方案 3 为管节接头提供了额外的安全性。该方案还可以对 OMEGA 密封条及其夹紧装置实施检查，必要时对其进行维修。在剪力键所在位置，OMEGA 密封条和气囊的可达性仍然较差。

(4) 方案 4：内置 OMEGA 密封条+混凝土剪力键。

方案 4 包括设置在注浆式止水带与剪力键中的 OMEGA 密封条，剪力键设置在墙中部，即主要密封条与次要密封条之间。主要密封条起到防水屏障的作用，OMEGA 密封条只有在主要密封条失效时才会起作用，如图 5-143 所示。

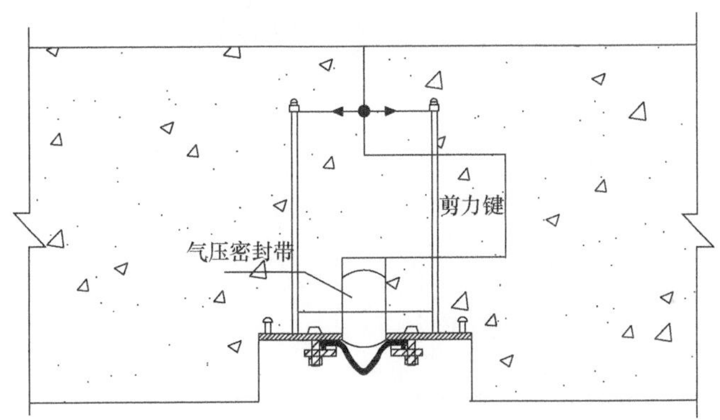

图 5-143　内置 OMEGA 密封条+混凝土剪力键

(5) 方案 5：内置 OMEGA 密封条+可膨胀式密封条+混凝土剪力键。

方案 5 包括设置在墙和板内侧的 OMEGA 密封条，以及设置在外侧的剪力键，二者之间设置有一钢架，可膨胀式密封条固定在两个钢端壳其中一个的上面，其不会保持永久膨胀状态，只在需要修理或更换 OMEGA 密封条时才会临时处于膨胀状态(图 5-144)。基于此，该密封条膨胀后不需要完全止水，只需要保证渗水在可控范围内即可。

从可能失效机理评估、测试方法、地震响应等方面分析，认为方案 5 在解决 OMEGA 密封条出现不可预测的失效或故障方面，为节段接头提供了额外的安全性，可以检测 OMEGA 密封条与夹紧装置，如有需要还可以进行维护，但剪力键不可检测与维修是该方案的一个缺点。

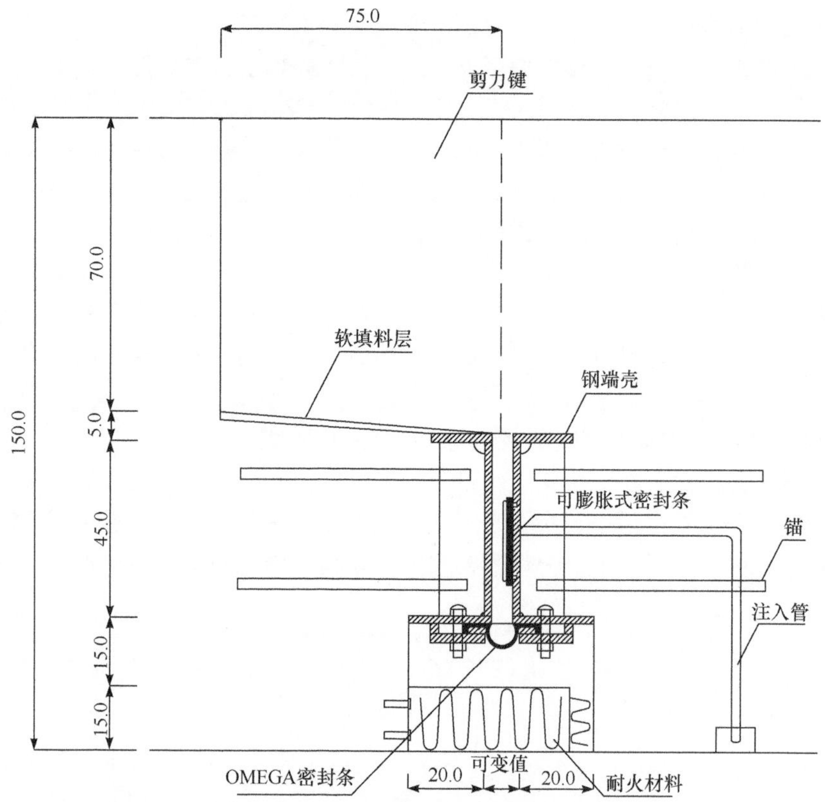

图 5-144　内置 OMEGA 密封条与可膨胀式密封条(单位：mm)

可充气膨胀式密封条断面如图 5-145 所示。

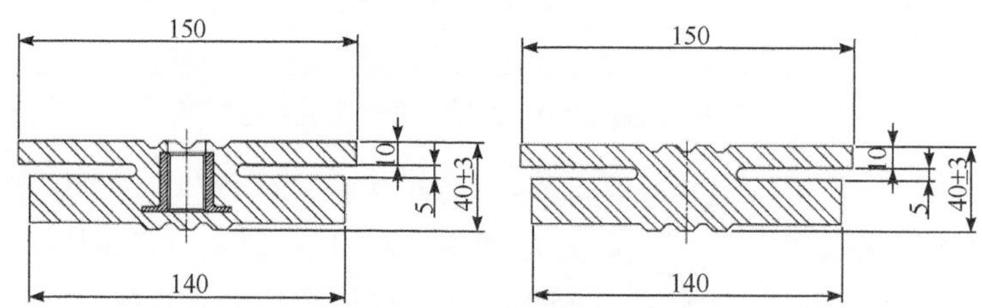

图 5-145　可充气膨胀式密封条断面(单位：mm)

通过对不同方案的比选，总结五种主要密封与备用密封相结合的方案的评价(方案 1～方案 4 的主要密封为注浆式止水带，方案 5 为 OMEGA 密封条)，如表 5-43 所示。根据给出的 10 项评分准则，评分等级分为 1(最差)～5(最好)。同时，还给出以重要性为基础的加权平均值作为五种方案总体工作性能的指标，最后给出方案排序。

表 5-43　不同方案的比选

评分准则	方案 1	方案 2	方案 3	方案 4	方案 5	重要性系数/%
在出现过度接头张开量时的功能性	4	4	4	4	5	10
抵抗密封附近出现漏水以及通过混凝土内裂缝的渗水的安全度	2	3	3	4	5	10
密封材料的失效(断裂)或固定装置的失效	4	4	4	4	5	5
施工复杂性(成本和时间)	2	2	3	2	3	10
实际使用的防火性能	5	4	4	4	4	5
水密性的预测试	2	4	4	4	4	5
对至少一道密封的检查、更换与修理的可能性	1	2	3	4	4	20
剪力键的布置与设计	4	4	4	2	4	10
对剪力键的可达性	5	5	5	1	1	15
地震时的响应(双道防水之间空隙的超压)	3	2	2	1	5	10
加权平均技术评分	3.00	3.25	3.55	2.85	3.8	100
等级	4	3	2	5	1	—

基于以上比较，对于港珠澳大桥沉管隧道的节段接头止水，采用主要防水与备用防水双道防水配置。基于上述比较结论，推荐采用内置 OMEGA 密封条与可膨胀式密封条。

3) 合拢接头

合拢接头的施工方法有多种，如止水板方式、干围堰方式、水下混凝土方式、接头箱体方式和 V 形箱体方式。合拢接头位置及施工方式的选择，应结合工点具体情况综合考虑。

(1) 隧道所处环境条件。合拢接头的位置应尽量选择在水深浅、施工方便、对航运干扰小等地。

(2) 沉管沉设工序安排。当工期紧、沉管必须从两岸向中间沉设施工时，合拢接头尽量安排在浅水区，并采用止水板方式或干围堰方式施工；当必须处于深水区时，可采用水下混凝土方式或 V 形箱体方式施工。

(3) 隧道岸边段结构采取的施工方案。当沉管与岸边竖井相接，且竖井采用明挖施工时，接头箱体方式是首选方案。

(4) 接头的刚柔性。若必须采用柔性接头，则不宜选用干围堰方式施工。

(5) 合拢接头施工方式的技术可容性，应优先选择技术成熟、施工简单、防水性能好的方案，V形箱体方式应用较少，选用时应慎重。

综上所述，合拢接头位置及施工方式的选择应遵循施工环境条件好、技术可靠、施工方便、接头的刚柔性服从沉管接头总体布局需要的原则。港珠澳大桥沉管隧道的沉放从地质条件较好的西人工岛开始，考虑施工顺序、工期安排，本着最终接头应位于水深较浅处，并且应该与主航道及人工岛有一定的距离的原则，以避免对航运及人工岛岛头施工产生影响。在设计中选择最终接头位于E29与E30号管段处，两管节的间隙控制在2～3m，具体构造如图5-146所示。

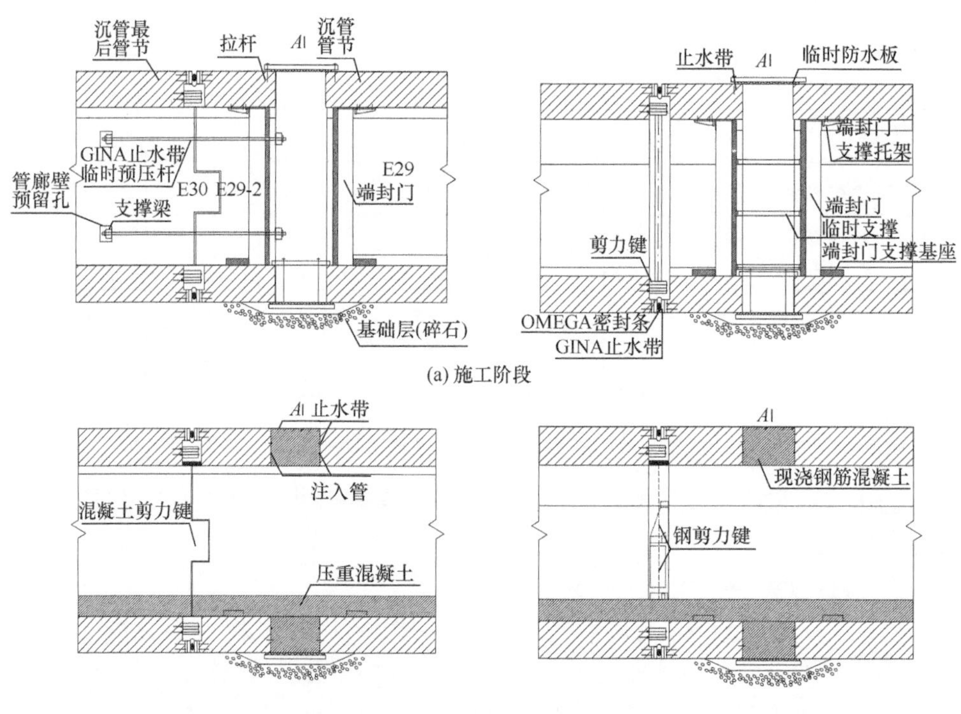

图5-146　最终接头设置方案图

2. GINA和OMEGA止水带选型

1) GINA止水带选型

不同型号的GINA止水带具有不同的力学特征曲线。在施工水位以下的GINA止水带，其压缩量应满足永久止水的要求，计算公式如下：

$$\varDelta = \varDelta_1 + \varDelta_2 + \varDelta_3 + \varDelta_4 + \varDelta_5 + \varDelta_6 + \varDelta_{余} \tag{5-6}$$

式中，$\varDelta$——施工水位作用下止水带的实际压缩量，根据止水带的力学特征曲线确定，mm；

$\varDelta_1$——最高设计水位下满足水密性要求所需的压缩量，mm；

$\varDelta_2$——长期松弛量，约为总压缩量的 15%，mm；

$\varDelta_3$——安装误差，一般取 10mm；

$\varDelta_4$——地震引起的接头变形量，mm；

$\varDelta_5$——不均匀沉降引起的接头变形量，mm；

$\varDelta_6$——温度变化产生的收缩位移量，mm；

$\varDelta_{余}$——富余压缩量，一般要求不小于 5～10mm。

$$\varDelta_6 = E\varDelta_t L \tag{5-7}$$

式中，E——混凝土的线膨胀系数，取 1×10^{-5}；

$\varDelta_t$——温度变化量，℃；

L——管节长度，mm。

需要注意的是，在沉管对接过程中，GINA 止水带所承受的压力为线荷载，而作用的水压力为面荷载(图 5-147)。因此，不同部位的 GINA 止水带所承受的压力不等，产生的压缩量也不同，底板部位压缩量较顶板部位大。GINA 止水带横断面及安装后效果如图 5-148 和图 5-149 所示[20]。

图 5-147　GINA 止水带压缩量计算模型

图 5-148　常用 GINA 止水带横断面

图 5-149　安装后的 GINA 止水带

2) OMEGA 止水带选型

OMEGA 止水带主要承受隧道长期运营所产生的轴向、垂直和横向荷载。OMEGA 止水带可拆卸、修复和更换(图 5-150)。根据接头处的水头高度可初选 OMEGA 止水带的型号，再根据式(5-8)对所选型号进行核算：

$$P_{\mathrm{w}} \leqslant \frac{e \cdot n \cdot k}{f \cdot R} \tag{5-8}$$

式中，P_{w}——隧道接头处的最大水压，MPa；

e——尼龙布层有效系数，一般取 0.77；

n——尼龙布层数；

k——尼龙布的张拉强度，一般取 90kN/mm；

R——OMEGA 止水带的半径，m；

f——安全系数，取 4。

OMEGA 止水带及其紧固装置是在管节沉放到位、检查 GINA 止水带压接完好后进行安装的，因此应现场测试该接头处的水压与选型是否相匹配，过高的水压可能会破坏水密性，过低的水压达不到检漏的目的。根据经验，检漏水压可以按接头底面最大水压加 5m 的水头压力或以底板处最大水压乘以测试系数 1.2 来计算，同时还可以判断 GINA 止水带是否处于正常工作状态[21]。

图 5-150　安装后的 OMEGA 止水带

5.5.2　工厂化管节预制施工

1. 工厂化预制工艺

沉管管节预制需要根据设计图纸，结合管节的规模尺寸、形状、工程量、施工环境及其他现场条件，制订施工方案及施工管理方案，其制作流程如图 5-151 所示，现场预制如图 5-152 所示。在管节预制时，不仅需要考虑管节横断面的尺寸，还需要留意管节纵向坡度和面部平整度与方向角，在保证构件尺寸的同时还需要保证结构强度满足设计要求。

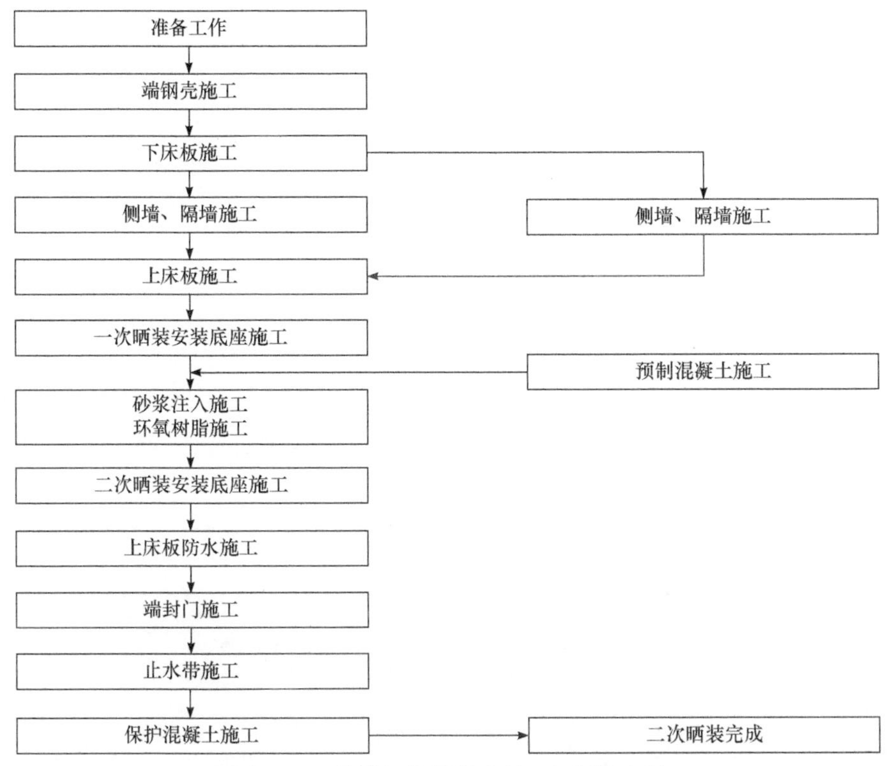

图 5-151　混凝土沉管管节的一般制作流程

管节在进行施工组织设计研究时，需要重点关注以下问题：①沉管管节的水密性；②大体积混凝土的裂缝控制；③混凝土模板的拼装和模板支撑；④混凝土的输送及浇筑养护；⑤钢筋的加工及绑扎；⑥钢结构构件的预制加工等[21]。

图 5-152　混凝土沉管管节现场预制

2. 管节全断面浇筑与裂缝控制

1) 混凝土浇筑

沉管管节一个作业区内的混凝土浇筑，需要在规定的浇筑完全结束之后，保持作业区连续浇筑，原则上同作业区的混凝土浇筑面需要保持在同一水平面上。沉管管节混凝土浇筑的区间一般为 15～20m，因此需要事先计算墙体(侧墙、隔墙)和隔床板(顶板、底板)的混凝土体积，以研究混凝土的制作能力和搬运能力等，并制订合理的浇筑计划。另外，构筑物的施工缝处一般为结构的薄弱点，因此需要将施工缝布置在结构内力较小处(弯矩最小的位置等)，在事先规定的作业区内进行混凝土的连续浇筑，直至浇筑结束。

一般使用滑槽或混凝土泵浇筑混凝土。对于滑槽，需要使用适当管径且柔韧性强的纵向滑槽，且滑槽位置应满足浇筑时混凝土不会集中在一处，因此需要在浇筑前对混凝土的投入口位置、间隔等进行研究。混凝土泵可保证混凝土在不离析的状态下进行浇筑。混凝土泵的性能存在差异，需要根据一次混凝土浇筑量选定机器，同时配置浇筑时混凝土不堵塞的配管。港珠澳大桥沉管管节混凝土的浇筑分区如图 5-153 所示，图中箭头表示灌注混凝土方向。

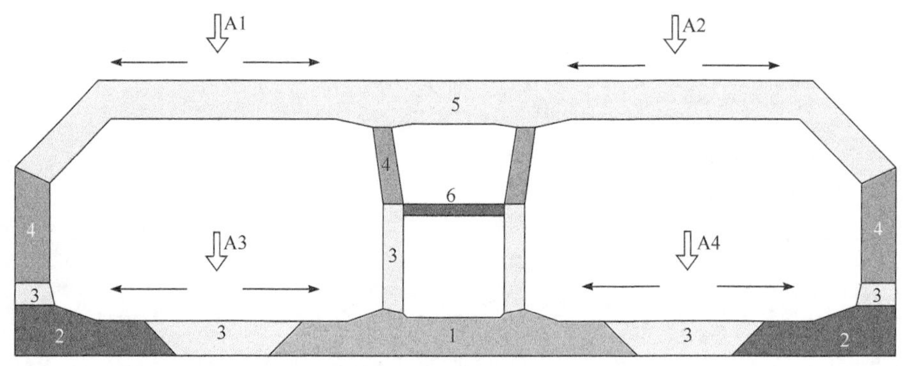

图 5-153　混凝土的浇筑分区

浇筑混凝土时需要留意模板膨胀、砂浆渗漏等问题，并使用内部振捣棒在钢筋周围及模板的各个角落进行充分振捣，以确保混凝土密实[20]。

2) 裂缝控制

港珠澳大桥沉管预制采用工厂化生产工艺，节段预制均在厂房内完成，为节段混凝土的裂缝控制，特别是养护环境温/湿度控制提供了良好的外部条件，因此港珠澳大桥沉管节段的裂缝控制依托于工厂化生产的有利条件展开。

(1) 混凝土原材料选择。优选质量稳定并有利于提高混凝土防渗抗裂性能的原材料，优选有利于提高混凝土寿命及抗裂性能的原材料，严格控制各种影响混凝土抗裂性能的原材料关键指标。

(2) 低热、低收缩海工高性能混凝土配制。针对优选的混凝土原材料，通过综合性能对比，优选出以确保混凝土抗裂性能和耐久性能为基本出发点，同时兼顾其他性能的低热、低收缩、高性能混凝土，用于沉管预制施工。港珠澳大桥沉管混凝土应具有高工作性、高强度(含早龄期强度)、高抗裂性、长寿命等特征，如何提高混凝土的抗裂性能，从而降低沉管结构开裂风险是沉管混凝土配合比设计的难点。水化热与收缩是影响混凝土结构抗裂性能的两个主要因素，降低混凝土的水化温升可降低混凝土结构的温度梯度和降温速率，降低混凝土的收缩总量可提高混凝土结构的稳定性。因此，在兼顾混凝土其他性能的前提下，配制低热、低收缩的海工高性能混凝土材料是沉管混凝土配合比设计的基本出发点。

沉管预制需要持续若干年，因此在整个沉管预制过程中，应根据当地高温季节、常温季节、低温季节的温度和湿度情况及原材料性能变化情况，对减水剂组分进行有针对性的调整，确保在不同季节及原材料条件下混凝土工作性能均能满足沉管全断面浇筑的需求。

(3) 混凝土原材料温度控制。在港珠澳大桥沉管预制中，通过控制原材料温度来降低混凝土浇筑温度是降低沉管开裂风险的重要技术措施。采用原材料降温，并结合碎冰+冷却水方式控制沉管混凝土的浇筑温度，以降低混凝土开裂风险。通过采取措施，确保在沉管混凝土生成过程中，各种混凝土原材料入仓搅拌前温度应满足以下要求：水泥≤55℃，粉煤灰≤40℃，矿粉≤45℃，碎石≤28℃，河砂≤28℃，减水剂≤30℃。

(4) 混凝土浇筑后养护。混凝土浇筑完成后，需要在一定时期内采用适当的方法进行养护。利用工厂化预制厂房相对封闭条件，开发自动养护系统，为监测沉管节段养护环境温/湿度，采取喷淋水雾方式，进而对沉管节段养护环境的温度、湿度进行调节，以达到保温、保湿养护的目的，降低沉管节段的开裂风险。浇筑后的混凝土需要确保在水化反应后具有足够的强度及所需要的耐久性、水密性和品质，并确保不会产生裂缝。因此，在浇筑后的一定时期内，需要保证其在适当的温度、有充分湿润的状态下进行养护，管节混凝土养护如图 5-154 所示。

图 5-154　管节混凝土养护

混凝土管节具体的养护方法和时期需要根据构筑物的种类、施工条件、建筑条件、环境条件等进行设定，主要养护方法包括散水和湿布(养护垫、草席等)等湿润养护，以及遮阳、加热等方式的温度管理养护。养护期间需要充分注意，确保混凝土不会出现大的振动和承受过大的荷载。

采用节段式、全断面混凝土浇筑一般不设接缝，其他情况下如果需要布置浇筑施工缝，其位置应在不损伤构筑物强度和外观的前提下，设置在混凝土构筑物水平及竖直方向上。对于接缝位置，一般需要考虑模板和支撑的位置、混凝土次浇筑的作业量、后续施工区间和构件的钢筋绑扎、防水等因素，尽量避免设置在施工困难的位置。混凝土的接缝与已施工完成的混凝土紧密连接，特别是接缝处，需要进行凿毛处理，除去松弛的骨材和浮浆，并进行充分的清洗。水平接缝中使用延迟剂除去浮浆等杂质时，需要注意延迟剂的散布方法和清除方法。在竖直接缝上使用金属网时，应使用振捣棒使砂浆完全溢出金属网格，保证接缝与金属网之间不残留空隙。在接缝处使用止水板时，需要对止水板进行定位和固定，保证其不会产生移动和翻转[22]。

5.5.3　管节沉放与安装

1. 管节沉放与压载技术

1) 管节沉放

一般情况下，沉管管节的沉放及对接施工的返工代价较高，需要保证开展精细化施工，管节沉放如图 5-155 所示。沉管管节的沉放方式有塔型作业方式、沉放驳方式、放置作业船方式、浮吊方式等。港珠澳大桥沉管隧道采用扛吊法进行沉管安装，安装船控制室通过信息技术和遥控技术实现管节姿态调整、轴线控制和精确对接。沉放控制系统包括锚泊定位系统、压载控制系统、数控拉合系统、深水测控系统、管内精调系统[21]。

图 5-155　管节无人沉放技术

2) 压载施工

压载施工对维持施工过程及竣工后的管节稳定起重要作用，因此在不同的施工阶段应及时调整压载重量。压载水系统在沉管沉放过程中起着关键作用，如图5-156所示，主要实现以下功能。

(1) 沉管消除干舷，提供负浮力，克服海水密度变化，最终加载时向压载水箱内灌水以增加沉管负浮力；

(2) 沉放过程中或沉放完成后出现问题，需要将压载水箱内的水排出，以减小沉管负浮力；

(3) 在水力压接时，排出结合腔内的水；

(4) 特殊工况下，需要向结合腔内灌水，使待安装管节与已安装管节稍微或完全脱离；

(5) 浇筑完压载混凝土后，将压载水箱内的水排出。

港珠澳大桥沉管隧道采用遥控遥测压载系统，在控制室内遥控就可实现管节压载水箱的注水、排水，以及管节在水中的负浮力和姿态的调节。

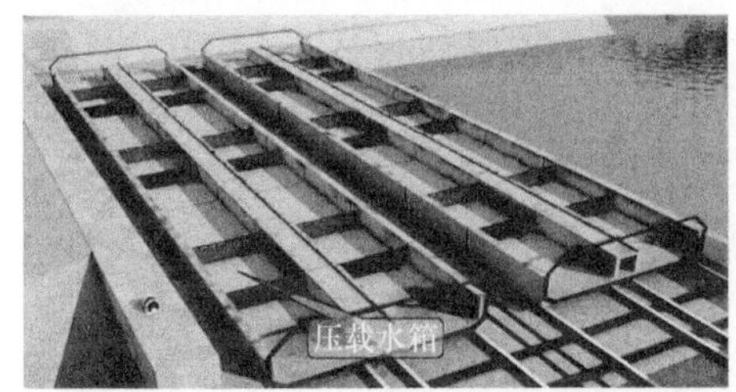

图5-156 港珠澳大桥沉管隧道压载水系统

2. 管节水下拉合对接与水力压接技术

1) 拉合对接

管节间设置GINA止水带初步压缩形成密闭结合腔的过程,共分为三个阶段：①拉合千斤顶搭接、预紧；②距离拉合；③拉力拉合。管节着床后，主动拉合单元伸出，与被动拉合单元搭接，潜水员检查确认。千斤顶拉至一定拉力后，可消除主动、被动拉合单元与拉合台座之间的缝隙，记录拉合千斤顶显示的管节间距，作为起始间距。

控制管节各缆力均匀，保持两侧千斤顶距离同步，将待安装管节拉向已安装管节，使待安装管节GINA止水带与已安装管节尾端钢壳接触，完成距离拉合。潜水员下水检查，确认对接端无异物夹杂，并测量两管节间错牙等数据。

千斤顶继续提供拉力，使GINA止水带鼻尖压缩，形成密闭结合腔。为防止GINA止水带侧翻，操作人员应适当开启已安装管节内的结合腔排水管，少量、受控地排出结合腔内的水，帮助拉合千斤顶进一步压缩GINA止水带鼻尖。

港珠澳大桥沉管隧道采用数控拉合系统，沉管对接后，反勾结构的拉合系统通过遥控实现千斤顶拉合，使 GINA 止水带初步压缩，如图 5-157 所示。

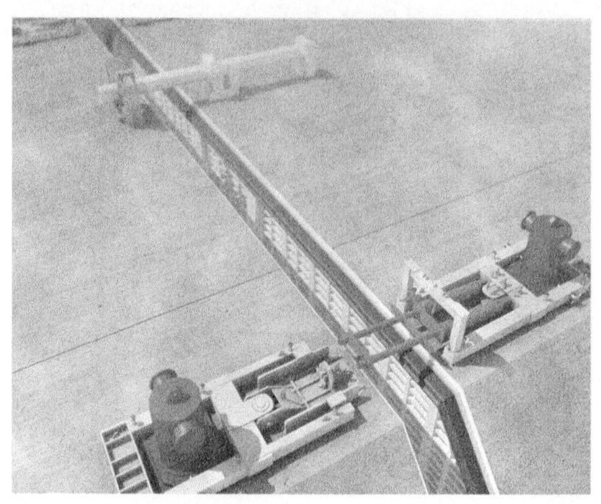

图 5-157　港珠澳大桥沉管隧道数控拉合系统

2) 水力压接

针对港珠澳大桥，利用水力压接技术研发了可受控的水力压接系统，通过管节端封门压力、流量监测系统，可以实时监测水力压接过程中的排水量及封门压力的变化，有效地控制水力压接过程，使整个过程可控，保证 GINA 止水带均匀压缩，并能够最终形成图形，有利于水力压接过程的控制和事后分析。

为确保止水带均匀压缩，防止出现侧翻，管节拉合作业完成后调整缆力，操作人员打开已安装管节内的尾端封门上部排水进气阀，利用压载水泵控制放水速度，排出结合腔内的剩余水。待 GINA 止水带压缩 5～6cm 后，逐步增加排水进气阀的开度，待结合腔内的液位高度与排水进气阀持平，水力压接完成[20]。

第 6 章　装配式隧道应用实践

6.1　厦门疏港路下穿仙岳路通道工程

6.1.1　工程概况

疏港路是东渡港区的疏港通道，改造前道路标准断面为双向八车道。该通道位于疏港路与仙岳路交叉口，总长 1660m，净高 5.2m。通道南往北全长 750m，其中暗埋段 370m；北往南全长 1280m，其中暗埋段 895m，其车道设置地面为 6～8 车道，北往南下穿通道为地下 2 车道，同时考虑交叉口展宽，南往北地面为 6 车道，北往南下穿通道为地下 2 车道，通道设计速度为 60km/h，地面设计速度为 50km/h，如图 6-1 和图 6-2 所示。

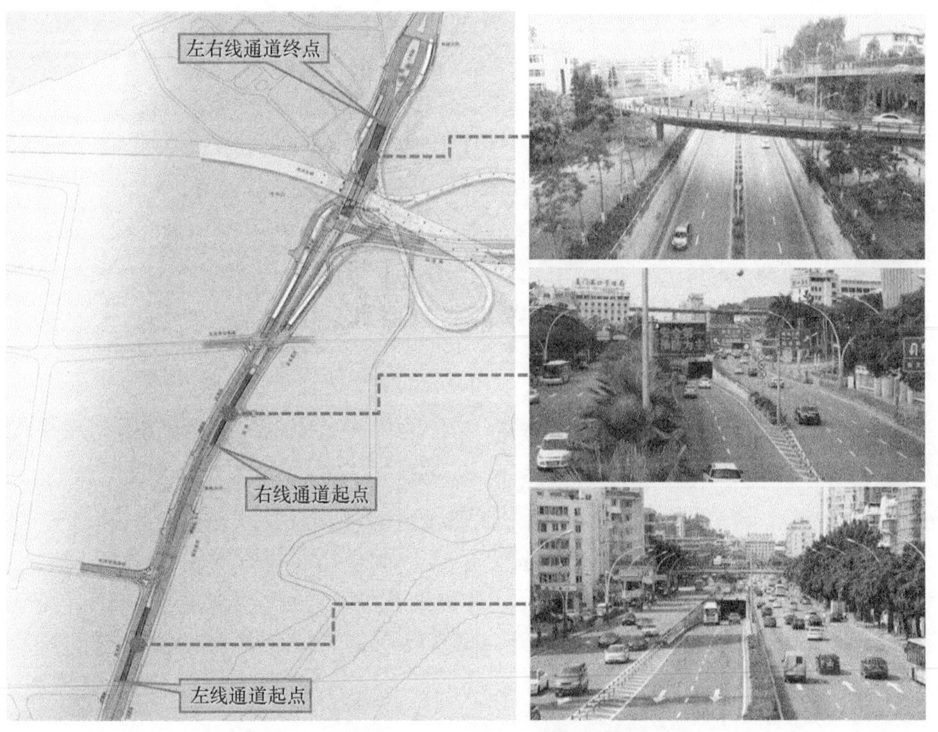

图 6-1　疏港路下穿仙岳路通道总体实施方案

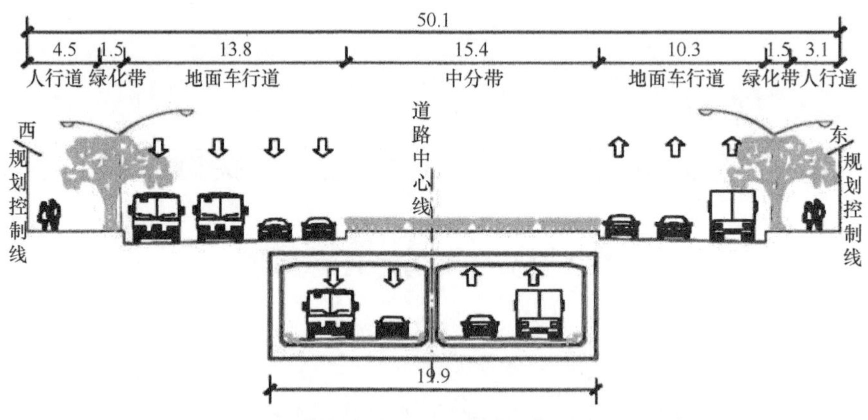

图 6-2 疏港路改造后标准横断面(单位：m)

6.1.2 结构设计

1. 主体结构设计

主体结构构件尺寸须满足主体结构的受力和变形要求、主体结构的抗浮和稳定性要求，以及下穿通道功能和建筑净空要求。框架结构尺寸设计如下。

1) 预制段

单孔闭合框架预制节段分为上下节段，上下预制节段高均为 3.6m，上节段呈倒“U”型，顶板与侧墙均厚 70cm，顶板与侧墙间设 80cm×25cm 加腋。下节段呈“U”型，侧墙厚 70cm，底板厚 80cm，底板与侧墙间设 30cm×30cm 加腋。上下节段顶板、底板横向宽 10.35m，纵向单节段宽 3m，采用普通钢筋砼结构，如图 6-3 所示。双孔闭合框架预制节段分为上下节段，上节段呈倒“山”型，中墙厚 60cm，顶板与侧墙、中墙间设 80cm×25cm 加腋。上下节段顶板、底板横向宽 19.90m，纵向单节段宽 2m，其余尺寸与单仓相同，如图 6-4 所示。

2) 现浇段

在若干单双孔闭合框架节段两端设置一定长度的湿接带，作为通道设备工程的安装区域、通风口区域、地面天桥的支承点等。该部分湿接带结构尺寸基本同预制节段构造，除个别区域需要进行加强，改变其结构尺寸，框架内净尺寸一致。受实际施工现场条件的限制，根据框架与 U 形槽合建段及排水泵房等需求，设置较长的现浇段，该部分现浇段结构尺寸非标准化。现浇段均采用普通钢筋砼结构。现浇段结构外壁采用水泥基结晶渗透型防水涂料，顶板上增设防水砂浆形成双向 0.5%排水横坡。

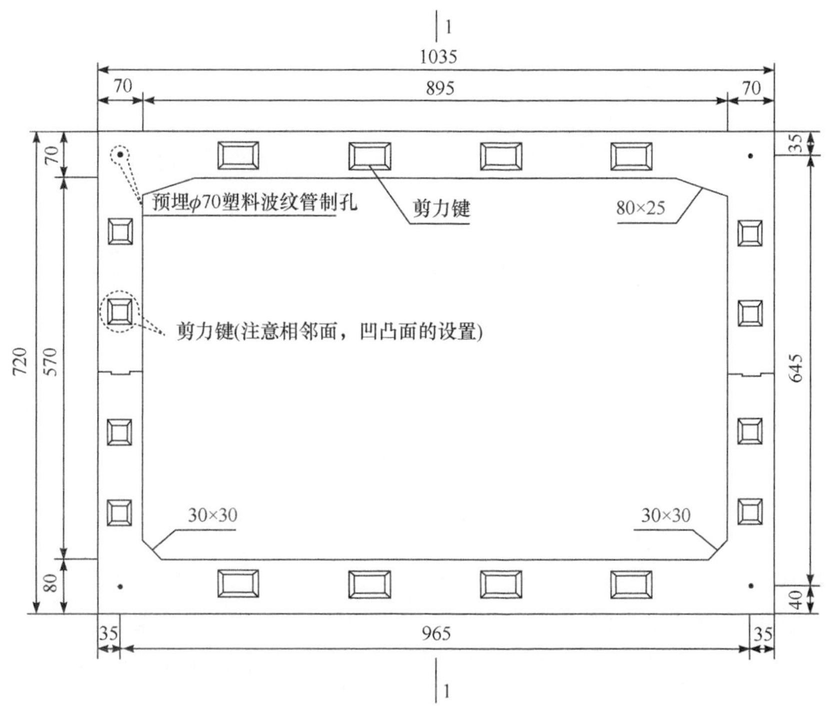

图 6-3　预制单孔框架横断面(单位：mm)

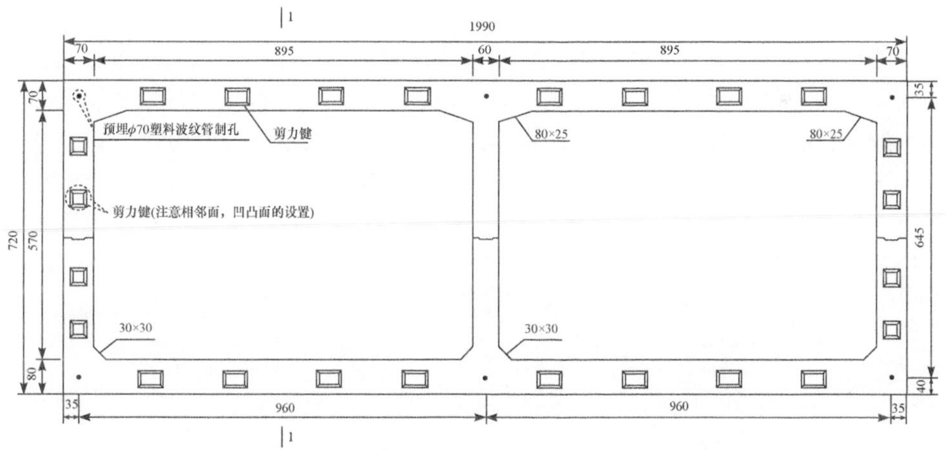

图 6-4　预制双孔框架横断面(单位：cm)

3) 开窗段

采用集中开孔、自然通风方案，该方案是在左线框架与右线 U 形槽合建段的侧壁和顶板集中开孔，将火灾产生的烟气和热量集中排放至大气，如图 6-5 所示。集中开孔段距左线通道起点 425m，距左线通道终点 370m，封闭段长度均小于 500m。

图 6-5　疏港路隧道实景

为使集中开孔段达到与隧道洞口相同的消防效果，从以下两个方面进行考虑。

(1) 排烟效果：开孔面积(208.4m^2)应大于洞口面积(46.5m^2)；同时，为保证烟气顺利从侧面和顶面排出，而不继续纵向扩散，依据《建筑设计防火规范(2018年版)》(GB 50016—2014)，考虑在顶板下设置凸出 0.9m 的高梁。

(2) 人员疏散：在集中开孔段附近设人行横洞，保证人员疏散安全。

集中开孔后，为满足火灾排烟要求，隧道一分为二，每段封闭段长度均小于 500m，满足规范要求。同时，考虑在两个封闭段范围内，在通道顶板局部各增设一组竖井，进一步加强通风排烟效果，通风口也可兼作采光孔，提高通道内行车舒适性。

2. 结构接头设计

管节接头分为单节段接头和大节段接头两种形式。单节段接头设置临时预应力孔道及剪力键，保证相邻节段的准确定位；预制结构拼装采用环氧树脂环氧黏结剂胶接，并在拼缝处焊接钢板。根据结构形式的差异，每 7～10 个节段拼接形成大节段，大节段两端采用现浇进行连接，并设置沉降缝；大节段拼装结束后，设置永久预应力钢绞线，以保证结构的整体稳定性。隧道主体结构分段及连接构造如图 6-6 和图 6-7 所示。

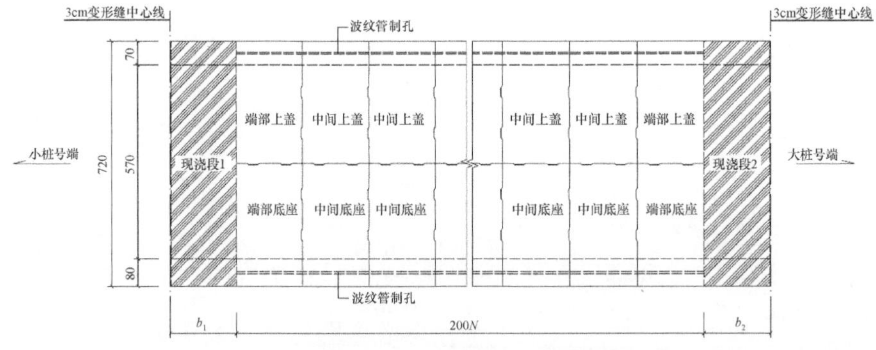

图 6-6　疏港路隧道主体结构分段(单位：mm)

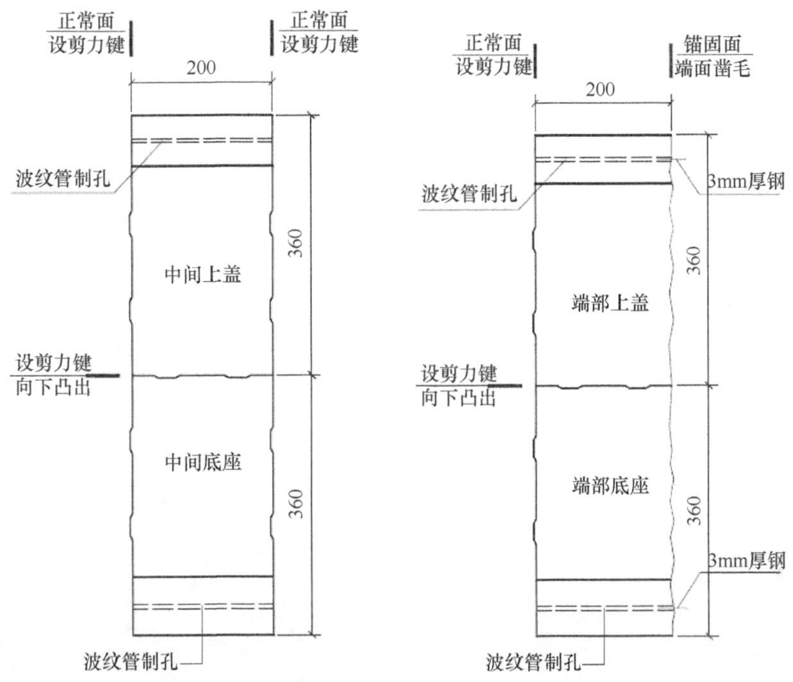

图 6-7　疏港路隧道主体结构连接构造(单位：mm)

3. 结构防水设计

1) 结构自防水

强调结构以自防水为本，采取有效措施增强混凝土抗渗、抗裂性，减小地下水对混凝土的渗透性。主体结构防水混凝土的抗渗等级采用 P8。

2) 变形缝设计

节段间变形缝宽度为 30mm，变形缝的防水采用复合防水构造措施，中埋式橡胶止水带与外贴防水卷材复合使用。

3) 施工缝设计

施工缝均设置为水平缝，在浇筑混凝土时需要分期进行。水平施工缝一般设置在底板上部 300～500mm 处及顶板下部 300～500mm 处。同时，现浇段与预制节段间环向施工缝埋设钢板止水带进行防水处理。

4) 预制段(含端部湿接带)全外包防水设计

结构顶板上外包防水由 1.2mm 非焦油彩色弹性聚氨酯防水涂膜+20mm 厚防水 1：3 砂浆+1.5mm 三元乙丙/丁基橡胶防水卷材+75～125mm 厚 C25 细石砼保护层组成。结构侧墙侧面外包防水由 1.2mm 非焦油彩色弹性聚氨酯防水涂膜+20mm 厚防水砂浆+1.5mm 三元乙丙/丁基橡胶防水卷材+25mm 厚水泥砂浆层组成。结构顶板上 C25 细石砼形成双向 0.5%横坡。

6.1.3 施工工艺

疏港路下穿仙岳路通道采用大尺寸预制构件多向拼装技术，在国内为首创，其主要目的是保证基坑开挖与工厂预制同步，大大缩短工期，同时减少施工车辆和机具对交通的干扰，减少粉尘和噪声污染，且工厂化预制可以更好地保证通道施工质量。因运输道路限高和吊重控制，单孔框架设置纵向节段为 3m，横向对切，形成上下两个“U”型块；双孔框架设置纵向节段 2m，横向对切，形成上下两个“山”型块，如图 6-8 所示。本工程共计 93 个单孔纵向节段，每 7～8 个节段拼接形成大节段，两端设湿浇段和沉降缝；130 个双孔纵向节段，每 10 个节段拼接形成大节段。

图 6-8　单孔框架“U”型块和双孔框架“山”型块

大尺寸预制构件多向拼装技术施工流程为：长线法双向匹配预制→堆放养护→运输→卸梁→就位→上下胶接→纵向悬拼、施加临时预应力、胶接→大节段纵向预应力张拉、底部灌浆→湿浇段施工→防水和基坑回填。

1. 节段预制

闭合框架预制受到吊装机械、运输条件的限制，纵向和横向均设拼缝。单孔闭合框架纵向标准节段长 3.0m，横向分为上下两个“U”型节段，高度为 3.6m。双孔闭合框架纵向标准节段长 2.0m，横向分为上下两个“山”型节段，高度为 3.6m。

预制框架具体位置及分段节数根据现场条件及其他通道附属工程确定，其中单孔闭合框架有 7 节段和 8 节段两种组合样式，双孔闭合框架有 10 节段一种组合样式。

节段预制时应保证相邻节段端面尺寸及剪力键的匹配，确保预制精度。浇筑砼前，应仔细检查各种预埋件、预留孔的位置和数量，不得遗漏。

(1) 线形：预制梁段时需要考虑预拱度、纵坡、竖曲线以及混凝土弹性变形的影响，预制节段的外形尺寸精度应严格控制，以提高架设后节段设计线形的精度。

(2) 预应力孔道：施工放样应严格按照设计的坐标值，准确定位预应力孔道，预埋锚垫板应与孔道垂直，并保证在浇筑和振捣混凝土的过程中不发生位移。

(3) 剪力键：由于节段的自重较大，在脱模和吊运过程中，应保证不会出现整个剪力键的破坏。

(4) 模板：箱梁节段的尺寸要求严格，应采用有足够刚度和强度的模板，避免因模板刚度和强度不足而导致脱开、涨模，节段的尺寸无法得到保证，并且模板严禁采用对拉螺栓。

(5) 存放时间：预制节段至少需要 15 天的存放时间，此阶段混凝土强度增加的同时，还要完成 60%～70%以上的收缩和徐变。

(6) 堆放方法：叠放一层，保证存梁台座不会发生不均匀沉降，并计算确认下层梁的受力在容许应力范围内。

在预制场地采用长线法多向匹配预制，养护完成后在预制场地堆放(图 6-9)，出场前再进行一次试拼，确保现场安装顺利。

图 6-9　在长线台座上进行纵向及上下的匹配预制和预制场地内堆放存梁

2. 运输、卸梁、就位

预制构件运输采用定制的平板车，由于两种预制块尺寸差异大，平板车设置伸缩车架，可以同时满足单孔节段和双孔节段的运输需求。

根据施工进度要求和现场施工条件，在单仓框架施工区配备 350t 履带吊(卸梁)、120t 门吊(就位、上下拼装)、240t 门吊(上下、纵向拼装)各一台。在双仓框架施工区配备 120t 门吊(卸梁、就位、上下拼装)、240t 门吊(上下、纵向拼装)各一台。单仓预制块由履带吊直接从地面吊至基坑底，再由门吊转运；双仓框架施工区在基坑上架设一座钢便桥，平板车将梁运至钢便桥上，门吊将预制块吊起，平板车驶出后，门吊吊梁行走至安装位置，现场安装如图 6-10 所示。

图 6-10　龙门吊卸梁、安装现场照片

3. 上下拼接

上下拼接采用环氧黏结剂胶接，利用结构自重提供胶结面压强。首先由门吊吊起靠拢进行试拼，试拼后将上预制块吊离约 50cm，对上下接触面进行涂胶，涂胶完成后将上下预制块对拼，待环氧黏结剂达到设计强度后，进行上下预制块拼缝钢板与节段内受力主筋焊接，由于焊接工作量较大，拼缝处钢板由一定间距的加劲肋组成钢格构，减小焊接时钢板的变形量，现场焊接施工如图 6-11 所示。

图 6-11　节段上下拼接和接缝钢板焊接施工

4. 纵向拼接

一个大节段所有预制块上下拼接成框架节段后，首先对首节段进行精确定位，调节至控制点，定位精确无误后进行固定。门吊吊起下一节段靠拢试拼，试拼后将待拼节段吊离约 50cm，对接触面进行涂胶，涂胶完成后，利用手拉葫芦配合门吊紧密靠拢。为达到胶结面压强不小于 0.2MPa 的要求，采用精扎螺纹钢筋张拉临时预应力。待环氧胶达到设计强度后，节段底部用卸荷块垫实，放松吊点，依次拼装后续节段，直至完成一个大节段的纵向拼装。

单仓框架、双仓框架分别设有 4 束和 6 束预应力钢绞线，作为永久预应力，确保环氧胶一旦出现老化失效，仍可保证结构的整体性。完成一个大节段纵向拼接后即可开始钢绞线穿束、安装锚具、张拉预应力、孔道压浆。永久预应力张拉完成后拆除纵向临时预应力。最后，用泡沫剂封堵框架结构边缘缝隙，对结构底面预留间隙进行灌浆，达到设计强度要求后拆除节段底部卸荷块，如图 6-12 所示。

图 6-12 临时预应力和张拉永久预应力

5. 沉降缝与防水

预制大节段两侧各留有 2m 长湿接带，预制的端头节段预埋了钢筋和钢板止水带，与湿接带衔接，如图 6-13 所示。湿接带需要在现场进行支模、钢筋安装、埋设橡胶止水带等工作。沉降缝两侧现浇带施工同时进行，避免了常规下穿通道现浇施工经常出现的橡胶止水带长时间日晒老化变形和施工过程损伤破坏等问题，沉降缝漏水这一通病得到很好的解决。

图 6-13 纵向拼接完成大节段和湿接带施工

采用双向预制拼装工艺，拼接缝虽然较常规现浇施工更多，但由于工厂预制构件质量及现场机械化施工安装精度有保证，最终实现的防水效果明显优于常规现浇施工。

6.1.4 技术总结

厦门疏港路下穿仙岳路通道工程在充分调查和研究现状的基础上，突破传统设计思路，积极探索和运用先进技术，取得了良好的经济、社会和环境效益，主要体现在以下方面：

(1) 下穿通道采用“长短腿”布置，在实现交通改善目标的同时，解决了双向同一出入口造成的道路宽度不足的问题，避免了征地拆迁，同时大大节省了工程造价。

(2) 采用全国首创的“大尺寸框架结构多向分块预制拼装工艺”施工，最大限度降低了工程施工对交通的干扰和粉尘污染，保证了交通干道在施工期间有序通行和不破坏周边环境，较常规施工周期缩短达 8 个月，取得了良好的社会经济效益。

(3) 对隧道通风排烟方式进行了深入研究，提出集中开孔、自然通风方法。该方法的应用减小了通道结构的高度，保证了预制拼装方法的可行性，降低了造价，同时有利于运营期节能减排。

6.2 金华三渡溪隧道工程

6.2.1 工程概况

三渡溪隧道位于永康市象珠镇上峡线，隧道老洞全长约 428m。该隧道始建于 1973 年，由于年限较长，受当时各方面条件的限制，原隧道洞内均为不规则毛洞，在之后的使用过程中，对两处渗漏水区段施做浆砌块石衬砌。隧道内大部分毛洞宽 4～5m，洞身高 4～5m，距洞口 155～202m 区段为扩大断面，断面宽度约 8m，高度约 5.2m。隧道内总体净空不足，目前已不能满足日常交通运输需求，因此对三渡溪隧道进行维修加固设计，现场如图 6-14～图 6-17 所示。

图 6-14　洞内断面不平整

图 6-15　洞内渗漏水

图 6-16　洞内浆砌块石衬砌

图 6-17　洞内构造带

设计中对隧道断面进行扩挖，常规区段设计净宽 4.5m，净高 4.5m，采用锚喷支护形式；扩大断面区段设计净宽 7m，净高 4.5m，采用复合式衬砌形式。对进出洞口均施做 3m 的明洞，改造后隧道全长 434m。隧道进出洞口设计为端墙式洞门，隧道采用自然通风，照明方式为简易 LED(light emitting diode, 发光二极管)照明。

洞内大部分为毛洞，无任何支护体系，隧道开挖形状不规则，隧道内有两处浆砌块石衬砌，局部有掉渣、掉块现象，部分区域有渗漏水现象。

6.2.2　结构设计

根据三渡溪隧道地质勘察资料及相关规范，选取Ⅴ级围岩物理力学参数，如表 6-1 所示，选取的衬砌结构力学参数如表 6-2 所示。结合上述参数对Ⅴ级围岩隧道衬砌进行结构内力计算和安全分析。

表 6-1　围岩物理力学参数

围岩级别	重度 γ/(kN/m^3)	弹性抗力系数 K/(MPa/m)	变形模量 E/GPa	泊松比 υ	计算摩擦角/(°)
Ⅴ	21	100～200	1～2	0.35～0.45	45

表 6-2　衬砌结构力学参数

重度 γ/(kN/m^3)	弹性模量 E/GPa	泊松比 υ	抗压极限强度 R_a/MPa	抗拉极限强度 R_l/MPa
25	34	0.25	22	2.3

按照《公路隧道设计细则》(JTG/T D70—2010)规定，根据深埋条件计算各级围岩垂直均布压力，垂直均布压力和水平均布压力计算结果如表 6-3 所示。

表 6-3 围岩压力表

衬砌厚度/cm	垂直均布压力 q/(kN/m²)	水平均布压力 e/(kN/m²)
30	205.63	102.82
35	206.14	103.57
40	208.66	104.333

1. 隧道衬砌结构内力

采用有限元软件 ABAQUS，按照设计断面尺寸建立衬砌结构有限元模型，如图 6-18 所示。该模型将波纹钢板-混凝土组合截面转换为混凝土单一介质截面进行计算。衬砌结构采用梁单元(beam)模拟，围岩对衬砌的作用力通过径向弹簧模拟，并且规定弹簧只受压不受拉。弹簧的刚度由围岩的弹性抗力系数与隧道支护结构的接触面积计算确定。有限元计算结果中的轴力和弯矩用于强度安全系数计算。

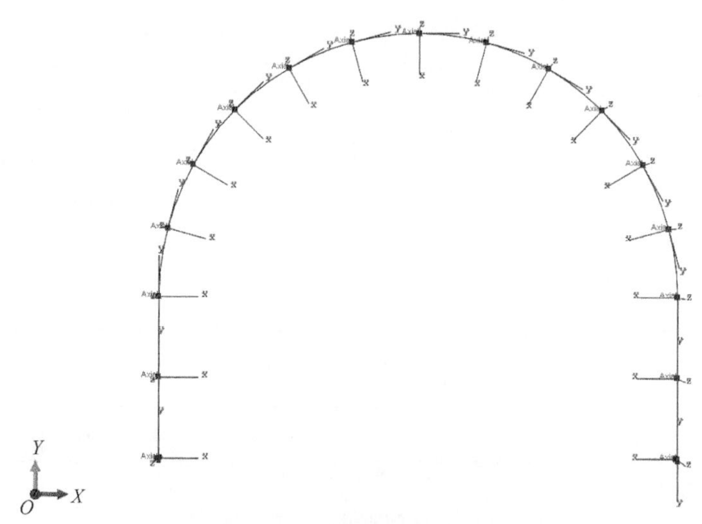

图 6-18 衬砌结构有限元模型

通过有限元分析，对Ⅴ级围岩作用下不同厚度的衬砌结构进行求解，可得到不同情况下的内力图，如图 6-19～图 6-21 所示。由 ABAQUS 计算云图可以看出，弯矩、轴力、剪力以及变形情况符合一般隧道衬砌结构的内力及变形规律，不利点发生在弯矩较大的拱顶、拱肩、拱腰和拱脚。此外，随着衬砌厚度的增加，衬砌结构的变形量逐渐减小，且最大变形量都发生在拱顶处。弯矩最大值随着衬砌厚度的增加而增大，但增幅较小。由此可知，在波纹钢板厚度为 5mm 的基础上增加混凝土厚度对改善衬砌结构的整体受力产生的影响较小。

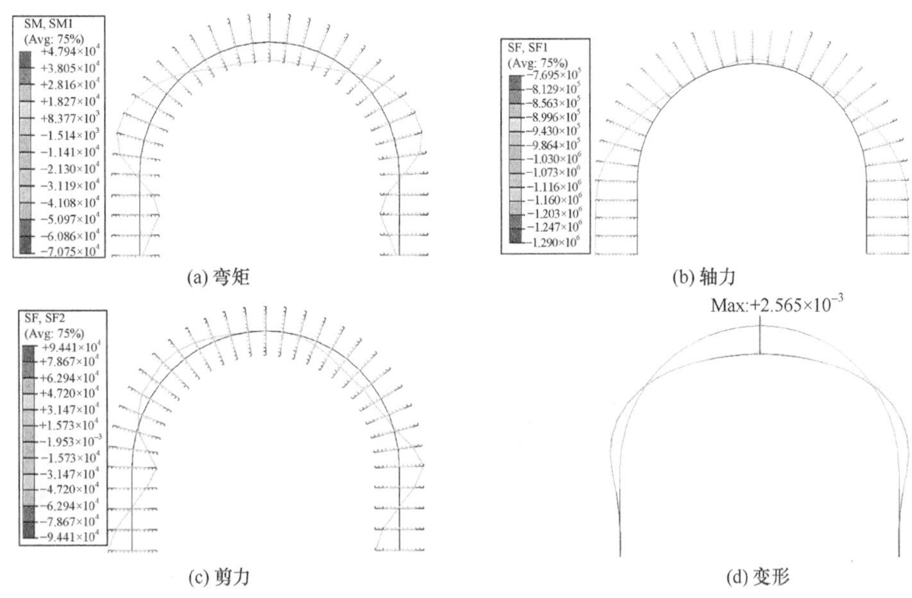

(a) 弯矩　(b) 轴力　(c) 剪力　(d) 变形

图 6-19　厚度为 30cm 隧道衬砌结构云图

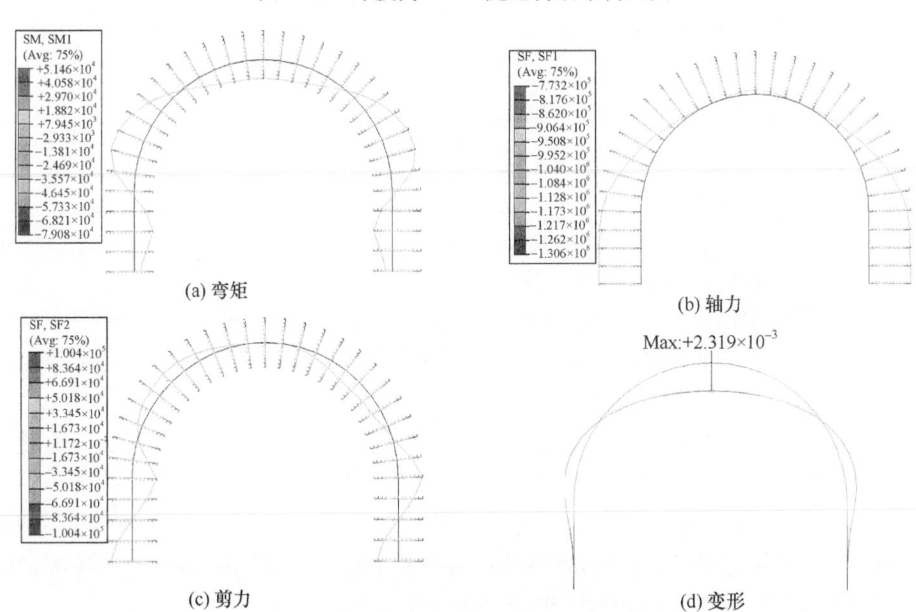

(a) 弯矩　(b) 轴力　(c) 剪力　(d) 变形

图 6-20　厚度为 35cm 隧道衬砌结构云图

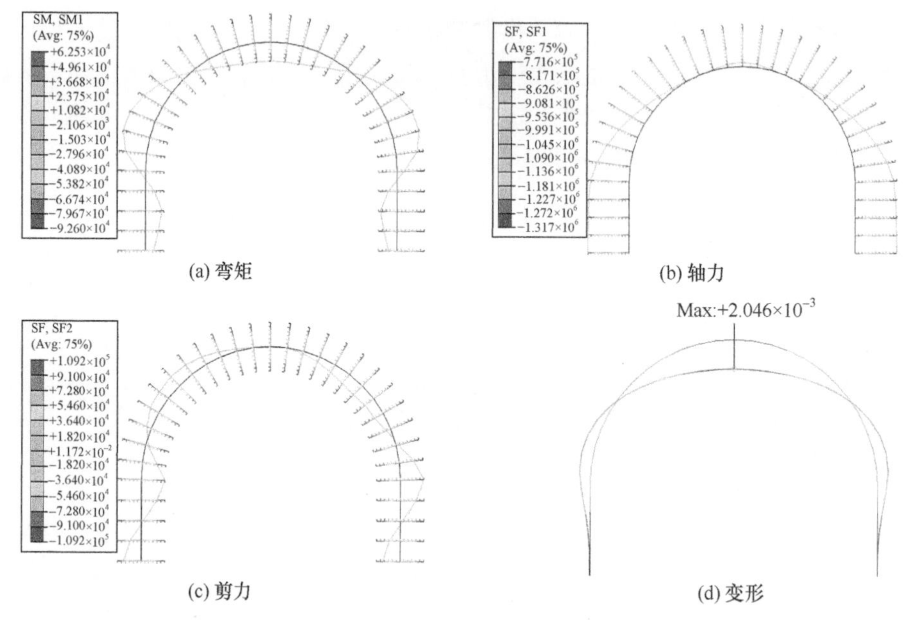

(a) 弯矩　　(b) 轴力

(c) 剪力　　(d) 变形

图 6-21　厚度为 40cm 隧道衬砌结构云图

2. 波纹钢板-混凝土组合衬砌安全分析

按照规定对破坏阶段的混凝土偏心受压构件进行强度校核，对衬砌材料进行极限承载力计算，并将计算结果与数值结果进行对比，得出衬砌结构复合截面的抗拉或抗压强度安全系数。规范要求，在永久荷载和基本可变荷载组合下，当混凝土达到抗压极限强度时，混凝土结构的强度安全系数⩾2.4；当混凝土达到抗拉极限强度时，混凝土的强度安全系数⩾3.6。

通过强度安全系数计算公式计算隧道各个不利部位的最小安全系数，结果如表 6-4 所示。通过分析可以得出以下结论。

(1) 不同衬砌厚度下的变形图类似，最大变形量都发生在拱顶部位，衬砌结构的变形量随着厚度的增加而减小。

(2) 不同衬砌厚度下的弯矩图类似，弯矩随着衬砌厚度的增加逐渐增大。由表 6-4 可以看出，拱肩位置的弯矩最大，拱腰及拱脚处弯矩大小接近，拱顶处弯矩最小。

(3) 由表中数据可以看出，无论衬砌厚度如何变化，衬砌结构拱顶、拱腰和拱脚处的偏心距都小于 0.2，属于小偏心，拱肩部位属于大偏心。

(4) 《公路隧道设计规范 第一册 土建工程》(JTG 3370.1—2018)规定，轴向力的偏心距不宜大于截面厚度的 45%，由表 6-4 可知，不同衬砌厚度下各部位的偏心距都小于截面厚度的 45%，满足规范要求。

(5) 安全系数随着衬砌厚度的增加，总体呈递增趋势，其中小偏心的抗压强度安全系数最小值为 3.83，满足规范要求的最小值 2.4。大偏心的安全系数大部分满足规范要求的最低标准值 3.6。

表 6-4　不同衬砌厚度下最小安全系数

衬砌厚度/cm	钢板厚度/mm	位移/mm	位置	弯矩/(10^4N·m)	轴力/10^5N	偏心距 e_0/h	安全系数 K
30	5	2.57	拱顶	2.66	8.53	0.10	6.01
			拱肩	7.31	10.6	0.23	2.74
			拱腰	4.92	12.8	0.13	3.83
			拱脚	4.22	7.72	0.18	5.72
35	5	2.32	拱顶	2.95	8.60	0.10	7.03
			拱肩	8.17	10.7	0.22	3.90
			拱腰	5.09	13	0.11	4.55
			拱脚	4.75	7.75	0.18	6.74
40	5	2.05	拱顶	3.41	8.63	0.10	7.99
			拱肩	9.57	10.8	0.22	4.13
			拱腰	5.29	13.1	0.10	5.26
			拱脚	5.66	7.73	0.18	7.60

综合分析上述三种衬砌厚度的受力、变形特征及安全性，结合工程的施工要求和经济条件，三渡溪隧道改建方案为装配式波纹钢-混凝土组合衬砌，衬砌厚度为 35cm，钢板厚度为 5mm，如图 6-22 所示。三渡溪隧道围岩整体情况较好，因此未在负弯矩区域增设钢筋网。

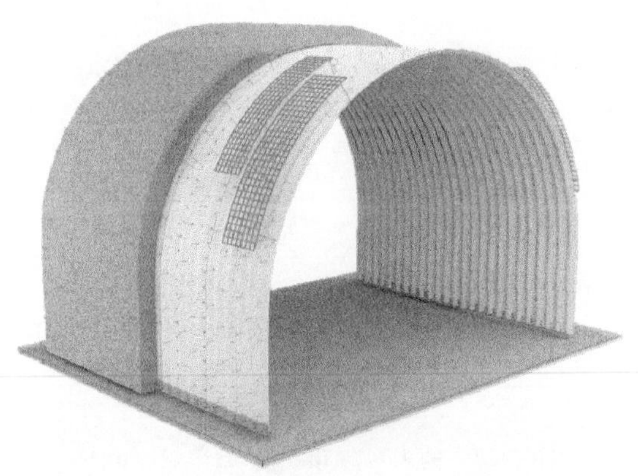

图 6-22　装配式波纹钢-混凝土组合衬砌示意图

波纹钢板由五块波纹钢板互相搭接并经若干螺栓固定而成，如图 6-23 所示。相邻环之间错缝相连，如图 6-24 所示。剪力连接件位于各波纹钢背侧波谷处，如图 6-25 和图 6-26 所示。直墙波纹钢与 H 型钢通过水平向锚栓相连接，H 型钢通过竖直向锚栓与基座相连接，如图 6-27 所示。

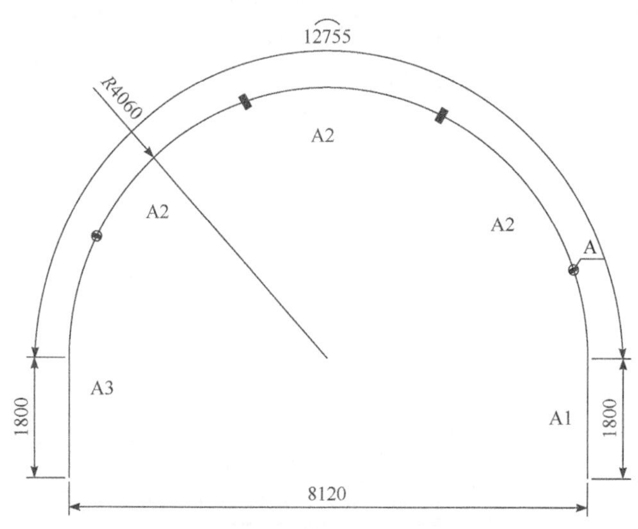

图 6-23 环向波纹钢板拼装示意图(单位：mm)

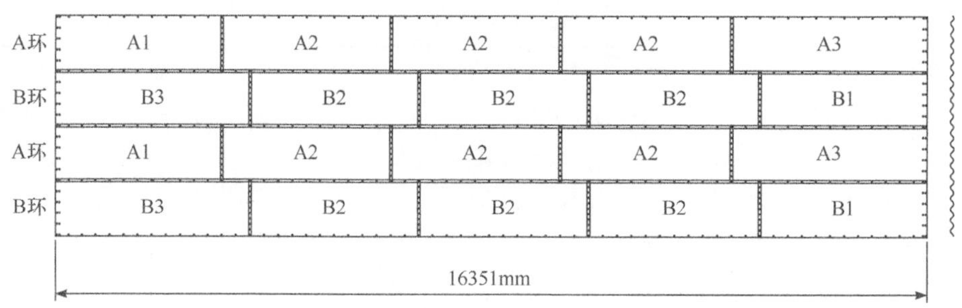

图 6-24 板片错缝连接展开图

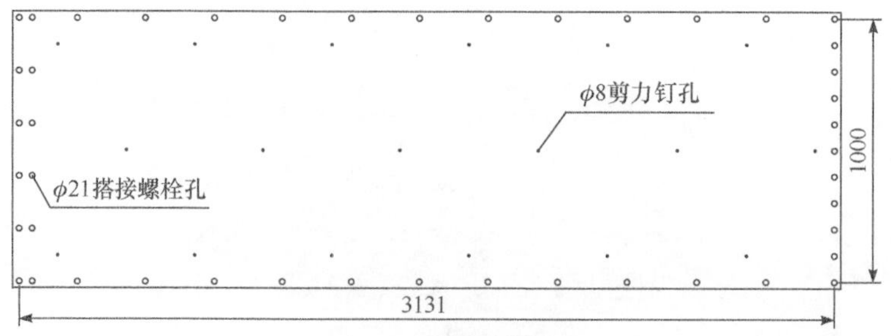

图 6-25 剪力钉分布示意图(单位：mm)

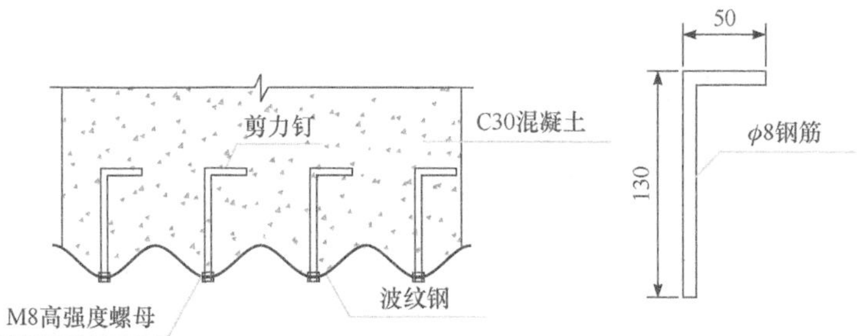

图 6-26　剪力钉大样图(单位：mm)

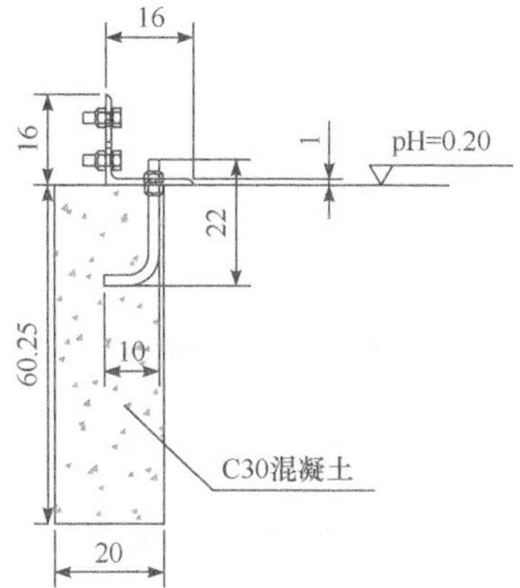

图 6-27　地脚大样图(单位：mm)

6.2.3　施工工艺

1. 基础垫层作业

对隧道拱圈进行清理，包括隧道拱圈的内圆周面，清除碎石、杂草、垃圾等杂物。

2. 直墙钢筋混凝土衬砌浇筑

隧道两侧直墙采用钢筋混凝土结构，墙体混凝土厚度为 40cm，主筋规格为 ϕ22@250，双层布筋。分布筋规格为 ϕ12mm，混凝土等级为 C30。

3. 预埋 L 型钢及地脚螺栓

在隧道直墙混凝土上表面定位 L 型钢位置，L 型钢单孔的一侧为地脚螺栓孔，双孔的一侧为板片连接孔，其中地脚螺栓与直墙钢筋焊接，如图 6-28 所示。

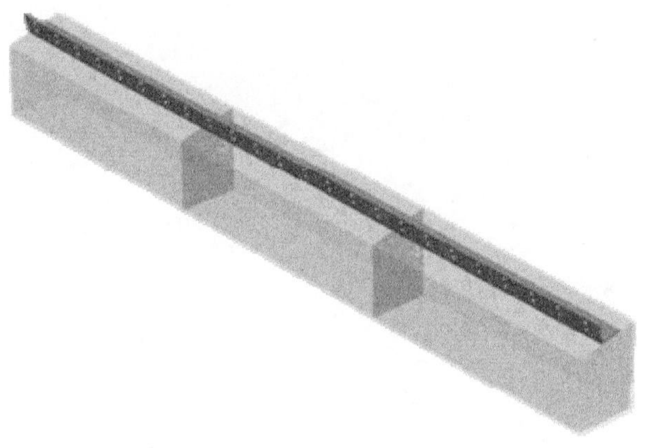

图 6-28　L 型钢定位及开孔

4. 钢板安装

1) 材料现场验收和现场准备

检查波纹钢平整度和水平标高，核对土建基准，确定波纹钢位置、中心轴线和中点。

2) 钢板尺寸分割

将若干个错缝连接的钢波纹板分别制成曲率半径与隧道拱圈一致的弧形或直墙形，钢波纹板的截面如图 6-29 所示。

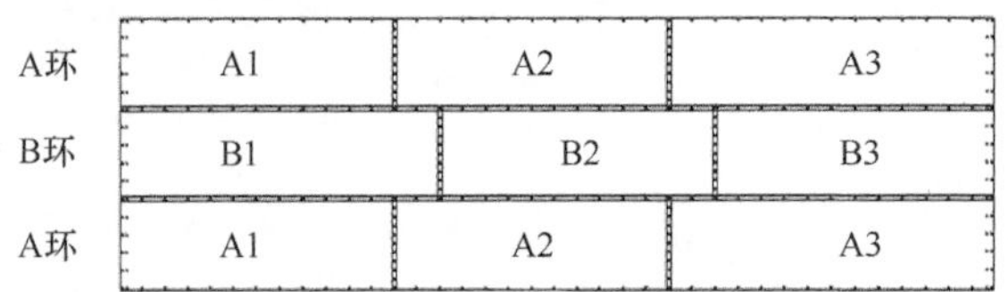

图 6-29　钢波纹板截面

3) 预焊剪力钉安装螺母

钢板背部提前焊接螺母，以便施工时直接拧紧剪力钉，避免在钢板上开孔过多，影响结构防渗防漏。

4) 安装钢波纹板拱

安装钢波纹板拱步骤如下。

(1) 根据现场断面及板片接缝位置，搭建安装平台，如图 6-30 所示。安装平台由脚手架搭接组成，除了拼装板片，还可以控制板片变形。

(2) 按照整体设计在一侧洞门处设置长度为 40cm 的搭接段，如图 6-31 所示，在安装的同时与洞口的混凝土固定，整环安装完成后，调整合适的位置与洞口混凝土顺接，使用膨胀螺栓进行紧固。

图 6-30　安装平台

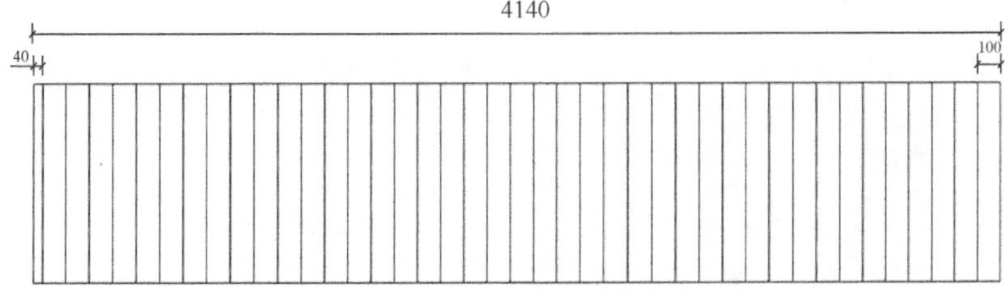

图 6-31　隧道板片布置图(单位：cm)

(3) 单圈波纹钢拼装遵循自下而上的原则，将两侧直墙波纹钢与 L 型钢通过水平向锚栓连接，如图 6-32 所示。

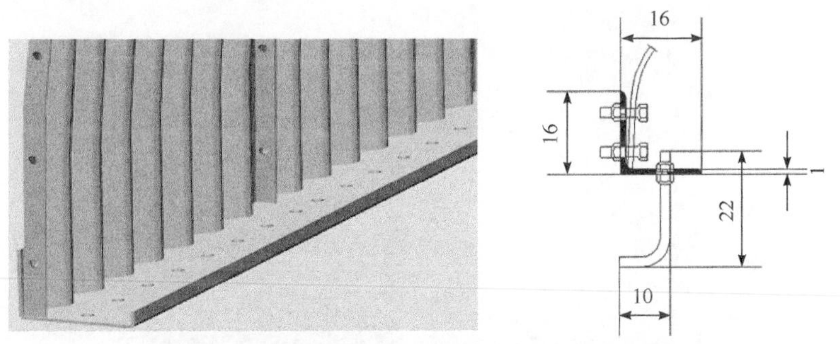

图 6-32　直墙波纹钢与 L 型钢连接示意图(单位：mm)

5) 封堵模板设置

波纹钢拼装 3m 为一幅，一幅拼装完成后，采用木制模板或可伸缩型钢制模板进行封堵，模板根据实际断面尺寸进行切割，采用自密实混凝土从端头处浇筑。

6) 混凝土浇筑

采用 C30 微膨胀混凝土浇筑，建议配合比为：水泥+膨胀剂：砂：碎石：水：减水剂=1：1.92：2.77：0.46：0.009。一侧浇筑 30～50cm 高度一层，再浇筑另一侧一层，或者两侧同时浇筑，对称浇筑，防止偏压变形。施工过程如图 6-33 所示。

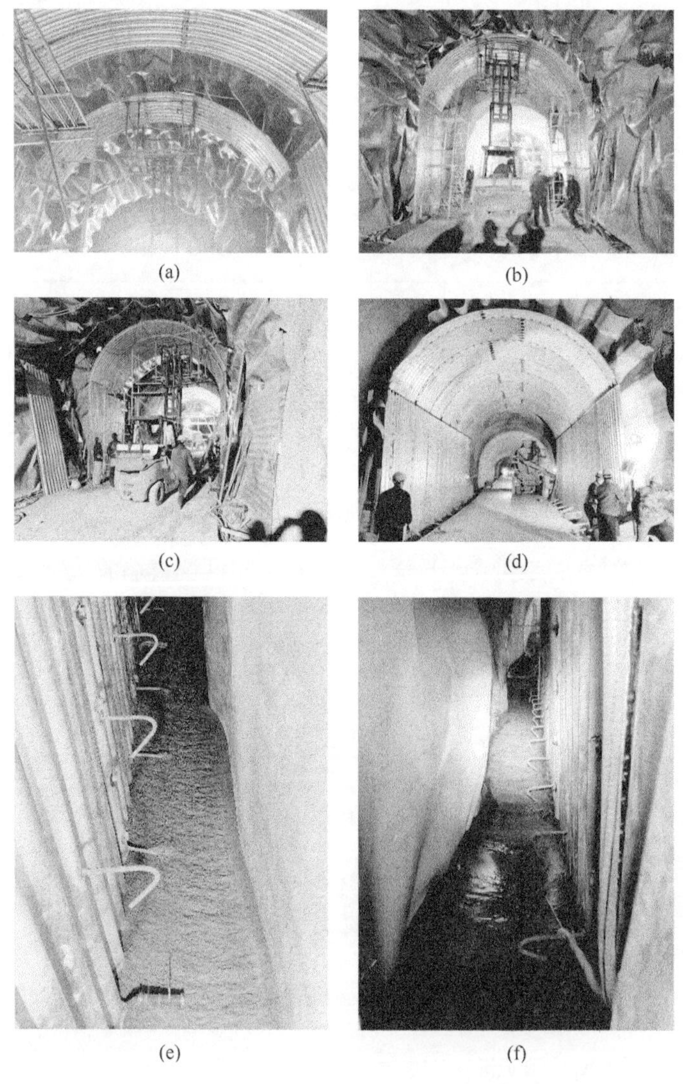

(a) (b) (c) (d) (e) (f)

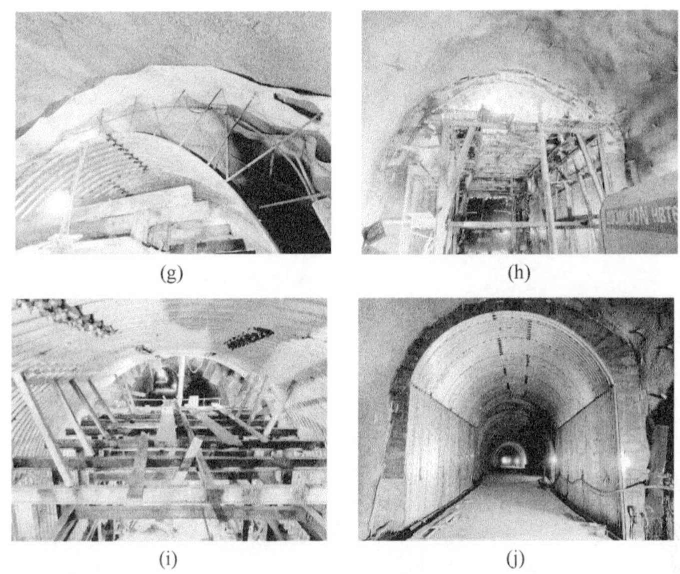

(g)　(h)

(i)　(j)

图 6-33　施工过程实拍

7) 洞顶补浆

在波纹钢拱顶部预留注浆孔，间距为 1m，在整个隧道安装浇筑结束后，从开始端分别在拱顶进行压浆处理，以保证拱顶填充密实。

6.2.4　技术总结

三渡溪隧道加固工程采用波纹钢板-混凝土组合衬砌技术，可以大幅提高隧道支护机械化水平，降低劳动强度，加快施工进度，减少劳动成本，同时也符合国家大力倡导发展装配式混凝土建筑的指导思想，为今后装配式衬砌技术发展提供了一定的参考，实现了一种标准化的装配式衬砌施工工艺。

(1) 相较于传统钢筋混凝土衬砌结构，波纹钢板-混凝土组合衬砌具有更为良好的力学性能。截面惯性矩及抗弯承载能力基本与等厚度的普通钢筋混凝土相接近，弯矩有小幅增加；衬砌抗弯承载力比普通钢筋混凝土减少 36%～38%；衬砌中波纹钢所占面积百分比约为普通钢筋混凝土的 25%。

(2) 对于Ⅴ级围岩下的隧道，传统的钢筋混凝土二衬厚度可达到 40cm，而采用波纹钢板-混凝土组合衬砌支护时，厚度仅需 25cm，即可替代传统二衬，大大减少了隧道开挖断面面积，节省了工程量，降低了造价。

(3) 波纹钢板采用装配式预制技术，降低了工人劳动强度，大大提高了机械化程度，隧道支护速度比原来提高幅度不低于 30%，工效大大提高，具有良好的间接经济效益。

(4) 波纹钢板-混凝土组合衬砌具有较高的初设强度，应用于Ⅳ、Ⅴ级围岩能迅速发挥支护强度，提高隧道施工安全性，同时波纹钢板作为二次衬砌模板，灌注混凝土后，可不配置钢筋，大大降低了工人绑扎钢筋的劳动强度，具有较好的社会效益。

6.3　南京洪武路污水隧道工程

6.3.1　工程概况

南京洪武路污水主干管承担着主城核心区约 12km^2 范围内的污水收集转输任务，关系到新街口一带中心城区排水安全，以及南京市“十二五”污水减排目标的实现。

本项目位于应天大街北侧，外秦淮河南侧，紧邻凤台南路，临近赛虹桥立交。为保护现有地铁一号线及饮马桥桥桩安全，减小过外秦淮河段施工风险，同时考虑到管道以后的运行维护，过河段采用内直径为 2100mm，管片厚 250mm，管外径为 2600mm 盾构法施工方案，全长约 700m，如图 6-34 所示。隧道沿线穿越地层主要为风化粉砂质泥岩、粉质黏土、含卵砾石粉质黏土等。

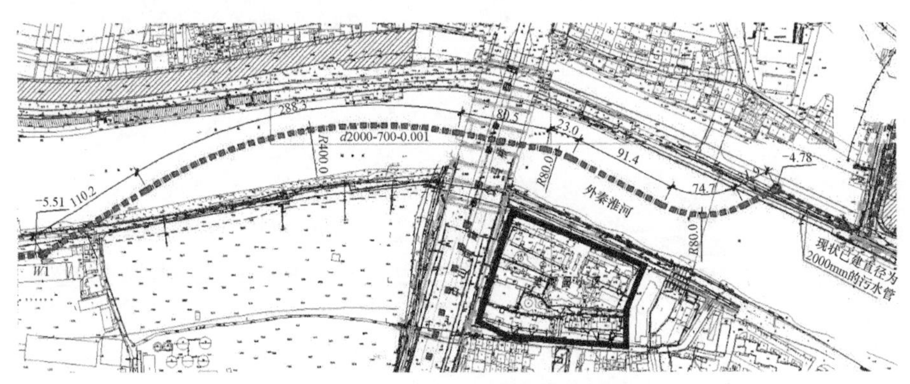

图 6-34　过外秦淮河段管道路径示意图

6.3.2　结构设计

1. 始发井及接收井结构设计

本工程设两座盾构始发井和一座盾构接收井，采用明挖法施工。

3#盾构始发井为地下三层框架结构，该始发井为直线井，始发井内净空尺寸为 6m×10.6m，井壁厚 900mm，顶板厚 400mm，底板厚 900mm，井内设置两层中楼板，楼板厚 250mm，内部设置楼梯，永久结构以外部分施工完毕后需回填。

4#盾构接收井为地下三层框架结构，该接收井为异形直线井，接收井内净空尺寸为 6.4m×(10.81～12.36m)，井壁厚 900mm，顶板厚 400mm，底板厚 900mm，井内设置两层中楼板，楼板厚 250mm，内部设置楼梯，永久结构以外部分施工完毕后需回填。

5#盾构始发井为地下六层框架结构，该始发井为直线井，始发井内净空尺寸为 6m×10.6m，井壁厚 900mm，顶板厚 400mm，底板厚 900mm，井内设置两层中楼板，楼板厚 250mm，内部设置楼梯，永久结构以外部分施工完毕后需回填。

2. 盾构管片结构设计

本工程盾构管片采用钢筋混凝土管片，混凝土等级为 C50，防水等级为 P12，管片内径为 2.1m，管片厚度为 250mm，管片外径为 2.6m，宽度为 1.0m。每环管片分割为 5 块，1 块封顶块、2 块邻接块(B1、B2 块)、2 块标准块(A1、A2 块)。管片块与块、环与环之间采用弯螺栓连接，如图 6-35 所示。

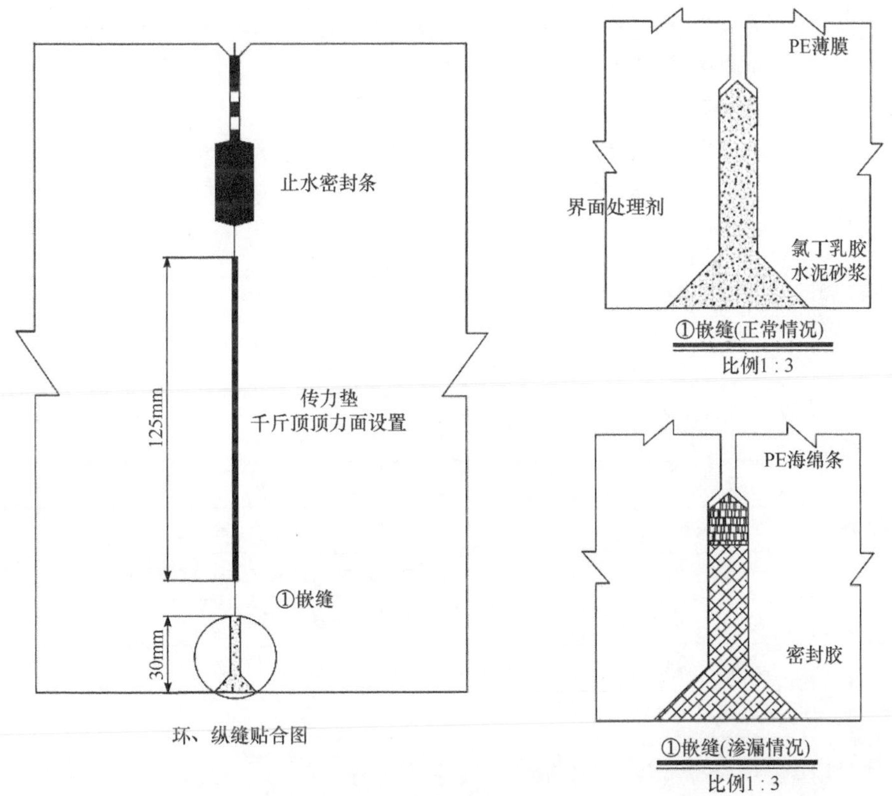

图 6-35　盾构接缝设计图

3. 结构防水设计

1) 工作井防水设计

工作井防水设计具体包括以下内容：

(1) 防水原则为以结构自防水为主，外包防水卷材为辅；

(2) 井体结构采用 P10 抗渗混凝土，侧墙和底板外包聚乙烯丙纶卷材复合防水层，顶板采用单组分聚氨酯涂料防水层；

(3) 施工缝处设置遇水缓膨胀止水条；

(4) 防水卷材施工工艺需符合相关技术规范、施工质量验收规范的规定及要求。

2) 盾构隧道防水设计

采用管片自防水方式，接缝处设置防水弹性密封垫，主要防水措施如下：

(1) 管片采用防水混凝土制作，抗渗等级为 P10；

(2) 管片接缝处沿管片四周设置一道封闭的防水弹性密封垫；

(3) 管片角部加强防水采用自黏性橡胶薄板；

(4) 管片内弧侧在预留的嵌缝槽内进行嵌缝密封；

(5) 每一个螺栓孔、注浆孔(举重臂孔)均设置缓膨胀型遇水膨胀橡胶密封圈；

(6) 及时向盾尾地层和衬砌管片之间的环形空隙适量地均匀注浆。

3) 防腐防渗特殊设计

考虑污水隧道防渗要求，本项目采用内喷涂材料进行补充防渗，内喷涂防渗材料采用 MMA+瓷釉双层复合材料，MMA 涂料主要性能指标如表 6-5 所示。

表 6-5　MMA 涂料主要性能指标

性能	测试指标	结果
柔韧性	断裂伸长率	≥145%
	低温柔韧性	2mm 厚的膜通过–35℃(2h)直径为 10mm 的圆棒 180°弯折，无裂纹
黏结性	拉伸强度	≥16MPa
	撕裂强度	≥60N/mm
	硬度	≥50(邵氏 D)
	附着力	已涂装底漆的混凝土≥2.5MPa 或混凝土破坏
	与混凝土的黏结力	≥0.5MPa 或混凝土破坏
防腐能力	耐化学试剂性能	在柴油、汽油、机油、饱和盐水、防冻液中长期浸泡无异常
	不透水性	渗透率<0.04%
	热老化	加热老化 80℃，1000h，拉伸强度保持率为 126%，断裂伸长率保持率为 97%
	耐碱性	饱和 $Ca(OH)_2$ 溶液浸泡 500h，无开裂，无起皮剥落

续表

性能	测试指标	结果
施工性	实干时间	气温 5℃：≤60min；气温 40℃：≤30min
	抗电导性	体积电阻率：$8.6\times10^{10}\Omega\cdot cm$；表面电阻率：$4.0\times10^{10}\Omega\cdot cm$
	耐磨性	用 1000g 重的 w/H-10 砂轮在 Taber 砂轮上磨 1000 转后，质量损失≤0.7g
	正常使用温度范围	–40～100℃

瓷釉涂料主要性能指标如表 6-6 所示。

表 6-6　瓷釉涂料主要性能指标

性能	测试指标	结果	标准要求
柔韧性	弯曲试验	≤2mm	—
	断裂伸长率	≥50%	—
黏结性	耐冲击性	50cm	≥50cm
	附着力	≥2MPa	2MPa
	铅笔硬度	≥2H	—
防腐能力	耐酸性 10%H_2SO_4 浸泡时间	≥96h	96h
	耐碱性 10%NaOH 浸泡时间	≥96h	96h
	人工老化时间	≥900h	1000h
	应用案例	东莞水投集团水池项目	—
施工性	在容器中状态	混合搅拌后无硬块，呈均匀状态	符合标准要求
	黏度(4 号杯)	≥100s	120s
	细度	≤25μm	20μm
	硬度	0.5H	0.65H
	镜面光泽度	≤90	80
	表干时间	≤4h	<4h
	实干时间	≤24h	<24h

6.3.3　施工工艺

本项目盾构隧道施工工程特点如下。

(1) 国产微型盾构机在河床下软弱基岩复合地层中的首次应用，虽然泥浓盾构机在日本有成功应用的案例，但国内还没有类似的工程。

(2) 盾构隧道内径小，内部作业空间有限，要求盾构管片分块设计与盾构设备相匹配，对结构设计和防水性能提出了新的要求。

(3) 小半径曲线盾构施工，最小曲线半径为 80m，且有 S 形连续转弯，特殊管片及接头设计是难点，对掘进姿态控制提出了新的挑战。

(4) 河床下复合地层长距离掘进施工风险控制，对盾构施工提出了很高的密封要求。

(5) 穿越土层为复合地层，包含风化粉砂质泥岩、粉质黏土、含卵砾石粉质黏土，对盾构刀盘、刀具提出了很高的要求，同时还需要处理好泥饼问题。

(6) 河床下接近地铁桥墩施工，二者最小距离为 5.3m，如何减少盾构施工对既有地铁桥墩的影响，也是本工程的一个难点。

泥浓盾构机(图 6-36)直径为 2.1m，总推力为 8000kN，额定总机功率约 650kW，刀盘扭矩为 451kN·m，设计最大掘进速度为 80mm/min。刀盘采用复合式结构，开口率为 37%，安装有 6 种切削刀具和独特设计的仿形刀。

工作井为圆形工作井，内径为 6.2m，壁厚 0.4m，采用明挖逆作法施工，如图 6-37 所示。明挖基坑围护结构为 DN1000@800 的咬合桩，外侧加一排 DN800@500 止水旋喷桩。在进洞处设置突出圆井内壁的端头墙，施工洞口止水钢圈环突出部分尺寸约 400mm。

图 6-36　泥浓盾构机

图 6-37　工作井施工现场

管片排放采用标准环、左转弯环和右转弯环三种衬砌环组合，其中转弯环用于隧道纠偏。因本工程地下水丰富，地质条件比较差，为了提高衬砌的空间刚度，管片采用错缝拼装，如图 6-38 所示。

内衬防渗喷涂主要施工工艺为：管片手孔、接缝处理(粗糙度为 2mm)→喷涂 MMA 涂料(厚度为 0.25mm)→喷涂瓷釉涂料(2～3 道，厚度为 2.5mm 左右)→工后检查(外观、强度、厚度)，如图 6-39 所示。

图 6-38　管片拼装施工现场

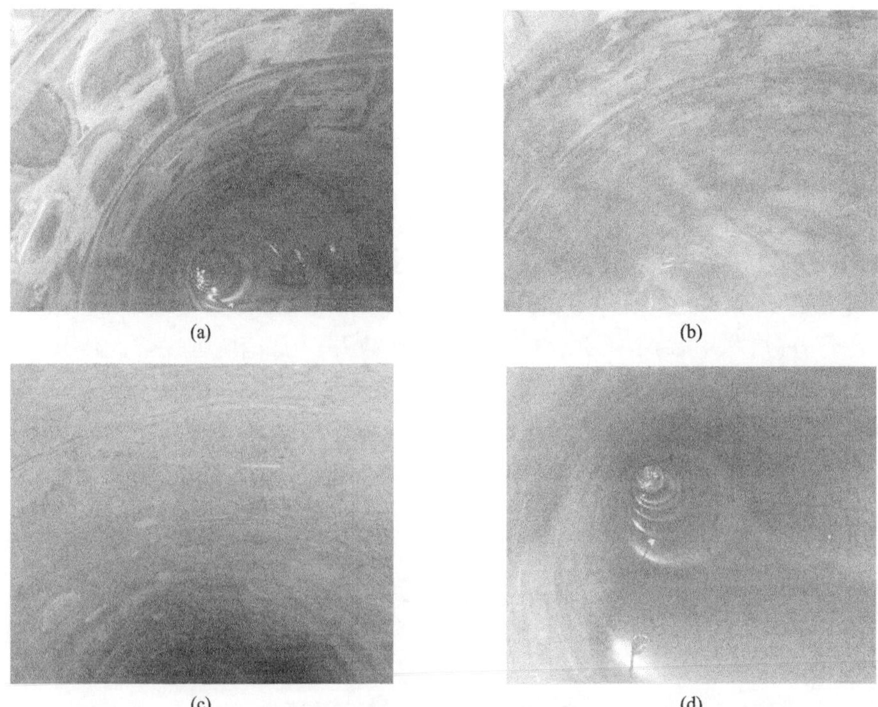

(a)　(b)　(c)　(d)

图 6-39　MMA+瓷釉施工情况

6.3.4　技术总结

洪武路污水主干管提升泵站及进出水管线建设工程采用盾构法下穿外秦淮河，该装配式施工工艺在本项目中体现出如下优势。

(1) 解决了小半径曲线段爬坡掘进难题。本段管道布置为曲线形式，从下游向上游敷设。管节始终在前行进，容易出现冒顶、脱节的情况，管道接头的漏水情况不容易控制，小曲率的转弯半径曲线顶管无法适用。盾构施工方案线形拟合性能优异，可以较好地满足工程需求。

(2) 降低了施工对周边环境的扰动。盾构隧道管片拼装可开展同步注浆，能较好地控制施工时的土层变形，较好地实现对外秦淮河饮马桥、地铁桥的桥桩保护。

(3) 工程中采用MMA+瓷釉复合内衬防渗材料，结合MMA与混凝土黏合性能强和瓷釉内表面光滑降低运行能耗的优点，其柔韧性、黏结性、防渗能力等指标均能较好地满足小直径盾构污水隧道的相关要求，具备一定的推广应用价值。

6.4 南京建宁西路过江通道及江南连接线东延工程

6.4.1 工程概况

1. 主线工程概况

建宁西路过江通道位于长江大桥和扬子江隧道之间，距离上游扬子江隧道约1.8km，距离下游长江大桥约2.4km。工程北起兴浦路与江北快速大道交叉处，止于建宁西路与热河路交叉处附近，全长约6.801km(图6-40)。主线隧道根据功能、线路埋深的不同以及施工的需要，分为江北接线段、江北敞开段、江北暗埋段、江北工作井(始发井)、盾构段、江南工作井(接收井)、江南暗埋段等。其中，越江段隧道为双向六车道建设规模，采用双管单层盾构，盾构管片外径为14.5m，左右线分离平行布置两管，左线隧道长3537m，其中盾构段长2349m，右线隧道长3550m，其中盾构段长2361m。

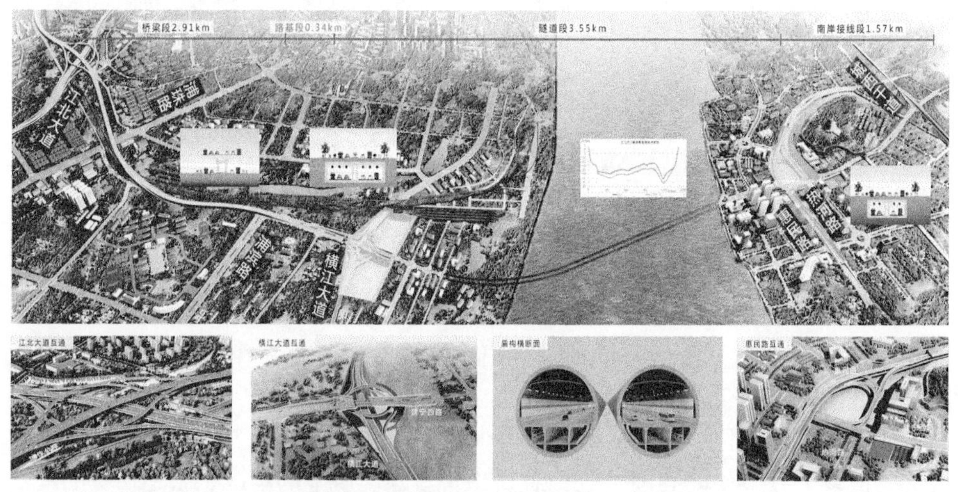

图6-40　建宁西路过江通道方案总体布置图

2. 江南连接线——主线隧道东延工程概况

建宁西路过江通道江南连接线——主线隧道东延工程为双向四车道，起于建宁西路过江通道工程一期项目终点(建宁西路与热河路交叉处以东 120m)，以隧道形式沿建宁西路向东，下穿仪凤门后设置一对进出口匝道，主线隧道继续向东下穿城墙遗址、护城河、大桥南路和四平路，在金川河西路前接入现状建宁路，全长 1.622km，如图 6-41 所示。

图 6-41　建宁西路过江通道江南连接线——主线隧道东延工程

隧道穿越狮子山、新民门城墙遗址及护城河，穿越总长度为 245m，根据文物部门的要求，该区域不允许采用明挖方案破坏文物文化层，同时综合考虑该区域的工程地质条件、水文地质条件、工程造价、工程施工便捷性等因素，确定采用顶管法施工，平面布置如图 6-42 所示。

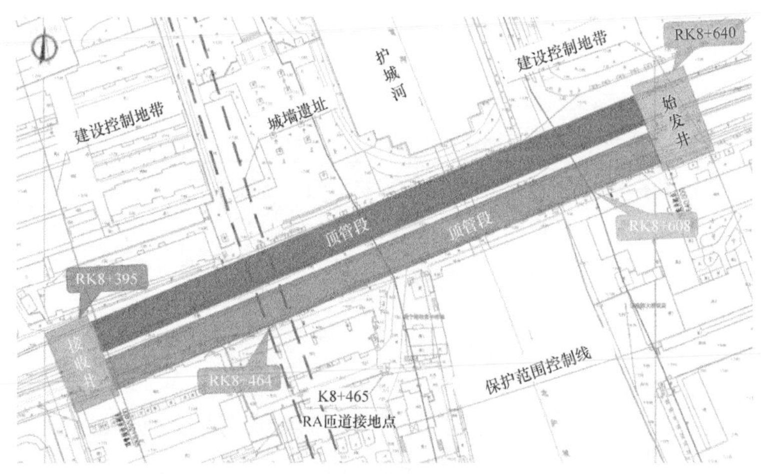

图 6-42　顶管段平面图

6.4.2　结构设计

1. 主线工程-盾构段

建宁西路过江通道隧道直径为 14.5m，隧道盾构段采用圆形横断面，圆形横断面由车道板分为上、中、下三部分，上部主要布置排烟道，中部主要用于行车，为行车道层，行车道层中部布置单向三车道行车空间，高 4.5m，车道宽 3.5m×2+3.75m=10.75m，路缘带宽度为 0.5m，侧向净宽 0.75m，总宽 12.25m。下部为服务层，行车方向左侧为设备空间，中间为疏散通道，右侧为管线通道，隧道外径为 14.5m，内径为 13.3m，管片厚 0.6m。建宁西路盾构隧道建筑横断面布置图如图 6-43 所示，设备对照表如表 6-7 所示。

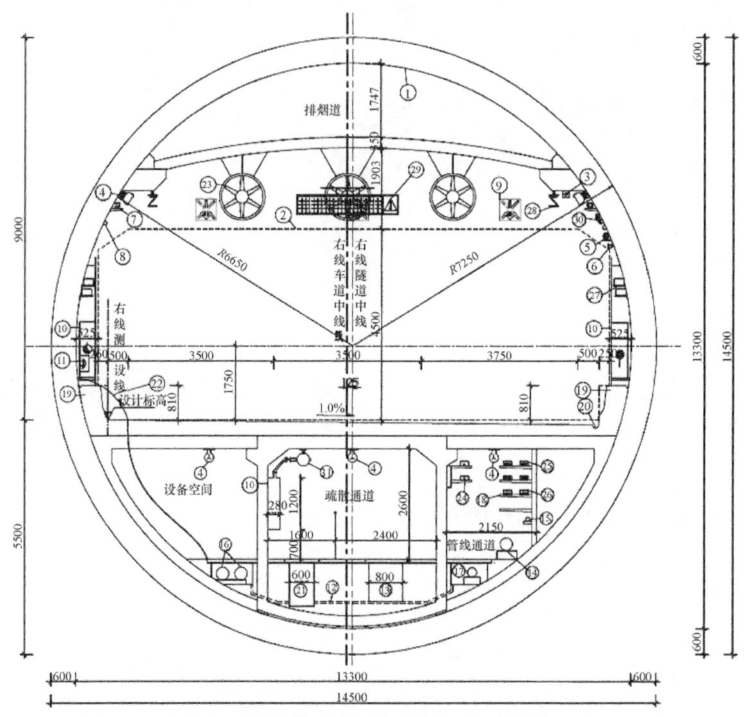

图 6-43　建宁西路盾构隧道建筑横断面布置图(单位：mm)

表 6-7　设备对照表

序号	设备名称	序号	设备名称	序号	设备名称	序号	设备名称
①	内衬(防火、吸声)	④	隧道照明灯具	⑦	监控摄像机	⑩	设备箱
②	建筑限界	⑤	CO-VI 检测仪	⑧	双波长火灾探测器	⑪	手动报警按钮
③	风速风向检测器	⑥	扬声器、声光报警器	⑨	车道指示器	⑫	排水管

续表

序号	设备名称	序号	设备名称	序号	设备名称	序号	设备名称
⑬	10kV 电缆管沟	⑱	电缆托架	㉓	射流风机	㉘	光纤光栅火灾探测器
⑭	DN300 水喷雾干管	⑲	防撞侧石	㉔	380V 电缆管沟	㉙	小型情报板
⑮	DN80 泡沫干管	⑳	路侧边沟	㉕	通信管线	㉚	光强检测器
⑯	DN300 废水管	㉑	中心集水沟	㉖	弱电电缆桥架	㉛	疏散通道消火栓干管
⑰	DN200 消火栓干管	㉒	疏散口	㉗	分支弱电电缆桥架	—	—

盾构段隧道衬砌结构采用平板型钢筋混凝土管片，衬砌采用斜螺栓连接，每道环缝采用 56 根 M30 斜螺栓连接，每道纵缝采用 3 根 M36 斜螺栓连接，每环管片共设置 30 根 M36 环向连接斜螺栓。衬砌采用错缝拼装，拼装过程中封顶块根据所选择的点位调整其位置。管片拼装时一般按先下后上进行，先拼装标准块，最后插入封顶块，封顶块拼装时按搭接 1200mm 径向推上再纵向推入的方式拼装。

盾构段隧道内部结构主要包括预制中间箱涵、现浇车道、综合变电所、废水泵房、疏散滑道与救援爬梯、烟道板及牛腿结构。其中，废水泵房段采用预制中间箱涵+一侧现浇车道板+一侧现浇废水泵房的形式，其余段采用预制中间箱涵+两侧现浇车道板的形式。

1) 弧形内衬

在隧道下部设置弧形内衬，内衬与管片手孔处连接钢筋。内衬结构厚度为 25cm，混凝土强度等级为 C40，抗渗等级为 P8。

2) 预制中间箱涵

预制中间箱涵分为 A 型、B 型、C 型三种箱涵型式，每节长度为 2m。

A 型中间箱涵顶板与侧墙上无预留门洞，如图 6-44 所示；B 型中间箱涵侧墙预留 900mm×2100mm 的门洞作为逃生滑道门洞、救援楼梯门洞、综合变电所检修门洞、废水泵房控制室门洞，左右两侧门洞均居中设置；C 型中间箱涵为废水泵房段落箱涵，废水泵房侧无牛腿。

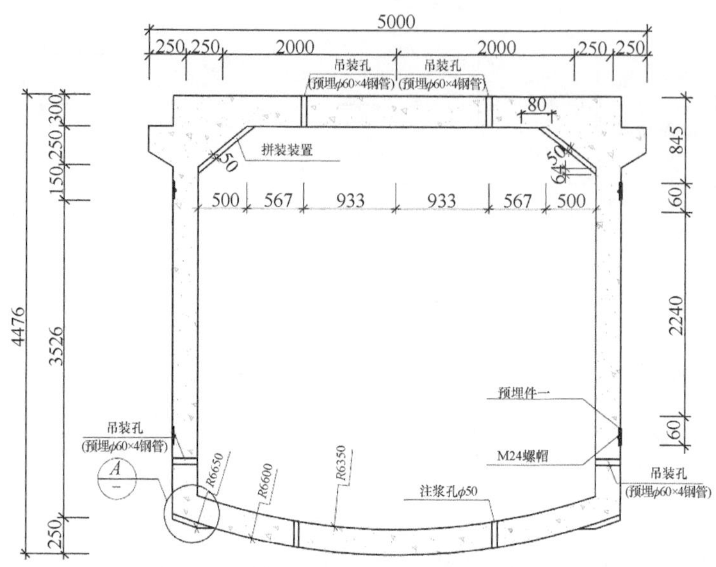

图 6-44　A 型中间箱涵结构(单位：mm)

中间箱涵内部为疏散通道，疏散通道净宽 4.0m，净高 2.6m。疏散通道左下侧的富余空间用 C25 素混凝土填充层设置通长排水沟，将废水排至废水泵站的集水池中。

3) 现浇车道

中间箱涵两侧车道板采用现浇形式，板厚 300mm，现浇车道板与中间箱涵采用钢筋接驳器连接。

4) 综合变电所

隧道在左线、右线最低点设备空间附近分别设置一座废水泵房用综合变电所，在左线、右线盾构段中间位置设置风机用综合变电所，盾构段共计 4 处。综合变电所尺寸为 16m(长)×2.309m(宽)×2.068m(高)。

5) 废水泵房

隧道在左线、右线最低点设备空间内分别设置一座废水泵房，泵房尺寸左线为 20m(长)×1.465m(宽)×2.6m(高)，右线为 20m(长)×1.465m(宽)×2.6m(高)。

6) 疏散滑道与救援爬梯段内部结构

在盾构段行车方向左侧每 80m 设置一处疏散通道(疏散滑道与救援爬梯交错布置)，疏散滑道与救援爬梯段路面上防撞侧石断开，如图 6-45 和图 6-46 所示。

7) 烟道板

为了增强防灾和救灾的功能和灵活性，利用车道层顶部空间设置火灾专用排烟道，烟道板采用预制混凝土与现浇牛腿结合的方式，板厚 250mm，盾构段通长设置，烟道板掺入聚丙烯纤维，烟道板下方设置防火板，要求采用 RABT 标准升温曲线，耐火极限不低于 30min。

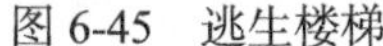

图 6-45　逃生楼梯

图 6-46　逃生滑梯

2. 江南连接线工程-顶管段

本工程顶管结构断面考虑采用矩形断面，在现有施工完成的顶管工程中，最大的矩形断面尺寸为 10.42m×7.55m，而本工程隧道断面最小净空要求为 9.75m×5.8m，加上衬砌厚度，矩形断面达到 11.75m×7.8m，如图 6-47 所示。针对本工程地质条件和工程条件，综合比较拟选用大刀盘偏心多轴组合式土压平衡顶管机，需要对现有矩形顶管机进行改造或定制顶管机。

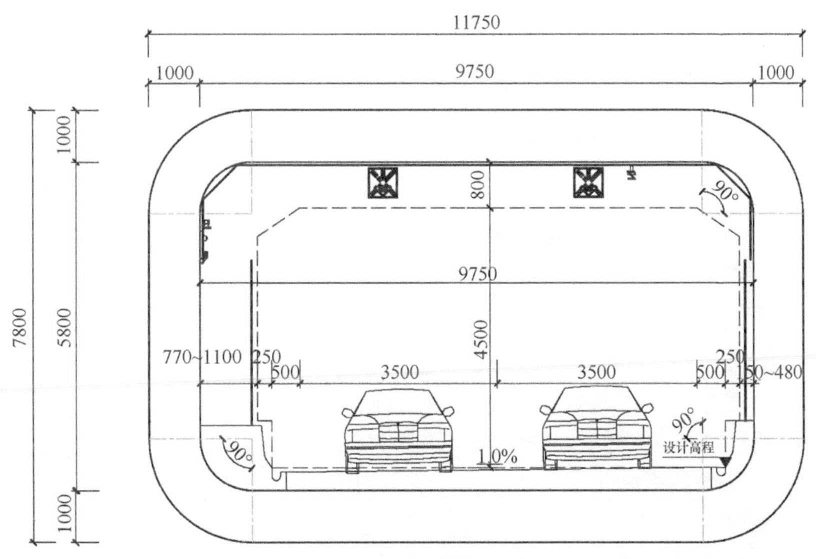

图 6-47　管节尺寸示意图(单位：mm)

6.4.3　施工工艺

1. 主线工程-盾构段

盾构隧道主体结构施工流程如图 6-48 所示。

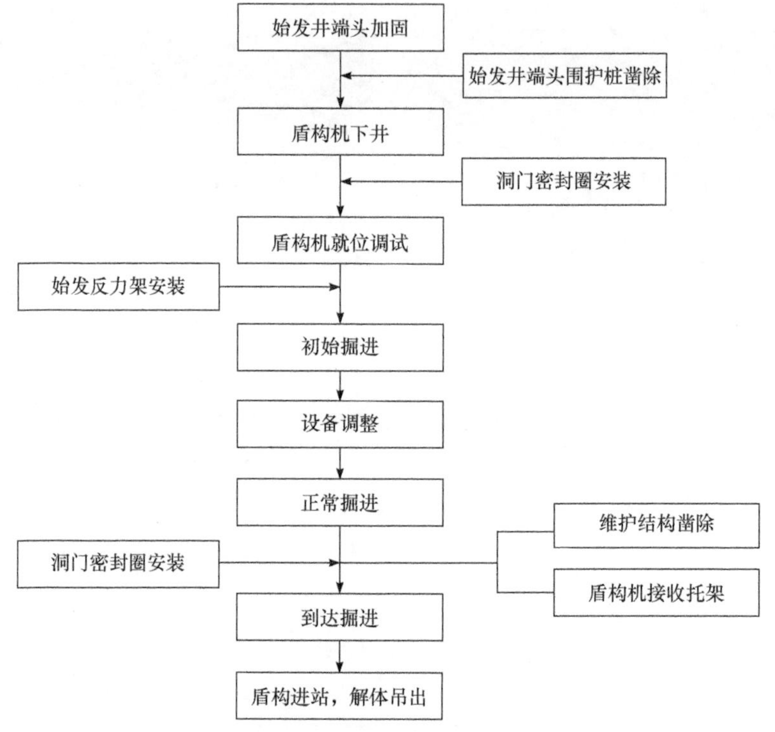

图 6-48　盾构隧道主体结构施工流程

盾构隧道内道路结构需要考虑隧道内有限的空间，道路施工中需尽量减少对管片运输的影响，保证盾构掘进的正常施工，同时还要考虑结构的整体强度与稳定性。本工程道路结构采用预制与现浇相结合的结构型式。中间箱涵采用预制结构，其框架结构具有较好的整体强度和稳定性，随着盾构掘进敷设，可以及时提供管片运输的道路；随后现浇两侧的弧形板和车道板，其钢筋通过手孔与隧道衬砌环相连，提高结构的整体性；整个隧道施工完成后，再敷设路面层，隧道结构横断面布置如图 6-49 所示。关键施工工序包括衬砌管片拼装、中间箱涵拼装、现浇车道板以及烟道板施工。

1) 衬砌管片拼装

衬砌管片拼装采用错缝拼装，拼装工作开始前，需要检查上环管片密封条的现状，如有脱落的情况，则应使用快凝胶重新黏接，若已经遇水膨胀，则应割断换新止水条。螺栓应准备就位，分布于管片拼装机平台上，以方便拼装时使用。每个螺栓都设置有防水垫圈。管片通过喂片机输送到管片拼装器的正下方，喂片的过程由盾构管片拼装手控制；喂片前应确保前一个拼装作业循环已完成，管片送到前端后拼装机可以抓取；管片向前输送的过程中，应有专人观察管片在移动过程中是否碰撞台车或四周油管，操作手确认喂片机移动装置已经完全到位后才能做出向前/向后的动作，以防止管片错位。

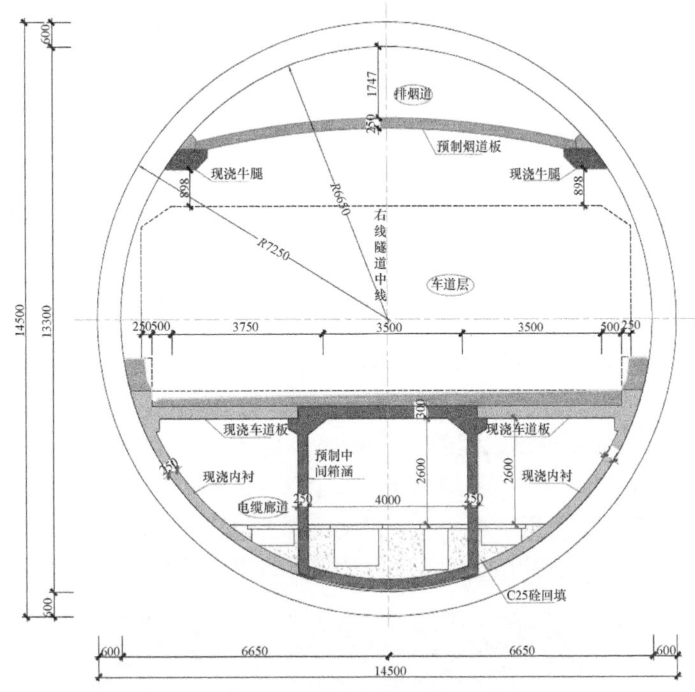

图 6-49 盾构隧道结构横断面布置(单位：mm)

根据拼装点确定管片安放位置，同时回缩相应千斤顶(每次回缩千斤顶数量不大于 4 组)。旋转或平移管片拼装器，将管片运送到拼装位置，平移旋转拼装机使管片内表面与上环管片内表面大致平整。初步定位过程中，需要注意正在拼装的管片与拼装好的管片之间留有一定的间隙(环向间隙>3cm，纵向间隙>3cm)，以防调整过程中损坏止水条。通过拼装器微调装置调整已经初步定位的管片，使其精确定位。

管片精确定位完成后，盾构千斤顶同步伸张，顶住管片，压紧环向接缝。管片螺栓穿入螺栓孔，并用气动扳手紧固。整环管片拼装完成后须对整环管片复紧。一环管片螺栓共进行三次紧固：第一次是在本环管片拼装完成后，立即用扭矩扳手紧固；第二次是在下环掘进过程中，油缸行程前 1/2 时对本环管片螺栓进行紧固；第三次是在管片脱出盾尾时再次进行紧固(在掘进过程中对后第三环管片进行紧固)。螺栓紧固完成后，拼装机卸掉真空，将管片拼装机移回管片供应位置，准备下一循环，如图 6-50 所示。

图 6-50　管片运输和现场拼装图

2) 中间箱涵拼装

中间箱涵构件在工厂进行预制，存放在工地附近，采用管片车运输至盾构隧道内，紧跟在盾构掘进的 1 号台车后面，一般距离掌子面约 40m。箱涵拼接缝应与管片环缝对齐，两节箱涵之间通过三根 M24 螺栓连接。中间箱涵的底板与管片之间留有 50mm 的空隙，在管片结构变形稳定后、弧形板浇筑前，采用灌注 M10 水泥砂浆进行密实填充，如图 6-51 所示。在箱涵中间及两侧填充混凝土浇筑前，应完成中间箱涵构件及两侧管片位置的凿毛及清洗，以保证后浇混凝土的施工质量。

图 6-51　中间箱涵安装图

3) 现浇车道板

两侧现浇车道板采用定型台模浇筑，中间与预制箱涵通过钢筋接驳器连接，两端采用植筋方式与盾构管片连接。现浇车道板每 40m 左右设置一道变形缝，变形缝布置与箱涵拼接缝对齐，变形缝宽 8mm，变形缝采用中埋式钢边橡胶止水带止水，上部采用焊接钢板搭接。

4) 烟道板施工

烟道板采用预制混凝土与牛腿相结合的方式，两端放置在牛腿上，牛腿及烟道板通过植筋以纵梁形式设置在衬砌环上，在牛腿上表面设置氯丁橡胶板支座，烟道板搁置在氯丁橡胶板上，预制板两端与管片间空隙用微膨胀混凝土嵌填，如图 6-52 和图 6-53 所示。

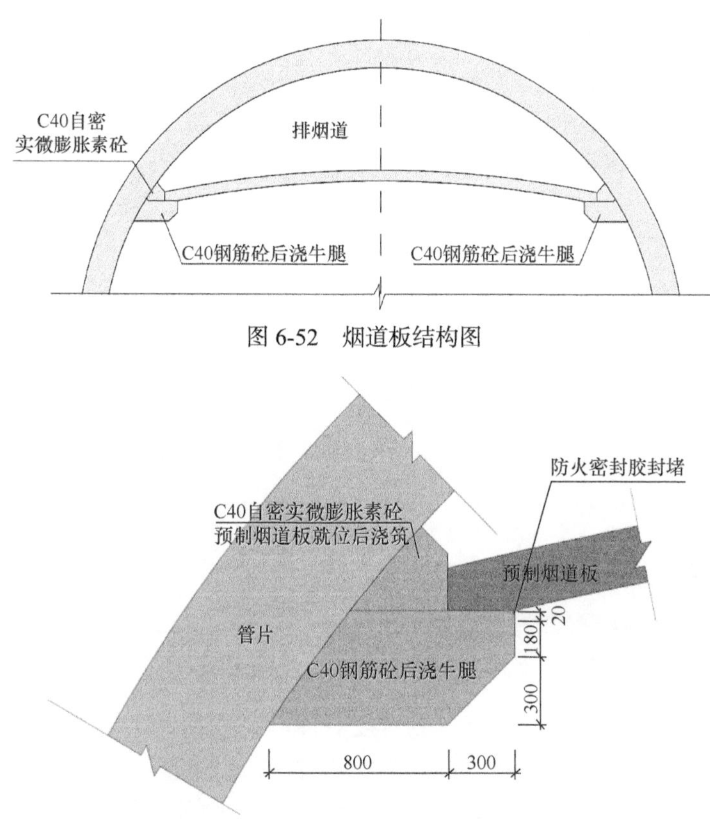

图 6-52 烟道板结构图

图 6-53 烟道板、牛腿大样图(单位：mm)

2. 江南连接线工程-顶管段

顶管设计采用矩形钢筋混凝土预制管节，管节混凝土等级为 C50，防水等级为 P10，管节壁厚 900mm，环宽 1500mm，单节混凝土管片重约 130t，采用定向钢模进行预制(图 6-54)。

图 6-54 管节钢模图

1) 基座及顶进后靠、机架的安装

始发井结构施工时在底板预埋尺寸为 30mm×30cm 的钢板，基座下井后与其焊接，确保基座在顶进过程中承受各种负载时不位移、不变形、不沉降。洞门段的延伸导轨在工作井导轨敷设完成以后跟进敷设等安装，规格采用 43kg/m 重轨，长度约为 1.5m。导轨安装完成后，可以稍微抬高，防止顶管机进洞后出现磕头的现象。顶管机放置在始发托架上，始发托架及钢后靠连成一个整体。同样，在接收井内也需要安装一个接收架。随着顶进的进行，轨道沿顶进方向延伸，机架及后靠滞留在工作井内，基座及后靠顶进系统安装如图 6-55 和图 6-56 所示。

图 6-55　基座安装实拍

图 6-56　后靠顶进系统安装实拍

后靠自身的垂直度、与轴线的垂直度对日后的顶进至关重要。为保证力的均匀传递，钢后靠根据实际顶进轴线放样安装时，在钢后靠与始发井内衬墙间预留一定的空隙(空隙大小为 10cm)，现浇素混凝土填充此空隙。顶管顶进中产生的反顶力能均匀分布在内衬墙上或加固土上。钢后靠的安装高程偏差应不超过 5mm，水平偏差应不超过 7mm。

2) 管节预制

(1) 模板制作与拼装。

采用钢模板，在模板制作和安装过程中，应确保强度和刚度。钢模的配件必须对号入座(钢模和配件均应编号)。模板反复利用过程中，必须清理彻底，混凝土的残渣应全部铲除，并用压缩空气吹净。与混凝土接触的钢模表面清理洗刷时不准用锤凿，应沿其表面铲除，以防损坏钢模表面。钢模清理后需要涂覆脱模油，脱模油优先采用喷涂方法，保证油面均匀不出现积油、淌油现象。钢模合拢前应先检查模底与四块侧模接触处是否干净，然后合上端头板；钢模两侧板拧入定位螺栓时，应先中间后两头，打入定位销。钢模合拢后，用内径千分尺钢模的内净宽度尺寸，若超过误差尺寸，则必须重新整模，直至符合要求。

(2) 混凝土浇筑。

为了使管节框架既具有一定的强度，又具有足够的抗渗性能，对管节混凝土的浇筑工艺应给予足够的重视，务必保证管节混凝土一次性浇筑成功。混凝土振捣工作应仔细，不得漏振。混凝土的养护至关重要，若养护不当，往往会产生分布很广的裂缝。

3) 管节质量检验

管节质量检验的具体内容如下。

(1) 管节每生产一环，应抽查一块进行抗渗检漏，若发现存在检漏不合格的管节，则不得应用于工程中。此外，还应对当日生产的每块管节进行检漏试验。

(2) 在钢模复试合格后进行管节试生产，以检验管节钢模的制作质量，全部合格并得到业主和工程师的认可后，再进入正式生产。单块管节的外观尺寸允许偏差为管节的边长误差(< ± 2mm)，高度误差应<1mm，上下平面矩形外框对角线误差应<4mm，侧向平面与上下平面的垂直度误差应<2mm。

4) 管节的运输、贮存及堆放

(1) 运输。

① 管节出厂运至工地时，管节应内弧面向上平稳放置于有专用支架的运输车辆内。

② 用同一车辆装运两层以上管节时，管节之间应附有柔性材料的垫料。

③ 配备能满足施工需要的管节运输车辆，确保顶管推进的连续性。

④ 对于运输过程中被损坏的管节，应按预案处理。

⑤ 运输时，混凝土管节的棱线部分必须采取适当的防护措施，以防止被损坏，同时在装卸等搬运时也必须加以注意。

⑥ 管节接头等附件必须分别打包，并注明品种、数量后再运输。

(2) 贮存及堆放。

① 管节应按生产日期及型号排列堆放整齐，并搁置在柔性垫条上，垫条厚度应一致，搁置部位上下也应一致。

② 管节堆场应坚实平整，堆放整齐，堆放高度在生产地点应不超过一层。

③ 管节贮存时，应避免管节产生有害的裂纹或永久性变形等，选择适当的贮存场所和贮存方法，以免因其自重造成贮存场所不均匀下沉和垫木变形而产生异常应力和变形。

④ 管节接头附件必须分别打包，保管在固定地方，以免丢失。保管时必须注意，这些附件不可接触雨水和露水等产生的潮气，保证不产生锈蚀及黏附灰尘、砂粒等，以防降低品质。

(3) 管节吊装下井及安装。

管节出厂经检验合格后运输到现场，采用重 200t 的履带吊将管节吊装下井。每节管节安装前，需要先粘贴止水圈及木衬垫，管节与管节的接口部分按设计要求进行嵌填，同时，尽量保证管节与机体处于同心同轴状态。管节相连后，应在同一轴线上，不应有夹角和偏转，受力面应均匀。

5) 管节顶进

(1) 基座安装。

基座定位后必须稳固、正确，基座上的两根轨道必须平行、等高，如图 6-57 所示。轨道与掘进轴线应平行，导轨高程偏差应不超过 3mm，导轨中心水平位移应不超过 3mm。

图 6-57　基座安装

后靠自身平面与轴线的垂直度对掘进至关重要。钢后靠根据实际掘进轴线放样安装时，与始发井内衬墙预留一定的空隙，固定后在空隙内填充细石混凝土，使钢后靠与墙壁充分接触。这样，顶管机掘进中产生的反顶力能均匀分布在后靠结构上。后靠自身平面与轴线的垂直度应≤0.15°。

(2) 主顶的定位。

主顶的定位关系到掘进轴线控制的难易程度，在定位时应力求与管节中心轴线呈对称分布，以保证管节的均匀受力。主顶定位后，需要进行调试验收，保证 16 个千斤顶的性能完好。主顶的轴线与掘进轴线的位置度应≤5mm。

(3) 顶管机就位、调试验收。

为保证顶管机出洞段的轴线控制，顶管机吊下井后，需要对顶管机进行精确定位，尽量使顶管机轴线与设计轴线相符。

在顶管机准确定位后，必须进行反复调试，确定顶管机运转正常后，方可进行掘进出洞和正常掘进工作。

(4) 顶管机设备扩能。

根据主顶力的计算结果，若所需主顶力大于现有设备主顶力，则设备扩能的方案有以下两个。

① 方案一：扩大主顶的顶推力，达到顶管施工要求。

② 方案二：增加中继间，以接力顶进方式达到管廊工程顶管施工要求，如图 6-58 所示。

方案一受顶管横断面尺寸限制，无法增加顶推油缸个数或扩大缸径，提高液压系统压力也受系统限制，因此以此途径来扩能困难大、成本高，不建议采用。

方案二是目前工程上常用和成熟的方案。参照实际工程案例，即苏州市城北路综合管廊元和塘顶管工程，工程实践中管廊顶管断面尺寸为 9.1m×5.5m，顶距为 233m，设计采用 6000t 的顶推力，设置两道中继间。实际施工中采用复合高分子聚合物减阻胶泥技术，实际顶进中未启动中继间，到达终点位置时实际顶力为 3630t，为设计理论值的 50%～55%。

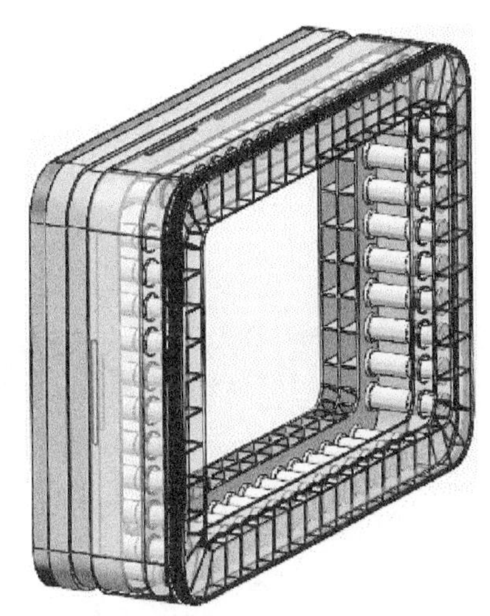

图 6-58　中继间模型

实际施工中加强减摩泥浆的注浆管理，真正做到先注后顶，及时补浆并加强泥浆套的泥浆监测，减小摩阻力，并观测主顶力的变化，加强顶力管理，视顶力情况适时加入中继间，在顶力达到中继间最大顶力的 80%时加入第一中继间，视顶力变化实际情况开启中继间。

(5) 地面沉降控制。

在掘进过程中，应合理控制掘进速度，保证连续均衡施工，避免出现长时间搁置的情况；根据反馈数据不断调整土压力设定值，使其达到最佳状态；严格控制出土量，防止欠挖或超挖。

(6) 管节减摩。

为减少土体与管道间的摩阻力，在管道外壁压注触变泥浆，在管道四周形成一圈泥浆套，以达到减摩效果，在施工期间要求泥浆不失水、不沉淀、不固结。

(7) 止退装置。

由于矩形顶管机的断面较大，前端阻力大，在实际施工中，即使管节顶进了较长距离，但每次拼装管节或加垫块时，只要主顶油缸回缩，机头和管节仍会同时后退 20～30cm。当顶管机和管节后退时，机头和前方土体间的土压平衡受到破坏，土体面得不到稳定支撑，易引起机头前方的土体坍塌，若不采取一定的措施，路面和管线的沉降量将难以得到控制。本工程采取特有的止退装置(图 6-59)，可有效阻止管节的后退，避免由此带来前方土体沉降的问题。

(8) 出土量控制。

在掘进过程中，应精确统计每节的出土量，尽量使其与理论出土量保持一致，以确保正面土体的相对稳定，减少地面沉降量，顶管机出土现场如图 6-60 所示。

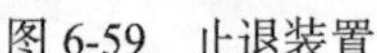

图 6-59　止退装置

图 6-60　顶管机出土现场

(9) 顶管接收。

顶管机切口顶进至距离围护结构 30cm 时，停止顶进，洞口加固完毕并达到设计强度，将预留洞口的围护结构凿除，在接收井底板上安装接收架，将顶管机缓慢顶进接收井内，当首节管节顶进至设计位置时，应停止顶进，并利用管节内注浆孔进行水硬性浆液填充管节与洞圈的空隙。

(10) 设备拆解。

顶管机停到设计位置，洞门封堵、水硬性注浆完成一段时间后，开始设备拆除，如图 6-61 所示。

图 6-61　设备拆除并运至始发井

6.4.4　技术总结

(1) 南京建宁西路过江通道内部结构设计采用预制中间箱涵及烟道板+现浇车道板的组合方案，该方案能够在施工速度与施工便捷性两者之间取得较好的平衡。

(2) 弧形内衬的设置能够有效避免隧道运营期盾构管片因错台、张开而导致的渗漏水问题，同时采用环向排水管+中央集水沟+最低点集水池综合排水体系，能够很好地收集隧道内的渗漏水，保证盾构隧道内无积水现象。

(3) 工厂预制化构件的大范围使用，能够明显提高施工质量，可实现较高的经济和社会效益。

(4) 顶管工程具有断面大、顶进距离长、坡度大、双线间距小、顶管穿越高水压粉土粉砂层以及下穿既有河道等特点。在设计及施工过程中，针对此类复杂问题可提供相关的实践经验。

(5) 本工程两条顶管隧道净距约 4.6m，后行顶管施工会对先行顶管产生影响，近距离顶进时，后行顶管施工前建议对先行顶管及时进行置换注浆处理，后行顶管施工过程中采用合适的顶进施工参数和措施，并加强施工监测，及时指导反馈施工，控制施工影响。

6.5　南京扬子江大道快速化改造综合管廊工程

6.5.1　工程概况

扬子江大道位于河西滨江，是南京市快速路的重要组成。综合管廊随路建设双仓、三仓干线综合管廊 7km，是南京市“两环六射”干线管廊体系中江南环干线管廊的重要组成部分，规划入廊管线包括供水、电力通信等，如图 6-62 所示。

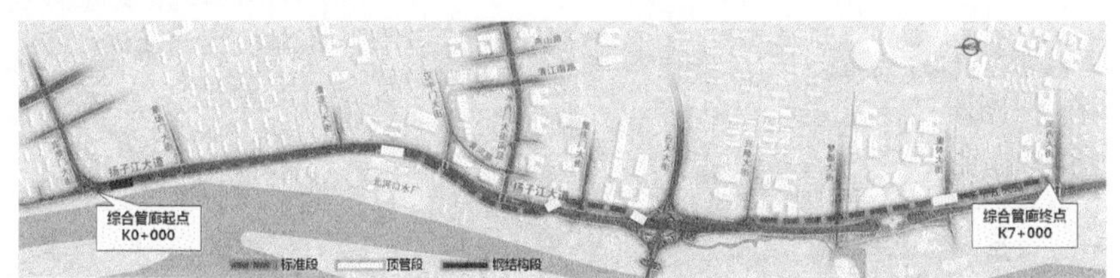

图 6-62　扬子江大道综合管廊平面图

项目范围内管线众多，多沿扬子江大道南北向分布，同时在各交叉节点以东西向为主。其中，220kV 电缆管沟、过路污水主管、过路电力管线、供水主管对项目影响较大，管廊部分节点采用暗挖作业。项目全线综合管廊共设置四处顶管暗挖，其中奥体大街节点顶管长度为双排 245m，地下平均深度达 18m，纵坡达 5‰，是南京市目前建成最长、深度最大的矩形顶管，也是采用超小净距分仓顶管工艺施工最长的管廊。此外，项目起点段设置长 80m 的钢结构综合管廊，采用预制装配式波纹钢结构。

6.5.2　结构设计

1. 顶管结构设计

扬子江大道综合管廊顶管断面采用矩形断面，管节宽 1.5m，衬砌厚 0.5m，断面外尺寸为 6.5m×4.3m，顶板、底板、侧墙均为直线，内轮廓角部 R=0.2m，外轮廓角部 R=0.5m。管节采用预制钢筋混凝土平板形管节衬砌，混凝土强度等级为 C50，如图 6-63 所示。

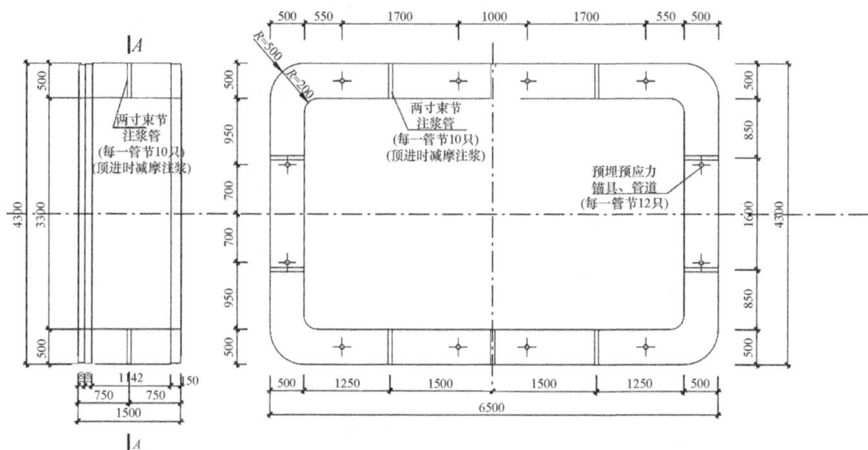

图 6-63　顶管横断面设计图(单位：mm)

顶管管节接缝采用“F”型钢套接口，两管节之间的变形缝处填塞胶合板，靠近结构内侧的梯形区域内填塞高模量聚氨酯密封胶，如图 6-64 所示。结构内、外两侧焊制不同厚度的钢板(钢套环)，外侧做成承插式的接头，内侧两钢板之间再用一等厚钢板连接。结构外侧做成两层台阶式，第一级台阶高 11.5mm，与下一管节的钢套环之间布置两道齿形氯丁橡胶止水带，并用 8mm 厚的钢板固定；第二节台阶高 21.5mm，为钢套环的插入空间，施工完成后在两者空隙内注浆，以密实空隙。为防止后续管节与钢套环之间渗漏水，在两者接触处布置一遇水膨胀橡胶条(两端用ϕ6mm 圆钢固定)。

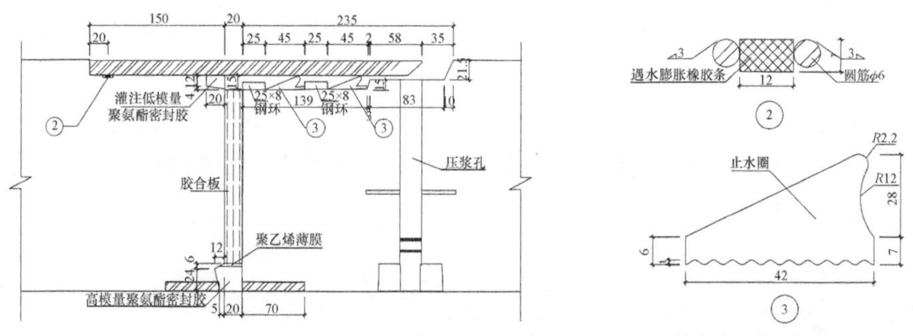

图 6-64　“F”型钢套接口构造图(单位：mm)

综合管廊全线共设置四处顶管，长度分别为 63m、40m、71m、230m，管廊分为两仓，采用相同尺寸的顶管，左右两舱净距为 1.5m，奥体大街段顶管纵横断面如图 6-65 和图 6-66 所示。

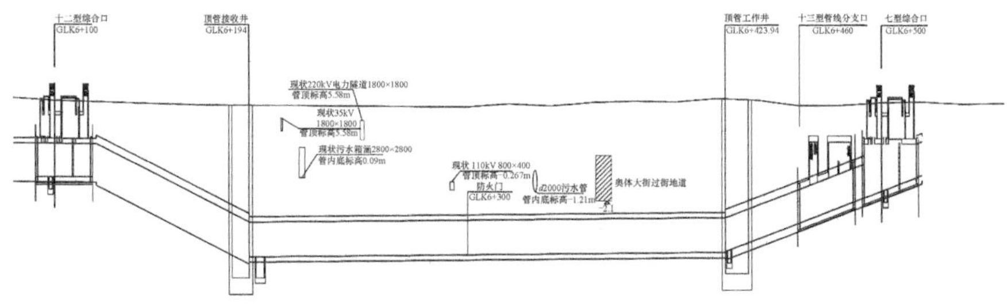

图 6-65　奥体大街段顶管纵断面(单位：mm)

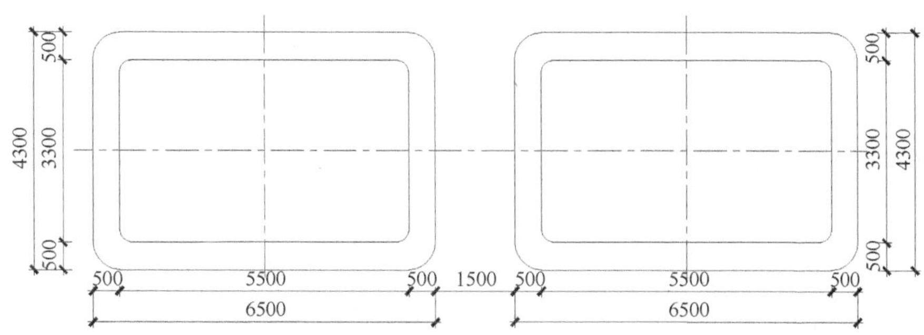

图 6-66　奥体大街段顶管横断面(单位：mm)

管节断面设置 12 个预应力孔，管节与管节之间采用预应力钢绞线连接，如图 6-67 所示。钢绞线为 4 束 15-7ϕ5，抗拉强度等级为 1860MPa。在预制混凝土管节全部顶完之后，封闭管节与井接头之前进行预应力钢束张拉，张拉采用两端对称张拉，张拉顺序由外向内，锚具构造如图 6-68 所示。钢绞线张拉锚下控制应力为σ_{con}=1395MPa。

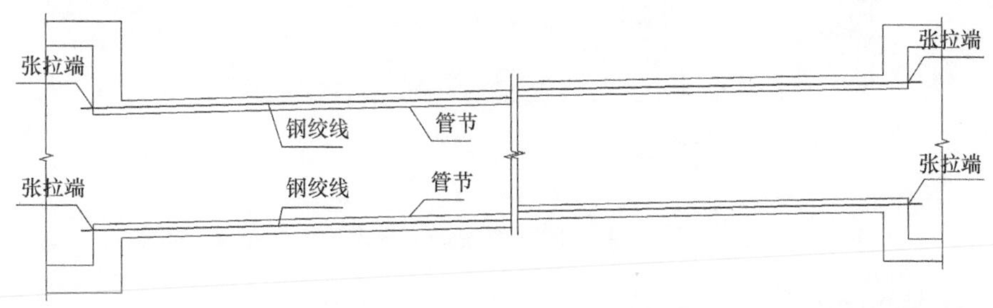

图 6-67　管节钢绞线剖面示意图

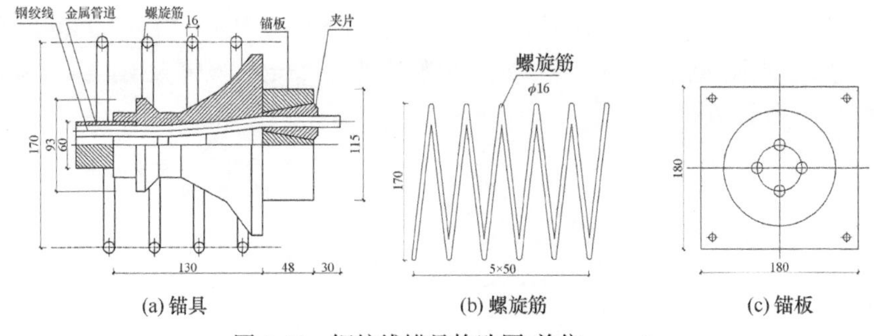

图 6-68　钢绞线锚具构造图(单位：mm)

2. 波纹钢结构设计

扬子江大道全线配套实施综合管廊，在交通组织受限段采用波纹钢结构装配式综合管廊，实施长度 80m，施工工期较现浇混凝土结构缩短 1/2 以上，有效降低了施工对城市交通的影响。钢结构管廊断面采用双仓方拱形，充分利用结构与土体共同受力的特点，提高了廊体强度，减小了管廊钢板厚度，内部空间利用率更高，尺寸如图 6-69 所示。

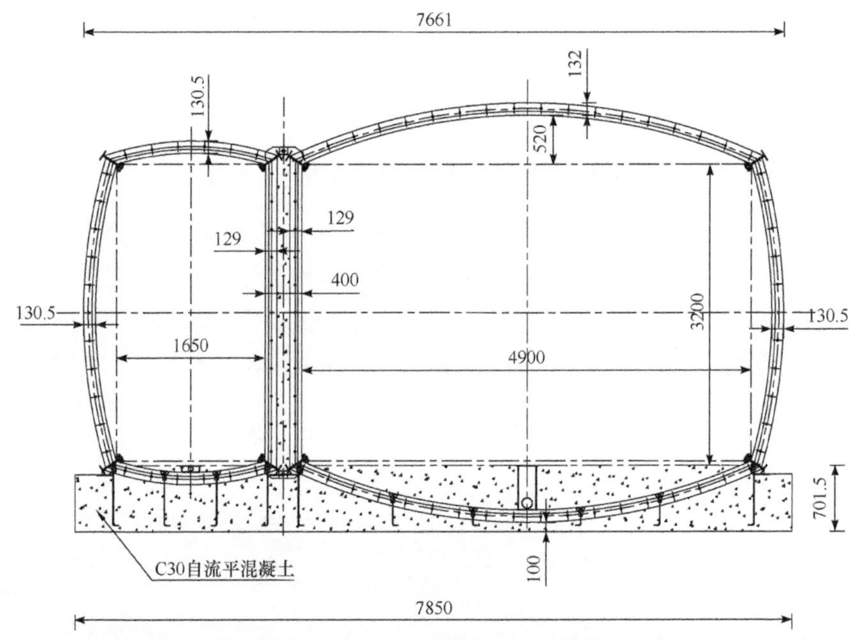

图 6-69　装配式钢结构地下综合管廊断面形式及尺寸(单位：mm)

1) 结构设计

管廊上部覆土厚度 3.5m，路面汽车荷载等级为城-A 级。顶板计算动载取 13.33kPa，静载作用系数取 1.3，动载作用系数取 1.5，结构重要性系数取 1.1，侧板静土压力按梯度荷载加载。波纹钢板的波纹参数为 375mm×125mm (图 6-70)，小舱顶板、底板、侧板及竖板板厚均为 4mm；大仓顶板厚 5.5mm，底板、侧板厚 4.5mm；仓间竖直板厚 4mm，钢板材质为 Q355，紧固螺栓为 8.8 级热镀锌螺栓。

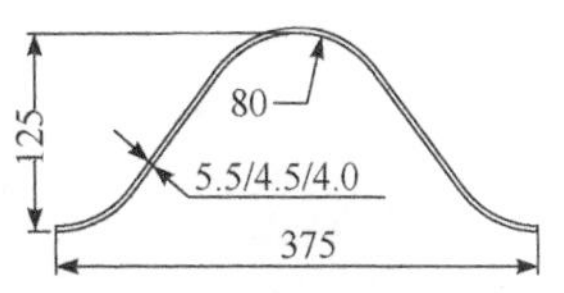

图 6-70 波纹参数(单位：mm)

综合管廊主体结构设计采用 ABAQUS 三维结构模型进行计算，结构最大竖向挠度为 23.28mm (图 6-71)，大舱顶板拱顶部位最大应力为 221.4MPa (图 6-72)，结构挠度和强度均满足设计规范要求。

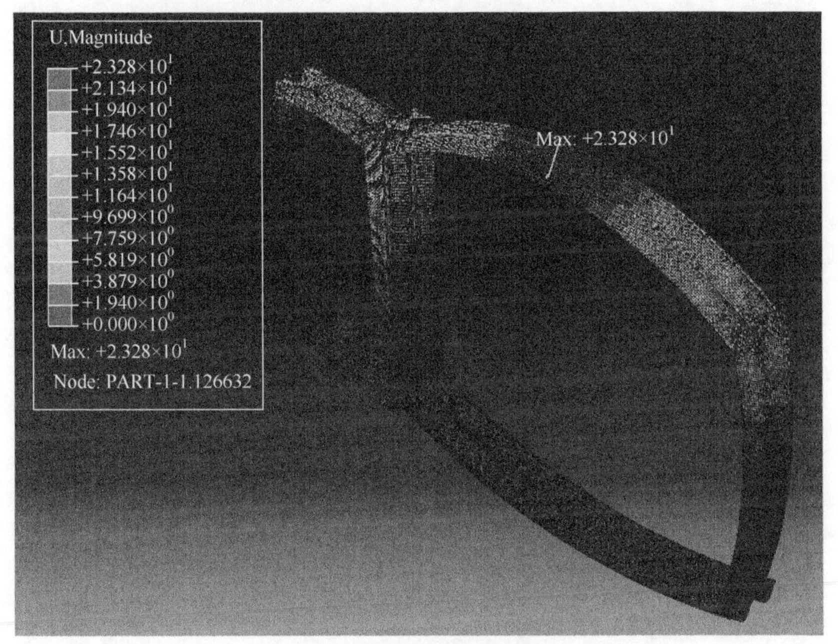

图 6-71 钢结构管廊结构挠度计算

2) 耐腐蚀设计

钢结构地下综合管廊的耐腐蚀性采用镀锌作为阳极应对电化学腐蚀，埋地构件采用热镀锌防腐克服杂散电流腐蚀。结构墙板及高强度螺栓、螺母、垫块等出厂前应进行表面热浸镀锌防腐处理，螺栓、螺母、垫块单面附着量不小于 350g/m^2，墙板单面附着量不小于 600g/m^2，防腐层每面总厚度不小于 140μm，使用寿命可超过 100 年。

3) 防水设计

钢结构管廊拼接的连接缝，均采用螺栓和法兰压紧橡胶密封垫密封。密封垫选用三元乙丙/氯丁橡胶，结构采用三重密封防水形式，管廊内侧第三重密封为可更换密封垫，当密封垫寿命到期后，可更换密封垫，保证密封部位使用寿命达到100年，如图6-73所示。两节廊体连接后进行整体水压试验，在0.4MPa压力下结构体无泄漏。

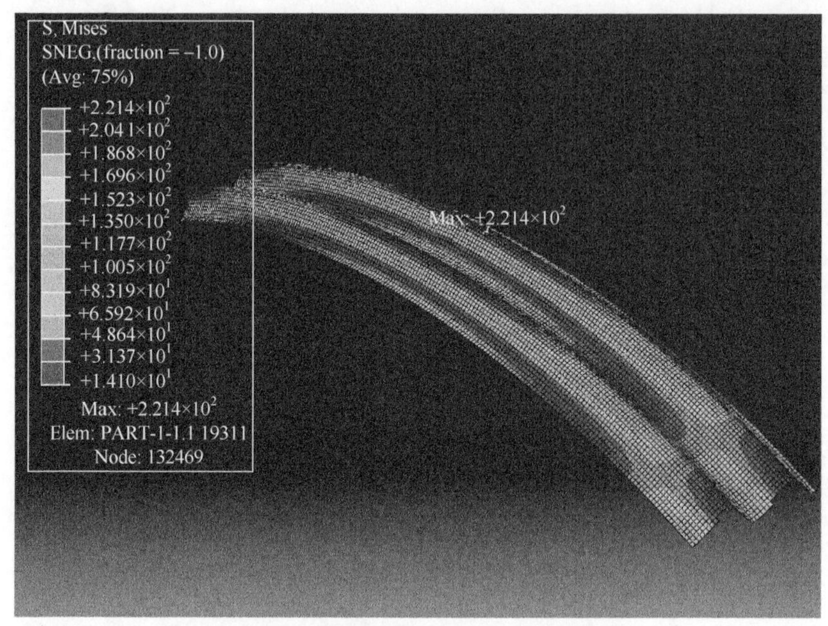

图6-72　钢结构管廊结构强度计算

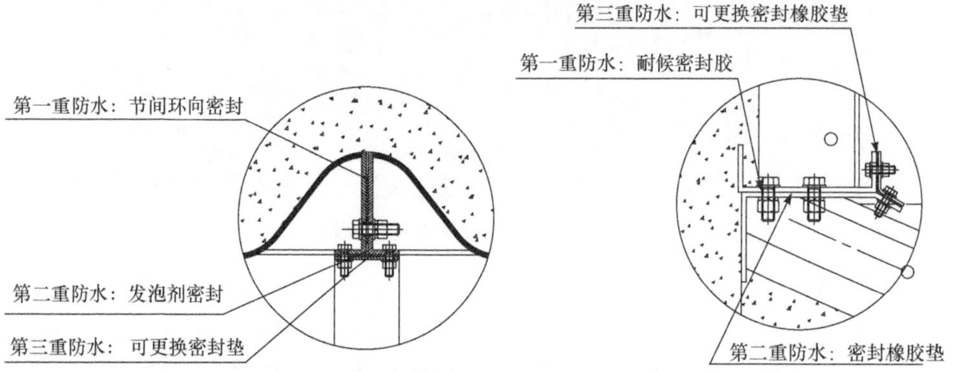

图6-73　波纹钢装配式管廊三重防水设计

4) 防火设计

综合管廊的耐火极限应考虑人员逃生所需时间、消防措施灭火所需时间、消防人员灭火所需时间等，保证钢制管廊消防全过程中的安全。扬子江大道管廊选用薄型防火涂料+疏导法的形式对钢制管廊进行防火处理，管廊的钢板与管廊外部的泥土直接接触，钢板与泥土的导热性能好，在发生火灾后，钢板上的热量可以迅速被泥土吸收，钢板温升将被抑制。

6.5.3　施工工艺

1. 顶管施工工艺

1) 顶管施工工艺流程

顶管施工工艺流程如图 6-74 所示。

2) 地面准备工作

(1) 在顶管推进前，按常规进行施工用电、用水、通道、排水及照明等设备的安装。

(2) 施工材料、设备及机具必须备齐，以满足本工程的施工要求。

(3) 井上、井下建立测量控制网，并经复核、认可。

3) 井下准备工作

(1) 基座安装。后靠自身的垂直度、与轴线的垂直度对顶管顶进至关重要。钢后靠根据实际顶进轴线放样安装时，与始发井内衬墙预留一定的空隙，定位固定后在空隙内填充 C30 素砼，使钢后靠与墙壁充分接触，保证顶管顶进中产生的反顶力能均匀分布在内衬墙上，如图 6-75 和图 6-76 所示。

图 6-74　顶管施工工艺流程

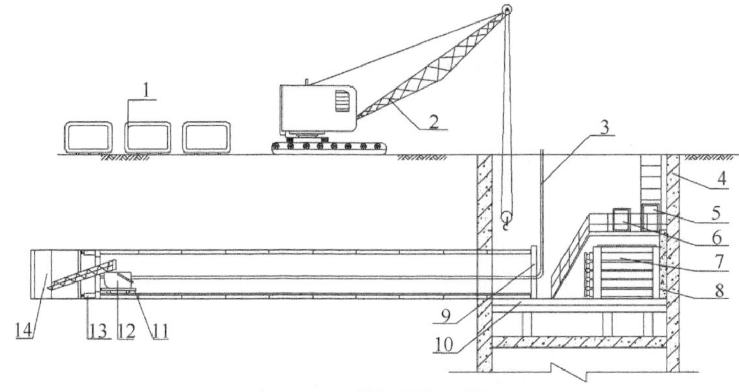

图 6-75　顶管顶进工艺图

1-砼管节；2-吊车；3-压浆总管；4-工作井；5-配电箱；6-操纵台；7-主顶油缸；8-后靠；9-顶环；10-基座；11-小车；12-土箱；13-纠偏油缸；14-顶管机

图 6-76　顶管管节摆放吊装

(2) 洞门双袜套密封圈安装。出洞洞门密封圈的安装是顶管施工重要的工序之一。由于洞圈与管节间存在 10cm 的建筑空隙，在顶管出洞及正常顶进过程中极易出现外部流沙涌入始发井内的严重质量安全事故。为防止此类事故发生，在钢洞圈内距离内井壁 30cm 处焊接一圈厚度为 7mm 的薄钢板，高度为 10cm 左右，在薄钢板后间距 30cm 处焊接一块三角筋板，作为出洞钢袜套。

在洞圈上即内井壁侧安装帘布橡胶板密封洞圈，橡胶板采用 12mm 厚钢压板，压板的螺栓孔采用腰孔形式，利于顶进过程中可随管节位置的变动而随时调节，保证帘布橡胶板的密封性能，如图 6-77 所示。

(3) 顶管机吊装下井。矩形顶管机机头设计总质量约 140t，分为前后两段，前段约 90t，后段约 50t。吊装时选用性能优良的 250t 履带吊进行机头吊装，如图 6-78 所示。为了避免顶管机机头吊装中造成路面损坏，在吊车两侧履带下垫置路基箱，减小起吊时对地面的压强。

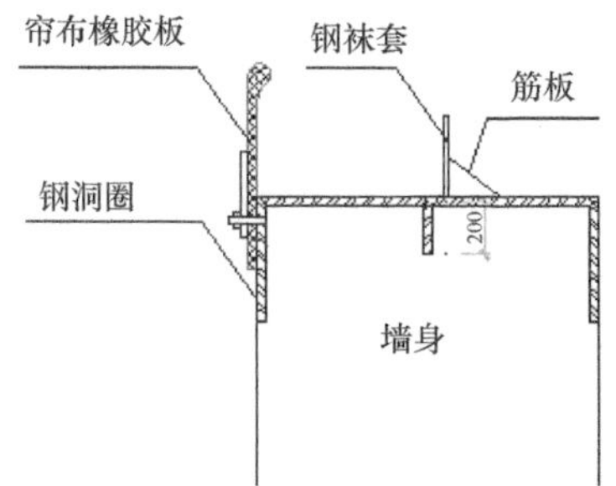

图 6-77　双袜套示意图

图 6-78　顶管机前段下井、就位

(4) 主顶的定位及调试验收。主顶定位关系到顶进轴线控制的难易程度，在定位时应力求与管节中心轴线呈对称分布，以保证管节的均匀受力。在主顶定位后，需进行调试验收，保证 12 个千斤顶的性能完好。

(5) 顶管机就位、调试验收。为保证顶管出洞段的轴线控制，顶管机吊下井后，需要对顶管机进行精确定位，尽量使顶管机轴线与设计轴线相符。

在顶管机准确定位后，必须进行反复调试，在确定顶管机运转正常后，方可进行顶管出洞和正常顶进工作。

4) 出洞段顶进施工

顶管机顶出洞圈至顶管机切口距工作井 6m 范围为出洞段。顶管机出洞流程如图 6-79 所示。

顶管始发井围护即出洞洞门封门形式采用 1m 钻孔灌注桩，工作井内衬墙内预埋钢洞圈。顶管洞门外采用三排ϕ850@600 搅拌桩作为顶管出洞加固。顶管机的出洞过程即顶管机机头经过出洞段加固区并进入原状土体的过程，出洞前需要先将洞圈范围内的钻孔灌注桩破除。

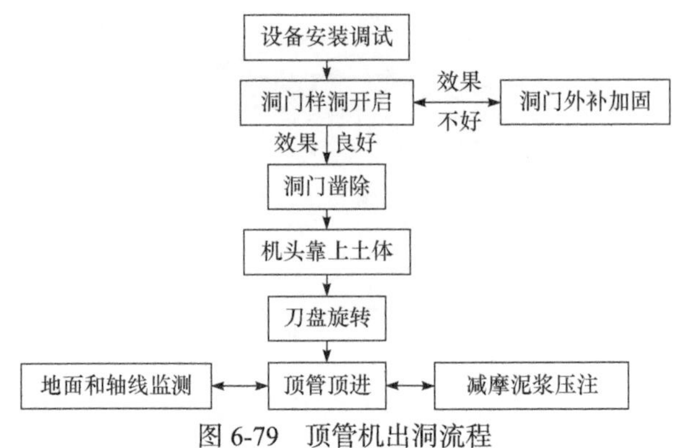

图 6-79　顶管机出洞流程

出洞段顶进施工关键工序如下：

(1) 破除钻孔灌注桩。对全套顶进设备进行一次系统调试。在钢洞圈范围内四个角及洞门中心各钻取一个孔，孔的深度大于灌注桩厚度，观察孔内的渗漏水情况。若孔内没有水流出，则可以将顶管机推入钢洞圈内；若孔内有连续渗水，则应立刻用快速水泥将孔封住，在凿除部位和围护之间补做压密注浆堵漏，经再次检查无渗漏水后，再将机头推入钢洞圈，然后将钻孔灌注桩依次破除。

(2) 顶进施工。钻孔灌注桩后，应立即开始顶进施工，由于正面为全断面的水泥土，为保护刀盘，顶进速度应放慢。另外，可能会出现螺旋机出土困难的情况，必要时可加入适量清水来软化或润滑水泥土。顶管机进入原状土后，为防止机头出现"磕头"，拉紧机头和前三节管节之间的拉杆螺丝，同时适当提高顶进速度，使正面土压力稍大于理论计算值，以减少对正面土体的扰动，避免出现地面沉降。

在出洞过程中，应随时观察机头进入土体的姿态，一旦发生偏离轴线的情况，应立即调整左、右、后千斤顶的数量来纠正机头姿态，并做到勤纠少纠，避免一次性的大量值纠偏。顶管始发、顶进出土如图 6-80 所示。

图 6-80　顶管始发、顶进出土

(3) 顶管机从始发井出洞后，应尽量减少水土流失，控制好地面沉降，并不断根据地面沉降数据的反馈进行参数调整，及时摸索出正面土压力、出土量、顶进速度、注浆量和压力等各种施工参数最佳值，为正常段施工服务。

5) 正常段顶进施工

正常段顶进施工关键工序如下。

(1) 加强监测。监测是顶管机顶进的“眼睛”，顶进施工进行全过程监测，以准确、及时地了解路面、管线及周边建筑的沉降和侧向变形的情况，并在顶进施工中根据反馈数据及时调整各类施工参数。本工程涉及穿越 220kV 高压电缆，顶进过程中应严密监测地面沉降等数据。

(2) 严格控制纠偏。严格控制纠偏量，做到勤纠少纠，尽量减少对正面土体的扰动，还要注意克服顶管机机头旋转现象。除了压浆纠转技术措施，还可利用该顶管机中间的刀盘正转和反转的切换来平衡顶管机的扭矩作用。

(3) 均衡顶进速度。施工顶进速度不宜过快，一般控制在 20mm/min 左右，尽量做到均衡施工，同时避免在途中耽误较长时间，在加固区及通过重要管线顶进工程中，周边环境复杂时顶进速度控制在 10mm/min。控制顶进进度，将顶管机机头通过重要管线的时间安排在夜间地面车辆较少的时间段，减少地面车辆行走引起的振动荷载叠加。

(4) 及时补压浆。在穿越过程中，必须保持持续、均匀压浆，使出现的建筑空隙被迅速填充，根据实测的沉降情况进行补浆，保证通道上部土体的稳定。

顶进结束后，首先在通道前后各三节顶管机注浆孔内注入双液浆，待 24h 后及时打开管节上的注浆孔，压入水泥浆液将管道外的触变泥浆固化，防止触变泥浆泌水后引起地层进一步沉降，各位置压入量与实测相应的路面沉降相对应。

(5) 顶管机轴线控制。顶管机在正常顶进施工中，必须密切注意顶进轴线的控制。在每节管节顶进结束后，必须对机头进行姿态测量，并做到随偏随纠，且纠偏量不宜过大，以免土体出现较大扰动及管节间出现张角。

矩形顶管机不同于圆形顶管机，因此对管道的横向水平要求较高。在顶进过程中，应密切注意机头的转角，机头一旦出现微小转角，应立即采取刀盘反转、加压铁等措施回纠。

(6) 地面沉降控制。在顶进过程中，应合理控制顶进速度，保证连续均衡施工，避免出现长时间搁置情况；不断根据反馈数据进行土压力设定值调整，使其达到最佳状态；严格控制出土量，防止欠挖或超挖。

(7) 管节减摩。为减少土体与管道间的摩阻力，在管道外壁压注触变泥浆，在管道四周形成一圈泥浆套，以达到减摩效果。在施工期间，要求泥浆不失水，不沉淀，不固结。顶管施工控制台如图 6-81 所示，注浆管道、内部实景如图 6-82 所示。

图 6-81 顶管顶进施工、施工控制台

图 6-82 内部注浆管道、施工完成后内部实景

6) 顶管机进洞段施工

(1) 顶管机位置、姿态的复核测量。

当顶管机机头逐渐靠近接收井时，应加强测量的频率和精度，减少轴线偏差，确保顶管机能准确进洞。确认洞门位置的坐标，根据实际标高安装顶管机接收基座。

隧道贯通前的测量是复核顶管机所处方位、确认顶管机状态、评估顶管机进洞时的姿态和拟订顶管机进洞的施工轴线及施工方案等的重要依据，使顶管机在此阶段的施工中始终按预定方案实施，以良好的姿态进洞，正确无误地坐落于接收井的基座上。

(2) 进洞接收架搭设。

由于机头质量达 140t，加上土仓内残留的土，质量达到将近 150t，若将机头直接推到接收井底板上，则容易造成接收井底板结构的损伤，因此在进洞前，应在接收井内预先搭设接收架。接收井施工时，底板上预制两条 400mm 宽的钢筋砼梁作为接收架的基础(高度为底板至洞圈面，长度为接收井后壁至洞圈前 200mm)，上部焊接厚度为δ=16mm 的钢板和 12#工字钢轨道。接收架的具体高程根据进洞前实测的机头姿态计算确定，应保证机头顺利进入接收架，同时不产生大的落差。

(3) 接收洞门型钢拔除。

顶管机机头进入接收井洞口加固区域时，应减小顶进速度，适当降低机头正面土压力，以减小对接受井围护的挤土效果。在机头缓慢行进距离接收井预设洞门 40cm 时，停止顶进，并立即开始对洞门范围内的型钢进行拔除工作。

(4) 顶管进洞。

因接收井洞门和管节间存在 15cm 的周边间隙，且接收井一侧无始发井的橡胶袜套结构，顶管机机头进洞时容易引起水土流失，严重时会导致路面沉降，因此必须采取相应的措施保证顶管机机头顺利进洞，具体如下。

① 在顶管机距离接收井 6m 时，开始停止第一节管节的压浆，并在以后顶进中压浆位置逐渐后移，保证顶管机进洞前形成完好的土塞，避免在进洞过程中减摩泥浆的大量流失而造成管节周边摩阻力骤然上升。

② 在顶管机切口进入接收井洞口加固区域时，应适当减小顶进速度，调整出土量，逐渐减小机头正面土压力，以确保顶管机设备完好和洞口结构稳定。

③ 在破除洞圈内的钻孔灌注桩后，应立即恢复顶进，将顶管机机头部分顶进至接收井内，顶进长度根据现场吊装尺寸确定，要求满足机头前段出井需要，随即拆卸连接顶管机前后两段的全部螺栓，用 250t 吊车将顶管机机头前段吊出接收井；然后将后段机头顶进到位，并将后段机头与管节脱开，进行后段机头的吊装。

7) 顶管机进洞后施工

(1) 顶管机吊出接收井的具体实施步骤如下。

① 清除机头土压舱内和螺旋机内的土体；

② 拆除刀盘、与螺旋机系统相关的液压油管和电线电缆；

③ 拆除两台螺旋机，将拆下的螺旋机用出土小车拉至工作始发井，吊上地面，伸缩纠偏千斤顶和加设垫块使机头与管节脱开，机头整体向前顶出，并平稳地落在接收平台上；

④ 利用 250t 吊车将顶管机机头分为前后两部分吊出接收井。

(2) 浆液固化及管节间嵌缝。顶管机机头吊出接收井后，立即用砖头砌墙，将两头洞门与管节的间隙封堵。注入双液浆，固化管节外壁触变泥浆，避免传统浆液置换工艺对土体的二次扰动。固化结束后尽快进行井接头施工，将管节和工作井钢洞门连成一体，浇筑混凝土和工作井内壁浇平。

顶进施工结束后，管节间的缝隙采用双组分聚硫密封膏填充。嵌缝前必须将缝隙内的杂质、油污清理干净，达到平整、干净、干燥等要求。配制好的聚硫密封膏先在缝两侧刮涂一遍，第二遍在缝中刮填密封膏到所需高度。要求压紧刮平，防止带入气泡而影响密封膏的强度和水密性。

(3) 制作井接头。洞门接头构造为混凝土保护圈，接头混凝土强度等级为C40，钢筋等级为HPB300，钢筋焊接成型，混凝土保护层厚50mm，抗渗等级为P8。

2. 钢结构管廊施工工艺

波纹钢装配式管廊施工工序如图6-83所示。

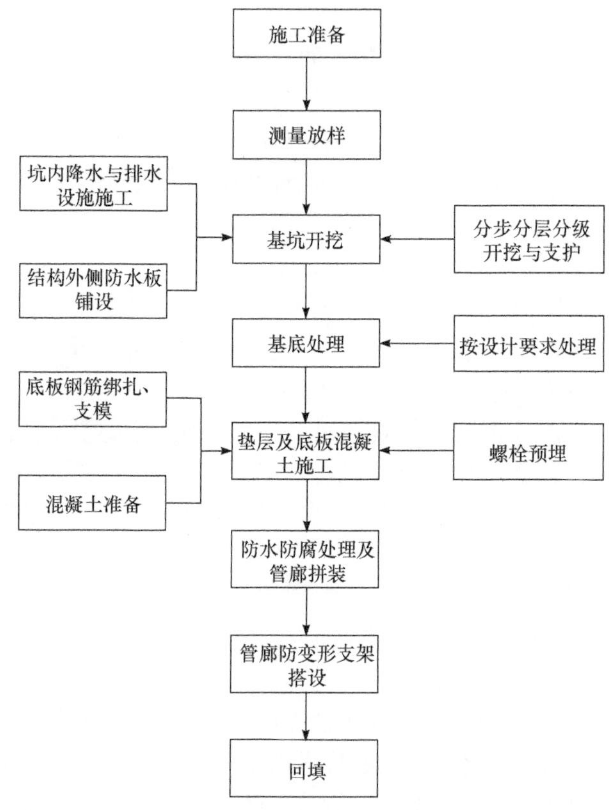

图6-83　波纹钢装配式管廊施工工序

(1) 测量放样，确定基坑开挖的上坡脚线及下坡脚线。

(2) 基坑开挖，施作支护结构。采用开槽的方式分步、分层、分级开挖波纹钢综合管廊的管沟，开挖时，人工开挖每层厚度控制为1.0～1.5m，机械开挖每层厚度控制为3.0～4.0m，开挖过程中一并进行排水处理，开挖完成后及时敷设结构外防水层，如图6-84所示。

(3) 基底处理。对基底中线偏位、标高、宽度、压实度、地基承载力进行检测和调整；对地基承载力不满足要求的区域采取换填。

(4) 垫层及底板混凝土施工。根据波纹钢板结构地下综合管廊底部波纹钢板仰拱的拱度，将垫层压制或开挖形成与波纹钢板拱度相一致的弧形基础。垫层厚度为 20～40cm，且大于波纹钢板的波纹高度，垫层宽度与综合管廊投影面积的宽度一致或大于其宽度。

图 6-84　现场基坑开挖施作图

(5) 防水防腐处理及管廊拼装。在基底层上标出明显顺直的中轴线和与钢波纹板外径相同的外边缘线，作为安装控制轴线。在安装前，现场对综合管廊管节外壁涂装两层 0.5～1.0mm 厚的改性沥青，相邻波纹板间及螺栓处贴满密封材料作为第一重和第二重防水，在内侧螺栓连接处安装可更换的密封垫，通过螺栓拉紧密封垫作为第三重防水，如图 6-85 和图 6-86 所示。

预先将顶板和两侧板拼装形成单元管节，于管廊内进行支架、桥架的安装，采用螺栓或焊接方式固定；再沿轴向展开敷设一定数量的单元管节，直至完成整个管廊的拼装，如图 6-87 所示；最后，采用压送式喷涂机喷涂，人工修补方法做耐火涂层，连接处的缝隙用防火涂料填补堵平。

图 6-85　管节外壁喷涂改性沥青

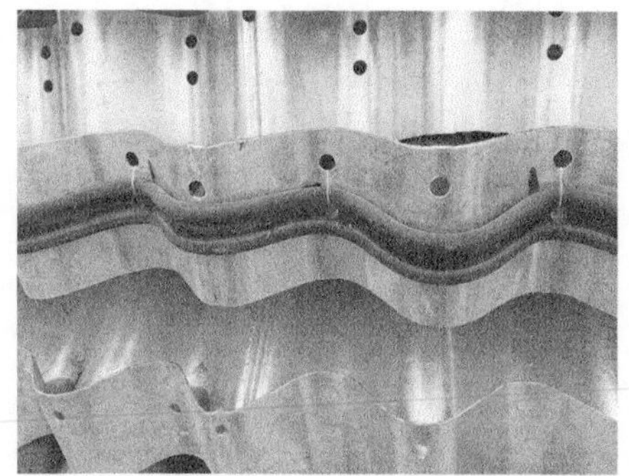

图 6-86　波纹钢间密封垫

图 6-87 管廊结构拼装

6.5.4 技术总结

(1) 采用高精度全自动泥水平衡式矩形顶管掘进机，克服了淤泥质粉细砂层、上部管线多、穿越人行过街地道等影响，地质条件复杂，施工难度大；在高质量、严要求、精细化施工管理下，管廊顺利贯通，各项指标均符合设计要求，为后续其他项目提供了宝贵的工程经验。

(2) 工程采用触变泥浆注浆减阻的方法，通过设置在顶管机机头和管节四周的相应数量注浆孔往周边注入配置好的触变泥浆，施工过程中沉降控制和地表沉降监测可有效减小地表沉降量，保证地面交通的正常运行和地表建(构)筑物的安全，降低对周边环境的影响。

(3) 波纹钢装配式综合管廊在结构设计、防腐性能、防水性能、防火性能等方面进行了现场试验和工程验证，并在材料和工艺上进行了创新，为其他类似钢制装配式结构提供了数据支撑和实践积累经验。

(4) 波纹钢装配式管廊为整体装配式结构，施工速度快，工期较传统砼结构可节约30%以上，造价相比于砼结构更具优势，且结构采用工厂标准化设计、生产，结构简单，质量易控，节能环保，具有较高的经济和社会效益。

参 考 文 献

[1] 中国政府网. 李克强主持召开国务院常务会议(2016 年 9 月 14 日)[EB/OL]. https://www.gov.cn/xinwen/2016-09/14/content_5108441.htm[2023.07.25].

[2] 樊则森, 李文, 陈蓉子, 等. 装配式剪力墙住宅建筑设计的内容与方法[J]. 住宅产业, 2013, 4: 44-47.

[3] 贺婷. 装配式混凝土民用建筑经济性研究[D]. 广州: 华南理工大学, 2017.

[4] 王明年, 李志业, 关宝树. 地下铁道明挖区间隧道结构预制技术的研究[J]. 铁道学报, 2004, 26(3): 88-92.

[5] 陈久恒. 预制装配式地铁车站施工技术研究[J]. 铁道建筑技术, 2015, (11): 62-65, 69.

[6] 郑云辉. 断面长距离下穿铁路顶推箱涵节段间连接型式研究[D]. 西安: 长安大学, 2019.

[7] 陈孝湘, 贺雷, 黄晓予, 等. 装配式明挖电力管廊标准段拼接方式选型研究[J]. 建筑结构, 2019, 49(S2): 574-577.

[8] 刘长发, 曾令荣, 林少鸿, 等. 日本建筑工业化考察报告(节选一)(待续)[J]. 21 世纪建筑材料, 2011, (1): 67-75.

[9] 李星霖. 地下室防水材料选用及工艺控制[D]. 沈阳: 沈阳建筑大学, 2017.

[10] 中华人民共和国住房和城乡建设部. 普通混凝土配合比设计规程. JGJ 55—2011[S]. 北京：中国建筑工业出版社, 2021.

[11] 上海市隧道工程轨道交通设计研究院. 道路隧道设计标准. DG/TJ 08—2033—2017[S]. 上海：同济大学出版社, 2017.

[12] 中华人民共和国国家质量监督检验检疫总局. 水泥基渗透结晶型防水材料. GB 18445—2012[S]. 北京：中国标准出版社, 2012.

[13] 吕康成. 隧道与地下工程防排水指南[M]. 2 版. 北京：人民交通出版社, 2012.

[14] 张先锋, 吕剑英, 宋仪, 等. 大断面机动车隧道土压平衡矩形顶管管节及其施工方法[P]. 中国：CNl03061782A. 2013-04-24.

[15] 张勇, 贾逸. 明挖城市道路隧道工程中高性能混凝土的应用技术[J]. 中国建筑防水, 2014, (9)：30-34.

[16] 晏子雄, 朱爱珍. 大断面矩形管节预制技术研究与应用[J]. 混凝土, 2008, (6): 98-100, 128.

[17] 徐庆平, 宋炳锐. 矩形截面顶管工艺进出洞风险控制[J]. 现代交通技术, 2009, 6(6): 74-77.

[18] 徐薇娜, 贾逸. 粉土地层异形大断面顶管隧道防水设计[C]. 中国土木工程学会隧道及地下工程分会防水排水专业委员会第十七届学术交流会, 珠海, 2015: 5.

[19] 肖明清. 水下隧道设计技术[M]. 北京：中国铁道出版社, 2016.

[20] 徐国平. 沉管隧道设计与施工指南[M]. 北京：人民交通出版社, 2018.

[21] 中国交通建设股份有限公司. 沉管隧道设计施工手册设计篇[M]. 北京：科学出版社, 2019.

[22] 李超, 王胜年, 王迎飞, 等. 港珠澳大桥全断面浇筑沉管裂缝控制技术[J]. 施工技术, 2012, 41(22): 5-8, 18.